푸티니즘
PUTINISM

PUTINISM

푸티니즘
PUTINISM

푸틴 열풍과 폭주하는 러시아

월터 라쿼 지음 | 김성균 옮김

바다출판사

차례

제1장 소련시대의 종말 · 55

소련은 정의롭고 진보한 사회를 지향하는 새로운 이상을 내세우며 출범했다. 그러나 이상은 물거품이 되어버렸다. 고르바초프는 개혁을 단행했고, 소련은 해체되었으며, 부유하되 가난하고 강력하되 나약한 러시아가 재등장했다.

제2장 누가 러시아를 지배하는가? · 109

소련이 해체되면서 재등장한 러시아에서는 올리가르히들로 통칭되는 신흥재력가들이 득세했고 옐친 시대의 러시아 정치사회적 실권을 장악했다. 그러나 얼마 지나지 않아 전직 KGB 요인 푸틴이 '제복 입은 사람들' 즉 실로비키와 함께 러시아의 실권을 장악하면서 올리가르히들은 쇠락했다.

제3장 새로운 러시아 이상을 떠받치는 기둥들 · 151

러시아 정교회와 우익사상가들, 유럽과 아시아에 이르는 광대한 영토를 기반으로 삼는 유라시아주의와 지정학, 공산주의를 대신하는 정치적 메시아주의. 이것들이 바로 현대 러시아의 새로운 이상을 떠받쳐왔다.

제4장 푸틴과 푸티니즘 · 227

석유천연가스 가격급등이라는 행운을 맞이한 푸틴은 유례없이 폭발적인 인기를 누리는 정치 지도자로 급부상했다. 당연히 그의 실권과 정권은 더 막강해졌다. 러시아 국민은 민주주의와 자유보다는 안전과 행복을 더 바랐고 세계최강대국의 자부심마저 염원했다. 그리하여 국가자본주의적 독재정치로 정의될 수 있는 푸티니즘이 탄생했다.

제5장 스탈린과 '비잔티움 제국의 쇠망' · 251

스탈린 시대에 소련은 영토를 대폭 확장하면서 초강대국으로 성장했다. 그런 위업을 달성했다고 믿기던 스탈린을 동경하고 숭배하는 심리가 현대 러시아에서는 이른바 '재-스탈린화' 현상마저 유발한다.

일러두기

1. 이 책에 언급된 단행본의 제목은 『 』, 논문·에세이·기록문서·단편소설·희곡·시詩·음악·미술작품의 제목은 「 」, 정기간행물의 제목은 《 》, 정기간행물 기고문·언론기사·방송 프로그램·영화·인터넷 웹사이트의 제목은 〈 〉로 표시되었다.

2. 이 책의 모든 각주는 번역자가 붙인 것들이다.

3. 이 책에서 '내셔널리즘nationalism'은 '국가주의'로, '스테이티즘statism'은 '국권주의國權主義'로 번역되었다. 물론 '내셔널리즘'은 한국에서는 '민족주의'나 '국민주의'로도 번역되어왔다. 그러나 '민족'과 '국민'이라는 한국어 낱말들이 저마다 상당한 복합성과 모호성을 겸비한다는 사실은 '국가주의'라는 번역어의 타당성을 높여줄 것이다. 그런 의미에서 예컨대 이른바 독일의 '나치즘Nazism'으로 알려진 '나치오날조치알리스무스Nationalsozialismus(내셔널 소셜리즘National Socialism)'도 '민족사회주의'나 '국민사회주의'가 아닌 '국가사회주의'로 번역되어왔을 것이고, 근대 유럽 국가들의 성격을 특징짓는 '내이션 스테이트nation state'도 '민족국가'보다는 '국민국가'로 번역되어왔을 것이다. 그리고 이 책에서는 특히 '민족' 또는 '민족적'을 뜻하는 '에스닉ethnic'이라는 용어와 '민족성'을 뜻하는 '에스니시티ethnicity'라는 용어가 별도로 사용된다는 사실도 기억될 필요가 있다. 물론 '에스닉ethnic'은 '인종, 종족, 부족'을 동시에 뜻하는 용어이다. 그러나 이 책에서 이 두 용어는 '러시아 국적을 지닌 소수민족들'과 '러시아 국적을 취득한 외국인(귀화 러시아인)들'을 독자들에게 상기시키는 데도 사용되므로 '민족'과 '민족적'으로 번역되었다.

4. 이 책에서 '브리튼Britain'은 '브리튼'으로, '잉글랜드England'는 '잉글랜드'로 표기되었다. 그동안 한국에서 익숙하게 통용되어온 '영국英國'이라는 국명은 본래, 정확하게는, '브리튼'에 속하는 '잉글랜드, 스코틀랜드Scotland, 웨일즈Wales, 북아일랜드North Ireland, 기타 브리튼의 연방국가들, 브리튼령 식민지들' 중 '잉글랜드'만 지칭하는 중국식 한자 표기이다(그러나 미국美國이나 독일獨逸이라는 국명들은 저마다 자국의 일부가 아닌 모든 영토를 총칭하므로 편의상 사용되어도 무방하다). 그래서 흔히 U.K.로 줄여져 표기되는 공식 국명 '그레이트브리튼 북아일랜드 연합왕국United Kingdom of Great Britain and Northern Ireland'도 '영국'이 아닌 '브리튼'으로 표기되어야 더 정확할 것이다.

나의 정신적 스승guru들인

게오르게 리히트하임[1]과

한스 (톰) 마이트너[2]를

추모하며

---

1 게오르게 리히트하임George Lichtheim(1912~1973)은 사회주의 및 마르크스주의 역사 및 이론을 주로 연구한 독일 태생의 유대계 철학자 겸 역사학자다. 자유주의자도 공산주의자도 아닌 사회주의자로 자처한 리히트하임은 자살로 삶을 마감했다.

2 한스 (톰) 마이트너Hans (Tom) Meidner(1914~2001)는 독일 베를린에서 태어나 폴란드 남서부 상공업도시 브로츠와프Wrocław(월터 라쿼의 고향)에서 성장하였다. 마이트너는 1930년대에 독일 나치스를 피해 남아프리카공화국으로 망명했고, 그곳의 나탈 대학교에서 화학과 식물학을 전공했으며, 잉글랜드 런던의 임페리얼 칼리지에서 생리학 박사학위를 취득한 이후 기문생리학stomatal physiology의 세계적 권위자가 되었다. 그는 남아프리카공화국의 백인 우월주의적인 유색인종차별정책(아파르트헤이트Apartheid)을 용감하게 반대하다가 석 달간 옥고를 치르기도 했다. 1964년 가족을 데리고 브리튼으로 이주한 그는 1970년부터 스코틀랜드의 스털링 대학교의 생물학과 교수로 재직하면서 1978년 에든버러 왕립학회의 정회원으로 선출되었다.

나의 관심을 러시아 역사로 이끈 계기들과 고마운 분들

나는 여태껏 많은 분의 도움을 받은 덕분에 러시아와 러시아인을 더 잘 이해할 수 있었다. 그분들을 소개하려면 나의 과거를 돌아볼 수밖에 없다. 러시아 역사에 대한 나의 관심은 청소년기에 시작되었지만 이후에도 사라지지 않고 지금까지도 남아있다. 이 분야에 대한 나의 공부는 불완전했을 뿐더러 정통적인 것도 아니었다. 제2차 세계대전이 종결되기 몇 년 전에 아직 팔레스타인의 영토였던 예루살렘에 도착한 나는 열일곱 살 학생이었다. 그곳에는 반갑게도 나의 고향에서 태어난 친절하고 유명한 역사학 교수 한 분이 계셨는데, 그분께 나는 러시아 역사를 공부하고 싶다고 말씀드렸다. 그분은 나에게 러시아의 역사학자 바실리 클류첩스키Vasily Klyuchevsky(1841~1911)의 총 네 권짜리 역사서를 읽어봤느냐고 물어보았다. 나는 (딱 절반밖에 읽지 않았어도) 읽었다고 대답했다. 그러자 그분이 자신은 '중세초기 잉글랜드 역사'에 관한 전문가라서 나를 도와줄 수 없겠다고 말씀하셨다.

나는 키부츠Kibbutz(Qibbutz)¹에 가입했고, 2년 후에는 제초작업을 하다가 다리뼈가 부러지는 사고를 당했다. 나의 다리를 치료하던 의사는 의학사에서도 그런 사고는 매우 희귀하다고 말해주었다. 나는 그때부터 거의 두 달간 마음대로 운신하지 못했다. 그즈음 내가 소속된 집단 거주지의 젊은 여자들도 그런 사고를 당하면서부터 개량된 양말을 지급받았지만 젊은 남자들은 지급받지 못했다.

키부츠에서 생활하던 나의 이웃이자 동료의 모친인 피크만 부인은 흑해 연안의 항구도시 니콜라예프(베르놀레닌스크) 출신 여교사였다. 그녀는 나를 흔쾌히 제자로 받아주었다. 나는 그녀와 함께 날마다 여러 시간씩 러시아어를 읽었다. 그렇게 한 달이 지났을 무렵 나는 소련의 신문 《프라브다Pravda》를 읽을 수 있었는데, 내가 믿기로 그 당시에 일반인이 그 신문을 읽을 수 있으려면 적어도 러시아 낱말 800~900개를 알아야 했다. 그리고 두 달이 지났을 때 나는 러시아의 작가 알렉상드르 푸슈킨Alexandr Pushkin(1799~1837)의 역사소설 『대위의 딸Kapitanskaya Dochka』(1836)을 읽을 수 있었다. 그 후 몇 달간 나는 또 다른 그룹의 교사들로부터 배웠다. 어느덧 기마경찰관이 된 나는 들판에서나 산중에서 모닥불을 피워놓고 밤을 새우기도 했다. 그 시절에 나와 함께 근무한 동료들의 대부분은 나보다 나이를 적어도 스무 살은 더 먹었고, 또 대부분 시베리아 출신이었으며, 그들의 다수는 유대교로 개종한 기독교분리파 가문의 자손들이었다. 그들은 나에게

---

1 '모임' 또는 '공동체'를 뜻하는 이 히브리 낱말은 이스라엘의 시온주의Zionism(유대인주의)와 사회주의를 결합한 공동생산 및 공동분배를 기조로 삼는 농촌생활공동체를 가리킨다. 키부츠 거주민 대부분은 농민이지만 공장노동자도 있다. 최초의 키부츠는 1909년 팔레스타인의 데가니아Degania에서 형성되었다. 현재 이스라엘에서 운영되는 키부츠는 200곳이 넘고 그곳들의 거주민은 대략 10만 명에 달한다고 한다.

러시아 노래들을 가르쳐주었는데, 그 노래들은 대부분 「카토그라 이
실카Katogra i Sylka(투옥과 추방)」라는 민요의 변주곡들이었다. 나는 그
노래들을 지금에도 많이 기억한다. 그들의 고향들은 시베리아의 발
라간스크Balagansk("발라간Balagan"은 '명백히 혼란스럽고 무질서한 상태'를 뜻
하는 러시아 낱말이다)처럼 있음직하지 않은 지명들로 불리는 작은 마
을들이었다. 사전에서 드물게 발견되는 많은 러시아 낱말과 숙어를
가르쳐준 그들 덕분에 나의 러시아 어휘가 풍부해졌다.

나는 그 후 수년간 작가 겸 기자로 활동했지만, 나의 주요 관심사
들 중 하나는 여전히 러시아에 관한 것이었다. 나는 1956년 런던에서
《소비에트 서베이Soviet Survey》의 창간인 겸 편집주간이 되었다. 처음
에는 계간지였다가 나중에 격월간지로 바뀌면서 《서베이Survey》로 개
명된 이 잡지는 소련의 정치문화동향을 주로 다루었다. 나는 미국과
브리튼뿐 아니라 유럽 대륙에서도 이 분야를 연구하는 사람들 대부
분에게 알려졌다. 돌이켜보건대, 그들은 나의 스승들이었지만, 내가
그들 모두를 소개하려면 긴 시간과 많은 지면이 필요할 것이다. 그래
도 나는 제인 데거러스Jane Degras만은 꼭 언급하고 싶다. 나의 초기 연
구를 엄청나게 많이 도와준 그녀는 모스크바의 마르크스-엥겔스-
레닌연구소Marx-Engels-Lenin Institute에 재직하다가 런던의 채텀하우스
Chatham House[2]로 옮겼다.

1950년대에 나는 하버드러시아센터Harvard Russian Center를 한동안
드나들었지만 그곳에서 정식 교육을 받지는 않았다. 《서베이》의 편집
주간으로서 10년간 재직하다가 다른 직장으로 이직한 나는 '유럽과

---

2 잉글랜드 런던에 있는 왕립국제문제연구소Royal Institute of International Affairs의 별칭이다.

서아시아의 사건들을 포함하는 아주 다양한 주제들'을 섭렵했다. 나는 이런 경험을 후회하지 않았다. 왜냐면 조지프 키플링Joseph Rudyard Kipling(1865~1936)[3]이 잉글랜드에 관해 썼던 문장[4]을 내가 차용하여 러시아에 관해 다음과 같이 써도 좋겠다고 느꼈기 때문이다.

오직 러시아밖에 모르는 그대들이 러시아에 관해 무엇을 알겠는가?

나는 1950년대에 줄곧 명백히 불리한 조건을 감수해야만 했다. 나는 러시아에 관한 글들을 읽었고 러시아인들과 의견을 주고받았지만 러시아에 한 번도 가지 못했다. 그러나 이런 상황은 빠르게 변했다. 그즈음 나와 재혼한 아내 나오미Naomi의 부모는 북캅카스Northern Kavkaz[5]의 어느 휴양지에서 살았다. 나오미의 부친은 독일 프랑크푸르트에서 의학교수로 재직하며 의학사와 의학철학을 가르쳤다. 1936년에 그는 급하게 독일을 떠나야 했다. 그런데 그의 입국을 바라던 국가는 오직 소련뿐이었다. 그는 완전히 비非정치적인 인물이었다. 그래서 모스크바에 도착한 그는 참으로 놀랍고도 충격적인 경험을 할 수밖에 없었다. 왜냐면 그의 대리인이던 나르콤츠라프Narkomzdrav(보건부 장관)도, 그를 초청한 또 다른 사람들도 그를 모르는 체하며 안면

---

3 브리튼 식민지이던 인디아에서 태어나 1890년부터 브리튼 본국에서 활동한 소설가 겸 시인으로서 세계적으로 유명한 소설 『정글북The Jungle Book』(1894)을 썼다. 1907년에는 영어권의 문인들 중 최초로 노벨문학상을 수상했다.

4 "오직 잉글랜드밖에 모르는 사람들이 잉글랜드에 관해 무엇을 알겠는가?"

5 흑해의 동쪽, 카스피 해의 서쪽과 캅카스(카프카스/코카서스) 산맥의 북쪽에 위치한 러시아 남부지역의 통칭이다. 그리고 캅카스 산맥의 남쪽에 위치한 조지아Georgia, 아제르바이잔 Azerbaijan, 아르메니아Armenia는 남캅카스Southern kavkaz에 해당하므로 캅카스는 북캅카스와 남캅카스를 아우르는 지명인 셈이다.

을 몰수해버렸기 때문이다. 그렇게 황당한 처지로 내몰린 외국인(나오미의 부친)을 가엾이 여긴 어느 호텔 접수계원은 그 외국인에게 '먼저 모스크바를 최대한 멀리 벗어나되(그즈음에 하필이면 정치적 대숙청과 모스크바 공개재판Moscow Trials[6]이 자행되었다) 지방언어(사투리)를 배우지 말라'고 조언해주었다. 접수계원의 조언대로 서둘러 모스크바를 벗어난 의학교수는 가족과 함께 북캅카스의 휴양지들 중 한 곳에 정착했다. 나와 나오미는 1950년대에 처음으로 그녀의 부모와 가족을 방문했고, 이후 한동안 거의 매년 그들을 방문했다. 그 시절 외국인은 러시아 입국 비자를 발급받기가 쉽지 않았고, 모스크바를 벗어난 지역을 방문하려는 외국인이 발급받기는 특히 더 힘들었다. 그래도 나는 우리가 특별한 행운을 누렸다고 믿지는 않았다. 나는 그러면서도 우리가 누린 특권의 대가를 지불하라고 어느 날 누군가 우리에게 요구할까봐 걱정했다. 물론 그런 날은 결코 오지 않았다. 나오미의 가족은 《서베이》에 관한 소식도 나에 관한 소식도 결코 전해 듣지 못했을 것이다. 이런 경험은 러시아와 관료주의체제 전반에 관한 두 가지 교훈을 주었다. 첫째 교훈은 '우발적인 사건의 역할을 절대로 과소평가하지 말라'는 것이고, 둘째 교훈은 '오른손이 하는 일을 왼손이 알 수 있다고 절대로 추정하지 말라'는 것이다.

나는 그 시절에 내가 보고 겪은 것들을 나의 자서전 『목요일에 태어난 아이는 기나긴 여행을 해야 하리Thursday's Child Has Far to Go』(1992)에 비교적 자세하게 기록했으므로 여기에 다시 쓰지는 않을 것

---

6 1936~1938년에 정적들과 반체제인사들을 숙청하려던 스탈린Joseph Stalin(1878~1953)이 선동하고 사주하여 모스크바에서 네 차례에 걸쳐 집행한 공개재판의 총칭이다.

이다. 나는 그 시절에 (흡사 '관광객 없는 스위스' 같던) 캅카스를 좋아하기 시작했고 자주 방문해서 그곳에 오래 머물곤 했으므로, 그곳의 '다른 방문객들과 관광객들의 대부분이 통찰하지 못한 것들'을 통찰할 수 있었다. 우리는 캅카스를 처음 방문한 외국인들 사이에서 수년간 지냈을 것이다. 나의 처남 프리에드리치 리차르도비치Friedrich Richardovitch는 훌륭한 여행 안내자였다.

그러나 우리가 산간지역에서 드라이브를 즐기던 어느 날 파국이 시작되었다. 그즈음 레오니드 브레즈네프Leonid Brezhnev(1906~1982)가 소련공산당 서기장에 취임(1964)했다. 나는 수년 전부터 그때까지 러시아를 매우 흥미롭게 주시했는데, 왜냐면 러시아에서 틀림없이 모종의 사건이 발생할 듯이 보였기 때문이다. 그랬던 러시아도 브레즈네프 집권초기부터 안정된 시대로 접어든 듯이 보였지만, 또 다른 관점에서는 차라리 (러시아인들이 '자스토이zastoi'로 지칭하던) 침체된 시대로 접어든 듯이도 보였다. 나의 관점에서만 보면 시대는 어느덧 따분해졌고, 나는 그런 시대상황에서 배울 수 있는 것들을 배웠지만, 그런 시대는 다른 관심사들을 추구하기 시작했다.

그때부터 20년간 나의 직업은 변하지 않았다. 그러던 어느 해에 상황이 돌변했다. 미하일 고르바초프Mikhail Gorbachev(1931~)가 소련공산당 서기장에 취임(1985)하면서부터 역사는 급변하기 시작했고, 새로운 변화의 시대가 밝아왔으며, 러시아에서 발생하는 사건들은 대단히 흥미진진해졌다. 이런 급변은 직업을 바꾸려는 나의 열망과 맞아떨어졌다. 그즈음 나는 미국에서 학생들을 가르쳤어도 평생 가르치는 일만 하고 싶지는 않았다. 나는 유능한 인재들이 근무하던 런던의 현대역사연구소Institute of Contemporary History의 소장직을 사임했다.

나오미와 함께 미국의 워싱턴DC로 이주한 나는 그 도시의 전략국제 문제연구소Center for Strategic and International Studies(CSIS)[7] 소장이자 외교관이던 데이비드 앱셔David Abshire, 1926~2014의 고마운 주선을 받은 덕분에 내가 바라던 일과 어느 정도 맞아떨어지는 일을 할 수 있었다. 내가 맡은 업무들의 대부분은 러시아, 러시아 정부의 공직자, 학계, 러시아에서 발생한 사건과 그 영향을 받은 타국에서 발생한 사건에 관한 것들이었다.

그러나 일찍이 러시아에 대한 나의 관심을 촉발했던 계기들은 어디에서 발견될 수 있을까? 이 질문의 답은 또 다른 이색적인 사연에서 비롯된다. 내가 소년이었을 때 나의 부모는 '나의 선조들 중 한 명이 러시아 여제의 주치의를 역임했다'고 나에게 이야기해주었다. 그렇지만 나의 부모는 그 여제가 러시아 여제들 중 정확히 누구였는지는 알려주지 않았다. 나는 그때 아주 어렸어도 그 이야기를 완전히 거짓말로 여겨서 깨끗이 잊어버렸다. 그러나 수년 뒤 어느 날 그 이야기에 대한 나의 흥미가 불현듯 재발했다. 관련 문헌을 찾아보기 시작한 내가 얻은 결론은 다음과 같았다. 즉 그 이야기는, 흔한 가문전설家門傳說처럼, 별로 정확하지는 않았지만 완전히 틀리지도 않아서 일말의 진실을 담고 있다는 것이다. 1800년 즈음에 나의 가문은 슐레지엔Schlesien[8]의 작은 마을에서 살았다. 나의 고조부는 랍비(유대교 성직자)였고 여가시간에는 히브리어로 평범한 시를 썼다. 그의 남동생 모리츠Moritz는 1787년에 태어났고 의사가 될 수 있는 공부를 하

---

7 "국제전략연구소"로도 알려진 두뇌집단이다.

8 중부 유럽의 폴란드 남부 지역과 독일 동부 국경 지대 및 체코 북동부 국경 지대를 가리키는 지명이다. 이 지역의 중심지에 월터 라쿼의 고향도시 브로츠와프가 있다.

고파 했다. 그러나 집안이 너무 가난해서 모리츠의 장래희망은 도저히 실현될 수 없었다. 어느 날 프로테스탄트교 전도사 한 명이 모리츠에게 한 가지 제안을 했고, 모리츠는 그 제안을 거절할 수 없다고 느꼈다.왜냐면 전도사는 모리츠에게 '프로테스탄트교 신자로 개종하면 의학을 공부하는 데 필요한 방편을 마련해주겠다'고 제안했기 때문이다. 그 제안을 수락한 모리츠는 도르파트(오늘날 에스토니아Estonia의 타르투Tartu) 대학교에서 다년간 공부한 끝에 의학 학위(와 수사학 학위. 의학은 그의 주전공과목이 아니었던 듯하다)를 취득했다. 그는 졸업하고 얻은 첫 직업에 별로 흥미를 느끼지 못했다. 그는 러시아 서남부 흑해연안에 있는 항구도시 타간로크Taganrog의 검역소장으로 부임했다. 그곳에서 그는 보리스Boris로 호칭되었고, 러시아어에는 변모음⁹이 없기 때문에, 그의 성姓은 라키에르Lakier로 호칭되었다. 그 당시에 검역소장은 전도유망한 직업이 아니었다. 그러나 뜻밖의 사건이 발생하면서 상황은 일변했다. 러시아 서남부지역을 순행하던 차르czar(러시아 황제) 알렉산데르 1세Alexander I(1777~1825: 1801~1825 재위)가 1825년 타간로크에서 급사했다. 그때 러시아 정부는 암살음모론 같은 유언비어들이 나돌까(당연히 그럴 수 있었다) 우려해서 차르의 사망증명서에 서명할 의사들을 최대한 많이 수소문하느라 애썼다. 때마침 해외출장을 마치고 귀국하다가 특별 요청을 받은 보리스도 사망증명서에 서명했다. 이 서명 덕분에 보리스는 귀족이 되었지만, 안타깝게도 그는 영지領地를 소유하지 못한 하류귀족계급에 불과했다. 보리스의 가족은 모스크바로 이사했다. 그의 세 아들 중에 알렉산데르 보

---

9 옴라우트umlaut를 말한다. 예컨대, 독일어의 ä, ö[ø], ü 같은 모음들도 변모음에 속한다.

리소비치 라키에르Aleksander Borisovich Lakier(1825~1870)는 나에게 특히 흥미로운 인물로 보였다. 그는 당대의 꽤 유명한 작가였고 미국을 진지하게 본격적으로 다룬 최초의 러시아어판 책들 중 한 권의 저자였다(그의 저서는 러시아에서 초판된 지 100년쯤 후에 미국 시카고 대학교 출판부에서 영어로 번역되어 출판되었다). 작가로서 활동하기 전에 그는 널리 유행하던 농노제도에서 러시아 농민들을 해방시키는 문제를 다루던 정부위원회의 사무관으로 재직했다. 또한 그는 러시아에서 최초로 출판된(몇 년 후에는 모스크바에서 다시 출판된) 문장학紋章學 연구서의 저자였는데, 그가 규정한 라키에르 가문의 문장은 인터넷에서도 검색되다시피[10] 어떤 관점에서는 험악하게 보일 지경이다. 그는 표트르 알렉산드로비치 플레트뇨프Pyotr Alexandrovich Pletnyov(1792~1865)의 딸과 결혼했다. 플레트뇨프는 푸슈킨의 친구이자 상트페테르부르크 대학교 총장을 역임(1840~1861)한 러시아의 시인 겸 문학평론가이다. 플레트뇨프의 딸은 아이를 낳다가 사망했다. 그 후 여러 해가 지나서 알렉산데르 보리소비치 라키에르는 타간로크의 콤네노스 바르바키스Komnenos Varvakis 일족의 여성과 재혼했다. 타간로크에서 태어나고 성장한 러시아의 극작가 겸 소설가 안톤 체호프Anton Chekhov(1860~1904)는 "타간로크의 주민들 중에 정직한 사람은 서너 명뿐이었다"고 썼다. 나는 나의 친척 아저씨가 타간로크에서 세 번이나 이사다녔다고 확신한다. 콤네노스 가문은 비잔티움Byzantium[11]의

---

10 http://en.wikipedia.org/wiki/Alexander_Lakier#/media/File:Lakier_Coatofarms.jpg

11 비잔티움 제국(동로마제국395~1453)과 동일시되어온 이 지명은 비잔티움(동로마) 제국의 황도 콘스탄티노플(이스탄불)의 고대 지명이었다. 그러니까 비잔티움은 324년부터 콘스탄티노플로 지칭되기 시작했고 1930년부터 이스탄불로 지칭되기 시작했지만, 이 책에서는 '비잔티움 제국'의 약칭으로 사용된다.

황가皇家였다. 그리하여 나는 역사적으로 상당히 독특하고 흥미로우면서도 미심쩍은 명성을 얻은 인물들을 포함한 모든 종류의 역사적 인물과 내가 (비록 서로 상당히 멀지언정) 유관하다는 사실을 알았다.

그래도 작은 문제는 남아 있었다. 의사이자 수사학석사이던 보리스는 러시아에 도착한 후부터—훗날 첩보원들의 세계에서 "전설"로 알려질—평판을 얻어야 할 필요성을 느꼈다. 그런 전설대로라면, 그는 슐레지엔의 유대계 가문에서 태어나지 않았고, 그곳에서 결혼하지도 않았으며, 딸 한 명을 그곳에 남겨두지도 않았고, 순수한 프랑스 귀족가문에서 태어났으며, 그의 선조들은 프랑스 툴루즈Toulouse 출신이었고, 그는 나폴레옹 보나파르트Napoleon Bonaparte(1769~1821)의 군대와 함께 러시아에 들어왔다. 나는 그 당시의 러시아에서 이런 종류의 터무니없는 전설 같은 인생담이 필요했다는 사실을 이해할 수 있지만, 만약 그 인생담이 널리 믿기지 않았다면 그는 더욱 그럴싸하게 들리는 인생담을 추가로 꾸며내야만 했으리라. 그는 모스크바에서 사망했고 외국종교인들을 위한 묘지에 묻혔다. 나는 그의 자손들 중 몇 명을 만나기도 했다.

이런 사연들이 나의 가문과 러시아를 연결시켜주었다.

크리스토퍼 월Christopher Wall이 나의 연구를 도와주지 않았다면 나는 이 책을 쓰지 못했을지도 모른다. 조사이어 클레인Joshua Klein, 이레나 라소타Irena Lasota, 데이비드 보기스David Boggis, 마이클 앨런 Michael Allen은 이 책의 편집을 정성껏 도와주었다. 또한 나는 미샤 엡슈타인Misha Epstein과 미하엘 하게마이스터Michael Hagemeister 덕분에 전문적인 사항들을 이해할 수 있었다. 이 책에서 표명된 견해들은 당연히 나의 것들이다. 러시아어와 영어로 작성된 현대 러시아 관련 문헌들은 근래에 엄청나게 증가했다. 그것들 중 핵심문헌들은 이 책의 말미에 "참고문헌"으로 정리되었다. 관련 인터넷 웹사이트는 훨씬 더 급속히 증가해서 그것들 모두를 검색하기는 거의 불가능해졌다. 〈존 슨스러시아리스트Johnson's Russia List〉와 매일 업데이트되는 폴 고블 Paul Goble의 〈윈도온유라시아Windows on Eurasia〉는 검색될 수 있는 한 에서 특히 유용한 웹사이트들이다. 여기서 내가 일일이 거명할 수 없 을 정도로 많은 러시아 웹사이트도 나에게 대단히 유용했다.

현대 러시아 사회는 전통주의적 사회이고, 그런 사회의 다수파는 변화를 싫어한다. 그러나 보수적 가치들은 그들의 사고방식과 행동을 규정하지 못한다. 현대 러시아에는 진정한 자유주의자도, 진정한 보수주의자도 없다. 대부분의 국가는 특정한 노선과 사명 혹은 '명백한 운명'을 반드시 요구하지 않지만 러시아는 그런 것 없이 존재할 수 없는 나라이다. 이 책은 러시아에서 득세하는 푸틴과 푸티니즘을 조명하면서 새로운 '러시아 이상'을 탐구한다.

이 책은 러시아의 미래를 내다보는 전망들을 평가하려는 노력의 결과일 뿐 아니라 무엇보다 공산주의를 대신하여 새롭게 등장한 "러시아 이상Russian Idea"(이념ideology 또는 노선doctrine)을 평가하려는 노력의 결과이기도 하다. 이런 노력에 따르기 마련인 다양한 예상 시나리오 중 몇몇의 실현 가능성은 나머지 예상 시나리오의 실현 가능성보다 확실히 더 높게 보일 수 있다. 불행히도, 그것들 대부분은 거의 실현되지 않았거나, 아니면 너무 희한해서 아무도 감히 언급조차 못한 (혹은 틀린 가설들을 근거로 언급한) 것들도 있었다.

그동안 구소련과 러시아에서 여섯 차례 치러진 대통령선거결과들 중 여섯째 결과를 제외한 나머지 결과들은 별로 놀랍지 않았다. 왜냐면 모든 대통령당선자는 소련공산당의 최고정책결정기관이던 정치국Poliburo의 구성원이었을 뿐더러 정치국원이 대통령에 당선해도 당연시되었기 때문이다. 물론 블라디미르 푸틴의 당선은 훨씬 더 우연한 결과였지만, 그가 추진한 정책들은 우연한 결과들이 아니었다. 러시아 현지 관측자들은 '푸틴의 집권은 저지될 수 있었다'고 주장해왔다. 아마도 이런 주장에 영향을 끼친 것은 독일의 극작가 겸 연극연출가 베르톨트 브레히트Bertold Brecht(1898~1956)가 나치 시대에 창작한 비교적 덜 감동적인 희곡들 중 한 편인 「저지될 수 있었던 아르투로 우이의 집권Der aufhaltsame Aufstieg des Arturo Ui」(1941)이었을 것이다. 이 희곡에서 주인공 아르투로 우이는 폭력을 일삼고 현란한 웅변술을 발휘하여 콜리플라워(꽃양배추) 유통업계의 패권을 움켜쥔 제왕으로 등극한다.[1] 그러나 러시아 현지 관측자들이 자신들의 주장을 뒷받침하느라 동원한 증거는 분명히 압도적인 설득력을 발휘하지 못한다. 물론 그들이 주장했다시피, 러시아 대통령 보리스 옐친Boris Yeltsin(1931~)의 참담하고 혼란스럽던 집권기간(1991~1999)이 종료되면서부터 대체로 무슨 일이든 일어날 수 있었다. 그러나 '러시아 역사에 관해서 알려진 모든 것'과 '전통들'과 '엄연히 잔존하던 소련의 관행들' 때문에 심지어 1990년대에도 다른 어떤 발전이 이루어질 가능성보다는 국가주의적 독재정치nationalist autocracy가 출현할 가능성이 훨씬 더 농후했다(월터 라쿼,『자유를 향해 가는 머나먼 길: 러시아와 글라스노트The Long Road to Freedom: Russia and Glasnost』, New York, 1989). 몇몇 경제학자는 '푸틴 시대에 러시아의 급증한 석유천연가스 수출액도 러시아 국민소득의 절반에 불과했다'라고 썼다. 또한 그들이 주장했다시피, 석유천연가스 수출액은 결정적인 것이었고 러시아의 경제

---

1 그래서 이 희곡은 아돌프 히틀러Adolf Hitler(1889~1945)의 집권과정을 우화적으로 풍자한 작품으로 평가된다.

성장에 크게 이바지했다. 그러나 푸틴 정부에서 발안되고 추진된 사회·정치적 기획들이 러시아인에게 안겨준 혜택도 러시아 경제성장에 적잖이 이바지했을 뿐 아니라 2014~2015년에 추진된 푸틴의 외교·군사정책도 만만찮게 이바지했다. 더구나 내가 이 책을 쓰는 현재에는 정치국이 아예 존재하지 않기 때문에, 앞으로 차기 대통령 또는 차기 집권자로 당선할 인물이 예측되기 어려울 것이다.

푸틴의 후임자가 추진할 국내정책과 외교정책이 푸틴의 정책들과 동일하거나 비슷할 가능성은 거의 확실하게 예견된다. 물론 그의 후임자가 온건해질 가능성은 없다. 그래도 여전히 확실한 것은 없다. 러시아의 바깥에서 발생하는 사건들뿐 아니라 러시아의 내부현실을 지배하는 상황도 중대한 변수들이다. 후임자의 장단점과 경쟁자(또는 경쟁자들)의 존재(또는 부재)도 중대한 변수들이다. 어쩌면 여러 차기 대선 후보자 사이에서 권력투쟁이 벌어질지도 모른다.

이런 예상 시나리오들을 검토하려는 사람은 먼저 이미 잘 알려진 예상 시나리오들부터 대략적으로나마 살펴보고, 소련 해체 이후—고르바초프의 집권기간, 글라스노스트 및 페레스트로이카[2]의 기획자들이 활동한 기간, 옐친의 집권기간, 푸틴의 집권기간—에 발생한 사건들을 요약해봐야 한다(아니면 차라리 해석해보려고 노력해야 한다).

지금으로부터 20여 년 전에 내가 펴낸 연구서 『검은 100인단: 러시아 극우파의 부활Black Hundreds: The Rise of the Extreme Right in Russia』

---

2   고르바초프는 1985년 소련공산당 서기장으로 선출되면서 글라스노스트glasnost와 페레스트로이카perestroika라는 두 가지 정책을 병행하여 추진했다. 러시아어로 '공개公開'를 뜻하는 글라스노스트는 '언론규제를 완화하고 대외개방을 확대하는 정책'이었고, 러시아어로 '개혁'을 뜻하는 페레스트로이카는 '소련의 정치·경제·사회를 개혁하는 정책'이었다.

(1993)[3]에도 썼다시피, 나는 "러시아 애국심의 정당한 관심사들과 극우파의 병리적 망상들을 구별"하려고 노력했다. 또한 나는 러시아의 불안한 정세에도 "우파는 '대세가 자신들[우파]에게 유리하게 돌아간다고' 끈질기게 확신하면서 러시아를 세계적 강대국으로 재도약시키려는 야심을 품는다"고 썼으며 "극우파는 향후 수년간 결정적 역할을 수행할 것이다"고도 썼다. 그런 나의 연구서에 푸슈킨은 몇 번 언급되었지만 푸틴은 전혀 언급되지 않았다. 실제로 그 당시에 내가 알던 다른 어느 책에도 푸틴은 언급되지 않았다. 그런 한편, 나의 연구서는 그 당시에는 아직 유명하지 않던 정치학자 알렉산데르 두긴Alecksander Dugin(1962~)을 비교적 자세하게 다루었다. 그의 견해대로라면, 러시아에는 참되고 진심어린 애국심도 존재하지만 이른바 "크라스노이krasnoi(맥줏집) 애국심"도 존재한다. 비사리온 벨린스키Vissarion Belinsky(1811~1848) 같은 19세기 러시아의 유력한 사상가들은 "크라스노이 애국심"을 공허하고 무의미한 것으로 간주하여 괄시하고 조롱했다.

나의 연구서에서 내가 사용한 "러시아의 정당한 관심사들"이라는 표현은 무엇을 의미했던가? 그것은 정확히 '잃은 것들의 적어도 일부나마 되찾으려는 시도'를 의미했다. 나는 나의 예언솜씨를 특별히 자랑스러워하지 않는다. 그렇지만 나는 '그 당시에 러시아의 민주화와 자유화를 예상하던 전망들을 내놓던 많은 예언자 사이에서 유행하던 낙관주의'를 지금에도 이해하기 힘들어한다. 그 당시에 실현 가능성

---

3 검은 100인단Black-hundredists이란 20세기 초엽에 러시아에서 활동한 극우국가주의단체이다. 러시아 제정(황제정치체제)을 지지하는 세력이 발족시킨 이 단체는 극우러시아중심주의노선, 외국인혐오, 반反유대주의, 소수민족학살선동 등이 특징이다.

을 가장 많이 보유한 듯이 보이던 희망사항은 '냉전이 종식되고, 우리가 각자의 고향에서 진실로 중요한 과제들을 처리하는 데 우리의 시간과 에너지와 자원을 투입할 수 있는 흡족한 상황을 맞이하는 것'이었다. 그런데 러시아 역사에 그런 낙관주의를 만족시킬 어떤 기반이 존재했던가?

러시아가 세계적 강대국의 위상을 회복하려고 노력할 수 있는 여건만 갖춰지면 틀림없이 곧바로 그런 노력을 개시할 듯이 보였다. 그때로부터 별로 오래되지 않은 과거에도 그런 노력이 실현된 전례가 분명히 있었다. 독일은 제1차 세계대전에서 패했고 그 결과들을 감수해야 했지만 이후 15년도 지나지 않아 유력한 강국의 위상을 회복했다. 역사적으로 그런 위상 회복은 반복적으로 이루어졌으므로 또다시 이루어질 가능성도 지극히 높을 것이다.

새로운 노선과 사명을 추구하던 러시아의 일반적 성향이 권위주의적 우익성향을 띠는 방향으로 변할 가능성도 지극히 높았다. 그렇지만 나는 '그런 우경화가 그토록 거세고 급속하게 진행되리라고 예상하지는 못했다'고 자인할 수밖에 없다. 이 대목에서 내가 하고 싶은 말은 정확히 다음과 같다. 즉 현재 러시아는 국민 대다수의 지지를 받는 독재국가지만, 나는 '이런 사실이 러시아의 파시즘을 입증하는 매우 유용한 근거로 인용될 만하다'고 믿지 않는다. 게다가 나는 '가까운 미래에 러시아가 파시즘의 단계에 도달할 가능성도 없다'고 생각한다. 왜냐면 현재 러시아의 체제는 1930년대의 유럽에서 유행한 "성직자" 파시즘Clerical fascism[4] 체제 혹은 에스파냐의 프랑코Francisco Franco(1892~1975)[5] 체제 혹은 제2차 세계대전 이후 개발도상국들에서 득세한 몇몇 독재체제와 비슷하게 보일지라도 완전한 파시즘 체제는 아니기 때문이다.

그래도 러시아는 파시즘으로 지나치게 경도되어왔다. 그런 추세는 앞으로 얼마나 더 오래 지속될까?

러시아 외부의 좌파는 러시아 내부의 이념변화 및 정치변화를 거의 알아차리지 못했을 뿐더러 여러 면에서 러시아를 여전한 좌파 국가로 생각했는데, 이런 실태가 나에게는 기이하면서도 우스꽝스럽게 보였다. 아마도 이런 실태는 '좌파 대중영합주의[6]와 우파 대중영합주의의 차이'가 거의 식별되기 어려워졌다는 사실과 무관하지 않을 것이다. 지금 현존하는 러시아공산당과 지리놉스키당Zhirinovsky party[7]의 차이는 무엇일까? 양당은 러시아의 모든 중요한 정치 현안에 대응하는 정부의 대책들을 찬성하는데, 그런 만큼 현재 러시아에서는 어떤 진정한 정치적 반정부세력도 존재하지 않는다. 때로는 러시아에서 지식인들마저 사라진 듯이 보이기도 한다. 그래서 유럽의 극우파가 오히려 러시아의 변화들을 훨씬 더 빠르게 이해해왔고 또 그런 변화들에 맞춰 자신들의 정치노선과 정책을 훨씬 더 민첩하게 조율해왔다.

이 책은 러시아에서 점진적으로 등장하는 새로운 노선을 다룬다.

---

4 '정치적·경제적 파시즘 노선들에 신학 전통이나 종교 전통을 결합시킨 이념을 신봉하는 성직자들이 주도하는 파시즘'을 가리키는 용어로 1920년대 이탈리아에서 처음 사용되었다고 알려졌다.

5 에스파냐 내전(1936~39) 당시 국가주의자들로 구성된 국민군을 이끌고 에스파냐 정권을 장악한 후부터 사망할 때까지 에스파냐의 총통을 역임한 독재자이다.

6 '대중영합주의populism'라는 낱말은 19세기말엽 러시아에서 사회주의운동을 추진한 나로드니키narodniki(인민주의자)의 농촌계몽운동과 1890년대 미국에서 진행된 농촌농민계몽운동에서 유래한 것이다. 러시아 역사상 1917년 혁명 이전의 '러시아 민주주의'를 뜻하기도 하는 이 낱말은 한국에서는 '풀뿌리 민주주의'나 '민중주의'나 '대중주의'나 '서민주의'나 '민중영합주의'나 '서민영합주의'로도 번역되지만 최근에는 '포퓰리즘'으로 통용되기도 한다.

7 이 당명은 러시아의 정치인 겸 군인인 블라디미르 지리놉스키Vladimir Zhirinovsky(1946~)가 창립하여 이끄는 러시아자유민주당Liberal Democratic Party of Russia (LDPR)의 약칭이다.

국가들의 대부분은, 심지어 강대국들의 대부분도, 어떤 노선과 어떤 사명 또는 "명백한 운명manifest destin"[8]을 갖지 않아도 존재할 수 있지만, 러시아는 그런 것을 갖지 않으면 존재할 수 없을 듯이 보인다. 이런 러시아의 노선이나 이념은 여러 구성요소를 함유한다. (러시아 정교회의 교리, 러시아의 신명神命, '제3로마제국'과 '새로운 예루살렘'이라는 세부요소들을 포함하는) 종교, (때로는 쇼비니즘chauvinism[9]으로 치닫는 학습된 지식들도 포함하는) 애국주의/국가주의, 러시아 특유의 지정학, 유라시아주의Eurasianism, 포위공격당하는 요새에 갇힌 느낌, (서구를 두려워하는 심리증상을 가리키는, 그리고 철학자-이념론자 니콜라이 다닐렙스키Nikolai Danilevsky[1822~1885][10]가 서구주의Westernis[11]를 뜻하는 '자파드니체스트보Zapadnichestvo'라는 용어를 만든 계기로도 작용한) 자파도포비아Zapadophobia(서구공포증)가 그런 구성 요소들이다. 초기 러시아 문학을 연구하는 학자들은 '러시아의 독특성을 믿는 신념'이 사실상 러시아의 태동기에 생겼다는 사실을 안다. 그래서 외국여행을 마치고 귀국하던 러시아의 작가들(이나 몇몇 상인商人)은 "러스Rus[12]"의 더없이 독

---

8 이것은 1840년대 미국의 영토팽창주의를 정당화하던 표어이다. 미국이 텍사스를 병합한 1845년 《데모크라틱 리뷰Democratic Review》(7월·8월호)에 게재된 존 루이스 오설리번John Louis O'Sullivan(1813~1895)의 논설들 중 한 편에 포함된 "북아메리카 대륙에서 확대해야 할 우리의 '명백한 운명'은 해마다 증가하는 수백만 인구의 자유로운 발전을 위해 신께서 베풀어주신 것이다"는 문장에서 처음 사용된 이 표어는 이후 미국의 영토팽창정책을 뒷받침하는 논거로 이용되었다.

9 국수주의, 맹목적 애국주의, 외세배격주의, 폐쇄주의로도 번역될 수 있다.

10 러시아의 범슬라브주의Pan-Slavism와 슬라보필리즘Slavophilism(러시아 순수주의)을 주창한 이념론자ideologue로 알려진 자연학자, 경제학자, 민족학자, 철학자, 역사학자이다.

11 19세기에 '러시아가 서구의 과학기술과 자유주의 정책을 채택해야만 발전할 수 있다'고 믿던 러시아의 지식인집단인 '서구주의자들(자파드니크zapadnik)'이 추구한 노선이다.

12 '러시아 및 러시아인들'의 총칭이다.

특한 성격을 믿는 확신을 품었다. 이것은 예컨대 바스코 다 가마Vasco da Gama(1460~1514)[13]보다 30여 년이나 앞서 인디아를 여행한 트베르의 아파나시 니키틴Afanasy Nikitin(?~1472)[14]도, 콘스탄티노플(비잔티움제국)의 쇠망에 관한 기록을 남긴 네스토르 이스칸데르Nestor Iskander[15]도, 아토스 산의 수도승으로서 러시아에 초청되어 정착한 막심 막시무스Maxim Maximus(1475~1556)[16]도 품었던 확신이다. 그런데 이런 확신은 흔히 또 다른 신념—즉 러소포비아Russophobia(러시아공포증)를 의심하면서 '모든 외국인은 러시아를 적대시한다'라고 믿는 확신—과 결합되었다. 그러나 러시아인들만 유별나게 이런 공포증들을 앓지는 않았다. 1840년대 미국의 명백한 운명을 언급한 논설들에서도 '사실상 모든 외국인이 미국을 적대시한다'라고 주장하는 대목들이 발견된다. 실제로 이런 공포증들을 유발한 원인은 불확실하다. 왜냐면 러시아의 차르들인 이반 3세Ivan III(이반 대제, 1440~1505: 1440~1505 재위)와 이반 4세Ivan IV(이반 뇌제雷帝, 1530~1584: 1547~1584 재위)의 재위기간에 러시아를 상대한 외국인들의 태도는 적대감의 표현이라기보다

---

13 포르투갈의 항해가 겸 탐험가이다. 그는 1498년 포르투갈 리스본에서 출항하여 아프리카 남단의 희망봉을 돌아 인도양을 항해하여 1499년 인디아 남서부해안의 캘리컷Calicut(코지코드Kozhikode)에 도착함으로써 최초로 '유럽-인디아 항로'를 개척했다.

14 유럽인 중에, 이탈리아의 상인 겸 탐험자이던 니콜로 데 콘티Niccolò de' Cont(1395~1469)를 제외하면, 최초로 인디아를 여행하고 여행기를 남긴 러시아 상인으로 알려진 니키틴은 1466년 러시아 서부에 있는 그의 고향도시 트베르Tver를 출발하여 인디아로 여행하면서 『세 바다를 건너는 여행Khozheniye za Tri Morya』이라는 여행기를 썼지만 1472년 가을에 귀향하다가 사망했다.

15 『차르그라드 체험기Tale on the Taking of Tsargrad』의 저자로서만 알려진 이 인물은 15세기말엽에 태어나 16세기초엽에 세상을 떠났다고 추정된다. 차르그라드Tsargrad는 '황제의 도시'를 뜻하는 러시아어로서 '콘스탄티노플'을 가리킨다.

16 그리스 태생의 수도승 겸 인문학자이다. 동방정교東方正敎(Eastern Orthodoxy: 그리스 정교+러시아 정교)에서 신성시되는 '아토스Athos 산'은 현재 그리스 북동부해안 아기온 오로스Agion Oros반도의 남단에 있다.

는 오히려 뿌리 깊은 무관심의 결과였기 때문이다.

"러시아는 특별한 신명을 부여받았다"고 믿는 러시아 메시아주의 messianism[17] 같은 신념의 뿌리들은 깊다. 그런 신념은 다른 나라들에도 당연히 있었고 19세기에는 특히 더 많았다. 그러나 그런 나라들의 대부분에서 그런 신념은 일시적 현상에 불과했지만, 러시아에서는 그런 종류의 신명을 가장 열렬하게 믿던 슬라보필Slavophile[18]들 사이에도 다른 러시아인들 사이에도 그런 신념이 끈질기게 존속했다. 그러므로 정치적 메시아주의가 소련시대에는 속세에서 부활했고 현대에는 새로운 러시아 이상을 추구하는 과정에서 재등장했다는 사실은 별로 놀랍지 않다.

어떤 면에서, 비록 2014~2015년이 몇 가지 중대한 변화를 유발한 기간이라서 1914년과 다를지라도, 이렇게 새로운 이념을 추구하는 과정은 1917년 러시아 혁명 이전의 상태로 회귀하는 과정이나 마찬가지다. 그렇듯 극적인 역류는 많은 심란한 주제를 부활시키기 마련이다. 그 결과, 예컨대 러시아의 혁명가 레온 트로츠키Leon Trotsky(1879~1940)는 명백히 해로운 인물로 재평가되었다. 왜냐면 그는 유대인이었고 국제주의자였으며, 그의 행적은 러시아에 해로웠다고 재평가되었기 때문이다. 블라디미르 레닌Vladimir Lenin(1870~1924)은, 어쩌면 트로츠키보다는 조금 더 이로운 인물일지 몰라도, 역시 부

---

17 메시아의 존재와 재림을 믿는 신념이나 신앙이다.

18 이 낱말은 '초기 러시아의 가치들과 제도들을 기반으로 삼아 발전할 러시아 제국'을 염원한 19세기 러시아 지식인들이 개시한 운동인 슬라보필리아Slavophilia(슬라보필리즘 Slavophilism)의 신봉자를 뜻한다. 이런 슬라보필의 대표적 특징은 러시아로 유입되는 서유럽의 영향들을 극구 반대한다는 것이다. 그러므로 슬라보필은 '반反서유럽-러시아 제국주의자'를 뜻한다.

당한 행동을 일삼은 실력자로 재평가되었다. 러시아내전(1917~1922: 적백내전赤白內戰)에서 붉은군대Reds(적군赤軍)가 거둔 승리는 재앙으로 간주되었다. 그런 반면에 러시아 내전에서 패배한 백군Whites의 지도자들인 알렉산데르 콜차크Alexander Kolchak(1874~1920), 표트르 브랑겔 Pyotr Wrangel(1878~1928), 안톤 데니킨Anton Denikin(1872~1947)은 복권되어야 한다고 재평가되었으며 실제로 이미 복권되었다.

그런 한편 스탈린은 모욕당하지 말아야 할 지도자로 재평가되었다. 왜냐면 그의 시대는 고난의 시대였기 때문이다. 그래서 그는 비록 정당화될 수 없는 행위들을 자행했을지라도 러시아를 더욱 강대하게 만들었기 때문에 긍정적 실력자였다고 재평가되었다. 그러나 '스탈린은 레닌을 워낙 많이 닮아서 언제나 러시아를 억압했다'라고 생각하는 "자유주의자들"의 비난을 스탈린이 어떻게 모면하겠는가?

아마도 이런 역사적 재평가들은 무시되어야 가장 낫겠고 아니면 적어도 그것들의 일부분만 중요시되어야 할 것이다. 왜냐면 20년 혹은 15년만 지나도 그것들은 하찮아질 것이기 때문이다.

종교는, 아니 차라리 러시아 정교회는, 어떤 이념적 노선이든 러시아에서 재설정되게 만들 수 있는 매우 중대한 요인이다. 1917년 이전부터 이미 러시아 정교회의 위상은 낮았다. 지식인들은 종교에는 관심을 계속 기울였을지 몰라도 교회에는 무관심했다. 정교회의 성직자들은 개인적으로는 칭찬받았고 심지어 사랑받기도 했지만, 그들의 다수는 어리석었고 돈을 밝혔으며 저열한 도덕기준대로만 처신해서 정교회와 성직자들에 대한 혐오감을 꽤나 많이 유발했다. 소련공산당 치하에서 정교회는 시련을 겪었다. 교회들은 폐쇄되었고, 정교회의 신자들은 핍박당했으며, 성직자들은 투옥되거나 추방되거나 심지어 살해당했다.

정교회는 살아남았지만 심대한 희생을 감수해야만 했다. 비밀경찰한테 거의 완전히 잠식당해가던 정교회는 사실상 GPU/NKVD/KGB[19]에 흡수되고 통합되었다. 정교회의 모든 상급직책은 이런 비밀경찰 기관들의 승인을 받거나 때로는 정치국의 승인까지 받은 성직자들만 임명될 수 있는 성직들이었다. 그리하여 최고위성직자들까지 포함된 성직자들의 다수는 이 기관들의 정보원으로 변질되었다.

돌이켜보면, 정교회는 이런 "타협들"을 감수해서 살아남을 수 있었지만, 정교회를 박해한 자들은 살아남지 못했다. 그러나 그렇게 비밀기관으로 조직화된 정교회의 지상목표가 과연 생존이었을까? 그런 정교회의 성직자들이 교회역사의 초기에 활동한 순교자들처럼 행동하지 않았다는 것은 확실하다.

정교회는 죄를 지었다. 그러나 공산주의가 몰락한 이후 정교회는 지은 죄를 고백했고 정교회 대표단의 의중을 최대한 존중하려고 노력했다. 정교회의 교회들은 다시 문을 열었고, 정교회의 활동들도 재개되었으며, 러시아의 새로운 지도자들은 정교회를 새로운 질서의 필수 부분으로 여기거나 심지어 핵심 부분으로까지 여겨서 존중했다. 이런 과정에서 새로운 문제들이 등장했다. 정교회와 국가의 관계는 얼마나 밀접해야 하는가? 신생 정교회는 어떤 복음서를 설교하는가? '정교회의 영적 가치들은 보편적인 것들이지만 정교회는 사실상

---

19 GPU는 소련에 존재했던 '국가정치보안부Gosudarstvennoe Politicheskoe Upravlenie'의 약칭이다. NKVD는 '러시아내무부Ministerstvo Vnutrennikh Del(MVD)'의 전신으로 알려진 소련의 '내무인민위원부Narodnyi Komissariat Vnutrennikh Del' 또는 '소련비밀경찰(1934~1943)' 또는 '소련국가경찰(1943~1946)'의 약칭이다. KGB는 소련의 '국가보안위원회Komitet Gosudarstvennoy Bezopasnosti'의 약칭이다.

국가교회이다'고 주장하는 사람도 드물지 않았다. 1917년 러시아 혁명이 발생하기 이전의 러시아에서 정교회와 국가의 관계는 아마도 다른 여느 나라의 교회와 국가의 관계보다 더 밀접했을 것이다. 러시아에서 종교인은 애국자여야만 했고 애국자는 당대의 정권이 결정하는 방식대로 행동해야만 했다. 그러나 정교회와 국가의 이런 밀접한 관계는 축복이 아니었으므로, 심지어 정교회 내부에서도 그런 관계를 우려하여 경고하는 목소리들이 나왔다. 그래서 모스크바 성당 Moscow Patriarchate[20]은 최근에까지도 다소 신중한 태도를 견지하면서 '비록 국가와 갈등하지 않도록 노력할지라도 정부의 공식적인 모든 정책을 암묵적으로 지지하기만 하지는 않겠다'는 의향을 표명해왔다.

해결되기 어려운 문제들이 또 있었다. 러시아인들의 대다수는 정교회를 국가에 생명력을 공급하는 긍정적이고 불가결한 핵심 요소로 생각했다. 그러나 똑같은 (총인구의 80퍼센트에 육박하는) 대다수는 종교를 신봉하지 않거나, 아마도 가장 중요한 공휴일들 중 하루나 이틀을 제외하면, 심지어 정교회에 가지도 않았다. 그들은 종교의 율법도 명령도 금칙도 따르지 않았다.

러시아 정교회의 의례들은 확실히 거행되었다. 그런데 정교회는 무엇을 설교했을까? 그리스도의 사랑과 자비와 동정심이었을까? 신에 대한 사랑이었을까, 아니면 악마—유대인, 가톨릭 신자, 프리메이슨 단원, 자유주의자, 교황, 러시아의 모든 적을 대표하는 악마—에 대한 증오였을까?

---

20 러시아 정교회 총대주교 또는 그의 관저를 뜻하는 이 명칭은 러시아 정교회(러시아 정통 기독교 교회)의 합법적 별칭이다.

이것들은 러시아 정교가 부활하면서 거북하더라도 어쩔 수 없이 직면해야만 했던 문제들이었다. 더구나 새로운 음모론도 문제였을 뿐 아니라 새로운 러시아 이념의 또 다른 요소들인 신新유라시아주의 반지구촌주의anti-globalism(반세계주의anti-mondialism)와 "지정학geopolitika"도 문제였다. 물론 남녀를 불문한 개인은 비록 '거의 모든 인류가 러시아를 해코지하려는 음모를 꾸미느라 바쁘다'고 믿지는 않았을지라도 러시아의 골수 애국자가 될 수 있었다. 그러나 실제로는 이런 다양한 신념집단들 사이에 거의 언제나 긴밀한 관계가 존재했다.

이런 상황에서는 몇 가지 유보조건이 필요하다. 먼저, 러시아판 유라시아주의와 "지정학"은 분명히 최근에 생겨났다. 유라시아주의와 지정학을 믿는 신념은 19세기에도 러시아에 존재했지만 다른 나라들에서보다는 많지 않았을 뿐더러 더 심하게 고수되지도 않았다. 스탈린 시대에 이런 공포심의 소산은 새로운 추진력을 얻었다. 음모론에 관해서 말하자면, 나는 '유행하는 음모론을 믿는 러시아인의 신념'은 최근에 생겼다고 생각했다. 그러나 러시아의 위대한 철학자 블라디미르 솔로비요프Vladimir Solovyov(1853~1900)가 1892년에 쓴 다음과 같은 글을 읽은 나는 견해를 수정해야만 했다.

건강한 신체를 소유한 강력하고 유능하며 불친절하지도 않은—그래서 러시아인들의 대다수에게는 아주 올바르게 보이는—개인이 있다고 가정해보자. 우리는 이런 개인이나 국민이 현재 미칠 듯이 괴로워한다는 사실을 안다. 우리가 그를 돕고 싶으면 그를 괴롭히는 원인부터 먼저 이해해야 한다. 그리하면 우리는 그가 실제로 미치지는 않았고 단지 그의 정신이 '과대망상과 흡사한 허위관념들'과 '모든 인간과 모든 것에 대한 적개심'에 사로잡혀 상당히 괴로워할 따름이라는 사실을 파악할 수 있다. 자신이 얻을 실익에도 무관심하고 그런 실익을 얻느라 입을 수 있을 손실에도 무관심한 그는 존재하지 않는 위험들을 상상하고 이런 상상을 근거로 지극히 불합리한 계획들을 세운다. 그에게는 모든 이웃이 '그를 괴롭히고 그의 위대성에 경배하기를 소홀히 하며 온갖 방식으로 그를 훼방하려는 자들'로 보인다. 그는 '그의 가족들이 그에게 손해를 입히고 그를 돌보지 않으며 적진에 가담했다'면서 가족 모두를 싸잡아 비난한다. 그는 '그의 이웃들이 그의 집을 훼손하고과 한다'라고 상상할 뿐 아니라 심지어 '그의 이웃들은 그의 집에 무장 공격을 개시하고과 한다'라고도 상상한다. 그리하여 그는 막대한 돈을 들여서라도 소총과 권총과 자물쇠를 구입할 것이다. 그에게 남는 시간이 조금이라도 더 있으면 그는 그의 가족마저 공격할 것이다.

우리가 아무리 그를 도와주고프더라도 당연히 우리는 그에게 돈을 주지 않겠지만 '그의 관념들은 틀렸고 부당하다는 사실'을 그에게 납득시키려고 애쓰기는 할 것이다. 그래도 그가 납득하지 않고 광증에 사로잡혀 있다면 돈도 치료약도 그를 구제하지 못할 것이다.(솔로비요프, 『전집Sobranie Sochinenia』, 5권)

나는 러시아의 현재 정황을 무려 120년 전에 쓰인 위의 인용문보다 더 정확하게 묘사할 수는 없다고 생각한다.

거듭 말하건대, 이런 고약한 심리증상들은 오직 러시아에만 나타나는 것들이 아니다. 아마도 이런 증상들을 유발하는 모든 신념의 과반수는 외국에서 러시아로 수입되었을 것이다. 그런 신념들

의 일부는 외국으로 망명한 러시아 극우파들 사이에서 처음 등장
했고, 그렇게 등장한 신념들의 대부분은 제2차 세계대전 이후 유럽
의 "신우파(뉴라이트New Right)," 프랑스의 신우파nouvelle droite, 신파시
스트neo-Fascist들이 발행한 출판물에서 유래했다. 특히 프랑스의 알
렝 드 브누아Alain de Benoist(1943~)[21], 벨기에의 장 프랑수아 티리아
르Jean-François Thiriart(1922~1992)[22], 이탈리아의 줄리오 에볼라Giulio
Evola(1898~1974)[23]와 각종 신비학자occultist로 대표되는 신파시스트
들은 반아메리카주의anti-Americanism(반미주의)와 반소비에트주의anit-
Sovietism(반소주의)를 결합시켰고 스탈린, 마오쩌둥毛澤東(1893~1976),
차우셰스쿠Nicolae Ceaucescu(1918~1989), 파타Fatah[24]를 예찬했다.

이런 신념들의 영향은 신세대의 주요한 철학자들 중 한 명인 알
렉산데르 두긴의 저작들에서 명백히 드러나지만 이고르 파나린Igor
Panarin, 1958~같은 더 젊은 학자들의 저작들에서도 발견될 수 있다. 얼
마 후에는 '이런 모호한 외국 사상들이 러시아 내부에서 생산된 사상
들로써 강화되어야 할 필요성'이 확연해졌고, 서구를 심하게 혐오한

---

21 프랑스의 잡지 《누벨 드루아트Nouvelle Droite》(《신우파》)를 창간하고 프랑스의 두뇌
집단 '유럽문명화를 위한 연구조사단Groupement de recherche et d'études pour la civilisation
européenne(GRECE)'을 이끌면서 신자유주의, 자유시장경제, 인류평등주의를 비판하는 우익
철학자이다.

22 벨기에의 신파시스트 단체와 신나치 단체에 협조적인 정치인이다. 1960년대에 그는 나
치에 가담했던 자신의 이력을 부인하고 '젊은 유럽Jeune Europe'이라는 단체를 창설하여 범汎
유럽주의사상을 홍보하기도 했다.

23 귀족주의, 남성우월주의, 전통주의, 영웅적이고 전투적인 보수주의를 추구한 이탈리아
의 우익철학자 겸 신비학자이다.

24 마오쩌둥은 중국 공산당 주석(1945~1976 재임)이었고, 차우셰스쿠는 루마니아 대통
령(1974~1989 재임)이었다. 파타는 1950년대 말엽에 팔레스타인의 야시르 아라파트Yasir
Arafat(1929~2004)와 아부 지하드Abu Jihad(1935~1988)가 팔레스타인 해방을 목표로 삼아 조
직한 정치조직으로서 '알-파타al-Fatah'로도 지칭되는데, 정식 명칭은 팔레스타인 민족해방운
동Palestinian National Liberation Movement이다.

니콜라이 다닐렙스키를 위시한 과거의 몇몇 러시아 사상가도 이 무대로 끌려나왔다. 보수적인 망명러시아 이념학자ideologist 이반 일리인Ivan Ilyin(1883~1954)도 또 다른 중요한 영향력을 발휘했는데, 푸틴과 그의 측근들도 근래에 수년간 일리인을 자주 인용했다.

다닐렙스키는 재발견되었다. 이 흥미로운 인물은 젊었을 때 프랑스 사회주의를 공부하는 급진적 문학토론동아리 페트라솁스키서클Petrashevsky Circle에 가입했다가 곧바로 체포되었다. 그는 생물학을 전공했고 찰스 다윈Charles Darwin(1909~1882)의 이론에 동의하지 않았을 뿐더러 유럽을 심하게 증오하는 감정도 품었지만 유럽을 잘 알지는 못했다. 다닐렙스키의 저서 『러시아와 유럽Russia and Europe』(1869)은 "유럽을 증오하는hate Europe" 학파에서 경전 같은 책으로 떠받들어졌다. 그의 전기를 쓴 작가가 주장했다시피, 그는 '러시아인들은 빛의 자식들이고 유럽인들은 어둠의 자식들이다'라고 진심으로 믿었다. 그는 '유럽인들은 폭력적이고 호전적인 자들이지만 러시아인들은 평화애호자들이다'라고 믿었다. 그는 '유럽인들은 전쟁을 바라고 전쟁은 악이다'라고 믿었다. 여러 측면에서 그는 현대 러시아 반서구학파의 사상적 선구자였다.

신유라시아주의—새로운 러시아 노선을 구성하는 중요한 주의—는 세 가지 가설에 의존한다. 첫째, 러시아 국가의 기원은 유럽보다는 오히려 아시아에서 발견된다. 둘째, 러시아는 대체로 몽골족, 타타르족, 아시아의 종족들을 마주치면서 형성되었다. 셋째, 서유럽에서 거부당한 러시아는 자국의 미래를 아시아에서 모색해야 했다. 그런 미래는, 이를테면, 안나 카레리나와 칭기즈칸[25]의 결혼에 비유될 수 있다. 신유라시아주의 학파는 19세기말엽의 유라시아주의사상과도 다르고, 더 신중하고 지성적인 1920년대의 역사철학학파와도 다르다. 신유라시아주의학파는 소련 해체 이후 유행한 민족발생론ethnogenesis과 열정론passionarity에 관한 레프 구밀레프Lev Gumilev(1912~1992)[26]의 논저들 때문에 고양된 분위기를 반겼다. 게다가 때마침 중국과 동아시아/태평양연안국들이 전반적으로 부흥한 덕분에 이 학파는 더 많은 인기를 누렸다. 러시아 극우파의 기본적인 주의主義들은 의미를 좀처럼 선명하게 드러내지 않는다는 사실을 장점으로 삼는다. 즉 그것들은 귀에 걸리면 귀걸이가 될 수 있고 코에 걸리면 코걸이도 될 수 있는 것들이다. 그리고 열정론은 '자신의 소속 국가나 소속 집단의 신념들을 위해서라면 어떤 희생도 마다하지 않으려는 사람의 열의'를 의미할 수 있다.

유럽의 중요성이 감소하는 상황에서 '동아시아 시장들을 향한 러시아의 관심이 고조되고 아시아 전역을 향한 러시아의 관심도 커져간다'는 주장은 타당하게 들릴 수 있다. 그러나 러시아의 기원들, 과거 역사, 문화적 영향력들, 인구통계학적 사실들을 감안하면, '러시아는 본질적으로 아시아의 강대국'이라고 보는 견해가 옹호될 여지는 거의 없다. 러시아인 대다수는 아시아에 거주하지 않고, 시베리아 거주인구의 다수는 시베리아를 떠나고파 한다. 더구나 아시아인은 '러시아인이 아시아로 이주할 가능성'에도 별로 열광적으로 반응하지 않는다. 그래서 신유라시아주의의 성격은 신념들과 취향을 구성하

25　안나 카레리나Aanna Karenina는 러시아의 작가 레프 톨스토이Lev Tolstoy(1828~1910)가 1877년에 발표한 장편소설 『안나 카레리나』의 주인공이고, 칭기즈칸Genghis Khan(1162~1227: 1206~1227 재위)은 몽골제국(1206~1368)의 건국자이다.

26　페르시아어 문헌들을 러시아어로 번역했고 비非정통적 민족발생론을 주창한 소련의 역사학자, 민족학자, 인류학자이다.

는 이념으로 규정될 수 있을 뿐 사실들을 구성하는 이념으로는 규정될 수 없을 것이다. 불친절한 비판자들은 신유라시아주의를 '대상을 헛짚은 희망사항'으로나 심지어 '과언된 난센스'로 간주할 수도 있을 것이다. 러시아가 유럽을 껄끄러워한다는 사실이 러시아를 아시아의 국가로 만들어주지는 않는다. 그러나 신유라시아주의를 환상에 불과한 것으로 보이게끔 폭로하려는 시도들은 여태껏 아무 소득 없이 끝났는데, 그랬던 정확한 이유는 그런 신념들은 합리적 논증을 수용하지 않기 때문이다.

서유럽과 아시아의 외교관들과 학자들도 공통적으로 주목한 것은 '일종의 역리적逆理的 발전이 이루어졌다는 사실'이다. '유라시아주의'와 '아시아의 강대국으로 등장한 러시아'를 이념의 차원에서 중요시하는 의견들도 빈번히 제시되었지만, 그런 의견들의 다수는 '설령 우랄Ural 산맥 동쪽의 러시아에서 경제적이고 일반적인 발전이 이루어졌더라도 극히 미미하게 이루어졌을 따름이다'라고 장담했다. 이런 발전은 부분적으로는 '관행적 무감각의 결과'였지, 대체로 추측되듯이 '러시아의 관심을 아시아보다 훨씬 더 강하게 사로잡은 우크라이나Ukrania와 크리미아Crima²⁷에서 발생한 사건들(과 그것들에 수반된 반서구주의운동)의 결과'는 아니었다.

현대의 정치적 담론에서 "지정학"보다 더 자주 사용되고 남용되어 온 용어는 드물다. 지정학은 본디 '정치와 지리의 관계'라는 확연하고 완전히 합법적인 주제를 다루는 학문이다. 그러나 다양한 나라들

---

27 우크라이나 남해안에서 흑해로 돌출된 크림Krym 반도의 일반 지명이다. 1954~2014년에는 우크라이나의 영토였지만 2014년 여름 이후 러시아에 병합되어 '크림 자치공화국 Respublika Krym'으로 지칭된다.

에서 다양한 정치적 견해를 품은 자들이 수많은 다양한 것들을 가리키느라 지정학이라는 용어를 사용해왔다. 물론 "지정학적"이라는 형용사가 "정치적"이라는 형용사보다 더 감동적으로 들린다는 이유로 지정학이라는 용어가 사용되었을 수 있다. 그러나 지정학은 어떤 국가의 지리적 위치에서 파생된 그 국가의 특유한 신神이나 자연적 권리들과 역사적 사명들을 함의하는 용어로 훨씬 더 자주 사용되는 경향을 보였다. 그래서 예컨대, '루리타니아는 유럽 대륙의 중앙에 위치하거나 3대양과 4대강에 접근할 수 있는 곳에 위치하므로, 혹은 루리타니아-유토피아나 추축[28]이 루리타니아의 그런 지배적 입지를 루리타니아의 운명으로 만들고 루리타니아의 정책을 불가피하게 만들므로, 루리타니아의 역사적 사명은 아프리카의 유력한 강국이 되는 것이다'라는 논리를 증명하는 데 "지정학적"이라는 형용사가 사용될 수 있다. 그러나 이렇게 언급된 지리적 사실들은 정반대논리를 증명하는 데도 사용될 수 있다.

'어떤 국가가 강대국이나 초강대국이나 제국이 되어야 할 신명을 받았다고 여기는 까닭'을 증명하는 것이 당면과제인 경우에 "지정학적"이라는 형용사는 특히 유용하다. 지정학적 이론은 오늘날에는 낡았다고 생각되지만 러시아에서 지정학은 타당하고 정당한 행동근거가 될 수 있다고 간주된다.

28　루리타니아Ruritania는 잉글랜드의 소설가 겸 극작가 앤서니 호프Anthony Hope (1863~1933)가 창작한 소설들인 『젠다의 죄수The Prisoner of Zenda』(1894), 『오스라 공주의 심장The Heart of Princess Osra』(1896), 『헨차우의 루퍼트Rupert of Hentzau』(1898)에서 중부 유럽에 있다고 묘사되는 허구의 국가이다. 루리타니아-유토피아나 추축Ruritania-Utopiana Axis도 같은 소설들에서 아프리카에 있다고 묘사되는 허구의 국가인 유토피아나Utopiana와 루리타니아의 협조관계를 가리킨다.

1990년대말엽 알렉산데르 두긴은 지정학적 사명을 러시아에 도입했다. 두긴의 (때로는 제4정치이론으로나 제3노선으로 지칭되는) 사상이 설정한 목표는 '러시아가 유라시아를 지배하여 새로운 (제3)대륙으로 만들기'였다. 그러나 러시아는 군사적 이유들, 경제적 이유들, 인구통계학적 이유들 때문에 자력自力으로는 충분히 강해질 수 없었다. 그래서 러시아가 이런 목표를 달성하려면 단일한 추축으로는 부족해서 더 많은 추축을 구성해야만 했다. 그 결과 처음에는 모스크바-도쿄 추축과 모스크바-테헤란 추축이 검토되었지만 이 두 추축은 모두 '너무 많은 문제를 유발할 수 있다'라고 판단되었다. 그러나 모스크바-베를린 추축은 러시아인들의 다수로부터 공감을 얻었다. 이런 공감이 상당히 흥미로운 이유는 독일은 러시아의 전통적인 적국이었고 브리튼과 프랑스는 러시아의 동맹국들이었기 때문이다. 그런데도 제2차 세계대전에서 독일이 저지른 만행들은, 푸틴이 대통령에 당선된 이후부터, 망각되고 용서되었다.

두긴의 지식은 비합리적이고 밀교적인 메타자연학metaphysics[29]과 신비주의를 추구하는 지식영역에서 출발했다. 이런 지식이 러시아의 지식역사에 끼친 영향들은 정확하게는 새롭지 않다. 그러나 두긴은 '이런 지식의 전통을 계승한 양대 지식인들로 손꼽힐 구르지예프George Ivanovich Gurdjieff(1866/1877~1949)와 마담 블라바츠키Madame Blavatsky(1831~1891)[30]는 군인과 정치인보다는 작가와 (구스타프 말러, 스크랴빈, 시벨리우스[31] 같은) 작곡가들에게 더 큰 영향을 끼칠 수 있는 반면에 러시아판 "지정학"은 정확히 군인과 정치인에게 더 큰 영향을 끼칠 수 있다'는 사실을 예리하게 간파했다. 러시아의 군대 사상가들과 장군들과 국방부는 대단한 관심을 보이면서 두긴의 교설을 경청했다. 그런 경청자들의 대단한 관심에는 불가해한 경계심도 섞여 있었다. 그런 경계심은 '두긴의 견해들 중 몇몇은 실용적인 것들이 아니다'라고 보는 인식에서 생겨났다. 외교정책집행은 (푸틴이 이해한 대로라면) 강력하게 공격적으로 시행되어야 하지만 '괴로운 상황들에 처하면 히스테리 증세를 드러내는 정치적 공상과학소설가들'에게 맡겨지기보다는 오히려 세상물정에 밝은 사람들에게 맡겨지는 편이 최선이었다.

이런 식의 견해들 중 몇몇은 독자들에게 진기하고 낯선 인상을 줄 수밖에 없을 것이다. 그렇지만 나는 지금까지 오직 주류에 속하는 견해들과 노선들만 언급해왔다. 심지어 2014년의 알렉산데르 두긴조차

29　이 용어는 여태껏 한국에서 '형이상학形而上學'으로 번역되어왔다. 자세한 곡절이야 어찌되었건, 고대 중국 춘추시대의 유학자 공자(서기전551~479)가 『주역周易』에 붙였다고 알려진 해설문 「계사전繫辭傳」 상편上篇 우제12장 右第十二章에 나오는 "形而上者 謂之道 形而下者 謂之器(형이상자 위지도, 형이하자 위지기)라는 문장에서 유래했다고 추정되는 이 '형이상학'이라는 번역어는 'metaphysics'의 본의를 그야말로 '형이상학'적으로 왜곡해온 듯이 보인다. 왜냐면 'metaphysics'의 더 정확한 번역어는 메타자연학이나 메타물리학 아니면 차라리 후後자연학, 후後물리학, 본질학本質學, 무형학無形學, 정신학精神學 같은 것들로 보이기 때문이다. 더구나 '형이상학'이라는 것이 존재한다면 '형이하학形而下學'이라는 것의 존재마저 전제하거나 가정하는 것일 수밖에 없다. 그렇다면 '형이하학'은 대관절 또 무엇일까? 그것이 결국 Physics, 즉 자연학이나 물리학이나—굳이 '형形'이라는 단어가 사용되어야 한다면—유형학有形學이 아니라면 또 무엇일까? 이런 사태를 차치하더라도, 어쨌건 'metaphysics'는 글자 그대로 '반드시 자연학이나 물리학을 토대로 삼아야(답파/섭렵/편력해야)만 이해될 수 있다'는 의미를 함유한다. 그런 반면에 한국에서 여태껏 관행적으로 상용/통용된 '형이상학'은 자연학이나 물리학을 거의 도외시한 소위 "뜬구름 잡는 상념학想念學이나 관념학觀念學" 같은 것으로 이해되어왔다. 물론 번역자의 이런 짤막한 각주만으로는 '형이상학'이라는 요령부득한 번역어가 탄생하여 관행적으로 통용된 사연을 해명하기는 불가능할 것이다. 그래서 번역자는 다만 향후 이 번역어에 대한 전문가들의 재검토가 충분히 이루어지기를 기대할 따름이다.

30　구르지예프는 '밀교적 기독교'를 설파한 러시아의 신비학자이고, 마담 블라바츠키는 이른바 '신지학회Theosophical Society'를 창립(1875)한 러시아의 신비학자 겸 영매靈媒 겸 작가이다.

31　구스타프 말러Gustav Mahler(1860~1911)는 중부 유럽의 보헤미아에서 태어나 오스트리아, 헝가리, 독일, 미국에서 활동한 작곡가 겸 지휘자이고, 스크랴빈Alexander Nikolayevich Scriabin(1872~1915)은 러시아의 작곡가 겸 피아니스트이며, 시벨리우스Jean Sibelius(1865~1957)는 핀란드의 작곡가이다.

20년 전에 비하면 대체로 조금 더 온건해졌다.

주류를 이탈해서 곧바로 과격한 견해—현대 러시아 정치문학의 대부분이 속하는 범주—로 치달아버리는 견해는 이해되기도 해설되기도 매우 어려워진다. 괴상할 뿐 아니라 믿기지도 않을 견해가 어찌 곧이곧대로 이해되겠는가? 그런 견해를 피력하는 작가들은 심리학자들이 말하는 이른바 허담증[32]을 앓는 자들일까? 다시 말해서, 그런 작가들은 스스로 우리에게 진리를 알려준다고 확신해왔을까? 아니면, 그들은 독자들에게 그저 충격이나 즐거움만 주고픈 따름일까?

러시아 애국주의의 정당한 관심사들은 '러시아의 이웃국가들에 살면서 차별당한다고 느끼며 러시아 시민들이 되고파 하는 민족적[33] 러시아인들의 염원들'도 포함한다. '완전히 동질적인 국민만 거주하는 국가는 없다'는 것이 사실이라면, 그 모든 염원에 부응할 수 있는 대책은 무엇일까? 예컨대, 캅카스에 거주하는 비민족적[34] 러시아인들은 어쩌란 말인가? 지역협정은 대책이 될 수 있을까 아니면 그냥 국권주의와 충돌하는 것에 불과할까? 강력한 중앙집권체제(데르잡노스트 derzhavnost)를 고수하는 정책도 새로운 러시아 노선의 핵심 부분을 차지한다. 이런 견지에서 러시아의 정책을 더 잘 이해하는 방법은 아마

---

32 자신의 공상이나 환상을 사실을 말하듯이 말하면서도 정작 자신은 그것을 허위로 인식하지 못하는 증상을 가리키는 의학 용어이다. 흔히 '작화증作話症'이나 '말짓기증'으로도 지칭되는 이 증상은 주로 뇌질환, 알코올중독, 노인성치매 같은 정신질환 때문에 발생한다고 알려졌다. 한국에서 근래에 널리 알려진 '허언증'은 '사실이 아닌 것을 사실로 확신하여 말하거나, 자신의 기억과 체험을 왜곡하여 말하는 증상'이므로 '허담증'과 일치하지 않는다.

33 이것은 본서의 "일러두기"에도 명시되었다시피 '에스닉ethnic'의 번역어이다. 그래서 '민족적 러시아인'은 더 정확하게는 '러시아 국적을 보유한 소수민족과 러시아 국적을 취득한 외국인(귀화러시아인)'을 제외한 러시아인을 가리키는 표현으로 이해될 수 있다.

도 푸틴의 태도보다는 오히려 푸슈킨의 태도를 고찰하는 것이리라. 1830년 폴란드인들은 폴란드를 통치하던 러시아에 대항하여 반란을 일으켰다. 반란은 진압되었고, 오스트로웽카[35] 전투(1831년 5월)에서만 폴란드인 8,000명이 목숨을 잃었다. 유럽과 아메리카의 많은 사람은 폴란드의 독립의지를 지지했는데, 그들의 지지는 푸슈킨을 포함한 러시아인 다수를 애타게 만들었다.

러시아 여론은 거의 예외 없이 러시아 정부의 반란진압책을 지지했다. 폴란드의 반란에 관한 푸슈킨의 시 두 편[36] 중 「러시아를 헐뜯는 자들에게」는 '반란을 일으킨 폴란드인들을 향한 분노'보다 '러시아를 비판한 서구인들을 향한 분노'를 훨씬 더 강하게 표출한다. 서구인들은 왜 '러시아를 파문하겠다(제재하겠다)'고 위협했는가? 그들은 무엇을 노리고 그렇게 위협했는가? 그런 반란은 슬라브족의 내부 분쟁이 아니던가? 그들의 전쟁이 장기간 지속된 것은 아니지 않던가? 폴란드인들은 모스크바를 불태웠고, 러시아인들은 (체코) 프라하를 파괴했으며 (폴란드) 바르샤바의 일부를 파괴했다. 만약 러시아의 적들이 군사적 개입을 바란다면, 푸슈킨의 말마따나, 그들의 아들들을 어찌 파병하지 않겠는가. 우리나라(러시아)의 싸움터들에는 그들

---

34 Ostrołęka: 이것은 'non-ethnic'의 번역어이다. 그래서 '비민족적 러시아인'은 더 정확하게는 '러시아 국적을 보유한 소수민족과 러시아 국적을 취득한 외국인(귀화러시아인)'을 가리키는 표현으로 이해될 수 있다.

35 현재 폴란드 북동부에 위치한 도시이다.

36 하나는 유명한 「러시아를 헐뜯는 자들에게klevetnikam Rossii」라는 시이고, 다른 하나는 별로 알려지지 않은 '보로디노 전투Borodinskoe srazhenie'를 기념하는 시이다. 보로디노 전투는 1812년 9월 7일 러시아를 침공한 나폴레옹의 군대와 러시아 군대가 모스크바의 서쪽에 위치한 시골마을 보로디노에서 치른 전면전으로 역사상 하루 동안에 치러진 전투들 중에 가장 많은 병력이 참전하여 가장 많은 전사자를 남긴 전투로 유명하다.

의 무덤으로 조성될 만한 공간이 넉넉하게 있다. 강렬한 감정은 강렬한 낱말을 채택하기 마련이다.

공식적인 러시아 및 러시아 사회에 대한 가장 신랄한 비판자들마저 이런 푸슈킨의 감정을 공유했다. 그들 중에는 심지어 차르가 너무 관대해서 폴란드인들을 충분히 가혹하게 다루지 않을까 우려하는 자들도 있었다. 그러나 푸슈킨은 폭정보다는 자유를 더 예찬한 시인이 아니었던가? 그리고 그는 자신의 신념 때문에 시련을 겪지 않았던가? 이런 모순은 어찌 설명될 수 있을까? 이런 의문들에 답하려고 노력한 게오르기 페도토프Georgy Fedotov(1886~1951)는 러시아의 뛰어난 신학자 겸 교회역사학자이자 그와 같은 세대에 속하는 사람들 중 가장 밝은 혜안의 소유자였다. 페도토프는 푸슈킨의 내면에서 '18세기에 형성된 정치적 견해를 품은 자들'을 발견했다. 그 견해는 '자유, 그것은 옳다―그러나 모든 인간에게 허용될 수는 없다'로 요약되었다. 푸슈킨은 러시아인들에게 실망했다. 그는 비록 표트르 대제 Pyotr Velikiy(1672~1725: 표트르 1세, 1682~1725 재위)와 예카테리나 여제 Yekaterina Alexeyevna(1729~1796: 예카테리나 2세, 1762~1796 재위)를 영웅시했을지라도 황실의 극심한 타락상을 알아차릴 수밖에 없었다. 푸슈킨은 민주주의자가 아니었지만, 18세기에 과연 누가 민주주의자였겠는가? 푸슈킨은 나이를 먹을수록 점점 더 보수화되어갔다.

러시아의 현재상황도 푸슈킨 시대의 상황과 어느 정도 비슷하다. 물론 두 시대 사이에는 차이점도 있다. 러시아 현직 지도자들의 '정치적 사고방식'과 '민주주의에 대한 태도'는 18세기에 형성된 것들이 아니라 소련시대에 형성된 것들이다. 그러므로 여기서 제기되어도 좋을 질문은 '차세대 지도자들의 태도가 과연 달라지겠는가, 그리고 달라진다면 얼마나 달라지겠는가?'이다.

소련 해체 이후 수년간 러시아의 체제이념은 엄청난 변화를 겪었다. 마르크스주의-레닌주의는 '러시아 국가주의'와 '강대국 예찬론'으로 대체되었다. 이런 변화는 크리미아 봉쇄, 동우크라이나의 내전상태, 탑승객 수백 명의 목숨을 앗아간 말레이 항공사 MH17 여객기 피격사건과 맞물리면서 더욱 가속화되었다. 현재정황에서 '공산주의'가 '국가안보기관들의 감독을 받는 국가자본주의 비슷한 형태'로 변해가는 과정은 결코 완결되지 않았고, 이렇게 노선을 재설정하여 새로운 러시아 이상을 추구하는 과정이 빚어낼 결과를 우리가 알기는 불가능하다.

소련정권이 무너지기 이전 수십 년간 공산주의이념의 중요성은 소련의 외부에서는 빈번히 과대평가되었다. 소련이 해체되고 나서야 비로소 '마르크스주의-레닌주의가 더는 진지하게 인식되지 않는다'는 사실이 확연해졌다. 더구나 마르크스-레닌주의는 여전히 겉치레로 옹호될지언정 그것을 최상이념으로 여기며 신봉하던 자들 사이에서도 어느덧 조롱받는 화제로 전락하고 말았다. '한때 정치체계의 주변부에서만 발견되던 정치적 견해들이 여태껏 정치체계의 중심부로 이동했다'고 보는 판단과 비슷한 오판을 널리 유행시킬 만한 위험이 현존하는 것일까? '러시아가 지극히 보수주의적이고 애국주의적이며 종교적인 국가로 변했다'는 주장도 빈번하게 제기된다. 그러나 여태껏 제시되어온 사회학연구결과들은 신중한 태도를 요구한다. 왜냐면 주요 노선을 차지한 이념이 그토록 많이 변했다는 사실은 이 새로운 확신들의 심층적 근거들에 관해서 별로 많은 것을 암시해주지 못하기 때문이다. 러시아 과학아카데미Akademiya Nauk의 블라디미르 페투

호프Vladimir Petukhov가 실시한 사회학 연구 조사의 결과대로라면, '애국주의가 급속히 고조되어왔다'는 사실과 '잃었던 (크리미아 같은) 영토의 일부를 되찾은 만족감이 널리 유포되어왔다'는 사실은 의심될 여지없다. 그래도 곧바로 대두되는 문제는 '옛 영광을 더 많이 회복하려면 치러야 할 희생들'과 '그런 희생들로 빚어진 결과들의 약해진 파급력'에 관한 것이다. 러시아인 대다수는 '강대국으로 성장할 러시아'를 기대하고 또 '가능하면 초강대국으로까지 성장할 수 있을 러시아'를 기대하겠지만 '이런 기대를 달성하는 데 드는 막대한 노력들'을 기피할 뿐더러 '재정적자를 감수해야 하는 노력'을 특히 더 심하게 기피한다. 유라시아주의는 러시아 지식인들의 관심을 강하게 사로잡는 주제일 수는 있어도 나머지 사회구성원들의 관심을 강하게 사로잡지는 못할 것이다. 러시아인들의 대다수를 움직이는 것은 이념이 아니다. 그들의 심리와 야망은 원래 소비사회의 구성원들이 품어온 것들이다.

현대 러시아 사회는 전통주의적 사회이고, 그런 사회의 다수파는 변화를 싫어한다. 그러나 보수적 가치들은 그들의 사고방식과 행동을 압도적으로 규정하지 못한다. 현대 러시아에는 분명히 진정한 자유주의자도 없듯이 진정한 보수주의자도 없다. 러시아 정교회는 지금 과거에 수행한 역할보다 훨씬 더 큰 역할을 수행하지만 이런 역할을 수행하는 위상을 장기간 유지할 수 있을지 여부는 불확실하다. 오직 소수의 신자들만 (주요 공휴일에는 조금 더 많이) 정교회 예배에 참석하거나 다른 종교의 의무들을 수용해왔다. 연구조사결과대로라면, 종교는 러시아 인구의 8퍼센트에게 가장 중요시되는 행동원인이고 애국심은 조금 더 많은 14퍼센트에게 가장 중요시되는 행동원인이다.

이런 사실들은 러시아 사회의 다수파를 움직이는 요인과 관련된다. 물론 오직 이런 사실들만이 반드시 앞으로 수년간 러시아 정책을 규정하지는 않으리라. 그래도 이런 사실들은 틀림없이 러시아 정책의 범위를 제한하리라. 그러므로 러시아 정치지도자들의 이념적 선언들이 과거에 행해진 선언들과 매우 다르다는 이유로 평소보다 더 많은 관심을 끄는 순간은 경계되어야 하리라.

오늘날 러시아를 지배하는 실로비키siloviki[37]는 여태껏 신생 귀족들로 묘사되고 순수한 이상주의의 자극을 받아 행동하는 헌신적인 애국자들로 묘사되어왔다. 물론 그런 이상주의는 실제로 고귀하지만, 그것이 어찌 실현되겠는가? 1980년대에 희한한 사태가 발생했다. KGB요원들은 반체제인사들을 괴롭히고 박해하는 데 많은 시간을 들였다. 그러나 KGB요원들은, 그들의 희생자들도 그랬듯이, 공산주의와 소비에트 체제를 거의 믿지 않았다. KGB요원들은 상부에서 하달되는 지령대로 행동했을 따름이었다. 그들이 품은 진짜 확신들에 관해서 알려진 것은 무엇인가? 그들의 다수는 외견상 어떤 체제든 그들의 특권적 지위들을 보장해주기만 하면 그 체제에 기꺼이 복종하는 듯이 보였을지라도 그들의 깊은 심중에서는 아마도 냉소주의자들이었을 것이다. 현재 상황은 어떨까? 이념은 얼마나 중요시되고 권력과 돈은 정확히 얼마나 중요시될까? 애국주의의 중요성과 새로운 이

---

37 '제복을 입은 남자'를 뜻하는 러시아어 '실로비크silovik'의 복수형인 이 낱말은 러시아에서 '신흥권력자 또는 실세'로 알려진 '소련의 KGB와 그것의 후신인 연방보안국Federalnaya Sluzhba Bezopasnosti(FSB)을 포함한 비밀정보기관들과 군대 및 경찰 출신자들'의 총칭이다. KGB요원 출신이자 FSB국장을 역임한 푸틴이 대통령에 취임하고 러시아의 주요 권력기관을 장악하면서부터 푸틴에게 충성해온 실로비키는 푸틴의 권력을 유지시키는 활동을 최대 과업으로 삼는다고 알려졌다.

념의 여타 구성요소들은 단순한 연막으로 간주되어 일거에 무시되면 안 된다. 왜냐면 신흥 엘리트들 중에는 새로운 이념을 독실하게 믿는 자도 있을 수 있고 조금밖에 믿지 않는 자나 전혀 믿지 않는 자도 있을 수 있기 때문이다.

러시아 지식인들의 역할은 이런 일반적 맥락에서는 슬픈 이야깃감이다. 러시아 사회를 구성하는 가장 매력적이고 가장 창조적인 이 인구집단은 지난 세기에 서구문화에 지대하게 이바지했으면서도 수없이 빈발한 유혈사태에 휘말리기 십상이었다. 망명과 "숙청"의 결과 러시아에 남겨진 지식인들은 많지 않았다. 지식인의 기준과 수준은 대폭 낮아졌다. 러시아의 민주주의자들은 소련 해체 이후에 시도한 개혁들을 실패했다고 비난받아왔다. 이런 비난은 옳지만, 러시아 사회가 전반적으로 비민주적 사고방식에 찌든 상황에서, 그리고 강력한 국가지도자를 바라는 욕망에 사로잡힌 상황에서, 과연 누가 개혁을 성공시킬 수 있었겠는가?

새로운 중산층이 출현할 수도 있겠지만, 아직까지는 새로운 지식인들의 출현을 예고하는 징후는 거의 나타나지 않는다. 다른 러시아인들 중에는 새로운 체제를 받아들이고 응원하는 사람도 있고, 정치와 공직생활을 대체로 삼가는 편이 현명하다고 생각해온 사람도 있다. 러시아는 문화역사적으로 황금시대와 백은시대를 지나왔지만 현재에는 청동시대[38]조차 기대하기 어려운 처지로 내몰려 있다. 러시아의 소설가 겸 극작가 니콜라이 고골Nikolai Gogol(1802~1852)이 탈고하여 낭독한 희곡 『망령들Dead Souls』(1842)을 끝까지 경청한 푸슈킨은 다음과 같이 탄식했다.

신이시여, 우리 러시아는 참으로 암담한 나라입니다.

---

38 황금시대golden age는 모든 방면에서 가장 번영한 시대, 백은시대silver age는 황금시대보다 쇠퇴했으되 문화적 업적은 아직 풍부하게 생산되는 시대, 청동시대bronze age는 모든 방면에서 백은시대보다 쇠퇴했으되 문명생산력을 아직 잃지 않은 시대를 가리킨다.

제1장

소련시대의 종말

소련의 등장과정은 독특했고, 그 밑바탕에는 하나의 이념이 작동했다. 그 과정은 새로운 시대와 정의롭고 진보한 사회의 출범과정일 수 있었다. 그러나 그런 시대의 열정은 비현실적인 것이었다. 국제주의는 사멸했고, 소련의 경제는 무너졌다. 새로운 역사를 향한 이상은 물거품이 되어버렸다. 고르바초프는 개혁을 단행했고, 소련은 해체되었으며, 부유하되 가난하고 강력하되 나약한 러시아가 재등장했다.

프랑스의 철학자 볼테르Voltaire(1694~1778)가 말했다시피, 역사는 "징 박힌 부츠를 신은 사람이 천둥 같은 발자국소리를 내며 올라가는 층계를 내려가는 비단실내화를 신은 사람의 미미한 발자국소리"에 불과하다. 국가들이 허약해지고 쇠망하는 이유는 근래 수년간 자주 논의되어온 문제이지만, 국가들이―때로는 단기간에, 때로는 장기간에 걸쳐―회복하는 이유는 드물게 논의되어왔다. 독일은 제1차 세계대전에서 패전한 지 불과 15년 만에 군사력과 정치력을 되찾았다. 소련이 해체된 이후 러시아가 예전의 위상을 회복하는 데 걸린 세월은 20년이었다.

　　그러나 21세기의 러시아와 다른 강대국 및 제국을 비교하는 작업이 도리에 맞을까? 소련의 등장과정은 독특했고, 그 과정의 밑바탕에서는 하나의 이념―역사상 다른 모든 사회와 완전히 판이한 사회를 건설하려는 욕망―이 작동했으며, 그 과정은 새로운 시대와 정의롭고 진보한 사회의 출범과정일 수 있었다. 그것은 인류의 연대기를 새롭게 출범시키는 과정일 수 있었다. 제2차 세계대전까지 소련의 국가國歌이던 「인터내셔널L'Internationale」[1]의 가사에는 다음과 같은 소절도 있다.

과거의 모든 것을 깨끗이 없애버리자

그리고 다음과 같은 소절도 있다.

세계의 근간根幹부터 변화시키자

이 주장이 탄생시킨 혁명과 체제는 일찍이 많은 반대자와 적대자의 이목을 사로잡았다. 그러나 러시아 내전이 종결된 후부터 러시아인들은 이 주장에 엄청나게 열광했고 청년세대는 특히 더 열광했다. 그런 시대는 영웅시대였고, 아나톨 닥틸Anatol D'Aktil(1890~1946)[2]은 다음과 같이 주장했다.

우리는 언제나 용감하고 정의롭다
우리를 가로막을 장애물은 육지에도 바다에도 없다

---

1 프랑스 파리의 운송노동자 외젠 포티에Eugène Pottier(1816~1887)가 1871년에 쓴 시와 벨기에의 공산주의작곡가 피에르 드제테Pierre Degeyter(1848~1932)가 1888년에 붙인 곡으로 이루어진 이 대표적인 사회주의 및 공산주의 운동가는 제2인터내셔널Second International(사회주의노동자국제기구: 1889~1916)의 공식 송가로 채택되었고, 1918년부터 1944년까지 소련의 국가였다.
2 본명이 노손-노힘 아브라모비치 프렝켈Noson-Nohim Abramovich Frenkel인 러시아 및 소련의 시인 겸 작사가 겸 극작가이다.

우리는 빙산도 먹구름도 무서워하지 않는다

우리는 1세기 동안 이룰 업적을 단 1년 만에 이룬다

우리는 정의로운 만큼 행복하다

우리는 우리나라의 국기를 높이 들고

세계의 모든 곳과 모든 시대를 누빈다

그런 영웅시대를 노래한 닥틸의 시 「열광자들의 행진March of the Enthusiasts」은 모스크바의 지하철 칼리닌 선線에 속하는 지하철 역의 명칭으로도 사용되어왔다. 오늘날 닥틸은 대체로 잉글랜드의 수학자 겸 작가인 루이스 캐럴Lewis Carroll(1832~1898)의 동화 『이상한 나라의 앨리스Alice's Adventures in Wonderland』의 러시아어판 번역자로 기억된다. 닥틸은 러시아 내전에서 활약한 유명한 지휘관 세묜 부둔니Semyon Budyonny(1883~1973)[3]를 기념하는 「부둔니 행진곡Budyonny March」도 작사했다.

그러나 그런 시대의 열광은 비현실적인 것이었다. 니콜라이 오스트롭스키Nikolai Ostrovsky(1904~1936)[4]의 연재소설 『강철이 단련되는 방식Kak Zakalyalas Stal』(1932~1934)도 그런 시대의 비현실적인 열광을 받았다. 이 소설에는 새로운 공장을 건설하여 가동하려는 청년노동자들의 초인적인 노력이 묘사된다. 오스트롭스키는 지독하게 병약한 청년이었고(그는 1936년 서른두 살에 요절했다), 판매되거나 배포된 그의 소설은 수백만 부에 달했으며, 사회주의적 현실주의를 가장 탁월

---

3 볼셰비키의 붉은군대를 지휘한 장군이자 스탈린의 측근으로 활동한 소련의 정치인이다.
4 러시아 및 소련의 사회주의적 현실주의를 추구한 소설가이다.

하게 표현한 베스트셀러가 되었다. 이 소설은 영화로도 세 번이나 제작되었고, 이 소설의 주인공 파벨 코르차킨Pavel Korchagin 같은 과거의 영웅들에게 깊이 매료되는 젊은이가 드물어진 1970년대 후반에도 텔레비전 연속극으로 제작되었다. 우랄 산맥의 서쪽과 동쪽에 형성된 새로운 제철산업도시들 중 한 곳인 마그니토고르스크는 그런 시대의 열광을 받은 또 다른 우상이었다. 대단히 우수한 청년들의 다수와 이상주의자들의 다수가 자청하여 제철산업도시들로 이주했다. 그 도시들은 그런 시대의 성지聖地들이 되었다. 「드넓은 나의 모국Shiroka strana moya rodnaya」[5]이라는 노래도 그런 시대에 열창되었다. 이 노래는 소련의 제2국가 비슷하게 여겨졌고 모스크바 라디오의 방송시작음악으로도 사용되었다. 이 노래가 묘사하는 소련은 수많은 산과 강을 겸비한 국가家國인 동시에 "세상에서 가장 자유롭게 호흡하는 국민이 살아가는gde tak volno dyshit chelovek" 국가國家이다.

마그니토고르스크는 제2차 세계대전에서 중요한 역할을 했다. 오늘날 그 도시는 지구상에서 가장 심하게 오염된 곳들 중 하나로 알려졌다. 그곳에서는 신생아들의 27퍼센트만 건강하게 태어난다고 보고된다. 마그니토고르스크는 외지인의 진입이 금지된 "폐쇄도시"로 변했다가 글라스노스트 시대에 와서야 비로소 재개방되었다. 현재 그 도시에 거주하는 인구는 40만 명이지만, 그 도시를 떠난 주민도 많을 것이다.

---

5 소련과 러시아에서 애창된 이 유명한 애국적인 노래는 「모국의 노래Pesnya o rodinye」로도 알려졌다. 1936년 상영된 소련 영화 〈서커스Circus〉에 처음 사용된 이 노래의 작곡자는 소련의 영화음악 작곡가이던 이삭 두나옙스키Isaac Dunaevsky(1900~1955)이고 작사자는 소련의 시인이던 바실리 레베데프-쿠마치Vasily Lebedev-Kumach(1898~1949)이다.

1935년은 희망찬 해였지만, 이후 모스크바 공개재판과 대숙청의 시대가 이어졌고 끔찍한 전쟁과 고난의 시대가 지나자 마침내 위대한 승리의 시대가 다가왔다. 전쟁이 끝나면서 앞으로 모든 것이 나아지리라는 희망이 팽배했다. 열광의 대부분은 사라졌지만 희망은 아직 많이 남아있었다.

예전의 국제주의는 사멸했다. 「인터내셔널」은 위대한 러시아와 그런 러시아의 으뜸가는 역할을 찬양하는 새로운 애국가로 대체되었다. 전쟁기간에는 "러시아당Russian Party"이 출현했는데, 나는 이 정당을 나중에 다룰 것이다. 그래도 최악의 시대는 이제 끝났다고 느끼는 안도감이 생겨났다. 스탈린은 죽었고, 대대적인 숙청과 처형도 중단되었다. 생필품 공급량도 서서히 증가했다. 러시아 우주비행사는 최초로 우주공간에 진입한 인간이 되었다. 생활여건도 일정한 수준까지 향상되었다. 미국이 핵무기창고를 보유하자마자 소련도 핵무기창고를 보유했다.

그러나 소련의 발전은 느렸고, 서구의 발전보다도 훨씬 더 느렸다. 서구가 입은 전쟁피해에 비하면 소련의 점령지들은 실제로 훨씬 더 광범위하게 황폐화되었다. 무엇보다도 이런 사실은 러시아의 회복이 느렸던 이유를 예증했다. 그것은 10년간, 아니 어쩌면 20년간이나, 설득력을 발휘한 논거였지만, 그 이후로는 설득력을 발휘하지 못하는 듯이 보였다. 1970년대에는 체제의 효율성을 의심하는 진지한 의문들이 제기되었다. 체제의 무언가가 분명히 고장 났는데, 정확히 무엇이 고장 났는가?

소련은 매우 강력한 군사력을 보유한 초강대국이 되었고, 그런 사실은 소련국민의 자부심을 드높였다. 그러나 강력한 군사력의 유지비용을 과다하게 지출하던 소련의 경제발전은 느리다 못해 아예 정체되어버리는 바람에 미국과 서유럽의 경제발전수준을 따라잡기가 점점 더 힘들어졌다. 서구의 많은 전문가는 그 시절 소련의 활동 범위를 과대평가한 반면에 평균적인 소련국민은 소련의 실상을 그런 전문가들보다 더 정확하게 알았다. 그러나 소련국민도 그 당시에 외국여행을 할 수 없었으므로 소련의 실상을 완벽하게 알지는 못했다. 오직 소련사회의 상류층 사람들만 소련의 실상을 알 수 있었다. 왜냐면, 부분적으로는, 그들은 외국여행을 할 수 있어서 소련과 외국을 비교할 수 있었거나 제한된 정보에 접근할 수 있었기 때문이다. 1960년 대부터 소련에서는 불평불만이 연달아 표출되었다. 그러나 그런 불평불만의 파급범위는 제한되었다. 왜냐면 KGB가 소련사회의 대부분을 감시하고 통제했기 때문이다.

그러나 KGB는 아프가니스탄 같은 곳에서 실력을 시험받았을 때 별로 인상적인 결과를 내놓지 못했다. 비非러시아 공화국들[6]에서는 국가주의적인 분위기가 만연했다. 그 시대의 일반적인 불안감은 국가주의적인 포츄벤니키pochvenniki[7]로 대표되는 우익 작가들의 소설들에서 적나라하게 묘사되었다. 브레즈네프 집권말엽(1981~1982)에는 소련의 실상에 대한 불평불만이 최고조에 달했는데, 특히 극심해진 식료품부족현상은 중대한 정치적 문제였을 뿐더러 경제적으로도 중요한 문제였다. 공개적인 비판도 제기되었지만 행동과 개혁은 뒤따

---

6 '러시아 공화국'을 제외한 소련의 공화국들을 말한다.

7 이 낱말은 '흙, 시골, 농촌'을 뜻하는 러시아낱말 포츄바pochva에서 유래한 호칭인데, 1860년대의 러시아에서 시작된 슬라보필 운동을 출범시킨 이념과 유사한 이념을 근거로 출범한 일종의 귀촌운동인 '포츄벤니체스트보Pochvennichestvo(흙으로 돌아가자)'의 주동자나 동참자와 동조자를 총칭한다.

르지 않았다.

삶의 질을 향상시키는 데 실패했다는 사실이 어쩌면 가장 중요한 문제였을 것이다. 러시아의 공기와 식수원은 오염되었고 토질은 악화되었다. 러시아의 전통적 자랑거리였던 삼림은 유럽 쪽 러시아에서는 부분적으로 사라져갔다. 환경개선을 위해 노력하는 몇몇 환경투사도 있었지만, 그들의 활동은 개발계획을 완수해야 하는 지방관리 및 중앙당국자의 활동과 충돌했고, 환경투사들은 대체로 어떤 유력한 효과도 발휘하지 못했다. 러시아 역사상 퇴치 불능의 대표적 만성 전염병으로 간주되던 알코올중독은 더욱 창궐했다. 시골마을에서도 도시에서도 봉급날에는 어떤 일도 불가능했다. 왜냐면 일터로 가는 도로마다 만취해서 인사불성인 사람들이 넘쳐났기 때문이다. 그리하여 차마 형언할 수조차 없는 장면들이 연출되었다. 범죄발생률도 높아졌고, 좀도둑을 포함한 각종 도둑도 무시로 증가했다. 이런 범죄들의 다수는 심지어 노골적으로 뻔뻔하게 자행되었는데, 예컨대, 러시아의 작가 발렌틴 라스푸틴Valentin Rasputin(1937~2015)의 소설들에도 그런 범죄들이 묘사된다. 어쩌면 국가주의적인 작가들 중 가장 뛰어난 재능을 타고났을 발렌틴 라스푸틴은 러시아의 시베리아에서 태어나 일생의 대부분을 그곳에서 지낸 시베리아 사람이었다.

그 당시의 편견에 얽매이지 않은 관찰자는 '소련체제가 활력을 잃었고 열광의 시대도 오래전에 끝났다'는 사실을 분명히 알았을 것이다. 마르크스주의에 대한 흥미는 미국의 대학교들에서는 여전히 발견될 수 있었지만 소련에서는 발견되기 어려워졌다. 서구의 몇몇 관찰자는 소련체제를 보완하는 일정한 요인들을 발견했다. 왜냐면 소련은 비록 변변찮을망정 어디까지나 복지국가였고, 소련국민들은 연금을 지급받았으며 실업자로 전락할 걱정을 전혀 하지 않아도 되었기 때문이다. 이것은 사실이었지만, 소련의 복지는 아주 저급한 수준에 머물렀다. 러시아는 극빈국가였고 이후에도 그런 극빈상태를 벗어나지 못했다. 그렇게 제2차 세계대전이 종결되고 40년을 흘려보낸 러시아가 자국의 극빈상태를 전쟁이라는 최악의 불운 탓으로 돌리기는 사실상 불가능해졌다.

그런 동시에 '미국을 따라잡고 아예 접수해버려서 지구상의 최강국이 되자'던 예전의 이상도 끈질기게 잔존했다. 냉전은 끝없이 증가하는 막대한 군비지출을 의미했다. 그러나 미국은 소련보다 훨씬 더 부유했으므로, 소련의 지도자들은 국내경제를 파탄시킬 수도 있을 이런 군비경쟁에서 자신들이 승리할 수 없으리라고 분명히 깨달아야만 했다. 그러나 그런 불리한 형편은 인식되지 않았는데, 이런 무지도 소련을 해체시킨 또 다른 요인으로 작용했다.

만약 소련의 내부에서 군비지출을 반대하는 목소리가 거의 나오지 않았다면, 그런 정황은 '그런 식의 침묵이 반역의 문제로 간주되지는 않더라도 비애국적인 처사로 간주될 수 있었다'는 사실을 반영한다. 더욱이 군비지출과 관련된 사실들은 극소수에게만 알려졌다. 그러나 우호적인 외국들에 군비를 지원하는 정책을 강하게 비판하는 목소리도 나왔다. 수백만 달러어치의 무기가 이집트를 포함한 서아시아 국가들로 보내졌지만 단 1달러도 환수되지 않았다. 정작 소련 내부에 절실하게 필요한 자금과 자원이 오히려 쿠바와 아시아 및 아프리카의 여러 국가로 보내졌다. 이런 정책을 원망한 소련인들의 감정은 소련을 방문한 아프리카 및 아시아 국가의 공직자와 여행객을 상대로 증폭하던 외국인혐오감으로 표출되었다. 소련과 중국의 관계는 양국끼리 공개적으로 적대시하던 시절부터 조금씩 개선되어갔다. 소련은 유럽 쪽에 위치한 소련위성국가들과 동맹관계도 맺었다. 그러나 소련은 전쟁을 두 번 치르면서 동유럽, 헝가리(1956), 체코슬로바키아(1968)에 군대를 파견할 수밖에 없었다. 루마니아는 모스크바에 공개적으로 반항했고, 동독은 예외였을 수 있지만, 다른 위성국가들은 동맹관계를 전혀 신뢰하지 않았다.

그 당시에는 소련이 과대하게 팽창했다고 널리 믿겼다. 이것은 사실이었고, 어쩌면 소련지도자들 중 몇 명도 이 사실을 깨달았을 것이다. 그러나 비록 그랬더라도 그들은 냉전을 종식시킬 방법을 몰랐다. 그들 중 몇 명은 '서구가 냉전의 모든 책임을 져야 한다'고 믿었을 수도 있다. 더구나 심지어 미국의 몇몇 전문가마저 '해리 트루먼Harry S. Truman(1884~1972)[8]이 없었다면 냉전이 시작되지 않았을 수 있다'고 주장했다. 소련의 몇몇 지도자는 '국내정세 때문에 서구를 상대로 갈등할 필요가 있다'라고 믿었을 수도 있다. 그런 갈등이 조장되지 않았다면 소련내에서 강제된 수많은 규제조치들과 완전한 독재체제가 어떻게 정당화될 수 있었겠는가?

최고지도자의 허약함과 무능력도 소련을 해체시킨 원인들이었다. 브레즈네프가 1982년 일흔다섯 살에 사망하자 새로운 소련공산당 서기장이 선출되어야 했다. 그러나 신임 서기장 유리 안드로포프 Yuri Andropov(1914~1984)는 비록 그즈음 몇 년간 건강하지는 못했어도 지도력만은 어떤 측면에서는 전임자 브레즈네프보다 더 효과적으로 발휘했다(안드로포프는 중요한 정책들을 결정하기 전에 거의 언제나 먼저

---

8 미국의 제33대 대통령(1945~1953 재임)이다.

자신의 동료 정치국원들에게 자문을 구했다). 안드로포프는 변화를 열망하지 않았다. 그리하여 1970년대 이후의 시대는 이른바 자스토이—침체된 시대—로 알려졌다. 체제는 원활하게 작동하지는 않았어도 어쨌든 작동했고, 국가안보기관들이 완벽하게 통제하는 상황에서 반대의견은 묵살당할 수 있었다. 브레즈네프가 사망할 즈음 공산당 지도자들은 일반인들을 괴롭히는 문제들에 흔들리지 않는 노인들이었다. 글라스노스트가 시작되었을 즈음 출간된 소설 한 편에서는 '고급 저택에서 회합을 마치고 나오는 자신을 모셔가야 할 자동차와 운전기사가 대기하지 않아서 난처해진 고위공직자나 장관이나 당 지도자의 처지'가 묘사되었다. 그는 대중교통을 이용해보려고 했지만 이용방법을 전혀 몰라 극심한 고초를 겪어야만 했다.

KGB국장으로 다년간(1967~1982) 재직했던 안드로포프는 브레즈네프의 후임자로 선출되었다. 안드로포프는 무엇보다 끝없이 늘어나는 부정부패로 대변되는 소련의 실상에 넌더리를 내며 개혁조치들을 단행하려고 열망하는 지성적 지도자라는 평판을 얻었다. 그의 집권기간에 해임된 장관들과 고위당직자들은 약 열여덟 명에 달했다. 그래도 자유화는 전혀 진행되지 않았다. 억압적 국내정책은 오히려 더 엄격해졌고, 외교정책은 전혀 변하지 않았다. 안드로포프는 정치국회의들에 참석하지 못할 정도로 중병을 앓았다. 자신에게 임박한 죽음을 예감한 그는 지도자집단의 최연소자이던 고르바초프에게 그의 대행자로서 정치국 회의들을 주관하고 최종적으로는 공산당 서기장을 맡아달라고 제안했다. 그러나 지도자집단의 다수는 안드로포프의 제안을 무시하고 콘스탄틴 체르넨코Konstantin Chernenko(1911~1985)를 선택했다. 왜냐면 체르넨코는 대체로 동료들과 마찰 없이 잘 어울리는 무던한 성격의 소유자로 인식되었기 때문이다. 안드로포프가 공산당 서기장으로 열아홉 달 동안 재임했다면 체르넨코는 열세 달밖에 재임하지 못했을 뿐더러 이미 노인이라서 많은 정치국 회의들에 참석하지 못했다. 체르넨코는 안드로포프의 장례식에서 추도문을 읽었다. 그러나 체르넨코는 너무 쇠약해진 나머지 추도문을 끝까지 읽지 못했다. 장례식은 텔레비전으로 방송되었고, 그 방송을 시청한 수많은 소련국민의 심정은 참담해졌다. 그 방송은 만연하던 절망감과 비관주의를 심화시키기만 했을 뿐이다. 왜냐면 그즈음 소련은 다종다양하고 심각한 문제에 직면했는데도 그것들에 합리적으로 대처할 수 있는 유능한 지도력을 결여했기 때문이다. 체르넨코가 사망하자 마침내 고르바초프가 집권할 수 있었다.

그즈음 소련의 상태는 확실히 악화되었고, 서구의 많은 사람이 추정했던 상태보다도 더 악화되었다. 그러나 최종적 해체는 과연 불가피했을까? 아마도 경제적 관점에서는 그런 해체가 불가피하지는 않았을 것이다. 물론, 실제로 그즈음 소련은 심지어 밀마저 수입해야만 했고, 그렇게 수입된 밀 중에는 일찍이 주요한 밀 수출국들에 한 번도 속하지 않았던 국가에서 생산된 것도 있었다. 그러나 굶주리는 소련인은 없었는데, 그래서 불만스러워하는 감정이 만연했어도 끓는점에는 도달하지 않았을 것이다. 소련의 정치선전기관은 서구의 상황이 훨씬 더 나쁘다고 주장하면서 민심을 단속했고, KGB는 모든 반체제세력을 효과적으로 탄압했다. 불만스러운 감정이 있었더라도 냉담한 분위기는 훨씬 더 만연했기 때문에 정치변동을 초래할 만한 정치운동을 개시하려는 욕망은 전혀 촉발되지 못했다.

나는 여기서 "반대사실들을 가정하는 역사서술법conterfactual history"

을 간략히 시연해볼 참이다. 푸틴 체제는 한 가지 요인—석유천연가스 수출이라는 유일한 요인—덕택에 존속하고 성공할 수 있었다. 석유천연가스 수출액은 러시아 예산의 절반에 육박한다. 미국이 러시아를 추월한 2013년까지 러시아는 세계에서 석유천연가스를 가장 많이 생산하는 국가였다. 원유 1배럴의 가격이 1988년에는 14달러였고 1998년에는 11달러였으며 2013년에는 94달러였고 현재에는 약 52달러이다.

만약 1985년 3월 11일 고르바초프가 아닌 (여기서 내가 편의상 '이반 이바노프Ivan Ivanov'로 가칭할) 다른 정치국원이 공산당 서기장으로 선출되었다면, 그리고 10~15년 후에 (역시 내가 편의상 가칭할) 세르게예프Sergeyev라는 또 다른 정치국원이 이바노프의 후임자로 취임했다면, 브레즈네프 집권기간의 자유주의적 개혁자들도 아니고 지도자들도 아니면서 1990년대를 그럭저럭 무탈하게 보낸 이반 이바노프와 세르게예프는 현대화를 위해 특별히 노력하지 않았어도 '불어오는 바람을 맞으면 자연스럽게 떨어지는 과일들 같은 석유천연가스'의 혜택을 누릴 수 있었으리라. 소련의 최고소비에트Supreme Soviet[9]는 계속 존재했을 것이고, 소련공산당도 정치적 독점권을 계속 보유했을 것이다. 소련공산당 지도자들은 국가를 부강하게 만들었다고 칭송받았을 것이며 또 그렇게 만든 지혜, 활력, 선견지명, 기민성을 지녔다고 칭송받았을 것이다. 소수의 정치개혁자들과 이념개혁자들이 생겨날 수도 있었겠지만 그랬더라도 어떤 근본적 변화도 유발하지 못했을

---

9 소련에 속했던 '소비에트사회주의공화국들Soviet socialist republics(SSR)의 입법기구(의회)'를 가리키는 총칭이다.

것이다. 사실상 그런 경제체제의 성격과 그런 국가의 성격은 '발전된 산업을 (또는 후기-산업을) 향유하는 마르크스-레닌주의적인 경제와 사회'라는 공산주의 본연의 미래상과 거의 일치하지 않았을 것이다. 그런 국가는 경제적으로 천연자원 수출에 의존하는 식민지 국가를 더 많이 닮았을 것이다. 그러나 이 모든 가능성은 쉽사리 간과되었을 것이다. 노선에 대한 엇갈린 의견들은 크게 문제시되지 않았을 테고, 균형예산이 편성될 가능성과 생활수준이 향상될 가능성이 오히려 관건들이었을 것이다. 소련공산당은 정치적 독점권을 계속 보유했을 것이고, 소련에서 분리되어 독립하는 속국들은 전혀 없었을 것이며, 권위주의체제는 계속 유지되었을 것이다. 정확하게는 생활수준이 향상되었을 것이기 때문에, 새로운 긴장들이 발달하지 못했을 가능성도 있었고 계획경제체제의 부단한 존속이 문제시되지 않았을 가능성도 있었을 뿐더러 실제로도 그럴 가능성들은 매우 높았을 것이다.

지난 20년간 러시아에서 진행될 수 있었을 그런 식의 발전이 상상될 수조차 없는 것은 결코 아니다. 물론 체제개혁의 가능성을 진심으로 믿은 지도자는 우연히 선출되었다.

1 페레스트로이카

1980년대초엽에 소련정치는 얼어붙어서 정지된 듯이 보였다. 체르넨코가 사망한 후에야 소련정치는 마침내 급발진하듯이 전력질주를 시작했다. 소련국민들에게도, 소련정책의 어떤 중요한 변화들을 기대하지 않던 외국의 관찰자들에게도, 소련정치의 이런 급변은 놀라운 현상으로 보였다. 고르바초프가 소련공산당 서기장으로 선출되면서부터 시작된 이런 급변에 뒤이어 발생한 사건들은 대단히 빈번하게 자세히 기록되어왔다. 사실상 그 사건들의 모든 관련자가 회고록을 집필해왔다. 그러므로 여기서는 그 사건들에 관한 더 자세한 어떤 설명도 추가될 필요가 없을 것이다.

소련공산당 서기장에 선출될 당시의 고르바초프는 외국에는 거의 알려지지 않았고, 국내외의 현안들에 대한 그의 개인적 견해들은 (비록 있었더라도) 사실상 전혀 알려지지 않았다. 그러나 소련의 외무장관으로서 해외출장을 자주 다녔던 안드레이 그로미코Andrei Gromyko(1909~1989)를 제외한 다른 정치국원들도 고르바초프를 잘 모르기는 마찬가지였다. 게다가 고르바초프는 수다스러운 인물이 결코 아니었다. 그 당시에는 심지어 최고지도자들 사이에서조차 개인적 견해들을 발설하지 말아야 한다는 것, 그리고 집단수뇌의 지령을 받아 합의된 견해를 벗어나는 개인적 견해의 발설은 특히 엄금해야 한다는 것이 기본적인 처세술로 간주되었다. 물론 막역한 친구들의 소규모 동아리에서는 조심스러운 분위기만 적절히 조성되면 더욱 진실한 견해들도 발설되었다. 그러나 논의되는 현안들이 사소하지 않으면 심지어 지도자들조차도 좌중의 합의된 견해를 전폭적으로 찬성하는 척하거나 아니면 적어도 묵인하는 척해야만 했다.

미하일 고르바초프는 북캅카스의 도시 스타브로폴 근방에 있는 작은 시골마을의 농민집안에서 태어났다. 여기서 우리가 기억해야 할 사실은 '고르바초프의 선배세대에 속하는 소련공산당 지도자들은 대체로 도시 출신자들이었고 그들의 부모도 대개는 중류계급에나 지식계급에 속하는 편이었던 반면에 1980년대와 1990년대의 극적인 사건들에서 주도적 역할을 수행한 고르바초프 세대에 속하는 지도자들은 대체로 농민집안 출신자들이었다'는 것이다. 이런 농민가족들이 비록 정치권력의 중심지에서 동떨어진 곳에 살았어도 1930년대에 발생한 엄혹한 사건들의 결과를 피해가지 못했다는 사실도 흥미롭다. 그들의 다수가 "억압"의 희생자들이었는데, 이 "억압"이라는 용어는 스탈린 이후 시대부터 사용되기 시작했다. 고르바초프의 조부는 체포되었고, 옐친의 부친도 체포되었다(옐친의 가족은 말 다섯 마리와 암소 네 마리를 소유했으므로, 그 당시에는 "악질적인" 계급으로 간주되던 부유한 농민들인 쿨락Kulak들로 분류되었다). 그 시절에 피해를 하나도 입지 않고 무사히 생존한 농민가족은 거의 없었다.

1931년에 태어난 고르바초프는 출생지역에서 초등교육을 받았다. 그가 유별나게 총명한 청년인재로 보여서 그랬는지 소련공산당은 일찍부터 그에게 관심을 기울였고 종래에는 모스크바 대학교에 그를 편입시켜서 법학을 공부시키기로 결정했다. 그 당시 소련의 최고명문대학교이던 모스크바 대학교에서 편입생 입학은 이례적인 경우에만 허용되었다. 소련공산당에서 그의 서열은 급상승했다. 그는 서른다섯 살에 소련공산당 스타브로폴 시당 제1비서로 승진했고 몇 년 후에는 스타브로폴의 자치단체장으로 승진했다. 그는 널리 유명해졌고, 1971년에는 소련공산당 중앙위원회 위원으로 임명되었다. 이 사실은 그가 모스크바를 자주 방문했다는 것을 의미하고, 그런 과정에서 실력자 안드로포프가 유능한 청년 고르바초프에게 관심을 보였을 것이다. 이후 다양한 공직들을 맡아달라는 제안을 받던 고르바초프에게 KGB도 관심을 보였을 뿐 아니라 최고기획기관에 소속된 그의 옹호자 몇 명은 그에게 농업부 장관직을 맡아달라고 제안하기도 했다. 그러나 고르바초프는 이 모든 제안을 수락하지 않았고 1980년에 소련의 가장 중요한 정치기관이던 정치국의 국원으로 선임되었다. 그는 신임 정치국원 신분에 걸맞도록 겸손하고 중뿔나지 않게 처신하면서 친구만 몇 명 만들었을 뿐 적을 전혀 만들지 않은 듯이 보인다.

고르바초프는 스타브로폴에서 지내던 시절에 지방의 상황을 충분히 파악하여 숙지했을 뿐 아니라 모스크바에서는 소련의 국내현실을 정확하면서도 더욱 폭넓게 파악했다. 그래서 그는 현행 정책들을, 혹은 더 정확하게는, 상황을 개선시키려는 행동의 부재를 신랄하게 비판하는 인물로 변해갔다. 그는 의기투합할 수 있는 많은 인물을 규합하기도 했다. 그러면서 그는 아마도 자신이 정책에 영향력을 행사할 만한 지위로 승진하는 데 필요한 후원을 그들로부터 받을 수 있으리라고 기대했을 것이다.

고르바초프의 주변에서 형성된 이런 후원모임들 중에도 세간에 꽤나 알려진 어느 모임은 특히 흥미롭다. 왜냐면 그 모임은 페레스트로이카의 이념적 아버지로 여겨지는 알렉산데르 야코블레프Alexander Yakovlev(1923~2005)라는 인물과 유관하기 때문이다. 고르바초프보다 여덟 살 더 많은 야코블레프도 역시 어릴 때에는 총명한 시골소년이라서 그랬는지 훗날 소련공산당 수뇌부에까지 승진했다. 제2차 세계대전에 참전했다가 1942년 8월에 심각한 부상을 당한 야코블레프는 의가사제대하여 학업에 전념했고, 종래에는 러시아 과학아카데미의 정회원이 되었다. 고르바초프처럼 야코플레프도 모스크바로 진출하여 소련공산당 중앙위원회 이념분과위원회에서 주로 활동했다. 야코블레프는 그 당시에는 러시아계 대학교들에서 허용되지 않던 사회학을 학생들에게 가르쳐야 한다고 제안한 사람들 중 한 명이었다. 그러나 고르바초프보다 신중하지 못했던 야코블레프는 곤경에 내몰렸다. 1972년 8월 야코블레프는 소련에서 목격한 쇼비니즘 풍조와 반유대주의 풍조를 신랄하게 비난하는 논설문을 《리테라투르나야 가제타 Literaturnaya Gazeta》에 발표했다. 그즈음 이런 풍조의 뿌리는 소련에 이미 깊게 박혀 있었고, 소련공산당 수뇌부에도 이런 풍조의 강력한 지지자들이 존재했다. 그들은 '이념 관련 업무를 통솔하는 직책을 야코블레프에게 맡기지 말아야 한다'고 주장했다. 그 결과 야코블레프는 캐나다 주재 외교관으로 파견되었고 그곳에서 10년간 근무하는 동안 서구의 정치경제적 제도들에 관한 지식을 풍부하게 습득했다. 그는 1983년에 캐나다를 방문한 고르바초프를 만났다. 두 사람이 서로를 파악하는 기간은 비록 짧았지만 서로의 견해가 매우 비슷하다는 사실을 알고 허심탄회하게 의견을 주고받을 수 있었다. 당연하게도 두 사람은 각자 나름대로 소련에 급진적인 변화가 필요하다는 결론에 도달했다. 그렇지만 그 당시에는 야코블레프의 비판이 훨씬 더 급진적이었다. 변화를 촉발할 방법에 관한 그의 생각은 고르바초프의 생각과 다르게 훨씬 더 진보적이고 실용적이었다.

두 사람은 친구가 되었다. 그리고 모스크바로 돌아온 고르바초프는 '야코블레프를 모스크바로 다시 불러들여서 소련공산당 중앙위원회로 복귀시켜야 한다'고 강력히 주장했다. 야코블레프가 발령받아 수락한 직책은 마르크스-엥겔스-레닌연구소의 소장이었다. 그것은 가장 중요한 권력기반을 다질 만한 직책은 정확히 아니었고, 그때 소련공산당의 공식적인 이념에 대한 야코블레프의 태도는 부정적이었다. 다른 소련 지도자들도 그 이념에 대단히 열광하기는커녕 오히려 간단히 무시해버리는 태도를 보였다. 그들의 발언들에서는 마르크스주의-레닌주의에 관한 긍정적 언급은 발견되기 어려웠을 것이다. 왜냐면 그들은 그 이념을 아예 언급하지도 않았기 때문이다. 그러나 야코블레프는 그들보다 더 가혹한 태도를 보였다. 그는 그 이념을 통째로 반대했고 심지어 증오하는 태도마저 보였다. 그는 마르크스주의-레닌주의를 과학과 전혀 무관한 증오스러운 종교로 간주했다.

이런 확신을 품은 개인이 정치국에서 어떻게 살아남을 수 있었을까? 훗날 야코블레프는 페레스트로이카가 시작되었을 무렵에 '그 자신도 아직 모든 진실을 말할 수 없었으며 다른 정치국원들도 개인적으로는 내심을 숨기고 거짓말을 할 수밖에 없었다'고 술회했다. 그리고 그는 '다른 사람들은 순진해서 그랬는지 하여간 내심을 들키지 않게 조심하지도 않았다'라고 덧붙였다. 소련공산당 지도부가 채택한 정책의 뿌리들은 독실한 이념적 확신들이 아니라 오히려 노멘클라투라nomenklatura[10]의 관심사들이었다. 왜냐면 소련공산당 지도자들은 명청했고 냉소주의자들이었기 때문이다. 야코블레프는 소련체제에 관해서 단지 전체주의체제라고만 언급했는데, 전체주의는 서구의 대학교 몇 곳을 견학하던 그를 깊은 시름에 빠뜨린 문제였다. 그와 그의 막역한 친구 몇 명은 실질적인 변화를 촉발하려는 고르바초프의 세부계획을 순순히 따랐다. 그러나 고르바초프는 비록 '오직 소련공산당 내부의 소규모 혁명만이 진정한 변화를 촉발할 수 있으리라'고 인정했으면서도 그런 혁명을 실행하기는 아직 너무 이르다고 주장했다.

---

10 본래 '소련을 포함한 공산국가에서 공산당의 승인을 받아서 임명된 직위일람표'를 가리키는 이 용어는 '임명직 간부' 즉 '특권계급'의 총칭이다.

야코블레프는 1991년 소련공산당을 탈당했고, 그때 외무부 장관이던 에두아르드 셰바르드나제Eduard Shevardnadze(1928~2014)와 의기투합하여 볼셰비키들과 경쟁할 수 있는 일종의 사회민주당을 창당했다. 사회민주당은 몇 년간 존속했지만 성공하지 못했다. 기존에 확립된 소련공산당 기구는 여전히 매우 강력했다. 그래서 소련공산당원들은 마르크스-레닌주의의 운명을 크게 우려하지 않으면서도 자신들의 사회적 위상과 권력에는 당연하게 관심을 기울였다. 더구나 쇼비니즘을 강력하게 반대한 야코블레프의 열띤 태도는 그의 인기를 더 상승시키지 못했다. 1993년 이후 그는 (2005년에 사망했다) 어떤 유의미한 정치적 역할도 못하고 학술 활동에만 몰두했다. 그는 많은 적을 만들었고 소련공산당 및 소련의 적으로 간주되었을 뿐 아니라 심지어 간첩으로 취급되면서까지 공격당하곤 했다. 그러나 그의 제2차 세계대전 참전이력은 그런 공격들을 거의 무효로 만들어버렸다. 그가 그렇게 공격받던 시절의 소련공산당 지도자들 중에서 그는 지난날 조국을 위해 싸웠을 뿐 아니라 그러다가 목숨마저 잃을 뻔한 사실상 유일한 지도자였다. 그래서 현대의 러시아 지도자들 중 한 명도 그의 장례식에 참석하지 않았다는 사실은 놀랍지 않았다. 왜냐면 그는 '옐친의 집권기간에 진행되다가 블라디미르 푸틴의 집권기간에 특히 급속해진 민주주의의 퇴보'를 신랄하게 비판했기 때문이다.

*

페레스트로이카와 글라스노스트가 시작될 수 있었던 사연은 다양하게 설명된다. '안드로포프가 즉각적 경제개혁의 필요성을 납득했기 때문에 그것들이 시작될 수 있었다'고 설명하는 사람도 있다. 그러나 안드로포프는 그즈음 직무를 사실상 중단했고, 고르바초프는 후임자로 선출된 다음에야 비로소 법안발의권을 얻었다. 고르바초프가 1985년에 처음으로 발의한 법안은 알코올중독을 극복하기 위한 방법과 수단에 관한 것이었다.

1986년에는 고르바초프가 많은 활동을 하지 않는 듯이 보였다. 왜냐면 부분적으로는 그가 지나치게 조심했을 뿐 아니라 페레스트로이카의 실행계획들도 아직 마련하지 않았기 때문이었다. 그러나 그동안 중요하던 석유가격이 하락하면서 경제상황이 악화되었으므로 즉각적 변화는 불가피해졌다. 그런 동시에 (아르메니아와 아제르바이잔 사이에서 발생한 분쟁들 같은) 국내정치적 갈등은 상황을 더욱 악화시켰다. 소련 지도자들은 1987년 여름에 일련의 법률들을 공표하기 시작하면서부터 소련의 경제체제를 해체하기 시작했다.

그때보다 훨씬 오래전부터 많은 개혁반대자는 정치국과 여타 유력한 소련공산당 기관을 이탈하기 시작했다. 그래도 경제적이고 사회적인 페레스트로이카보다는 글라스노스트를 통한 개혁을 추진하기가 훨씬 더 쉽다는 사실이 곧 분명해졌다. 글라스노스트는 단순히 검열활동의 자유를 제한하는 정책을 의미했을 따름이다. 그런 정책 덕택에, 예컨대 이전에는 검열되거나 출판을 금지당했던 『의사 지바고 Dr. Zhivago』[11]를 포함한 문학작품들이 출판되기 시작했고, 외국의 라디오 방송들을 러시아에서 수신되지 못하게 만들던 전파방해도 중단

---

11 러시아 및 소련의 시인 겸 작가 보리스 파스테르나크Boris Pasternak(1890~1960)가 1957년에 발표한 장편소설이다.

될 수 있었다.

글라스노스트 정책은 소련공산당의 일반 당원이자 대학교수이던 니나 안드레예바Nina Andreyeva, 1938~ 같은 반대자들도 배출했다. 안드레예바는 일간지 《소베츠카야 로시야Sovetskya Rossiya》의 한 면을 가득 채운 〈나는 기본원칙들을 포기할 수 없다I Cannot Give Up Basic Principles〉는 기고문에서 구체제를 변호했다. 그러나 전체적으로 글라스노스트는 압도적 지지를 받았다. 좌익세력과 자유주의세력은 글라스노스트가 그들의 사상을 방송할 수 있는 더 많은 자유를 부여했다는 이유로 글라스노스트를 지지했는데, 우익국가주의진영도 똑같은 이유를 내세우며 지지했다.

그러나 페레스트로이카는 소설들의 출판도 더욱 자유롭게 해줄 뿐 아니라 냉전을 종식시킬 수 있는 활동—경제활동, 국내정치생활에서 행해지는 활동, 외교정책 영역에서 행해지는 활동—도 더욱 자유롭게 해준다는 사실이 곧 분명해졌다. '페레스트로이카의 영향을 받지 않은 분야가 단 하나라도 있으리라'고 생각되기는 힘들었다. 왜냐면 페레스트로이카는 소련과 위성국가들—동유럽과 발칸 반도의 공산주의국가들—의 관계들마저 포함했기 때문이다. 과거의 경험은 공산주의정권의 지배력이 확고하지 않았다는 사실을 증명했다. 그래서 공산주의체제들이 모스크바로부터 든든한 지원을 받지 않으면 존속할 수 있을지 여부도 의심스러웠다(그리고 만약 그들이 존속했다면, 그들을 신뢰할 수 없게 만드는 위험이 늘 존재했을 것이다). 그렇다면 비상시에 군사적 개입이 당연시될 수 있다는 사실을 의미하는 재래식 정책이 뒤따라 시행되어야 했을까? 고르바초프와 여타 소련 지도자들은 싫증을 느꼈다. 종래에는 소련의 내부에서도 국가주의가 들끓었다. 수십여 년에 걸쳐 온갖 노력이 강행되었지만 비러시아 공화국들에서 고조되던 국가주의적 열정은 진압되지 않았다. 그런 반면에 거대한 러시아 국가주의가 강력해진 1930년대부터 비러시아 공화국들의 국가주의는 새로운 추진력을 얻었다. 이런 일은 과거에도 발생했고, 1980년대말엽에는 아제르바이잔과 아르메니아 사이에서 처음으로 가장 첨예하게 재발하기 시작했다.

만약 안드로포프가 정치체계와 여타 현안을 전혀 건드리지 않고 원대한 경제개혁을 완수할 수 있으리라고 생각했을지라도 그런 생각을 뒷받침한 가설들은 결코 검증되지 않았을 것이다. 고르바초프는 그렇게 허황된 생각들의 일부를 공유하는 듯이 보였지만, 그런 생각들을 유발한 낙관주의의 근거는 전혀 없다는 사실을 재빨리 이해했다. 1986~1990년에는 경제상황이 암울했어도 낙관주의가 유행했다. 왜냐면 상황을 호전시킬 중대한 변화들이 이미 시작되었기 때문이 아니라, 상황이 개선될 가망성과 자발적 행동의욕의 징조들이 마침내 표면화되었기 때문이다.

새로운 지도자들이 직면한 모든 문제 중에서 경제문제가 가장 해결하기 어렵고 까다로운 문제라는 사실도 곧 분명해졌다. 1920년대에 기존의 경제체제가 계획경제체제로 이행하기는 쉽지 않았지만, 그렇게 이행한 전례가 아예 없지는 않았다. 제1차 세계대전 기간에 많은 국가는 계획경제체제로 이행하기 위한 수단을 채택해야 하는 상황으로 내몰렸다. 그러나 당시에는 계획경제체제에서 시장경제체제로 후퇴한 전례가 없었다. 물론 중국과 베트남에서는 확실히 그런 퇴행이 발생했지만 상당한 세월이 흐른 뒤에야 그랬다. 더구나 이 국가들의 상황은 러시아의 상황과 현실적으로 비교될 수 없었다. 왜냐면 중국 인구 전체와 베트남 인구 전체의 1인당소득은 러시아 농업 인구 과반수의 1인당소득보다 훨씬 더 적었기 때문이다.

실제로 고르바초프와 보좌진의 대다수는 그런 급진적 변화를 꾀하지 않았다. 그러나 그들은 '반쪽짜리 법안들이 국가를 구원하지 못할 수 있다'는 사실을 서서히 이해했다. 그들이 물려받은 상황은 장기간 유지될 수 없었다. 게다가 그들이 직면한 갑작스러운 후퇴현상은 소련의 산업에도 영향을 끼쳤을 뿐더러 농업에는 더욱 중대한 영향을 끼쳤다. 도시로 이주하는 농촌인구도 꾸준히 존재했고 심지어 증가하기도 했다. 그 당시에 소련의 석유 수출은 이미 중요한 경제적 요인이었지만 수년 후에 획득할 거대한 규모를 아직 획득하지는 못했다. 그래서였는지 소련의 석유 수출액은 1985~1986년에 30퍼센트포인트나 급감했다. 그러자 소련의 국가예산과 외화보유액도 곧바로 감소했고, 소련에서 대량으로 소비되던 생필품도 부족해지면서 소련의 산업과 농업에 필수적인 수입품마저 부족해지는 괴로운 사태가 발생했다. 소련의 어느 장관이 훗날 "우리는 세계의 모든 국가에서 돈을 빌렸다"고 참담하게 인정했다시피, 소련의 대외부채도 560억 달러로 급증했다.

그래도 경제민영화를 생각한 사람은 아직 거의 없었을 것이다. 고르바초프는 '국영기업들을 인계받은 노동자들이 경영하는 기업 모델'—유고슬라비아에서 대통령 요십 브로즈 티토Josip Broz Tito(1892~1980: 1953~1980 재임)가 소련진영을 탈퇴한 이후에, 한동안 각광받은 발상—을 믿는 듯이 보였다. 그래서 1986~1989년에는 소련공산당 지도부 안에서 당정회의가 빈번하게 열렸고 많은 의안이 통과되었다. 그렇더라도 소련공산당의 정치적 독점권은 아직 와해되지 않았지만 아무 작용도 하지 못했다. 공산당 수뇌부 안에서도 논쟁과 갈등이 불거졌다. 그런 와중에 강력한 반反고르바초프 계파가 등장하여 현상유지status quo를 요구했고, 1991년 8월에는 급기야 반고르바초프 쿠데타마저 일으켰다. 그 쿠데타는 단 몇 개월 만에 고르바초프를 실각시켰고(그는 1991년 12월 하순에 소련 대통령직을 사임했다) 옐친을 등장시켰지만 기존의 소련공산당마저 붕괴시켜버렸다.

만약 고르바초프 집권기간에 소련에서 대대적인 경제개혁이 절실히 필요한 것으로 인정되었으면서도 실행되지 못했다면 "새로운 생각"(그 당시의 외교정책집행과정에 사용된 공식 용어)이 실행되었을 것이다.

그때로부터 3년 전에만 해도 고르바초프는 가장 많은 인기를 얻는 소련 지도자로 널리 인식되었다. 그런 고르바초프를 그토록 빠르게 실각시킨 원인은 과연 무엇이었을까? 핵심 원인은 참담한 경제상황이었지만, 아마도 훨씬 더 중대한 원인은 '강력한 지도자를 보유하지 못한 듯이 보인 크렘린Kremlin[12]'의 태도였을 것이었다. 1991년 8월 쿠데타가 발생했을 즈음의 소련은 파산지경에 접어들었다. 그러나 정치인뿐 아니라 군대장성과 심지어 KGB국장마저 포함한 모든 쿠데타 가담자 중에 결정적인 정치변동을 촉발하는 데 필요한 경험을 해본 자는 전혀 없었다. 옐친은 수년간 고르바초프의 경쟁자였지만, 쿠데타가 감행되었을 때야말로 민주주의와 개혁 정당을 지지하는 군중을 앞둔 옐친이 어느 탱크의 포탑에 올라서서 연설을 개시할 수 있던 가장 적합한 시점이었다.

---

12 모스크바의 중심부에 위치한 오래된 요새로서 '크렘린 궁'으로도 지칭된다. 소련공산당 서기장과 러시아 대통령의 집무실이 있는 소련 및 러시아의 정치중심지이다.

만약 고르바초프 집권기간에 많은 사람이 절실히 필요하다고 말하던 결정적이고 원대한 경제개혁들이 실행되지 못했다면, 외교정책에 대한 "새로운 생각"이 매우 다분해졌을 것이 확실하다. 물론 고르바초프는 소련공산당 서기장에 선출되자마자 곧바로 개혁을 시작하지 않았다. 고르바초프에게는—가장 중요한 현안들을 충분히 숙지하고 정치국의 지지를 얻어내는 데 소요될—2년이라는 준비기간이 필요했다. 안드레이 그로미코는 여전히 뛰어난 외교정책전문가로 간주되었으므로 고령자들의 지지를 받았다. 그들은 개혁정책을 반대했다. 그들이 이단적인 것으로 간주하지 않을 만한 어떤 다른 정책을 상상조차 할 수 있었을지도 의심스럽다. 고르바초프는 '신임 외무장관은 모름지기 그로미코와 그의 외교업무를 가급적 멀리해야 하듯이 소련공산당이나 정부업무도 가급적 멀리해야 한다'는 사실을 이해했다. 그래서 고르바초프가 신임 외무장관으로 발탁한 에두아르드 셰바르드나제는 지식인이었지만 외교정책과 외교업무를 전혀 경험하지 못한 인물이었다.

고르바초프는 '서구의 군사적 재무장이 중단되어야만 서구와 교류할 수 있다'는 여론에 동감하는 새로운 정책팀을 구성했다. 그런 정책은 소련공산당 지도자들 사이에서 지지를 획득할 가능성이 가장 높았는데, 왜냐면 그런 지도자들도 '국방예산의 부담이 너무 과중해졌다'는 사실을 이해했기 때문이다. 그 당시에 책정된 소련 국방예산의 정확한 액수는 지금에는 확인될 수 없는 것들이다. 그 당시 소련 국방예산은 소련 전체예산의 8~15퍼센트를 차지한다고 믿겼지만 공식적으로 발표된 액수보다는 확실히 더 많았고, 어쩌면 훨씬 더 많았을 수도 있다.

냉전의 긴장을 줄여가는 과정에서 가장 중대한 현안은 어쩌면 아프가니스탄 전쟁이었을 것이다. 아프가니스탄에는 1979년 12월부터 소련군대가 진주했고 전황은 전혀 나아지지 않았다. 더구나 소련과 중국의 관계마저 악화되면서 중국은 소련군대의 철수를 양국관계의 정상화를 위한 전제조건으로 요구했다. 그러나 브레즈네프와 그의 후임자들은 결정적 대응책을 채택할 수 없는 처지에 있었다. 그들은 (아프가니스탄에서) 소련군대를 철수시키기로 결정할 수도 있었지만, 그런 결정은 소련의 패배로 해석될 수 있었다(그리고 당연히 그렇게 해석될 수밖에 없었다). 그들이 그렇게 결정하지 않았다면 아프가니스탄에 진주한 소련군대를 보강하기로 결정할 수도 있었을 것이다. 그러나 그런 결정은 아프가니스탄의 긴장을 가중시킬 수도 있었다.

　그렇듯 1980년대에 지속된 아프가니스탄 전쟁은 치유될 수 없는 상처 같았다. 1986년 초엽에 열린 소련공산당의 당무회의에서 고르바초프는 아프가니스탄 전쟁을 "유혈상처"로 규정했다. 이 발언은 고르바초프가 아프가니스탄에 진주하던 소련군대를 철수시키기로 결정했을 당시에는 외부에 알려지지 않았다. 그러나 1987년 즈음에는 소련군대가 아프가니스탄에서 철수할 가능성이 확연해졌다. 철수를 반대하는 유일한 목소리는 소련군대 수뇌부에서 나왔다. 그렇지만 그 당시 아프가니스탄에 진주한 소련군대는 인상적으로 활동하지 못했기 때문에 소련군대 수뇌부는 반대 목소리를 높일 만큼 강력한 위상을 획득하지 못했다. 셰바르드나제는 아프가니스탄에 소련군대를 소규모로 파견하여 무기한 주둔시키자고 제안했지만, 고르바초프는 그의 제안을 묵살했다. 소련군대의 철수는 1988년 5월 15일에 시작되었고 애초의 계획보다 빠른 1989년 2월 15일에 마무리되었다.

그렇게 막을 내린 '오판들의 비극'은 수많은 군인의 목숨뿐 아니라 훨씬 더 많은 민간인의 목숨마저 희생시켰다. 만약 브레즈네프의 최초판단이 값비싼 오판이었다면, 무슬림(이슬람교 신자)들을 상대로 승리할 수 있으리라고 예상한 미국의 판단도, 많은 세월이 흐르고 나서야 비로소 밝혀졌다시피, 심각한 오판이었다.

아프가니스탄 전쟁의 종결은 물론 중요한 계기였지만 소련과 서구의 관계를 급변시킬―즉 냉전의 긴장을 종식시키거나 적어도 감소시킬―만큼 충분히 중요한 계기는 되지 못했다. 고르바초프는 1985년 프랑스와 브리튼에서 서구 지도자들을 처음 만났다. 그는 프랑스 대통령 프랑수아 미테랑François Mitterrand(1916~1996: 1981~1995 재임)과 브리튼 총리 마거릿 대처Margaret Thatcher(1925~2013: 1979~1990 재임)에게 긍정적인 인상을 주었다. 미테랑과 대처는 냉전종식을 겨냥하는 고르바초프의 "새로운 생각"을 진지하게 받아들일 필요가 있다고 미국 백악관에 권고했다. 그러나 고르바초프는 1985년 스위스 제네바에서도 그보다 연장자인 미국 대통령 로널드 레이건Ronald Reagan(1911~2004: 1981~1989 재임)을 만났지만 역시나 짤막한 인사를 제외한 본격적인 대화를 전혀 나누지 않았다.

레이건은 공산주의와 소련의 철천지원수였다. 그는 1993년에 미국의 어느 기독교복음전도모임에서 이른바 "악의 제국"을 지목하는 유명한 연설을 했다. 그의 재임기간에 워싱턴과 모스크바의 관계는 유례없이 악화되었다. 그러므로 레이건과 고르바초프가 어찌 합의할 수 있었겠는가?

야코블레프와 그의 정책팀은 외교정책에 포함될 새로운 생각의 기본 개념들을 대략적으로 설정했다. 그렇지만 그들은 그 개념들을 어떻게 조합하여 하나의 정책으로 빚어냈을까? 그런 방향으로 내디뎌진 최초의 중대한 발걸음은 1986년에 개최된 레이캬비크 회담 Reykjavík Summit[13]이었다. 소련 우크라이나 북부의 체르노빌 원자력발전소가 폭발하는 재난(1986년 4월 26일)이 발생한 지 몇 개월 후에 개최된 이 회담은 소련의 관점에서 보면 또 다른 완전한 재난이었다. 그러나 매우 끔찍했을 수도 있었을 회담의 결과들은 러시아인들의 생각에 긍정적 영향을 끼쳤고, 어쩌면 미국의 외교정책결정권자들에게도 긍정적 영향을 끼쳤을 것이다. 왜냐면 다른 모든 사건과 다르게 체르노빌의 재난은 '핵무장 해제조치들이 긴급하게 시행되어야 한다'고 느끼는 공감대를 증폭시켰기 때문이다.

레이캬비크 회담의 주요 의제들은 "기술적 현안들"이었는데, 대륙간탄도미사일을 배치한 지역에 우선권을 부여하느냐 여부, 핵실험 중지, 미국전략방위구상American Strategic Defence Initiative(SDI)의 기타 사항, 소련의 핵무기 감축계획도 그런 현안들이었다. 대단히 격렬한 논쟁들이 벌어졌고, 그로미코의 주요 보좌진 및 대변인 중 한 명이던 안드레이 그라쇼프Andrei Grachev의 평가대로라면 회담은 실패작이었다.

돌이켜보건대 레이캬비크 회담은 어쩌면 1989년에 원대한 변화들이 발생하려면 반드시 필요했던 행보였을 것이다. 왜냐면 적어도 미국과 소련의 대통령들은 양국관계가 진실로 호전될 수 있으리라고 느꼈을 뿐 아니라 상호 합의에 도달하기를 열망했기 때문이다. 그러나 양국관계는 그때까지 다년간 얼어붙어 있었으므로, 해빙기가 갑자기 시작되어 모든 중대한 문제가 일거에 해결될 가능성은 없었다.

---

13 레이건과 고르바초프가 아이슬란드의 수도 레이캬비크에서 행한 수뇌회담이다.

레이캬비크 회담이 열리고 나서 2년쯤 흐른 1988년 5월에 레이건은 모스크바를 방문했다. 모스크바의 붉은 광장에서 연설하던 그는 '이제부터 소련을 악의 제국으로 간주하지 않겠다'라고 선언했다. 소련과 서구의 관계들을 호전시킬 돌파구를 뚫은 것은 1989년 12월에 열린 또 다른 미소정상회담의 결과였다. 고르바초프가 미국 대통령 조지 허버트 워커 부시George Herbert Walker Bush(1924~: 1989~1993 재임)를 상대로 진행한 이 정상회담은 지중해의 섬나라 몰타 인근해역에 정박한 소련군함 "막심 고르키"[14] 호의 선상에서 열렸다. 이 회담에 이어서 군비감축을 주요 의제로 다루는 일련의 회담들이 진행되었다. 고르바초프와 부시는 '앞으로 두 초강대국은 서로를 적국으로 간주하지 않겠다'라고 선포하는 공동선언문을 발표했다.

서구(특히 미국)의 지도자들은 '크렘린의 변화들이 진정성을 지녔고 세계정치의 심오한 역사적 전환점을 형성했다'는 사실을 오랜 시간이 지나서야 비로소 인정했다. 그렇게 오래 걸린 까닭은, 이전의 상황들이 감안되면, 이해될 만한 것이다. 그때까지 수십 년간 실망스럽고 퇴행적인 사건들이 워낙 빈발했기 때문에 서구의 지도자들은 또 다른 배신을 당하지나 않을까 우려했다. 그래서 그들은 역사적 기회를 놓치지 않기를 바라면서도 고르바초프가 원대한 양보안들을 실행하기 전에 그들에게 약속을 해줄지 여부를 가장 먼저 알기를 소망하기도 했다.

그러나 수십 년간 역사를 동결시켰던 냉전이 끝나자 사건들은 더욱 빠르게 질주하기 시작했고, 서구의 지도자들도 다소 늦게나마 반

---

14 이 선박명칭은 사회주의적 현실주의문학을 창도한 러시아 및 소련의 작가 막심 고리키 Maxim Gorky(1868~1936)를 연상시킨다.

응하기 시작했다. 레이건은 베를린에서 아주 유명한 연설을 하면서 고르바초프에게 개방정책을 더욱 적극적으로 추진해달라고 요청했다. 바르샤바조약기구Warsaw Pact[15]는 해체되었고 닫혀있던 문들은 갑자기 열렸으며 장벽은 사라졌지만, 서구는 느리게 반응했다. 왜냐면 급속히 해체되는 소련의 참담하고 줄기차게 열악해지는 경제상황에서 고르바초프의 집권기간에도 위험은 존재했기 때문이고, '그의 후임자가 그의 정책을 기꺼이 동일하게 유지하리라'고는 아무도 확신할 수 없었기 때문이다. 고르바초프에게는, 예컨대, 당장 위급한 국내 비상사태를 무마할 국채발행이나 차관도입 같은 위기 타개책이 필요했지만, 아무도 그런 타개책을 내놓지 못했다. 고르바초프는 좌절감뿐 아니라 배신감마저 느꼈다. 그는 자신의 조언자들에게 불만을 토로했다. 왜냐면 그 무렵 이라크의 독재자 사담 후세인Saddam Hussein(1937~2006)이 쿠웨이트를 침공하자 이라크 전쟁을 개시한 미국 백악관은 수십억 달러에 달하는 전쟁비용을 어렵잖게 마련할 수 있었던 반면에 정치적 비상사태에 직면한 고르바초프의 조언자들은 고르바초프를 도와주려고 노력할 수 없었거나 자발적으로 노력하지 않았기 때문이다.

고르바초프는 '국채발행이나 차관도입을 포함한 각종 위기 타개책은 의회의 승인을 받아야 한다거나 대통령은 그런 타개책들을 직접 실행할 권한과 재원을 보유하지 못했다'는 사실을 확실히 이해하지

---

15 1955년 5월 14일에 소련, 폴란드, 체코슬로바키아, 동독, 헝가리, 루마니아, 불가리아, 알바니아(1968년 9월 13일 탈퇴)의 지도자들이 회합한 폴란드 바르샤바에서 소련공산당 서기장 니키타 흐루쇼프Nikita Khrushchev(1894~1971: 1953~1964 재임)가 제안하여 결성한 이 군사동맹조약기구(정식 명칭: 우호협력상호원조조약Treaty of Friendship, Co-operation, and Mutual Assistance기구)로, 1991년 7월 1일 해체되었다.

못했다. 더구나 미국 백악관이 (1991년 12월 대통령직을 사임한) 고르바초프를 구원할 수 있을지 여부도 확실하지 않았다. 왜냐면 그즈음 가장 중요시된 위기는 이제 경제적 성격이나 재정적 성격을 띠지 않았고, 모든 소련체제는 해체과정에 진입한 듯이 보였으며, 워싱턴에는 미국이 이런 해체과정을 중단시키려고 개입할 가능성이나 개입해야 할 당위성을 의심하는 분위가 감돌았기 때문이다.

1991년 8월에 감행된 반고르바초프 쿠데타는 실패했지만, 고르바초프의 입지는 대단히 약해졌다. 만약 체제가 어떻게든 존속했다면, 주로 결정적인 시점에서 지지자들을 규합한 옐친 덕택에 존속했을 것이다. 소련의 지도자는 이제 명목상 두 명이 된 셈이었다. 고르바초프는 아직 소련 대통령이었지만 옐친은 대선 득표율 57퍼센트로 러시아 대통령에 당선했다. 게다가 옐친은 국무총리로도 임명되었다. 그래서 고르바초프가 대통령직을 사임할 수밖에 없었다는 사실은 그저 당연한 순리로 보였을 것이다. 왜냐면 그때부터 소련은 사실상 존재하지 않았기 때문이다. 소련은 이전에 거느렸던 공화국 11개국으로 구성된 독립국가연합Commonwealth of Independent States(CIS)으로 대체되었다. 발트 해 연안의 공화국들은 1990년에 독립을 선언하기로 이미 결정했고, 다른 공화국들도 1991년 8월과 9월에 독립을 선언했다.

그동안 소련 정부는 물가가 상승하지 않으리라고 연신 호언장담했지만 전국의 물가는 폭등했다. 그리고 1992년 1월부터 모든 물가는 마침내 자유화되었다. 혼란상황은 어떻게 종식될 수 있었을까? 소련 경제의 생산량은 1991년에만 11퍼센트포인트나 감소했고, 국가예산의 적자 비율은 약 25퍼센트포인트나 증가했으며, (물품교환권voucher[16]을 50루블 지폐와 100루블 지폐로 교체한) 화폐개혁의 효과는 전혀 없었다.

국내 분위기는 시장경제와 민영화를 선호했지만, 이런 급변들이 획득할 현실적 의미와 유발할 실질효과를 아는 사람은 전혀 없었다. 옐친은 러시아 경제를 시장경제로 전환할 준비를 갖추는 실무를 담당할 경제학자들로 구성된 소규모 실무진을 선임했고, 1992년 6월에는 시장경제체제가 법제화되었다.

바야흐로 모든 것은 급변하기 시작했다. 그런데 위기는 불가피했을까? 그때로부터 10여 년이 더 흐른 어느 날, 민영화의 설계자 두 명 중 한 명이던 아나톨리 추바이스Anatoly Chubais(1955~)는 런던《파이낸셜 타임스Financl Times》의 기자와 회견하면서 "그것은 시간싸움이었고, 엄청난 압박에 시달렸으며, 옐친은 병들었는데, 급진적인 요구사항들이 억지로라도 실행되지 않았다면 1996년 총선에서 공산당 후보자들이 당선되었을 것이고, 그랬다면 역사의 진로는 달라졌을 것이다"라고 말했다.

이 모든 말은 사실일 수 있는데, 왜냐면 그 당시의 모스크바는 확실히 일촉즉발의 상황에 놓였기 때문이다. 1993년 10월에는 옐친 정부를 전복시키려는 또 다른 시도가 감행되었다. 러시아의 정부청사인 모스크바 백악관을 점거한 쿠데타 세력과 진압부대의 총격전이 열 시간이나 계속되었다. 그 과정에서 많은 사람이 사망하거나 부상당했다. 옐친은 단호하게 행동했다. 몇 시간 내에 쿠데타 주동자들이 체포되었다. 쿠데타를 감행한 단체인 국민구원전선National Salvation Front은 러시아공산당과 마찬가지로 활동금지조치를 당했다.(러시아공산당은 그때로부터 2년 전에 이미 불법 정당으로 규정되었지만 러시아 대법원은

---

16 소련에서 노동자들에게 지급되던 화폐대용급여 또는 봉급을 말한다.

이런 활동금지조치를 불법으로 간주하여 취소했다. '소속당원들의 행동 때문에 정당활동이 금지당하면 안 된다'는 것이 대법원의 판결논리였다.)

이른바 "물품교환권 민영화"가 진행된 이 시기에 발생한 사건들의 전모는 아직 밝혀지지 않았다. 민영화의 저변에 깔린 본래의도는 경제를 재건하고 경제생산력을 증가시키는 것이었다. 그러나 그 의도에는 외국인투자자를 유치하겠다는 포부도 담겨 있었다. 러시아는 이 시기에 세계은행World Bank과 국제통화기금International Monetary Fund(IMF)에 가입했다. 파죽지세로 속행된 이런 혁신들에 러시아 국민은 모호하게 반응했다. 1993년 4월에 치러진 국민투표에서 러시아 정부는 확실한 지지를 받았지만, 그때 유권자들의 과반수가 러시아에서 벌어지는 일들을 이해했는지 여부는 의심스럽다. 중형 및 대형 국영기업들 중 무려 13만 곳의 소유권이 극소수 민간인들의 수중에 떨어지면서 바야흐로 올리가르히Oligarch[17]의 시대가 시작되었다. 민영화의 또 다른 설계자 예고르 가이다르Yegor Gaidar(1959~2009)가 말했다시피, 그 무렵의 전반적인 상황은 아나톨리 추바이스가 말한 상황과 확실히 비슷했다.

가이다르는 그런 상황을 파악할 수 있는 직책에 있었다. 그는 러시아 경제재정부 장관을 역임했고 한동안(1992년 6월~12월)—고르바초프의 후임자로서—러시아 연방의 부총리도 역임했다. 가이다르는 '정권이 약해졌다'는 사실도 알았고 '약한 정권은 필요한 강력한 수

---

17 이 낱말은 원래 '과두집정관' 또는 '소수 독재자'를 가리키는 호칭의 단수형이다. 러시아에서 이 호칭은 '1990년 소련 해체 이후 민영화된 소련 국영산업체들을 정식으로나 편법으로 인수하여 막대한 재력을 축적하고 강력한 정치적 영향력을 행사한 신흥재벌'을 가리키는 데 주로 사용된다.

단을 확보할 수 없다'는 사실도 알았다. (그가 기록했다시피) 그는 '문제들이 장기간 적체된 결과 발생할 수 있는 후기 사회주의의 위기'에 관해서 알아야 할 모든 것을 알았다. '사회주의식 산업화 모델'과 '국가재원들의 심층적 해체'뿐 아니라 '연료 가격의 폭락'도 그런 위기를 초래했다. 그때로부터 10여 년 후에 가이다르는 '국가가 붕괴되었다가 회복기로 접어들 때까지 3~7년은 걸릴 것이다'라고 생각했다면서 다음과 같이 기록했다. "그때는 전환기였다. 회복성장 단계로 접어든 후기사회주의국가들의 정부들에게 맡겨진 가장 중대한 과업은 회복성장과정을 '경제에 투자되는 자본량의 증가와 새로운 생산능력들의 창출'에 기반을 두는 투자성장과정으로 전환시키는 데 필요한 선결조건들을 창출하는 것이었다."

2 고르바초프 이후

고르바초프가 사임한 이후 수년간 혼란 사태는 연발했고, 선거와 정권교체도 빈발했으며, 새로운 헌법이 채택되었다. 가이다르의 후임자는 빅토르 체르노미르딘Viktor Chernomyrdin(1938~2010)이었다. 그런 시기에 (체첸 자치공화국Chechenya[18]에서) 적잖이 중요한 전쟁이 발생했고, 무엇보다도 소련이 해체되었다. 만약 어떤 식으로든 안정이 유지되었다면, '옐친이 러시아 대통령 선거에서 가까스로 당선되었고 이

---

18 러시아의 서남부에 위치한 자치공화국으로 남쪽으로는 조지아와 접경한다. 수도는 그로즈니이다.

후 재선되었으며 두마Duma(차르 시대의 관례를 좇아 통용된 '러시아 국회'의 별칭)의 권력들을 제한적으로 승계했다'는 사실 덕택에 그럴 수 있었을 것이다.

고르바초프는 원래 옐친을 협력자로서 정치국에 영입했다. 그렇지만 두 사람의 협력관계는 오래 지속되지 못했다. 옐친은 협력자가 아니었다. 당면현안들은 이념적인 것들이 아니었다. 옐친은 일찍부터 이념에 연루되지 않는 처세술을 익혔다. 그는 자신의 부친이 대숙청의 희생자로 전락한 이래로 자신의 가족사에서도 많은 것을 배웠다. 옐친은 어느 조직의 두목으로서 명성을 얻었지만, 그의 전기를 집필한 티머시 칼턴Timothy Colton은 옐친이 일반적인 조직의 두목과는 달랐다고 주장한다.

러시아 중부의 우랄 주[19]에서 태어난 옐친은 우랄 주의 비공식적 수도 스베르들롭스크Sverdlovsk[20] 인근의 부트카Butka라는 마을에서 성장했다. 그는 심대한 모순들을 겸비한 남자였는데, 매력적이면서도 싸움을 무척 즐겼고 소문난 술꾼이었으며 학교를 거의 다니지 않았다. 우리는 그가 정신과 상담을 받았는지 여부를 모른다. 만약 그가 정신과 상담을 받아봤다면, 아마도 심각한 충동성과 조울증을 겸비했다고 진단받았을 것이다. 그는 적어도 한 번쯤은 (이른바 "가위질 사건"으로 알려진) 자살을 시도했거나 아니면 어떻게든 자살을 시도했다

---

19 현재 이 지역의 정식 명칭은 '우랄 연방관구Ural Federal District'이다. '연방관구Federal District'는 러시아의 광역행정단위로 아홉 개 연방관구가 있다.

20 우랄 연방관구의 중부에 위치한 스베르들롭스크 주의 행정중심도시인 이 도시는 현재 예카테린부르크Yekaterinburg로 지칭된다. 이 도시는 1924년부터 1991년까지 스베르들롭스크로 지칭되었는데, 이 지명은 소련공산당 지도자이던 야코프 스베르돌로프Yakov Sverdlov(1885~1919)의 성姓에서 유래했다.

는 인상을 풍기려고 애썼을 것이다. 그는 대단한 야심가였지만 정치국에서 (두 번이나) 사직하려고 시도한 유일한 인물로 알려졌다. 그는 극한상황에서는 대단히 용감하게 행동했다. 그러나 다른 상황에서 그는 주저했고 심지어 비겁한 인상을 풍기기도 했다. 그는 비록 소련공산당에서 경력을 쌓았어도 소련공산당을 증오했다. 그는 다당제多黨制와 민주주의체제를 선호했지만 지도자로서 그의 정치방식은 민주주의자의 것이 전혀 아니었다.

옐친의 배경과 성격은 '그가 오래전부터 지체되던 경제개혁들을 실행시키려고 선택한 두 남자'의 것들과 크게 다를 수는 없었을 것이다. 예고르 가이다르와 아나톨리 추바이스는 지식인들이었고 유명한 노멘클라투라 가문 출신자들이었다. 가이다르의 부친은 소련육군대령을 역임했고 다년간《프라브다》의 국방담당기자로 근무했다. 가이다르는 경제학을 공부했고 경제 전문가들로 구성된 소모임을 이끌었다. 그런 전문가들은 '소련의 경제체제는 실패했고 시장경제체제로 전환되어야만 국가가 회생할 수 있다'라고 일찍부터 깨달았다. 추바이스의 부친도 소련군대의 장교로 근무했고 나중에는 육군사관학교에서 철학을 가르쳤다. 추바이스의 모친은 유대계 지식인이었다. 그러나 옐친 시대에는 그런 결점을 숨기는 편이 유리했다.

가이다르의 정치경력은 비교적 짧았다. 옐친은 가이다르가 지지한 (그리고 실행한) 충격요법을 원칙적으로 찬성했을 것이다. 그러나 체제전환은 고통스러웠으므로, 옐친은 그런 전환의 직접결과들을 달가워하지 않았다. 가이다르는 재정을 안정시킬 수 있으리라고 기대했지만 끝내 안정시키지 못했다. 그는 비교적 젊은 나이에 죽었다. 그는 살아있을 때 많은 공격을 받아서 그랬는지 죽은 후에는 칭송되었다.

다수의 관점에서 보면 그가 채택한 정책의 유일한 대안은 내전뿐이었을 것이다.

그런 반면에 추바이스는 다년간 정부고위직책들을 맡으면서 끈질기게 유지했지만, 인기를 많이 얻지는 못했다. 그는 공직에서 물러난 이후에도 국영기업과 민영기업을 이끄는 여러 고위직책을 역임했다. 그는 러시아 전기전력산업을 현대화시키는 데 필요한 외국자본을 매우 성공적으로 유치했다고 평가받았다.

가이다르는 자신과 추바이스가 추구한 충격요법 정책의 대안은 없다고 확신했다. 가이다르는 그런 확신을 빈번하게 표현했다. 그러나 그의 견해는 심지어 자유주의신념을 품은 경제학자들마저 포함한 모든 경제학자의 견해와 달랐다. 예컨대, 사회적 자유주의를 표방하는 야블로코당Yabloko(Apple) Party[21] 출신 경제학자들은 '(500일 계획 같은) 더욱 점진적인 변화가 고통을 감소시키면서도 최종적으로 동일한 효과를 발휘할 수 있으리라'고 믿었다.

페레스트로이카는 본질적으로 경제와 관련된 개혁정책이었지만, 지도자들과 국민 대다수의 관심은 정치현안에 사로잡혔다. 정치체계를 일당독점체제에서 다당제로 전환시키는 문제, 소련 해체, (특히 동유럽을 지배해오던) 소련제국의 와해, 제1차 체첸 전쟁 등이 그런 현안들이었다.

국가를 감시하고 통제하던 중앙정부의 권력이 약해지면서 변방의 공화국들에서는 독립운동이 확산되었다. 그런 와중에 카자흐Kazakh

---

21　이 정당의 정식 명칭은 러시아통합민주당'사과'Russian United Democratic Party 'Yabloko'이며, 우크라이나 태생 러시아의 경제학자 겸 정치인인 그리고리 야블린스키Grigory Yavlinsky (1952~)가 주도하여 창당했다.

인이던 공산당 제1서기관이 해임되고 러시아인으로 교체되자 (1986년 12월에) 카자흐스탄에서 최초의 독립투쟁이 소규모로 발생했다. 그리고 아제르바이잔인들과 아르메니아인들 사이에서 (1987년 8월) 발생한 독립투쟁은 더욱 광범해졌다. 아르메니아의 동쪽에 위치한 카라바흐Karabakh(아르차흐Artsakh) 지역에서 주로 발생한 국지적 독립투쟁의 전선은 급속히 확대되었고, 투쟁지역을 떠난 피난민 수천 명이, 그리고 나중에는 수만 명이, 아제르바이잔과 아르메니아로 유입되기 시작했다. 모스크바는 군사적으로 개입할지 여부를 가늠하느라 머뭇거렸고, 모스크바가 현지로 파견한 생활여건개선조사위원단이 제출한 개선안들은 치열한 독립투쟁을 무마하는 효과를 거의 발휘하지 못했다. 그런 과정에서 자행된 무력충돌, 대량학살, 강제추방조치는 결국 내전으로 확대되었다.

여기서 내가 아제르바이잔-아르메니아 독립투쟁을 언급하는 까닭은 이 독립투쟁이 모스크바가 통제력을 서서히 잃어간 과정을 분명히 예증했기 때문이다. 곧이어 발트 해 연안국들에서도 독립투쟁이 발생했다. 그러나 투쟁의 성격은 어느덧 훨씬 더 온건해졌다. 검열이 완화되거나 철폐되면서 가능해진 행동들의 대부분은 언론매체를 통해서 실행되었다. 이런 대세는 민간인들을 움직이게 만들었다. 발트 해 연안 3국에서 일제히 열린 군중집회들에는 수십만 명이 동참했고, "국민전선들"이 탄생했으며, 그들 모두가 독립을 요구했다. 독립운동을 진압하려는 시도도 마지못해 어영부영 몇 차례 감행되었지만, 전반적으로 독립은 평화롭게 진행되었다. 리투아니아 최고소비에트(의회)는 1990년 3월에 국가독립을 선포했고, 에스토니아는 몇 주일 후에 독립을 선포했으며, 라트비아는 1990년 8월에 독립을 결의했다.

소련 정부는 1991년에 이 국가들의 독립을 승인했다. 1991년 3월에 치러진 국민투표의 결과는 소련을 유지하자는 것이었다. 여기서 회고될 만한 흥미로운 사실은 1991년 12월에 치러진 국민투표에서 우크라이나 유권자들의 90퍼센트가 독립을 찬성했다는 것이다.

옐친은 '비러시아 공화국들이 소련을 탈퇴할 권리를 행사한다면 러시아도 그리할 수 있을 것'이라고 일찍부터 공언했다. 그는 무엇 때문에 이렇게 공언할 수 있었을까? 아마도 그는 '몇몇 공화국은 러시아인들과 계속 함께 지내는 편을 선호하리라'고 생각했을 것이다. 만약 그랬다면 그는 오산했던 셈이다. 또한 그는 유명무실해진 연방 정부를 이용하여 옛 소비에트 자치공화국들의 연합관계를 유지하려고 애쓰느라 회의를 연달아 주최했지만, 이런 목표를 달성할 방법은 모호할 따름이었다. 그러던 어느 날 타타르스탄Tatarstan 자치공화국[22]과 체첸 자치공화국을 제외한 모든 공화국이 드디어 일종의 연방조약에 서명했다. 1992년 5월에는 집단안보조약이 체결되었지만, 타지키스탄Tadzhikistan과 조지아는 그 조약에 서명하지 않았다. 러시아와 벨라루스Belarus는 1994년 1월 화폐통합협약에 서명했고, 1994년에는 러시아, 중국, 카자흐스탄, 키르기스스탄이 국경확정조약을 체결했다.[23] 러시아 흑해함대의 거취와 관련하여 1997년 5월에 러시아와 우크라이나가 체결한 협약은 더욱 중요했는데, 왜냐면 그것은 무엇보다도 우크라이나 영토를 통과하여 흑해함대에 접근할 수 있는 경로

---

22 러시아 모스크바와 우랄 산맥 사이의 볼가Volga 강과 카마Kama 강이 합류하는 지점에 위치한 자치공화국으로서 수도는 카잔Kazan이다.

23 이 조약이 발전하여 2001년에 상하이협력기구Shanghai Cooperation Organisation를 탄생시켰다.

와 관련된 협약이었기 때문이다.

여타 조약이나 협약들의 중요성은 미미했다. 왜냐면 신생독립공화국들은 자국군대를 아직 보유하지 못했기 때문이다. 경제상황은 급변해서 루블화의 가치는 1994년 10월에 폭락했다. 이런 상황에서 독립국가연합의 존재의미는 무엇이었을까? 옛 소비에트 공화국들이 탈퇴하면서 남겨진 영토에서 러시아가 권위를 행사할 수 있었을까? 이 질문들이 확답을 얻기는 불가능하게 보였다. 체첸 자치공화국은 새로운 연합체제에 동참하려는 욕망을 전혀 표현하지 않았으며 오히려 독립하려고 애썼다. 그리하여 1994년 12월에 러시아 군대가 체첸 자치공화국으로 진입했다.

제1차 체첸 전쟁은 1996년 9월까지 계속되었고 러시아의 관점에서 전황은 점점 더 불리해졌다. 어느 관측자는 "체첸 전쟁이 옐친 정권의 등뼈를 부러뜨렸다"고 썼으며 또 다른 관측자는 체첸 자치공화국을 "러시아 권력의 묘비"로 지칭했다. 돌이켜보면 이 표현들은 심하게 과장된 것들이지만, 그 당시에 관측자들이 이렇게 표현할 수밖에 없는 인상들을 받은 이유는 쉽게 이해될 수 있다. 만약 러시아 군대가 캅카스의 왜소한 자치공화국에서 자생한 무장세력을 진압할 수 없었다면 러시아는 강대국의 위상을 잃었을 것이 확실하다. 그 지역에서 러시아가 직면한 문제들은 체첸 자치공화국에만 국한된 것들이 아니었다. 북캅카스의 다게스탄Dagestan 자치공화국[24]과 여타 자치공화국들에서도 독립투쟁이 감행되었다. 러시아 군대는 게릴라 전투(유

---

24 러시아 서남부에 위치한 자치공화국으로 동쪽으로는 체첸 자치공화국, 남서쪽으로는 조지아, 남쪽으로는 아제르바이잔과 접경하며 동쪽에는 카스피 해가 있다. 수도는 마하치칼라Makhachkala이다.

격전)에 대응할 준비를 갖추지 못했다. 왜냐면 러시아 군대는 그때까지 오랫동안 세계적인 전면전쟁용 훈련만 받았기 때문이다.

만약 제1차 체첸 전쟁이 교착상태에서 끝났다면, 그렇게 조성된 정세는 아직 안정되지 않은 상황 때문에 지속될 수 없었을 것이 확실했다. 왜냐면 그런 상황을 안정시키는 것이 바로 1994년 체첸 자치공화국에 투입된 러시아 군대의 목표였기 때문이다. 러시아인들의 70퍼센트는 제1차 체첸 전쟁을 비극적 사건으로 지칭했지만 역시 70퍼센트가 두 번째 체첸 전쟁을 찬성했다. 그랬으므로 (이슬람군인들로 구성된 "국제연합군"이 다게스탄 자치공화국을 침공한 이후) 1999년에 발생한 제2차 체첸 전쟁은 별로 놀랍지 않았다. 그때 러시아는 군사적 준비뿐 아니라 정치적 준비도 이전보다 더 잘 갖추었다. 러시아 군대가 2009년까지 간헐적으로 수행한 작전은 전쟁용 작전이 아니라 테러리스트 소탕작전으로 구상된 것이었다. 국제적 분위기가 변했다는 사실이 어쩌면 더 중요한 변수였을 것이다. 제1차 체첸 전쟁은 보편적 지탄을 받았지만, 1990년대에 세계 각지에서 감행된 다양한 이슬람테러리스트활동은 (특히 미국에서 9·11테러공격이 감행된 이후에는) 캅카스에서 진행된 러시아 군대의 활동을 더욱 잘 이해될 수 있게 만드는 분위기를 조성했다. 게다가 제2차 체첸 전쟁을 개시한 러시아는 뚜렷한 정치적 목표를 설정했는데, 그것은 체첸 자치공화국에서 독립주의자 아슬란 마스하도프Aslan Maskhadov(1951~2005) 정권을 타파하고 모스크바에 의존하는 카디로프Akhmad Kadyrov(1951~2004) 정권으로 교체하는 것이었다. 이 전쟁에서 러시아는 목표를 달성하는 데 성공했지만, 그런 성공이 지속될 것이냐 여부는 미해결 문제로 남았다. 체첸 자치공화국의 이슬람화가 지속되는 와중에 무법상태와 국경침범행위와 약탈행위와 여타 각종 불법행위도 다소 미온적으로 자행되었을지라도 하여간 지속되었다. 이 전쟁은 특히나 수많은 민간인을 인질로 전락시키고 수천 명을 납치한 유례없이 잔인한 전쟁이었다. 전쟁에서 가장 흉악한 만행을 저지른 자들의 정체가 밝혀질 수 없는 경우는 아주 흔했고, 그들에게 유죄가 선고되기는 언제나 불가능했다. 만약 북오세티아North Ossetia[25]의 도시 베슬란Beslan에서 (어린 학생 777명을 포함한) 주민 1,000여 명을 인질로 삼은 자의 정체가 확연히 밝혀졌더라도, 1999년에 모스크바, 부이낙스크, 볼고돈스크[26]의 주택들을 폭격한 책임자의 정체가 밝혀졌을 가능성은 낮았다.

체첸 자치공화국의 상황은 안정되어갔지만, 이웃한 다게스탄 자치공화국의 상황은 안정되지 못했다. 러시아는 북캅카스에서 사랑받지 못했고 두려운 국가였다. 심지어 러시아의 철천지원수들도 '가까운 미래에는 독립할 기회가 아예 없으리라'고 이해했다. 북캅카스에는 치유될 수 없을 상처가 남았지만 널리 확산될 위험도 없었다.

만약 캅카스에서 그동안 행사하던 주요한 특권들을 양보하라고 러시아 중앙정부를 압박해온 무슬림정치세력이 러시아의 다른 지역들에서 대폭적으로 증가하지 않았다면, 체첸 자치공화국의 독립주의자들은 너무 취약해서 자신들의 어떤 요구사항도 성공적으로 관철시키지 못했을 것이다. 왜냐면 반러시아 세력들은 이슬람단체들 및 이슬람국가들로부터 제공받는 막대한 도움에 의존했지만 그런 막대한 도

---

25 조지아의 북쪽에 접해 있는 소규모 자치공화국인 남오세티아South Ossetia의 북쪽에 국경을 맞댄 러시아 서남부 지역의 소규모 자치공화국이다.

26 부이낙스크Buinaksk는 다게스탄 자치공화국의 중부에 위치한 도시이고, 볼고돈스크 Volgodonsk는 러시아 남부에 있는 침랸스크Tsimlyansk 호수의 서단에 위치한 도시이다.

움을 언제든지 필요한 즉시 받을 성싶지는 않았기 때문이다. 러시아 중앙정부가 강력한 권력을 유지하는 한에서 러시아는 체첸 자치공화국의 독립정신을 전혀 두려워하지 않았지만, 위기상황에서는 러시아가 체첸 자치공화국에 강제로 이식한 정권을 신뢰할 수 없었다는 사실도 분명했다.

옐친은 러시아 연방의 대통령으로 취임한 이후 4년간 또 다른 게릴라 전쟁을 벌여야만 했다. 그것은 '주로 노회한 공산당원들인 그의 정치적 경쟁자들이 상당히 강한 권력을 여전히 행사할 수 있는 지위들을 차지하던 최고소비에트'와 대결하는 전쟁이었다. 옐친은 새로운 헌법을 포함한 갖가지 방편을 동원하여 자신의 입지를 확고하게 다지려고 노력했다. 그래도 그의 인기는 하락했다. 그런 인기하락의 주요 원인은 '반드시 필요해진 고통스러운 경제개혁들의 결과'였다. 체첸 전쟁의 진행상황도 그의 인기를 상승시키지 못했다. 그렇더라도 그는 1996년에 치러질 차기 대통령선거에 출마하기로 결심했다. 그의 조언자들과 지지자들의 다수가 만류했지만 그는 결심을 철회하지 않았다. 선거결과 그의 득표율은 이전 선거에서 얻은 득표율보다 3퍼센트포인트 하락했다. 그러나 그의 전투적 본능은 그를 대통령에 거뜬히 재선시킬 수 있었다. 왜냐면 옐친의 강력한 경쟁후보이던 겐나디 쥬가노프Gennady Zyuganov(1944~)는 옐친과 다르게 서민적인 매력과 호소력을 발휘하지 못했기 때문이다. 옐친은 재량껏 활용할 수 있는 적잖은 인적자원을 보유했다. 그의 민영화정책 덕택에 부유해진 자들의 다수가 그를 지지했다. 또한 그는 심지어 미국의 선거홍보 전문가들마저 고용했다. 게다가 그는 '자신이 임명한 장관들이 채택한 정책들' 중에 가장 인기 없는 정책 몇 건을 철회하겠다고 공약했으며, 노인을 위한 정책 몇 건과 학생을 위한 정책 몇 건도 공약했다. 국제통화기금은 역대 두 번째로 많은 100억 달러를 러시아에 빌려주었다. 옐친은 체첸 전쟁을 종결시키겠다고 공약했다. 개표가 시작된 이후 장시간에 걸쳐 앞서가던 러시아공산당의 지도자 쥬가노프를 서서히 따라잡던 옐친은 최종개표결과 전체유효표의 36퍼센트를, 쥬가노프는 32퍼센트를 득표했다. 그리하여 치러진 결선투표에서 옐친은 54퍼센트를, 쥬가노프는 41퍼센트를 득표했다. 그것은 옐친의 승리였지만 확실히 납득될 수 있을 만한 승리는 아니었다.

공산주의가 유발한 모든 불행을 무릅쓰고 공산주의 전통을 승계한 정당(러시아공산당)이 그토록 많은 지지를 받았던 까닭은 과연 어떻게 설명될 수 있을까? (고르바초프와 옐친은 이미 오래전에 공산주의를 버렸다.) 이 질문에 답하려는 사람은 개혁자들이 저지른 많은 실책—그리고 어떤 개혁 정당도 현실에 존재하지 않았다는 사실—부터 먼저 주목해봐야 할 것이다. 은행에 돈을 맡긴 예금자들은 얼마 지나지 않아 예금액의 거의 99퍼센트를 강탈당했다는 사실을 알아차렸다. 그리고 그들은 예금액 대신에 물품교환권을 지급받았다. 아무도 이런 물품교환권들의 실질가치를 몰랐는데, 그것들의 실질가치가 액면가의 10~15퍼센트보다 높지 않았다는 것은 확실했다. 개혁반대자들은 의회에서 결집했다. 옐친은 긴급조치로써 통치했지만, 의회는 긴급조치를 발의할 수 있는 그의 권한을 박탈하여 사실상 없애버렸다. 옐친에게 유리하게 제정된 새로운 헌법도 수년간 지속된 교착상태를 타개하는 데 도움이 되지 못했다. 또한 그리고리 야블린스키가 이끌던 자유주의적인 야블로코당은 옐친과 옐친이 임명한 장관들을 산발적으로 마지못해 지지했을 따름이다. 야블로코당의 관점에서 보면 가이다르의 개혁은 충격요법이 결코 아니었고 오히려 피상적인 것이자 때로는 모순적인 것이기도 했다. 야블로코당의 판단은 아마도 옳았을 것이다. 그러나 야블로코당이 상상했을 충격요법이 민주주의정부에서 과연 계속 추진될 수 있었을까?

옐친은 러시아와 외국들의 관계에서 고작해야 표리부동하게 행동했을 따름이었다. 그의 수사법은 '(러시아에 악영향을 끼친 불행의 대부분을 초래한 원흉으로 서구를 지목하며 비난하던) 러시아의 국내여론을 향해 말할 때 노골적으로 드러내는 적대적 어감'과 '그를 무척 좋아한 미국 대통령 빌 클린턴Bill Clinton(1946~: 1993~2001 재임)과 독일 국무총리 헬무트 콜Helmut Kohl(1930~: 1982~1998 재임) 같은 서구 지도자들과 대화할 때 풍기는 우호적이고 건설적인 어감' 사이를 오락가락하는 경우가 잦았다. 그런 표리부동한 언행은 서구로부터 지원금을 받아내려는 크렘린에게 도움이 되었지만 러시아에서 옐친의 입지를 강화시키거나 적어도 안정시킬 만큼 결정적인 영향력을 충분히 발휘하지는 못했다. 1995년에 치러진 제6대 두마 의원선거─그즈음 사실상 매년 치러지던 총선(국회의원선거)─에서 러시아공산당이 단일 최강 정당으로 등극했지만, 그것은 또 다른 경고신호였다. 투표자들의 과반수가 민주주의체제를 반대했는데 어찌 민주주의체제를 수립하고 유지할 수 있었겠는가? 두마에서 개혁주의자들이 차지한 의석수는 109석이었지만 반反개혁주의자들─공산주의자들과 "애국주의세력들"─이 차지한 의석수는 109석의 두 배보다 더 많았다. (그즈음 공산주의자들과 "애국주의자들"의 차이는 미미해졌다.) 실제로, 러시아공산당은 대체로 구체제를 옹호했지만, 지리놉스키당─자유민주당─은 자유주의적인 정당도 민주주의적인 정당도 아니라서, 당면문제들을 바라보는 그 당의 태도는 러시아공산당의 태도와 거의 흡사했다.

엘친은 1996년 대통령선거에 출마하여 정치적으로 재기하느라 진력했다. (러시아의 장군이자 엘친의 안보수석보좌관이던) 알렉산데르 레베드Alexander Lebed(1950~2002)가 러시아와 체첸 자치공화국의 평화협정을 체결시켰다는 사실은 엘친의 선거운동을 확실하게 뒷받침했다. 그래서 엘친의 두 번째 대통령임기 2년째이던 1997년은 그토록 난감하고 고통스러운 시절이었음에도 가장 바람직했거나 아니면 적어도 가장 무난한 해였다. 그러다가 1998년 3월에 엘친은 참으로 느닷없게도 빅토르 체르노미르딘뿐 아니라 아나톨리 추바이스를 포함한 모든 장관을 해임해버렸다. 가장 빈번하게 예시되는 해임이유는 '엘친의 후계자로 자처하고 행동하다가 해임된 국무총리의 야심이 발각되었다'는 것이었다. 만약 그랬다면, 해임은 또 다른 경제위기와 맞물려버렸기 때문에 전혀 시기적절하지 못한 조치였던 셈이다.

세계의 석유천연가스 수요가 감소하면서 러시아의 석유천연가스 수출액도 감소했다. 그리하여 러시아 시장의 가치가 60퍼센트포인트나 폭락하자 엘친은 급박해진 상황의 심각성을 두마(국회)에 보고해야 했다. 실제로 1997년이 끝나갈 무렵에 상황은 나아졌고, 1998년에는 국민총생산(GNP)이 5퍼센트포인트 증가했다. 그런 한편으로 최고조에 도달한 안정이 더 오래 지속되어야 할 시점에서 엘친의 건강은 또 다른 위기로 접어들었다. 그는 첫 번째 재임기간에 심장발작을 네 번이나 겪었고 1996년에는 마이클 디베이키Michael DeBakey(1908~2008)가 집도한 심장우회혈관형성수술을 받았다. 디베이키는 미국 휴스턴에서 이 수술을 최초로 시도한 심장외과계의 일인자였다. 러시아의 의사들은 엘친이 그런 대수술을 받고도 생존할 수 있을

지 의심했다. 옐친은 같은 기간에 여러 가지 다른 수술도 받아야만 했는데, 러시아의 의사들이 그런 수술들 중 몇 가지를 집도했고, 극비리에 모스크바로 입국한 외국의 전문의들이 나머지 수술들을 집도했다. 심장우회혈관형성수술을 받은 옐친은 중대한 합병증을 앓지 않고 생존했다. 그러나 그는 1990년대 말엽에 발생한 정쟁들과 또다시 재발한 심장발작을 극복하지 못했다.

러시아의 물가는 변덕스럽기로 악명 높다. 1998년 초반에 반짝한 경기회복은 지속되지 못했다. 같은 해 8월 미국의 유명한 투자전문가 조지 소로스George Soros(1930~)는 《파이낸셜 타임스》에 기고한 글에서 "러시아 경제가 허물어지는 최종단계에 도달했으므로 루블화의 가치를 낮추는 편이 좋을 것이다"라고 충고했다. 조지 소로스의 충고는 실행되었고, 환율은 외환시장의 생리에 맡겨졌으며, 루블화의 가치는 절반으로 급감했다. 두마는 옐친을 탄핵하기로 의결했지만, 그런 의결절차는 헌법을 무시하는 것이었다. 더구나 대통령을 탄핵하려는 시도가 성공한 경우는 한 번도 없었다. 그러나 그때 올리가르히들 중에도 심지어 옐친의 가장 충직한 지지자들마저 옐친이 3선三選 대통령이 되려고 할까봐 우려했다(옐친의 두 번째 임기는 4년으로 제한되어 있었다). 그렇지만 대통령이 사실상 사라졌기 때문에 그런 우려들은 일반대중의 지지를 전혀 받지 못했다.

국제통화기금은 또 다른 위기를 맞이한 러시아를 기꺼이 구제해주었지만, 국제통화기금의 인내력—구제자금—도 한계에 육박했다. 그런 상황에서 1998년 중반에 옐친은 아마도 자신이 퇴임하면 곧바로 또 다른 국무총리가 필요해질 것이라고 판단했을 것이다. 그리하여 옐친은 마흔여섯 살 먹은 전직 KGB요원 블라디미르 블라

디미로비치 푸틴을 후임 국무총리로 낙점했다. 푸틴은 어떤 정당과
도 무관한 전혀 알려지지 않은 인물이었다. 푸틴을 추천한 사람은
올리가르히들 중에 옐친의 막역한 친구이던 보리스 베레좁스키Boris
Berezovsky(1946~2013)였다. 옐친은 푸틴을 잘 알지 못했지만, 푸틴은
옐친에게 믿을 만한 충성심을 지닌 인물로 보였는지 옐친의 지지를
확실하게 받았다. 푸틴은 자신의 옛 상관이자 상트페테르부르크 시
장을 역임한 아나톨리 솝차크Anatoly Sobchak(1937~2000)를 지지했다.
더구나 푸틴은 심지어 중대한 말썽을 일으켜서 외국으로 도망쳐야 했
을 때에도 솝차크를 지지했다. 푸틴의 그런 충성스러운 면이 옐친의
눈에는 고려해야 할 다른 모든 사항보다도 더 중요하게 보였을 가능
성이 농후했다.

옐친은 1999년(그러니까 서기 1000년대의 끝 해)의 마지막 날까지 집
무를 계속하다가 두 번째 임기의 마지막 날을 고작 몇 달 앞둔 시점
에 대통령직을 사임하겠다고 발표했다. 그는 자신의 많은 꿈을 (그리
고 러시아 국민들의 많은 꿈을) 실현하지 못해서 아쉽다고 말하면서 자신
의 잔여 임기에 대통령직을 대행할 후임자로 푸틴을 천거했다.

그렇게 한 시대가 끝났다. 러시아인 대다수에게 그런 시대는 단지
물질적 박탈과 궁핍 때문만이 아니라도 끔찍한 시대였다. 범죄발생
률은 상승했고, 소련의 생활여건에 속하던 부정부패와 여타 갖가지
부정적 풍조들도 덩달아 만연해졌다. 그러나 스탈린과 그의 후임자
들은 적어도 국가를 초강대국으로 키웠다고 호언장담할 수는 있었지
만, 그런 호언장담마저 이제는 진담이 될 수 없었다. 페레스트로이카
가 현실적으로 필요했을까? 만약 그랬더라도 페레스트로이카가 고
통을 더 적게 유발하는 방식으로 실행될 수는 없었을까? 중국에서는

변화가 왜 고통을 더 적게 유발했고, 적어도 경제적 변화만은 오히려 더 효율적으로 이루어졌을까? 이 질문들의 간략한 해답은 '러시아는 중국이 아니었고 다국적 국가도 아니었으며, 중국의 페레스트로이카는 대체로 경제에만 국한되었고 중국은 다당제를 도입하려는 의지를 전혀 품지 않았다'는 것이다.

러시아 페레스트로이카의 설계자들이 설정한 목표들 중 하나는 러시아 경제를 더 효율적인 경제로 개혁하는 것이었다. 거의 모든 면에서 이 목표는 달성되지 못했다. 또 다른 목표는 경제성장동력을 창출할 수 있을 중산층을 형성하는 것이었다. 페레스트로이카가 실행되는 동안 소수의 러시아인들만 엄청나게 부유해졌고 나머지 러시아인 다수는 여전히 빈곤했다. 그러나 만약 러시아의 중산층이 형성되었더라도 미국이나 유럽의 중산층과 매우 달랐을 것이 확실했다. 갑부계층과 극빈계층 사이의 사회계층들이 존재했다는 것은 틀림없는 사실이다. '외국여행을 할 수 있는 러시아인의 인원수'는'는 그런 사회계층의 존재를 암시하는 다양한 지표들 중 하나에 불과했다. 소련시대에 외국여행은 극소수만 누릴 수 있는 특권이었다. 그러나 국가안보와 관련된 이유들 때문에 그랬다기보다는 오히려 러시아인 대다수가 외국여행 비용을 마련할 수 없었기 때문에 그랬다. 그러나 페레스트로이카 시대에는 프랑스와 이탈리아뿐 아니라 더 멀고 더 이국인 곳들에서도 대규모 중국인 여행객만큼이나 많은 러시아인 여행객이 목격될 수 있었다.

그렇듯 러시아는 확실히 부유해졌지만, 올리가르히들의 소수집단보다 더 낮은 사회계층에 속하는 러시아인 수백만 명의 소득수준은 여전히 매우 낮았다. 민영기업에서 일하는 전문직 종사자의 소득은 국영기업에서 일하는 동등한 능력과 동등한 직위를 겸비한 직원의 소득보다 대체로 두 배나 더 많았다. 그런 상황은 부정부패를 조장할 수밖에 없었다.

만약 신생 중산층이 있었다면, 그런 계층은 어떻게 정의될 수 있었을까? 적어도 자동차 한 대, 컴퓨터 몇 대, 그리고 가능하면 (비록 소박할지라도) 다차dacha[27] 한 채 정도는 소유한 가족들이 그런 계층에 속했을까? 실제로, 모스크바와 상트페테르부르크에는 그런 계층에 속하는 러시아인 수백만 명이 거주했다. (모스크바 신생 중산층의 소득과 생활비는 상트페테르부르크 신생 중산층의 것들보다 약 10~20퍼센트포인트 더 많았다.) 이런 대도시들의 바깥에도 실질적인 중산층이 존재했을까? 모스크바는 사람들을 끌어당기는 자력滋力을 발휘했지만, 지방의 도시들에서 영위하는 생활은, 러시아의 작가 표트르 알레슈콥스키Pyotr Aleshkovsky(1957~)의 소설 『스타르고로드Stargorod』에서 묘사되었다시피, 매우 달랐다. 적어도 러시아의 시골지역에서는 작은 마을을 떠나는 주민들이 속출했고, 그런 마을 수천 곳이 사라져갔다. '모든 것이 수도首都로 집중하는 현상'은 다른 여느 국가에서보다도 러시아에서 가장 심했다. 외국인들은 그런 현상을 분명하게 알아차리지 못했는데, 왜냐면 외국인들의 대다수는 모스크바로 출입했기 때문이다. 그런 현상은 안톤 체호프의 희곡 『세 자매Three Sisters』에서 묘사된 현상의 현대판이었다. 희곡의 주인공들인 세 자매는 모스크바에서 성장했다. 모스크바는 행복을 대표했다. 모스크바를 벗어난 삶은 없었다.

이런 사회 풍조에 대한 정치적 반응들은 흥미로울 뿐 아니라 때로

---

27 시골저택이나 별장을 뜻하는 러시아어는 '닷차datcha'로도 쓰인다.

는 모순적인 것들이었다. 지식인들은 분열되었고, 그들 다수는 자유주의적인 주장을 지지했으며, 2011~2013년에 감행된 반푸틴 시위의 참가자들은 주로 지식인계층과 여타 중산층에서 배출되었고, 빈민계층과 하류계층에서는 배출되지 않았다. "중산층"이라는 개념은 단지 소득수준으로만 정의될 수 없고 교육수준과 여타 요인마저 감안되어야만 정의될 수 있었다. 그러나 이런 중산층에서 배출된 '애국주의-보수주의-반동주의진영'도 최소한 자유주의진영이 받은 만큼의 지지를 받았다. 그것은 유례없는 현상이자 러시아만의 독특한 현상이었다.

제2장

누가 러시아를
지배하는가?

소련의 권력을 독점하던 소련공산당 서기장과 소수의 수뇌진 즉 노멘클라투라는 소련이 해체되면서 역사의 뒤안길로 사라졌다. 그리고 재등장한 러시아에서는 민영화된 국영산업체들을 인수하여 막강해진 올리가르히들 즉 신흥재력가들이 옐친 시대의 정치사회적 실권을 장악했다. 그러나 푸틴이 등장하면서 올리가르히들은 쇠락했고 이른바 '제복 입은 사람들' 즉 실로비키가 득세했다. KGB와 군대, 경찰 출신자들인 실로비키는 러시아의 주요권력기관들을 장악했고, 푸틴의 권력을 유지하는 것을 최대과업으로 삼는다.

누가 러시아를 지배하는가? 노멘클라투라인가? 신생 계급인가? 실로비키인가? 러시아와 관련하여 "노멘클라투라"는 소련의 반체제주의자이던 미하일 보슬렌스키Mikhail Voslensky(1920~1997)[1]가 1970년에 집필한 저서에서 처음으로 사용한 낱말이다. 유고슬라비아의 정치인이자 공산주의이론가 겸 작가이던 밀로반 드질라스Milovan Djilas(1911~1995)는 1957년에 "신생 계급"을 주제로 삼은 저서 『신생 계급The New Class』을 출간했는데, 이 저서는 베스트셀러가 되었다. 노멘클라투라는 자신들이 정치적으로나 경제적으로나 사회적으로 어

---

1 러시아의 역사학자 겸 정치학자이자 소련의 반체제주의자이다. 1972년 소련을 탈출하여 오스트리아와 서독의 대학교들에서 강의했다. 1977년 소련 시민권을 박탈당했다가 1990년에 복권되었다. 1970년 소련에서 러시아어로 집필되어 반체제주의자들 사이에서 회람된 그의 대표저서 『노멘클라투라: 소련의 지배계급Nomenklatura: the Soviet Ruling Alass』은 1980년에 독일어판으로, 1984년에 영어판으로 출판되는 등 14개국 언어로 번역되어 출판되었다. 1981년부터 독일 뮌헨의 소련연구소Forschungsinstitut für Sowjetische Gegenwart 소장으로 재직했다.

떤 결정권을 가졌다고 주장하지 않았다. 노멘클라투라의 모든 (또는 대다수) 구성원들이 정치권력을 가졌다고 주장할 사람은 없을 것이다. 정치권력은 정치국원들과 소련공산당 서기장과 그의 측근들만 가진 것이었다. 물론 소련공산당 수뇌부와 여타 유력자들은 당연히 노멘클라투라에 속했다. 그러나 근본적으로 노멘클라투라는 소련 같은 사회에서 중요시되기는 했으되 정치적으로는 별로 중요시되지 않던 일정한 특권을 보유한 사람들의 불완전한 집단이었다. 소련에는 보유한 주택, 자동차와 운전기사, 특정한 관청들의 출입자격 같이 특정한 지위를 나타내는 상징들이 존재했다. 베르투슈카vertushka(특별한 전화기의 일종)는 그것의 소유자를 최고위급인물로 인식되게 만드는 징표였다.

엘리트 계층의 구성원들과 조직구조가 해마다 변한다는 것은 틀림없는 사실이었다. 예컨대, 정치지도자들의 평균연령대는 1920년대에는 40대였고 제2차 세계대전 이후에는 50대로 높아졌으며 브레즈네프 시대에는 70대에 달했다. 소련공산당의 당원자격은 엘리트의 당연한 전제조건이었다. 군대지휘관들과 비밀경찰들도 엘리트에 포함되었지만 정치적 의사결정과정에서 배제되었는데, 경제생활과 문화생활을 지휘하는 자들도 그렇기는 마찬가지였다.

소련공산당이 우세한 위상을 잃으면서 의사결정권을 지닌 엘리트 계층의 구성조직은 근본적인 변화를 겪었다. 옐친 집권기간에는 대갑부들이 전면에서 활동했지만 푸틴 집권기간에는 KGB와 전직 KGB 간부들이 국가 수뇌부에서 유력한 지위를 차지했다. 이런 급변 과정은 유례없는 것이었다. 역사상 몇몇 체제에서는 갑부와 거부巨富들이 중대한 정치적 실권을 행사하는 지위를 차지했고, 군사독재국가들에서는 영관급 장교들과 장군들이 최고지위를 차지했다. 그러나 정치경찰은 지휘권을 결코 획득하지 못했는데 파시즘 체제에서도 그리하지 못했고 다른 어떤 정치체제에서도 분명히 그리하지 못했다. 물론 유럽과 아시아의 다른 전前공산국가들에서도 정치경찰은 지휘권을 획득하지 못했다.

1 올리가르히

올리가르히들이 권력층으로 등극한 과정—그리고 그들이 빈번하게 겪은 불운들과 영락榮落의 과정—은 지금까지 매우 빈번하게 조사되고 연구되어온 (앞으로도 그리될) 흥미진진한 주제이다. 올리가르히들은 그토록 짧은 기간에 그토록 많은 재산을 어떻게 긁어모았을까? 가장 기초적인 방법은 국유재산을 유명무실한 공시가公示價로 혹은 헐값으로 매입하는 것이었다. 이런 재산취득방법을 둘러싼 모든 의문을 해소시켜줄 단일한 해답은 없다. 현재의 정황에서 우리의 관심사는 '러시아에서 진행된 민영화의 혜택을 입어 갑부들로 성장한 자들의 수중에 떨어진 정치권력의 범위'이다.

그 모든 과정은 경제민영화가 결정되면서부터 시작되었다. 그러나 아무도 경제민영화방법을 정확하게 알지 못했다. 그러나 국유재산이 매도賣渡되거나 거의 공짜로 증여되기도 한다는 사실을 알아차린 영민한 개인도 꽤나 있었다. 장관들과 차관들을 포함한 정부고위공직자들 중 몇몇도 그런 사실을 알아차렸다. 그들 중 바기트 알렉페로프 Vagit Alekperov(1950~)는 현재 러시아에서 여덟 번째로 많은 재산을 소유한 개인으로 알려졌다. 그는 러시아에서 경제민영화가 진행되던 시기에 연료 및 에너지 담당부처의 장관을 역임했다. 그런 사실을 알아차린 다른 개인들은 공직자들이 아니었지만 관할공직자들과 긴밀하게 접촉하던 자들이었다.

옐친 집권기간에 재산을 긁어모은 올리가르히들 중 고작 몇 명만 자신들의 지위를 푸틴 집권기간까지 유지했다. 중요한 정치적 역할을 맡으려던 올리가르히들의 야심은 근본적 오판의 발로여서 그들을 몰락시켰다. 소련체제에서 성장한 자들이 그토록 기초적인 오판을 범한 사연은 이해되기 어렵다. 고삐 풀린 야심이 오판을 초래했을까? 아니면 공산주의의가 종언되었으므로 모든 것이 가능해졌다고 믿은 신념이 오판을 초래했을까? 그런 자들 중에 가장 유명한 보리스 베레좁스키와 미하일 호도르콥스키Mikhail Khodorkovsky(1963~)도 전형적인 올리가르히들은 아니었다.

(러시아 과학아카데미의 어느 부서장으로 재직하던) 유능한 수학자 베레좁스키는 처음에는 중고차 중개업으로 돈을 벌었고, 이후에는 러시아 언론매체의 경영에 참여하여 돈을 벌었으며, 조금 더 후에는 대형 석유회사에 투자했고, 소련의 국영항공사였다가 민영화된 아에로플로트Aeroflot 항공사에도 투자했다. 그리고 그는 석유천연가스 회사(현재 '가스프롬넵트Gazprom Neft'로 개명된 '시브넵트Sibneft')에 입사했다. 그가 이런 절호의 기회들을 잡았던 수년간의 세월은 살벌했다. 그 기간에 사업경쟁자들이 그를 살해하려는 시도를 적어도 한 번은 감행했고, 그의 부하들 중 한 명이 암살당하는 사건도 발생했다. 베레좁스키 본인도 사업경쟁자 몇 명을 제거하려는 계획을 세웠다는 기사들이 언론에 보도되었다.

그즈음부터 베레좁스키의 정치경력도 시작되었다. 다른 많은 올리가르히들과 의기투합한 그는 1996년 옐친의 두 번째 대통령선거운동에 필요한 자금을 후원했다. 베레좁스키는 옐친의 딸 타티아나Tatyana와 긴밀히 접촉한 덕택에 대통령의 최측근으로 구성된 작은 동아리에 가입할 수 있었다. 옐친이 대통령에 재선되자마자 베레좁스키는 러시아국가안보위원회Russia Security Council의 부위원장으로 임명되었다. 이 직책에서 베레좁스키는 (다른 모든 업무 중에도) 그 당시의 중요현안들 중 하나이던 체첸 자치공화국과 관련된 현안들을 책임졌다.

베레좁스키는 자신의 야심들 때문에 다른 많은 올리가르히들과 갈등했을 뿐더러 (그 당시에 민영화를 책임지던 아나톨리 추바이스 같은) 정치인들과도 갈등했다. 만약 베레좁스키의 업무수완이 실책을 범한 경우보다 실효를 거둔 경우가 더 많았다면, 그와 그의 소속집단에 위험들이 닥쳤어도 그는 그에게는 낯설기만 하던 그런 위험들을 알아차리지 못했을 것이다. 옐친의 두 번째 대통령 임기 중 마지막 2년간 베레좁스키의 입지는 확고부동하게 보였다. 베레좁스키의 천거를 받지 못한 사람은 정부의 어떤 요직에도 임명될 수 없었다. 베레좁스키와 그 당시의 또 다른 신진 올리가르히로서 아직 서른 살밖에 먹지 않았던 로만 아브라모비치Roman Abramovich(1966~)는 (베레좁스키의 주장대로라면) 경제업무를 처리하지 못하던 현직 국무총리 예프게니 프리마코프Yevgeny Primakov(1929~2015)의 후임자로 푸틴을 천거한 최초 인물들이었다. 그 당시의 푸틴은 에스파냐에 있던 베레좁스키 소유의 별장에서 휴식하면서 필요한 몇 가지 물밑작업을 진행하던 중이었다. 푸틴은 그때까지 수년간 모든 국무총리가 실각했다는 사실을 당연히 잘 알았다. 그러나 무엇보다도 경제업무를 전혀 경험하지 않은 푸틴이 다른 모든 국무총리가 실패한 업무를 성공적으로 수행할 수 있었을까? 그래도 결과적으로 자신의 야심에 순응하기로 마음먹은 푸틴은 제의받은 직책을 수락했다.

옐친 시대는 저물어갔다. 그 시대는 무법시대였다. 그 시대에 올리가르히들은—경제적으로도 정치적으로도—원하던 것들을 다소나마 성취할 수 있었다. 그들은 대통령을 조종할 수 있었기 때문에 법률을 두려워할 이유도 없었다. 그러나 베레좁스키는 무정부상태와 유사한 그런 상태가 영원히 지속되지 않으리라고 깨달아야만 했다. 왜냐면 그 당시의 지배체제는 러시아에 연달아 들이닥치던 위기들에 대응할 수 없었기 때문이다. 그런 상황에서는 국가나 (어쩌면 군대 같은) 또 다른 강력한 세력이 체제안정을 빌미로 내세우다가 끝내 실력행사를 하겠다고 나설 수도 있었다. 푸틴을 천거한 베레좁스키는 비밀경찰들을 선택한 셈이었다. 베레좁스키와 여타 올리가르히들은 저마다 소유한 언론매체를 이용하여 돈도 벌었고 영향력도 얼마간 획득했지만 마음대로 운영할 수 있는 정당을 보유하지 않았고 현실 세력으로 전용할 만한 또 다른 세력도 보유하지 않았다.

더구나 베레좁스키와 여타 올리가르히 대다수는 자신들의 약점을 자각하지 못했다. 그래서 그들은 정치일선의 뒷전에 머물며 나서지 않도록 자제하고 조심해야 했을 뿐 아니라 어쩌면 적극적 정치참여도 아예 삼가야 했을 것이다. 그러나 각종 현안을 둘러싼 베레좁스키와 푸틴의 의견마찰이 노골화되면서부터 베르좁스키는 푸틴을 반대하는 운동을 개시했다. 베레좁스키의 언론매체는 푸틴이 러시아 전략핵잠수함 쿠르스크Kursk 호 침몰사고에 대처하는 과정에서 진정한 지도력을 발휘하지 못했다고 주장했다. 2000년 8월 12일 노르웨이 북방의 바렌츠 해에서 훈련하던 쿠르스크 호가 침몰하면서 승조원 118명 전원이 사망했다. 그때 푸틴은 인명구조와 잠수함선체인양을 도와주겠다는 외국의 제의를 거절했는데, 만약 그가 그 제의를 수락했다면 잠수함선체를 인양할 수도 있었을 것이다. 베레좁스키는 이 사실을 빌미로 '푸틴은 일찍부터 반反민주적 정치개혁들을 추진했다'—그리고 앞으로 특히 주지사는 선거로 선출되기보다는 크렘린에서 임명할 것이다—면서 푸틴을 맹렬히 비판했다. 푸틴에 대한 이런 비판들은 옳았거나 부분적으로 옳았지만 옛 동지(푸틴)를 적으로 만들기 십상이었다. 푸틴은 텔레비전 방송국 채널 대부분을 국영화하는 식으로 보복했다. 그런데 그 채널들은 이미 민영화되어 사유화된 것들이었다. 그것들이 다시 국영화되는 과정은 곧 '베레좁스키가 마음대로 사용할 수 있는 유일하게 유효한 정치적 무기를 박탈당하는 과정'을 의미했다. 게다가 베레좁스키가 깊게 관여하던 아에로플로트 항공사는 각종 비리혐의로 사법기관에 고발되었다.

러시아의 정재계를 주름잡던 "신흥재벌tycoon"의 권세는 그때부터 종말을 맞이하기 시작했다. 베레좁스키는 사법관들의 심문을 받아야 했지만 모스크바에서 열린 공판에 출석하지 않았다. 그때 외국을 여행하던 그는 미국의《뉴욕 타임스New York Times》에 투고한 글에서 '자신은 바나나 공화국banana republic[2]으로 귀국하는 길에 있다'라고 주장하며 러시아로 귀국하기를 거부했다. 지난날 스위스에서 함께 스키를 즐기던 두 남자의 결별은 이제 확실해졌다. 베레좁스키에

---

2 이것은 "열대지역에서 농림수산물 수출이나 외국자본에 심하게 의존하는 정치적으로 불안정한 소국"을 경멸조로 지칭하는 표현이다.

게 부과된 비리혐의들의 대부분은 아마도 정확했을 것이다. 그 당시의 러시아에서 법률을 어기지 않고 적법하게 재산을 긁어모을 수 있는 갑부는 없었을 것이다. 그런 동시에 베레좁스키의 비리혐의들에는 확실히 정치적인 저의가 반영되었다. 옐친 시대에 재력을 축적한 모든 사람뿐 아니라 그들로부터 막대한 뇌물을 받아 챙긴 정치인들과 공직자들도, 당연히, 비리혐의로 사법기관에 고발될 수 있었다. 문제가 탈세였든 "라이데르스트보raiderstvo(정당한 수단과 부당한 수단을 막론한 모든 수단을 동원하는 공격적 기업사냥)"였든 심지어 마피아와 연루된 것이었든, 하여간에 옐친 시대의 어느 올리가르히가 이런 관행적인 비리로부터 완전히 자유로웠겠는가? 베레좁스키는 푸틴 집권기간에 권력 관계가 변했다는 사실을 이해하지 못했다. 그런 변화과정은 정확히 법치가 회복되던 과정이 아니라 새로운 통치자가 국법을 새롭게 해석하던 과정이었다.

베레좁스키는 시브넵트 석유회사의 자기 보유지분을 억지로—국가가 아닌 로만 아브라모비치에게—매각할 수밖에 없었다. 베레좁스키의 옛 동지이자 또 다른 올리가르히로서 정치적으로는 베레좁스키보다 훨씬 더 영리했던 아브라모비치는 그즈음 푸틴의 세력에 합류하여 새로운 실력자들과 긴밀하게 공조하던 수완가였다. 아브라모비치는 옐친 시대에도 정계에서 영향력을 발휘했고 두마 의원과 (러시아의 동쪽 끝에 있는 가난한 추크첸Chukchen[3] 지방의) 행정장관을 역임하기도 했다. 그러나 푸틴 밑에서 아브라모비치는 현명하게도 자신의 주

---

3 러시아의 가장 동쪽에 위치한 추크치Chukchi(추코트카Chukotka/추코츠키Chukotski) 반도를 가리키는 지명으로 짐작된다.

요 활동영역을 정치에서 축구로 옮겼다. 그는 축구를 진심으로 좋아했다. 그는 모스크바의 유력한 프로 축구단을 후원했기 때문에 정치보다는 축구를 훨씬 더 즐기는 남자로 유명해졌다. 그는 비록 호전적인 천성을 타고났어도 무모하게 처신하지는 않았고 '거래자들을 상대로 인색하게 굴면 손해를 볼 수 있다는 사실'도 알았다. 그는 첫째아내와 결혼하면서 무려 3억 루블을 들여 신혼집을 마련했다. 이 금액은 확실히 거금이었을망정 그의 요트들 중 겨우 한 척의 구입비용에 불과했을 따름이다. 그는 이런 식의 처세술을 발휘하여 쓸데없는 분란을 피했고 그의 주인(푸틴)과도 우호관계를 계속 유지할 수 있었다.

베레좁스키의 런던 망명뿐 아니라 아브라모비치의 존재도 브리튼의 몇몇 변호사에게는 대단히 많은 이익을 안겨주었다. 왜냐면 두 러시아인은 회사들의 소유권 문제와 갖가지 명예훼손 문제를 둘러싼 수다한 법률분쟁에 연루되었기 때문이다. 베레좁스키는 모스크바의 결석재판에서 폭력범죄조직원으로 간주되어 유죄선고를 받았지만, 브리튼의 수도 런던에서는 다양한 명예훼손 관련 소송에서 승소했다. 그는 푸틴을 신랄하게 비방했고 푸틴을 반대하는 다양한 활동에 필요한 자금을 후원했다. 그러나 그것은 승산 없는 싸움이었다. 베레좁스키는 강대국의 수뇌를 상대로 싸우면 도저히 이길 수 없다는 사실을 명백하게 실감해야만 했다. '크렘린이 암살을 시도했다'는 주장들도 나왔지만, 베레좁스키는 암살시도들을 가까스로 모면했다. 그러나 불행하게도, 그를 측근에서 보좌하던 (전직 KGB요원) 알렉산데르 리트비넨코Alexander Litvinenko(1962~2006)는 암살시도를 피하지 못하고 2006년 런던에서 독살되었다.

2 실로비키

앞에서 언급한 여러 갈등은 희생자들을 배출했다. 베레좁스키는 낙담했고 보유재산의 대부분을 잃었으며 2013년 3월에 자살하고 말았다. 그는 삶을 포기하기 전에 그때까지 그가 저질렀던 여러 가지 "못된 짓들"을 용서해달라고 부탁하는 편지를 써서 (그의 옛 동지였다가 적으로 변한 아브라모비치를 통해) 푸틴에게 보냈다. 이런 종말은 그 당시의 역사적 대세를 매우 뚜렷하게 상징하는 사건이었다. 요컨대, 그것은 정치에, 더 정확하게는, 푸틴과 그의 측근들을 반대하는 활동에, 쓸데없이 참견하던 올리가르히들을 실로비키가 타파한 사건이었던 셈이다. 그때까지 올리가르히들이 막대한 돈을 벌어들이고 물 쓰듯이 낭비할 뿐더러 심지어 많은 돈을 국외로 빼돌렸어도 실로비키는 그런 올리가르히들을 기꺼이 용납했다. 실로비키도 어쩌면 올리가르히들과 똑같이 그랬을 것이다. 그러나 실로비키는 자신들의 이익을 증가시켜주지 못하고 지휘를 따르지 않으며 통제를 받지 않는 올리가르히들의 정치활동을 용납하지 않았다.

미하일 호도르콥스키의 사연은 여기서 자세히 언급될 필요가 없을 것이다. 왜냐면 그가 체포되어 굴락gulag[4]에 장기간 수용되었다는 사실은 세계 전역에 널리 보도되었기 때문이다. 모스크바에서 태어난 그는 공산당 청년조직 콤소몰Komsomol에서 활동했고 그의 부모와 마찬가지로 화학공학기술자가 되었다. 그는 한동안 목수로도 일했다. 초기 신흥재벌들 중 누구도 상업이나 경영을 학습하지 못했는데,

---

4 소련의 사상범과 정치범이 주로 구금된 강제교정노동수용소이다.

왜냐면 소련에는 그런 교과목이 존재하지 않았고, 그런 교과목을 가르치는 최초의 학교는 1990년대 중엽부터 생겨났기 때문이다. 그들 중 몇몇은 국제법과 정치학을 공부했지만, 그런 몇몇 중에도 극소수만이 외국을 여행하거나 경험해봤을 따름이었다. 초기 신흥재벌들의 다수는 힘겨운 현장 체험을 감내하면서 상업이나 경영을 습득했다. 그들 중 연장자 몇 명은 탈법적이거나 반쯤 탈법적인 "음침한" 지하경제에서 견습하는 방식으로 사업수완을 체득했다. 초기 신흥재벌들의 대다수는 매우 열악한 직종에서 시작했다. 예컨대, 미하일 프리드만Mikhail Fridman(1964~)은 창문닦이부터 시작해서 사업 경력을 쌓았다. 로만 아브라모비치는 노점상부터 시작했고, 한때 러시아 최대갑부로 손꼽혔던 블라디미르 리신Vladimir Lisin(1956~)은 어느 광산의 기계정비공이었으며, 바기트 알렉페로프는 카스피 해의 석유굴착선에서—만약 존재했다면 위험직종이었을—굴착일꾼으로도 일했다. 호도르콥스키는 20대였을 때 외국산 컴퓨터, 각종 작업복, 코냑(증류된 포도주)을 수입하고 팔아서 돈을 조금 벌었다. 그는 메나텝Menatep이라는 초기 형태의 저축대출조합cooperative bank을 설립했지만, 메나텝은 결국 파산하고 말았다. 그동안 그는 연료 및 에너지 부처의 차관으로 잠시 재임하면서 몇몇 유용한 인맥을 구축하기도 했다.

호도르콥스키는 진정한 대기업을 설립하려면 외국자본이 필요할 수 있다고 깨달았다. 미국인 투자자들의 도움을 받은 그는 그 당시에 약 150억 달러로 평가되던 러시아 최대 석유회사 유코스Yukos를 인수했다. 그런 시절에는 고의부도를 내거나 새로운 투자자를 끌어들이거나 각종 세금을 탈루하거나 회사들을 공격적으로 인수하는 데 이용된 사업관행들은 많은 러시아인에게는 비윤리적 행태들로 보였을 뿐 아니라 범죄행위로 간주되기도 했다. 그러나 그런 관행은 통용되었고, 2003년 구속되었을 즈음의 호도르콥스키는 이미 러시아 최대 갑부였는데, 그의 재산을 불려준 것은 주로 그즈음 급속히 성장하던 석유산업에서 생기는 막대한 수익금이었다.

베레좁스키처럼 호도르콥스키도 정치에 너무 깊게 개입하여 정부를 비판하고 반정부세력을 옹호하는 치명적인 실수를 저질렀다. 호도르콥스키는 권력실세들에게 대단히 성가신 골칫덩이가 되어갔다. 그는 프로 축구단을 인수하거나 현대 미술품을 매입하거나 젊은 애첩들을 사들이는 데 몰두하지 않고 오히려 푸틴과 함께 출연한 텔레비전 공개토론회에서 크렘린의 고위공직자들이 수백만 달러에 달하는 뇌물을 받아먹었다고 주장했다. 호도르콥스키는 2003년에 사기혐의와 탈세혐의로 고발되어 1차 재판을 받았고, 2009년에는 자금세탁 혐의와 횡령혐의로 2차 재판을 받았다. 그는 2013년 사면될 때까지 도합 8년간 강제수용소에 수감되어 있었다. 그는 베레좁스키와 다르게 강제수용소에서도 절망하지 않고 정부정책에 대한 비판을 멈추지 않았을 뿐 아니라 심지어 민주적 자유와 인권을 위해 싸우는 지도적 투사로 인식되기도 했다. 이것은 그의 이력에 비하면 꽤나 대단한 위업이었다.

옐친 시대의 올리가르히들 중 무사히 살아남은 자는 극히 드물었다. 서구에는 별로 알려지지 않은 알렉산데르 코나니힌Alexander Konanykhin(1965~)이 처음에 설립한 회사는 사옥도 보유하고 직원 600명을 고용한 주식회사였다. 그때 그의 나이는 스무 살에 불과했다. 그 후 얼마 지나지 않아 그는 신설된 증권거래소에서 처음으로 일하기 시작한 증권중개인들 중 한 명이 되었다. 그러던 어느 날 그는 정부당국자들과 충돌했는데, 아마도 베레좁스키에게 협력했던 그의 이력 때문에 그랬으리라고 짐작된다. 코나니힌은 미국으로 도피하여 정치적 망명자로서 보호받을 수 있는 자격 심사를 신청했다. 그의 신청 사유는 그가 고국으로 돌아가면 암살당할 수 있다는 것이었다. 미국에서 그의 삶은 복잡다단했다. 명예훼손 관련 소송을 제기하여 승소한 그는 그때까지 개인이 받아낸 명예훼손 손해배상금들 중 역대 최대 금액(3,300만 달러)을 받아냈고, 뉴욕에서는 (2004년에) 올해의 사업가로 선정되기도 했다. 그러나 그는 미국의 감옥들에서 15개월을 복역하기도 했다. 그의 전기에 붙은 제목은 『도전: FBI, KGB, INS, 미국 국토안보부, 미국 법무부, 인터폴, 마피아 청부살인업자들의 추격을 받으면서도 성공한 사업가Defiance: How to succeed in business despite being hounded by the FBI, the KGB, the INS[5], the Department of Homeland Security, the Department of Justice, Interpol and Mafia hit men』였다.

블라디미르 포타닌Vladimir Potanin(1961~)은 무사히 살아남은 올리가르히였다. 그는 옐친 정부에서 부총리를 한 차례 역임했고 여타 정부고위직책도 역임했다. 포타닌은 인테로스Interros라는 유력한 지주회사持株會社의 사장이고, 그의 보유자산은 120~130억 달러로 추산된다. 그는 옐친 시대가 막을 내린 후부터 정계에 진출하지 않았지만 수많은 비정치적 정부부처의 수장을 역임했을 뿐 아니라 러시아 안팎의 박물관들에 자신의 개인 소장품들을 기증했고 박물관들을 관리하는 정부부처에도 재직했다.

---

5   FBI는 미국연방수사국Federal Bureau of Investigation이고 INS는 미국연방이민국 Immigration and Naturalization Service이며 인터폴Interpol은 국제경찰International Criminal Police Organization(ICPO)이다.

그런 한편으로 블라디미르 구신스키Vladimir Gusinsky, 1952~는 인생 초반기에 곤경을 겪었다. 그의 부모는 모스크바의 어느 콤무날카kommunalka에서 살았다. (1917년 러시아혁명 이후 소련에서 생겨난) 콤무날카는 가족단위로 거주하는 비좁은 단칸방들과 그런 단칸방들의 거주자들이 공용하는 화장실과 부엌을 포함한 각종 생활시설로 이루어진 공동 아파트이다. 구신스키는 석유 관련 기술을 배웠지만 훗날 모스크바 외곽에 있는 어느 극장의 지배인으로 고용되었다. 그러다가 어느 은행의 사장이 되어 상당한 재산을 모은 그는 신문사들과 텔레비전 방송국들뿐 아니라 영화 제작사들마저 매입하기 시작했다. 그가 매입한 이런 나팔수들은 체첸 전쟁과 기타 현안들을 빌미로 정부를 비판했다. 그는 2000년에 처음으로 고발당했지만 외국으로 도피했다. 그는 러시아 시민권을 박탈당했고 에스파냐 국적과 이스라엘 국적을 취득했다. 러시아 당국자들은 인터폴을 통해 그를 체포하여 본국으로 압송하려고 노력했지만 유럽인권재판소European Court of Human Rights는 그를 고발한 러시아 정부의 조치들에서—국제인권보호협약들을 침해하는—위법요소를 발견했다. 결국 그는 이스라엘을 떠나 미국으로 가서 사업을 계속했다.

미하일 프리드만은 옐친 시대의 올리가르히들 중에도 생명과 재산을 고스란히 보유한 채로 살아남은 극소수에 속한다. 미하일 프리드만의 부친은 유력한 군사기술자(이면서 무기발명가)였다. 우크라이나 서부의 도시 르보프(르비프)에서 태어난 미하일 프리드만은 제철기술과 야금기술을 배웠고 20대 중반의 나이에 사업을 시작했다. 스위스의 동업자들과 함께 그가 설립한 회사는 훗날 금융업과 여러 업종에 관여하는 대기업 알파그룹Alfa Group으로 성장했다. 2008년에 200억 달러로 추산된 그의 자산이 이듬해에 세계경제위기를 겪으면서 잠시 60억 달러로 급감했지만 2013년에는 다시 160억 달러로 늘어난 덕택에 그는 러시아에서 두 번째로 많은 자산을 보유한 갑부가 될 수 있었다.

미하일 프리드만은 유대인문화운동단체(창세기자선사업단Genesis Philanthropy Group)의 유명한 기부자였고 그보다 유명하지는 않아도 (이스라엘의 어느 농구단을 다년간 후원한) 블라디미르 구신스키, 게르만 칸 German Khan(1961~), 표트르 아벤Pyotr Aven(1955~)도 기부자들이었다.

옐친 시대의 올리가르히들 중에는 유대계 출신자가 적잖았지만 알리셰르 우스마노프Alisher Usmanov(1953~) 같이 막대한 재력을 보유한 무슬림들도 있었다. 그러나 앞에 언급된 유대계 출신자들을 제외한 나머지 유대계 올리가르히들은 유대교식 생활을 적극적으로 하지 않았다. 그들은 오히려 유대인 공동체를 멀리하거나 심지어 베레좁스키처럼 러시아 정교 신자로 개종한 자들로도 알려졌다. 그들의 다수는 러시아 정교 신자인 부친이나 모친의 자식들이라서 오직 부분적으로만 유대인들이었다. 반유대주의자들은 정치적 선전활동들을 펼치는데 이런 사실들을 최대한 이용하려고 애썼지만 선전효과는 선전자들도 놀랄 만큼 상대적으로 미미했을 따름이다. 반유대주의자들은 언제나 '유대인들이 러시아를 지배한다'라고 주장했는데, 그래서 반유대주의자들이 낡은 구호들을 아무리 복창했어도, 특히 올리가르히들의 대다수가 보유하던 영향력과 돈의 대부분을 잃고 또 몇 명은 세상에서 자취를 감추었을 때, 그런 구호들은 제한된 효과밖에 발휘하지 못했다.

아래에 인용된 푸틴 시대의 가장 부유한 올리가르히들의 명단(미국의 경제잡지《포브스Forbes》2013년)은 옐친 시대의 명단과 매우 다르다.

이 명단에 등재된 이름들은 지난 10년간 거의 변하지 않았지만, 보유자산 순위는 매년 변해왔고, 명단에 기록된 보유자산액들은 대략적으로 추산된 것들이다. 어느 해에는 블라디미르 리신이 이 명단의 최상위를 차지했고 다른 해에는 올렉 데리파스카가 최상위를 차지하기도 했다.

이들의 보유자산액을 정확하게 산정하기는 어렵다. 이 명단의 상반부를 차지하는 올리가르히들의 과반수가 외국거주자일 가능성이 높은데, 예컨대, 우스마노프, 아브라모비치, 게르만 칸 같은 자들은 브리튼에 거주한다. 멜니첸코는 뉴욕, 앙티브, 애스컷[6]을 오가면서 생활한다. 그들이 러시아에서 빼낸 자금의 대부분은 특히 (어떤 범죄자인도협약도 체결하지 않은) 키프로스의 (주로 터키인이 거주하는) 북부지역을 경유하여 런던으로 반입되었다. 러시아의 개인소득세율은 스탈린 시대부터 (13퍼센트로) 매우 낮았지만 브리튼의 조건들이 훨씬 더 유리하게 생각된다. 러시아 당국자들은 대기업에 우호적인 태도를 보였어도 신뢰를 얻지는 못한 듯이 보이는데, 왜냐면 대기업 소유주들은 자신들의 자금이 러시아에 묶일까봐 걱정하고 또 체포되거나 살해당할까봐 두려워하기 때문이다.

올리가르히들이 정치에 뛰어들었다가 교훈을 습득했다는 사실은 앞에서 이미 언급되었다. 아마도 그런 교훈은 올리가르히들의 골수에 깊이 새겨졌을 것이다. 우스마노프가 소유한 그룹의 신문《콤메르

---

6   앙티브Antibes는 프랑스 남해안의 휴양도시이고, 애스컷Ascot은 잉글랜드 런던에서 서쪽으로 40킬로미터쯤 떨어진 곳에 형성된 부유한 소도시이다.

올리가르히들	보유자산(단위: 억 달러)
알리셰르 우스마노프	180
미하일 프리드만	160
레오니드 미하엘손Leonid Mikhelson(1955~)	150
빅토르 벡셀베르크Victor Vekselberg(1957~)	150
바키트 알렉페로프	140
안드레이 멜니첸코Andrei Melnichenko(1972~)	140
블라디미르 포타닌	140
블라디미르 리신	140
겐나디 팀첸코Gennady Timchenko(1952~)	140
미하일 프로호로프Mikhail Prokhorov(1965~)	130
알렉세이 모르다쇼프Alexsei Mordashov(1965~)	120
게르만 칸	100
로만 아브라모비치	100
드미트리 리볼로베프Dmitry Rybolovev(1966~)	90
이스칸데르 마흐무도프Iskander Makhmudov(1963~)	80
올렉 데리파스카Oleg Deripaska(1968~)	80

산트Kommersant》에 푸틴 체제를 비판하고 선거결과들의 정직성을 의문시하는 기사가 게재되자 우스마노프는 그런 정부비판 기사의 게재를 허락한 간부들을 즉각 해직시켰다. 그런 동시에 우스마노프는 신문의 독립적 성격을 강조했다. 그는 어릴 때부터 삼총사[7]를 영웅시했고 러시아의 유력한 스포츠 종목인 펜싱의 후원자였다. 그래도 우스마노프는 '심지어 아토스, 포르토스, 아라미스가 21세기의 러시아에 살았더라도 넘지 말아야 할 한계선을 알았으리라'는 교훈만큼은 너무도 잘 이해했다. 그런 우스마노프를 과연 누가 비난할 수 있었겠는가? 우스마노프는 1980년대에 자신의 고향 우즈베키스탄에서 투옥되어 복역한 해[年]들도 틀림없이 기억했을 것이다.

언제쯤엔가 러시아 당국자들은 체제의 민주적 성격을 증명할 수 있는 또 다른 정당을 창립하고파했다. 그때 그들은 창당작업을 후원하도록 올리가르히들 중 한 명이던 프로호로프를 설득하느라 분명히 상당한 기력을 소모할 수밖에 없었을 것이다. 그런데 그런 창당계획이 진짜 반정부세력으로 변해가던 가짜 반정부세력을 쉽사리 통제할 수 없는 곤경으로 떠밀렸다면, 과연 누가 프로호로프를 비난할 수 있었겠는가? 프로호로프는 자신이 창립한 정당을 몇 달 만에 탈당해버렸다.

올리가르히들 중 고령자들은 1950년대에 태어났고 그들보다 젊은 올리가르히들은 1960년대 이후에 태어났다. 민영화가 진행되던 시절에 젊은 올리가르히들 대다수의 연령은 20대 후반이나 30대 초반이

---

7 프랑스의 작가 알렉상드르 뒤마Alexandre Dumas(1802~1870)가 1844년 3~7월에 발표한 역사소설 『삼총사Les Trois Mousquetaires』의 주인공들인 아토스, 포르토스, 아라미스를 가리키는 총칭이다.

었다. 블라디미르 포타닌과 미하일 프리드만 같은 몇몇 올리가르히는 바로 그런 민영화에 편승하여 노멘클라투라의 하위계층으로 승격한 가정家庭들에서 태어났다. 그렇지만 다른 올리가르히들의 대부분은 빈곤하거나 상대적으로 빈곤한 가정들에서 태어났다. 올리가르히들 중에는 학계에서 이미 나름대로 유명해진 학자들도 있었는데, 그런 학자들의 대다수는 과학적 주제들이나 기술공학적 주제들을 연구했다. 올리가르히들의 3할쯤은 금융회사들이나 지주회사들에서 돈을 벌었고 다른 3할남짓은 금속회사들과 석유천연가스 회사들에서 돈을 벌었다. 대갑부들 중에 석유천연가스 업계에서 활동하는 올리가르히들이 가장 많다는 사실은 놀랍지 않다. 몇몇 올리가르히는 비교적 평화롭게 돈을 벌었고 어떻게든 세인들의 이목을 끌지 않으려고 조심했다. 그러나 올리가르히들 대다수는 온갖 부당행위와 공갈협박을 불사하고 심지어 살인마저 서슴없이 자행해야 하는 처절하고 지난한 싸움들을 감내해야만 했다. 이른바 "알루미늄 전쟁Aluminum Wars"[8]에서만 무려 100여 명이 피살되었다고 알려졌다. 푸틴의 측근들로서 주목받던 로만 아브라모비치와 올렉 데리파스카는 이 전쟁에 승리하면서 올리가르히들 대열에 합류했다. 다른 경우들에도 그랬듯이 이 경우에도 '성실한 사업'과 '범죄적 지하세계의 활동'은 정확하게 분간되기 어려웠다. 이런 난폭한 시절에 벌어진 일들의 모든 전말이 앞으로 속속들이 기록될지 여부는 의심스럽다. 만약 그것들이 기록된다면 미국에서 한동안 치열했던 악덕자본가들의 이권다툼마저 기껏해야

---

8 이것은 1990년대에 러시아 동부지역의 금속업체들 사이에서 무자비하게 자행된 공격적 인수합병경쟁들을 가리킨다.

유치원생들의 티격태격하는 사소한 싸움에 불과한 듯이 보이게 만들지도 모른다.

올리가르히들은 저마다 새롭게 획득한 재산을 향락했을까? 사업계에서 은퇴했다고 알려진 올리가르히들은 극히 드물다. 그들은 사업계에서 만끽하던 매력과 흥분에 완전히 사로잡힌 듯이 보인다. 그들의 다수는 (심심찮게 그들의 제1거주지로 선택해온) 런던에 제2거주지를 마련했고, 다른 몇몇은 미국에나 스위스에 제2거주지를 마련했지만, 그들은 그런 머나먼 타국들에서도 자국에 있는 각자의 사업체들을 계속 운영했다. 그들의 일부는 다른 국적을 두세 번씩 취득했다. 예컨대, 푸틴의 중요한 재정자문이던 팀첸코는 핀란드 국적을 취득하기도 했다. 물론 그런 처신이 언제나 유익하지만은 않았다. 예컨대, 데리파스카는 과거에 겪은 어떤 일—그러니까 비록 정확하게 알려지는 않았어도, 어쨌든 2014년 미국 정부로부터 제재를 받기 훨씬 전에 겪은 어떤 일—때문에 미국 입국을 거부당했다. 또 다른 올리가르히인 비탈리 말킨Vitaly Malkin(1952~)은 비록 이스라엘 여권을 이용하면서 여행했어도 캐나다 입국을 허락받지 못했다. 왜냐면 그는 돈세탁 혐의뿐 아니라 국제무기밀거래혐의로 고발되었기 때문이다. 그는 '진범은 감옥에 구금되었다가 의문사한 마그니츠키Sergei Magnitsky(1972~2009)[9]라는 모스크바의 변호사였다'는 사실을 미국 상원의원들에게 납득시키느라 애쓰기도 했다.

올리가르히들은 현대 미술품과 고전 미술품을 가리지 않고 모든

---

9 사기, 횡령, 인권침해 등의 혐의들로 체포되어 모스크바 부트리카 감옥에 구금되었다가 피살되었다고 알려진 러시아의 회계사로 추정된다.

미술품을 매입하는 큰손들이 되었다. 그러나 미국 같은 다른 외국에서는 오직 신흥재벌2세들만이 미술품 매입에 흥미를 보였다. 올리가르히들 중 한 명의 아내는 모스크바에 있는 유명한 화랑을 소유했다. 미술품에 대한 이런 관심의 혜택을 가장 크게 입은 사람들은 프랜시스 베이컨Francis Bacon(1909~1992)과 루시언 프로이드Lucian Freud(1922~1911) 같은 브리튼의 현대 화가들이었다. 프랜시스 베이컨이 친구이던 루시언 프로이드를 모델로 그린 세 폭짜리 그림이 2013년 크리스티 경매에서 무려 1억4,240만 달러에 낙찰되면서 회화미술작품 경매 최고가를 기록했다. 그때로부터 몇 년 전에 아브라모비치는 소더비 경매에서 프랜시스 베이컨의 또 다른 세 폭짜리 그림을 낙찰받느라 8,800만 달러를 써야만 했다. 이런 방면에 아브라모비치 못지않게 많은 관심을 쏟던 우스마노프는 러시아의 첼리스트 겸 지휘자 므스티슬라프 로스트로포비치Mstislav Rostropovich(1927~2007)의 개인 소장품들을, 그것들이 경매장으로 보내지기 전날 밤에, 모조리 매입해버렸다. 빅토르 벡셀베르크는 가장 커다란 파베르제의 달걀 Fabergé egg[10] 일습을 최근에 수년간 매입했다. 그 결과 파베르제의 달걀들은 대단히 매력적인 미술품들로 공인되기 시작했고, 벡셀베르크는 그 달걀들을 전시하는 특별 미술관을 개장했다. 그것들뿐 아니라 '러시아의 미술품수집가이자 사업가인 알렉산데르 이바노프Alexander Ivanov(1962~)가 매입하여 독일 바덴바덴의 파베르제 미술관에 전시한 파베르제의 또 다른 달걀들'도 매우 뛰어나다.

---

10 러시아의 귀금속세공사 페터 카를 파베르제Peter Carl Fabergé(1846~1920)가 각종 귀금속과 보석으로 제작한 부활절(기독교계에서 예수의 부활을 기념하는 날) 장식용 달걀.

러시아 미술품들도 매력적으로 인식되는 동시에 비싸게 거래되기 시작했다. 그런 와중에 크리스티 경매장은 러시아 화가 보리스 쿠스토디예프Boris Kustodiev(1878~1927)의 그림 「오달리스크Odalisque」(1919)를 매입한 벡셀베르크에게 피해보상금 2,500만 달러를 지급해야만 했다. 왜냐면 그 「오달리스크」의 진위가 의심된다는 감정결과가 나왔기 때문이다. 런던 외곽의 어느 마을에 "제2거주지"를 소유한 표트르 아벤은 가장 우수한 러시아 미술품들을 소장했다. 그는 표트르 콘찰롭스키Pyotr Konchalovsky(1876~1956)의 가족초상화(1917)를 매입하는 데 약 500만 달러를 썼다. 콘찰롭스키는 뛰어난 화가였지만 많은 작품을 남겨서 그랬는지 최근에까지도 그의 작품들은 비싸게 호가되지 않았다. 어쩌면 아벤이 30년 전에 그 가족초상화를 욕심냈다면 고작 20달러에, 혹은 더 저렴하게 매입할 수 있었을 것이다. 그러나 30년 전에는 아벤이 아직 올리가르히가 아니었다. 멜니첸코 일가는 프랑스 인상파화가 클로드 모네Claude Monet(1840~1926)의 수련睡蓮 그림들 중 두 점을 자랑스럽게 소유했다. 이런 식으로 올리가르히들이 매입한 유명한 미술품은 훨씬 더 많을 수 있다.

올리가르히들은 과시용 낭비를 일삼았는데, 그런 낭비는 수다한 농담의 주제가 되었을 뿐더러 추문들과 신랄한 비판마저 초래했다. 올리가르히들을 그저 고약한 무리로 간주하는 편이 일반인들에게는 확실히 속 편했다. 실제로 모든 올리가르히가 자선활동을 해보려고 열망했지만 그들의 자선활동비용은 그들의 막대한 사치품 매입비용에 비하면 조족지혈이나 마찬가지였다.

러시아 당국자들은 처음에는 올리가르히들의 사치풍조에 간섭하지 않았다. 그러나 수많은 정황에 떠밀린 당국자들은 몇몇 올리가르히의 지나친 사치를 제재하는 조치를 취할 수밖에 없었다. 그런 정황들 중 하나는, 외국의 저택, 비싼 미술품, 요트를 매입하느라 막대한 돈을 낭비하는 올리가르히 대다수의 사치풍조가 러시아 경제에 이롭지 않았다는 것이다. 또 다른 정황은, 2008년의 경제위기가 그들의 다수에게 근검절약을 강제했다는 것이다. 그들 중에는 엄청난 빚더미에 올라앉은 자들도 있었는데, 그래서 그들이 소유한 회사들의 직원들은 훨씬 더 괴로운 고통을 겪어야만 했다. 그런 정황은 사회적 불안과 폭력사태를 유발하기도 했는데, 그런 사태는 러시아의 당국자들을 난처하게 만들었다. 그랬으므로 올리가르히들은 신중히 처신하라는 충고를 노골적으로 듣기도 했다. 2008년 이후부터 올리가르히 대다수는 공익용이나 자선용이 아닌 다른 용도로 돈을 써야 할 때마다 세인들의 이목에 들키지 않도록 무던히도 애썼다.

정부공직자들도 부유해졌고, 그들 중 몇몇은 엄청난 갑부들이었지만 아주 조심스럽게 처신했으므로 그들의 소유재산규모와 자금보관처나 투자처를 정확히 아는 사람은 전혀 없었다. 러시아의 유력한 심층탐사언론인인 스타니슬라프 벨콥스키Stanislav Belkovsky(1971~)가 주장했다시피, 700억 달러를 보유한 푸틴은 러시아 최대갑부일 수 있거나 지구상 최대갑부들 중 한 명일 수 있었다. (그러나 그런 식의 주장들은, 당연히, 적어도 푸틴의 집권기간에는, 사실로 입증될 수 없다.) 다른 언론인들은 푸틴이 몇몇 텔레비전 방송에 출연할 때 착용해오던 파텍필립 손목시계를 포함한 기타 비싼 손목시계들이 약 1억6,000만 달러어치에 달하리라고 추산한다. 2014년에 경제상황이 악화되었고, 그러자 올리가르히들을 비난하고 '그들에게 막대한 재산을 긁어모을 기회를 제공한 ("고리대금")체제'를 비난하는 운동이 아주 널리 유행했다. 그러나 이런 운동을 주동하던 정치인들도 그런 체제로부터 이익을 뽑아먹으며 자신들의 재산을 불려왔기 때문에 체제변화를 바라지 않았고 가진 것을 포기하고파 하지도 않았다. 러시아 정교회의 대변인들도 이 운동에 동참했지만, 총대주교는 푸틴의 손목시계만큼이나 비싼 손목시계를 착용하고 텔레비전 방송에 출연했다. 공식적 선전선동과 현실정세 사이에서 휘황찬란하게 번쩍이는 이런 모순들(갑부들의 생활과 나머지 사람들의 생활을 가르는 넓고도 점점 더 넓어지는 간격)은 체제의 중대한 약점들이다. 이런 약점들은 분명히 끈질기게 존속하면서 정치적 긴장을 유발할 수밖에 없을 것이다.

현재 억만장자들은 세계의 다른 여느 도시보다 모스크바에 더 많이 거주한다. 세계의 모든 지역에서 지니 계수[11]와 여타 몇 가지 척도로 측정된 소득불평등은 지난 30년간 대단히 심화되어왔다. 이런 견지에서 선진국들 중 미국의 소득불평등은 가장 미미한 편에 속하는 듯이 보인다. 그러나 러시아 대갑부 110명이 (크레딧스위스그룹Credit Suisse Group[12]의 연구부서가 확인시켜주듯이) 러시아 GNP의 약 35퍼센트를 소유한다는 것이 사실이라면, 그리고 러시아 시민들의 93퍼센트가 1인당 1만 달러 미만밖에 소유하지 못한다면, 강력한 중산층을 창출하려는 노력은 민영화의 결과로는 아직까지 성취되지 못한 셈이다. 중국의 억만장자는 러시아의 억만장자보다 약간 더 많지만 훨씬 더 많지는 않다. 무엇보다도 중국의 GNP는 러시아의 GNP(8조 달러)

---

11 이탈리아의 통계학자 겸 인구학자 겸 사회학자 코라도 지니Corrado Gini(1884~1965)가 1912년에 발표한 논문 「변이성과 변동성Variabilità e mutabilità」에서 처음 사용된 이 계수는 소득분배의 불평등, 재력의 편중, 에너지 소비량의 불평등을 표시하는 데 널리 사용된다.
12 스위스 취리히에 본사를 두고 은행과 금융투자회사들을 거느린 다국적 금융지주회사이다.

보다 4배 더 많은데, 현재 러시아의 GNP는 프랑스의 GNP와 거의 비슷하고 브라질의 GNP보다 약간 적다.

그런 식의 발전은 정치적 관점뿐 아니라 경제적 관점에서도 바람직하지 않다. 이런 정황이 변할 수 있고 역전될 수 있을까? 그리되게끔 만들 수 있는—예컨대, 소득세개혁을 포함한—다양한 방법들은 틀림없이 존재한다. 그러나 이런 개혁은 러시아 정치지도자들의 사업 이권을 훼손할 수도 있고, 러시아에서 외국으로 유출되는 자본을 증가시킬 수도 있을 것이다. 그러나 어찌되었든 러시아 지도자들의 중대한 관심사는 이런 개혁이 아니라 '재산이 주요한 정치무기로 이용되는 상황'을 예방하는 것이었다. 그들은 이런 예방활동을 대단히 성공적으로 수행했다. 그러나 불평등이 일정한 한계를 넘어 심지해진다면 중대한 사회적 긴장을 유발할 수밖에 없을 것이고, 정치지도층은 관련 조치를 취할 수밖에 없을 것이다. 실로비키와 올리가르히들의 투쟁에서 실로비키는 크게 노력하지 않고도 완벽하게 승리했다. 올리가르히들은 연합전선을 구축하지 못했을 뿐더러 오히려 그들끼리 더 빈번하게 경쟁했다. 그들끼리 형성한 제휴관계들은 오래 지속되지 못했다. 더구나 그들은 대체로 정치적 본능과 이해력을 결여했다. 그들은 정치적 야심을 품었지만 '정당'이나 '군부와 안보기관들의 긴밀한 유대관계紐帶關係들' 같은 권력기반을 전혀 마련하지 못했다.

그런 반면에 실로비키는 국내에서나 외국에서—KGB요원들로서—활동하며 습득한 일종의 특권의식을 공유했다. 니콜라이 파투르쇼프 Nikolai Patrushev(1951~)는 2002년 9월에 행한 어느 연설에서 "그는 푸틴의 뒤를 이어 FSB국장이 되었으며, 비밀경찰은 신생 귀족이 되었다"고 말했다. 그들은 돈을 벌어볼 욕심으로 일하기보다는 책임감—애국심과 이상주의—때문에 일했다.

푸틴의 측근들 중 KGB요원 출신자 비율은 30퍼센트쯤으로 추산되고, 그들 중 고위급요원 출신자 비율은 더 높으리라고 추산된다. "비밀기관들"의 소속요원들은 최근에까지도 공개토론주제로 간주되지 않았기 때문에 당연히 이런 추산만 가능할 따름이다. 그러나 그들은 담당업무도 충실히 수행했고 사회적 의무도 충실히 이행했다. 또한 그들은 '내가 바로 엘리트이고 체제를 수호하는 칼이자 방패이다'고 확신하게끔 주입교육을 받았다. 그리하여 그들은 '오직 체키스트 Chekist[13]만이 정직하고 믿음직한 애국자이며 암묵적으로 신뢰될 수 있는 요원이다'고 확신했다.

그들은 일정한 불이익도 감수해야만 했다. (체카와 NKVD의 후신인) KGB의 과거는 언제나 순탄하지만은 않았다. 1930년대에는 요원들의 10퍼센트가 추방당하거나 숙청당했다. "비밀기관들"의 기관장 두 명도 총살당했다. 그러나 "참담한 옛날은 이미 흘러가버려서 다시는 돌아오지 않을 것이고, 비밀기관이 수행하는 임무는 대단히 영예로운 것이며 지극히 중대하고 애국적인 의무이므로, 만약 체키스트들이 없다면 조국은 치명적 위험에 휘말릴 수 있는데, 왜냐면 러시아를 해코지하려는 흉계를 꾸미고 또 가능하면 러시아를 파괴하려는 음모마저 밤낮으로 획책하는 국내외의 철천지원수들이 조국을 호시탐탐 노리고 있기 때문이다"라고 엄숙하게 선언되었다(그리고 대체로 그렇게

---

13 소련에서 레닌이 반反혁명운동과 주동자들을 비밀리에 조사할 목적으로 1917년 12월 20일 창설한 국가안보기관인 체카Cheka(비상위원회)의 요원을 가리키는 호칭이다. 체카는 훗날 KGB로 개편되었지만 '체키스트'는 KGB요원의 별칭으로 계속 사용되었다.

믿겼다).

이런 주입교육의 효과는 드물지 않게 발휘되었다. 스탈린 집권기 간이 다년간 지속되면서 누군가를 박해하려는 사고방식의 뿌리가 소련에 깊게 박혔다. 어쩌면 모든 비밀기관은 아닐지라도 최고급비 밀기관도 그것보다 훨씬 낮은 하급비밀기관도 국민의 마음을 충분 히 사로잡았으리라고 믿겼을 것이다. 비밀기관장들의 대다수는 소 련을 벗어난 바깥세계를 별로 경험해보지 못한 평균지능을 가진 관 료들이었다. 유리 안드로포프는 유일하게 예외적인 인물일 수 있었 다. 그러나 그는 비밀기관장에 임명되자 곧바로 병에 걸려서 경험 과 실력을 증명하지 못했다. 충실한 교육을 받지 못한 평균적인 비 밀요원은 드물지 않았다. 그런 비밀요원은 파견될 국가의 언어를 유 창하게 구사할 수 있을 때까지 KGB요원 양성학원이나 특별교육과 정을 이수했다. 그러나 이런 교육도 비밀요원이 익숙한 조국의 여건 과 매우 다른 여건들에서 자유롭고 자연스럽게 활동하는 데 필요한 예의범절, 관습, 사회적 품위를 충분히 습득하지 못할 정도로 부실하 게 이루어지는 경우가 잦았다. 그래서 만약 KGB가 어떤 임무를 완 수하는 데 성공하더라도 그런 성공은 대체로 행운의 결과였다. KGB 의 평판도 1970년대와 1980년대에는 썩 좋지 않았다. 더구나 KGB 는 '외적들의 소행으로 의심되기도 하던 소련 해체'를 예방할 수 없 었다. 그래서였는지 KGB와 그것의 후신들은 수년간 소설이나 영화 를 포함한 다양한 방편을 활용하여 자신들의 이미지를 개선하고 윤색 하느라 대단한 노력들을 기울였다. 그런 노력들 중에도 가장 성공적 인 것은 스티를리츠Stirlitz라는 주인공을 내세운 텔레비전 연속극 〈봄 의 열일곱 순간Semnadtsat mgnovenii vesny〉이었다. 율리안 세묘노프Julian

Semyonov(1931~1993)[14]의 동명 소설을 바탕으로 제작된 이 연속극은 소련첩보원 스티를리츠의 인생과 활약을 묘사한다. 이 연속극에서 스티를리츠는 독일 나치 안보기관의 수뇌부에 잠입하여 나치스의 극비계획마저 모스크바에 있는 상관들에게 보고할 수 있는 지위로 승진한다.

훌륭한 연출과 연기가 어우러진 이 연속극은 엄청난 인기를 누렸다. 요즘에도 이 연속극은 러시아의 텔레비전에서 정기적으로 방송된다. 이 연속극은 소련 전역에서 스티를리츠를 모방하는 소년들의 즐거운 오락거리가 되었다. 스티를리츠는 세묘노프가 집필한 다른 소설들에도 등장했다. 알코올중독자이던 세묘노프는 예순 살을 막 넘겼을 무렵에 심장발작증을 이기지 못하고 사망했다. 그는 체제에 대한 몇 가지 의혹과 심지어 체제비판마저 때때로 그의 소설들에 몰래 삽입해놓곤 하던 냉소주의자였다. 그는 스티를리츠의 영웅적인 활약에 조금이라도 비견될 만한 활약은 현실에서는 한 번도 실행되지 않았다는 사실을 잘 알았다. 그런 활약들은 시청자를 흥분시키면서도 완전히 비현실적인 순전한 허구들이었다. 〈안개 속의 총성A Shot in th Fog〉 같은 영화처럼 KGB의 이력을 윤색하려는 또 다른 노력들도 시도되었지만 그런 노력들 중에 스티를리츠 연속극만큼 성공한 것은 없었다.

스티를리츠는 "진보적이고 국제적인 시대"에 반反파시즘의 영웅이 되었다. 소련 해체 이후에 또 다른 영웅이 등장했다. 그렇지만 그는 창작된 영웅이 아니라 실재하는 영웅이었다. 니콜라이 세르게예

---

14 소련과 러시아의 첩보소설 및 추리소설을 주로 발표한 소설가 겸 극작가 겸 시인이다.

비치 레오노프Nikolai Sergeyevich Leonov(1928~)는 변칙적인 인물은 아니었던 듯이 보인다. 그는 KGB에서 승진을 거듭해서 제1부서의 차장을 역임했다. 그는 육군중장 계급을 달았고, KGB의 첩보분석부장을 역임했다. 그의 전기를 쓴 저자는 "레오노프는 12년 넘게 장단기 미래들을 예측하고 분석보고서들을 작성하면서도 한 치의 실수도 범하지 않았으니 참으로 놀라운 성과를 거두었다"고 썼다. 또한 그 저자는 "레오노프의 반미활동들은 깊은 확신에서 비롯되었으며 신의 가호를 받았다"고 주장했다. 레오노프가 세계정세를 깊이 이해했다는 사실은 그의 예측보고서들 중 단 두 건만 예시되어도 충분히 증명될 수 있다. 한 건은 남예멘South Yemen을 중동지역에서 "가장 마르크스주의적인 국가"로 분류했다. (그러나 레오노프는 마르크스주의자가 아니었으므로 이런 분류가 긍정적인 것이었는지 여부는 분명하지 않다.) 다른 한 건에서 그는 '폴란드에서 공산주의의 전망들은 썩 밝지 않다'고 예측했다. 그런 통찰은 그의 상관들에게 깊은 인상을 주었을 뿐 아니라 그를 보좌하던 푸틴을 포함한 요원들에게도 깊은 인상을 준 듯이 보인다.

1991년에 레오노프는 국가지도자들의 반역행위들을 비난하면서 KGB에 사직서를 제출했다. 그는 어느 극우정당에 소속된 두마(국회)의원이 되었다. 이후 몇 년간 그는 주로 텔레비전 방송인으로서 극우진영을 대변하여 매우 열심히 활동했다. 그는 모스크바 대학교에서 역사를 가르치기도 했다. 그는 러시아 정교회의 등록신자가 되었고, 그의 고해신부가 된 정교회 수도원장 티혼Tikhon은 푸틴의 고해신부도 되었다. 티혼은 어느 인터뷰에서 레오노프를 '지극히 정직한 사람'으로 호칭하면서 다음과 같이 말했다. "여러 해 전에 성사된 그와 나의 만남은 나에게는 진정한 계시였습니다."

레오노프는 종교를 믿는 신자가 되었지만, 그의 새로운 종교적 신심은 유대교에까지 연장되지 않았다. 그는 러시아 검찰총장에게 배달된 어느 투서에 서명하기도 했는데, 그 투서는 16세기 이탈리아 베네치아에서 초판된 유대교 율법서의 일종인 『키추르 슐칸 아루크 Kizur Shulkhan Arukh』를 러시아에서 출판하려는 유대인들의 시도를 저지하는 조치를 취해달라고 탄원하는 것이었다. 이런 견해들을 품은 사람의 눈에는 고르바초프와 옐친 같은 러시아 정치지도자들이 반역자로 보였을 텐데, 이 사실은 사실은 쉽게 이해될 수 있다. 그런 한편에서 레오노프는 러시아공산당에 가입하여 배반자 겸 반역자가 되고 공산주의체제의 "칼 겸 방패"가 되었으므로 특정한 이념을 받아들여야만 했다. 처음에 그와 의기투합했던 공산당원들도 나중에는 "부르주아 국가주의와 반동적 성직자주의"로 선회한 그를 변절자로 간주했을지 모른다.

당연하게도 푸틴의 측근들 모두가 전직 KGB요원들이지만은 않았다. 러시아의 계산법으로도 서구의 계산법으로도 '푸틴의 측근들 중 정부고위직책에 재임한 현직 또는 전직 KGB요원들의 비율은 30~40퍼센트에 불과했다'고 추산된다. 푸틴의 측근들 중에는 상트페테르부르크와 여타 지역에서 수년간 그와 함께 근무하면서 교감하고 그에게 신뢰감을 안겨줄 수 있었던 요원 몇 명도 포함되어 있었다. 예컨대 로텐베르크Rotenberg 형제[15]는 가라데나 유도를 포함한 여러 무술을 연습하는 푸틴의 연습상대들이었다. 푸틴의 인생과 활동에 관

15　러시아의 올리가르히들인 아르카디 로텐베르크Arkady Rotenberg(1951~)와 보리스 로텐베르크Boris Rotenberg(1957~)이다.

한 거의 모든 측면은 지금까지 아주 상세히 분석되어왔다. 그러나 그의 가라데 실력이 8단에 이른다는 사실, 그가 무술들을 열정적으로 연습한다는 사실, 무술기술들과 무술규칙들이 그의 정책결정과정에도 영향을 끼친다는 사실은 간과되어왔다. 푸틴처럼 검은 띠를 취득한 연습상대들은 푸틴과 일종의 의형제를 맺기도 했다. 그들 중에는 푸틴의 사사로운 용무까지 처리해준 올리가르히들도 있었고 푸틴의 친밀한 조언자가 된 자도 몇 명 있었다.

모스크바 현지의 몇몇 관측통은 비공식적인 정치국의 존재를 믿을 뿐더러 '그런 정치국과 자스토이(침체) 시대의 브레즈네프가 이끌던 정치국은 닮았다'고 주장한다. 브레즈네프 집권기간과 푸틴 집권기간은 거의 비교될 수 없을 듯이 보일지라도, 푸틴의 친밀한 조언자들로 구성된 측근집단은, 비록 조직화되지 않았고 또 어쩌면 빈번한 변화를 겪었을망정, 확실하게 존재하는 듯이 보인다. 러시아 언론인인 알렉세이 첼노코프Aleksei Chelnokov가 (『푸틴 집권기간의 자스토이: 크렘린의 새로운 정치국Putinski Zastoi: Novoe Politburo Kremla』에서) 거명하는 푸틴 측근집단의 2013년 구성원들은 다음과 같다.

전직 KGB국장으로서 푸틴 정부의 행정업무를 총괄하는 세르게이 이바노프Sergei Ivanov(1953~). 푸틴은 예전에 상트페테르부르크 시장 아나톨리 솝차크Anatoli Sobchak(1937~2000)를 함께 보좌하면서 세르게이 이바노프를 알았다.

전직 러시아 부총리이자 현직 로스넵트Rosneft[16] 회장인 이고르 세친

---

16 러시아 국영석유회사이다.

Igor Sechin(1960~).

세르게이 체메조프Sergei Chemezov(1952~). 푸틴의 측근들 사이에서만 잘 알려졌을 뿐 외부에는 거의 알려지지 않은 인물로 그는 고스테크놀로기아Gostechnologia라는 회사의 사장이고 산업분야에서 경력을 쌓았다.

겐나디 팀첸코는 측근집단의 자금관리인(또는 컨설턴트)이다. 최근 20년간 그는 러시아보다 국외에서 더 오래 머물렀다.

유리 코발추크Yuri Kovalchuk(1951~)는 러시아의 은행인 '로시아Rossiya'의 공동 소유주이다. 그는 물리학박사학위를 소지했지만 최근에는 금융광고대행업계에서 경험을 쌓았다.

세르게이 소뱌닌Sergey Sobyanin(1958~)은 유리 루지코프Yuri Lushkov (1936~)의 뒤를 이어 모스크바 시장이 되었다. (루지코프는 모스크바 시장을 다년간 역임하면서 푸틴 및 행정부와 이해갈등을 너무 심하게 겪는 바람에 사임했다.) 세르게이 소뱌닌은 우랄 주와 시베리아를 대표하는 각급 행정단체장과 고위공직자로 구성된 집단의 수뇌이기도 하다.

비야체슬라프 볼로딘Vyacheslav Volodin(1964~)은 사라토프[17] 출신이고 정치활동을 하면서 갖가지 혐의로 고소당했지만 매번 무죄판결을 받아내는 데 성공했다.

드미트리 메드베데프Dmitri Medvedev(1965~)는 푸틴의 충직한 대리인이다. 푸틴이 국무총리직을 수행할 때에는 메드베데프가 푸틴을 대신하여 대통령직을 수행했고 푸틴이 대통령직을 수행할 때에는 메드베데프가 국무총리직을 수행했다. 그러나 메드베데프가 실질적으로

---

17 러시아 서남부의 볼가 강 중류 연안에 있는 도시이다.

행사할 수 있는 권력이 얼마나 되는지는 전혀 알려지지 않았다.

아래 거명된 푸틴의 측근들은 완전한 정치국원은 아닐지라도 정치 국원으로 승진할 가능성을 매우 많이 가진 정치국원 "후보자들"이다.

현직 러시아 국방부 장관 세르게이 쇼이구Sergei Shoigu(1955~). 소련에 병합된 투바Tuva 자치공화국[18] 출신인 그는 출신지역의 노멘클라투라 가문에서 태어났고, 그의 부친은 부총리를 역임했다. 세르게이 쇼이 구는 탁월한 전달자로서 각종 여론조사에서 푸틴 다음으로 높은 지 지율을 얻는 러시아 정치인이다.

이고르 슈발로프Igor Shuvalov(1967~)는 다양한 정부고위직책을 역임했 고 푸틴의 경제자문들 중 한 명이다.

전직 재정부 장관 알렉세이 쿠드린Alexei Kudrin(1960~)은 상트페테르 부르크에서 근무할 때 푸틴을 알았다.

아르카디 로텐베르크는 푸틴의 무술연습상대이다. 아르카디 로텐베 르그는 가라데 유단자이고 푸틴의 도움을 조금 받아 석유천연가스 사업으로 재산을 모았다.

알리셰르 우스마노프는 야금기술자로서 특히 제철사업으로 재산을 모았다.

로만 아브라모비치는 앞에서 이미 충분히 설명된 인물이다.

---

18   몽골 북서부 국경에 접하는 상上예니세이 강 유역에 위치한다. 투바Tuva족이 인구의 60 퍼센트를 차지하며 나머지 인구의 대부분은 러시아인이다.

이런 "정치국"은 설령 진짜로 존재할지라도 완전히 비공식적인 집단이다. 이 집단의 구성원들은 자신들의 "소속"을 결코 떠벌이지 않는다. 정반대로 아브라모비치를 제외한 그들은 세인들의 주목받지 않으려고 최대한 노력해왔다. 그들 중에는 승진한 자도 있고 강등되는 자도 있었는데, 무릇 이런 종류의 집단에서 그런 내부인사이동은 불가피한 법이다. 그러나 이 집단에 소속된 자들은 잘 관리되었으므로 한꺼번에 탈퇴한 경우는 거의 없었다.

체카와 KGB의 명예회복과정을 추적해보는 작업은 흥미진진하다. 러시아의 수호자들로 자처해온 자들에게 글라스노스트는 '공산주의와 소련체제를 수호하던 "칼 겸 방패"로서 봉직하던 자들을 악마 같은 자들로 보이도록 만든 원흉'이었다. 그런 자들은—수백만 명을 굴락에 감금했고 수십만 명을 살해한—강제추방과 대숙청의 책임자들로 간주되었다. 그러나 그들을 이렇게 간주하는 견해는 부당했다. 왜냐면 체키스트도 약 2만 명이나 희생되었기 때문이다. 이것은 역사적 사실이다. 1930년대의 대숙청과 대량학살은 스탈린의 발상에서 비롯되었지 NKVD가 개시한 소행들은 아니었다. 그러나 비밀기관들은 살인을 계속 자행했고, 스탈린도 근래에 완전하게는 아니라도 부분적으로 명예를 회복했다. 푸틴이 다양한 자리에서 주장했다시피, 스탈린은 논쟁을 유발해온 인물이었다. 푸틴의 부하들 중 몇몇은 스탈린을 훨씬 더 긍정적인 인물로 평가했다.

그러나 비밀기관들을 악마들로 간주하는 이런 견해는 오래 존속하지 않았다. 그 기관들의 명예회복은 옐친이 1997년에 연설하다가 매년 12월 20일을 "체키스트의 날"로 정하여 기념하자고 제안하면서부터 시작되었다. 체카/NKVD/KGB의 명예를 회복시켜주는 서적들과 영화들에 상賞을 수여하는 행사들도 거행되었다. 이렇게 시행된 산발적인 행사들은 푸틴 집권기간에는 국가안보찬양의례들로 변질되었다. 그런 의례들의 집전자들은 "신생귀족들"로 호칭되었다. 왜냐면 그들은 물욕에 휘둘리지 않는 청렴한 이상주의자들로 인식되었기 때문이다.

명예회복운동의 종사자들 중 몇몇은 한술 더 떠서 비밀기관들의 전직 요원들을 아예 현대의 성자聖者들로 보이게 만들었다. 러시아 정교회는 명예회복운동을 촉진하려는 주요한 노력의 일환으로 "영적靈的 변호"를 후원하며 이 운동을 주도하는 역할을 떠맡았다. KGB/FBS의 신임 국장은 러시아 정교회의 최고성직들 중 하나인 "드미트리 돈스코이Dmitri Donskoy"라고 지칭되는 성직을 부여받았는데, 실제로 드미트리 돈스코이(1350~1389)는 러시아의 국민영웅이었고 나중에는 성자로서도 추앙된 인물이다. 드미트리 돈스코이는 옛 러시아를 지배하던 몽골족과 타타르족에 대항하여 싸운 역사적 인물이었다. 그런 반면에 유명한 쿨리코보Kulikovo 전투[19]를 승리로 이끌었다고 알려져서 러시아 "비밀기관들"에서는 애국적 성자 같은 존재로 추앙되어온 일리아 무로메츠Ilya Muromets는 전설들과 민속문화의 영역에 속하는 인물이다. 무로메츠는 수많은 전투에 참전한 대영웅(보가티르 bogatyr)으로서 구전되다가 역시 나중에 성자로서도 추앙되었다.

정교회와 국가가 이렇게 가다듬어진 이념적 명분을 근거로 협조

---

19 1380년 9월 러시아 남부 돈Don 강 유역의 쿨리코보 들판에서 모스크바의 왕자 드미트리 돈스코이가 지휘하던 러시아 군대가 몽골제국 킵차크Kipchak 칸국汗國의 황금군단과 타타르 군대를 상대로 싸워서 격퇴한 전투이다. 러시아는 이 전투를 계기로 몽골제국의 지배권을 벗어나 독립할 수 있었다고 알려졌다.

하는 경찰활동과 첩보활동은 차르 시대보다 소련시대에 훨씬 더 자주 적극적으로 행해졌다. 차르 시대의 비밀기관인 오흐라나Okhrana는 필요한 기관으로 생각되었고 심지어 체제를 수호하는 핵심 기관으로도 생각되었지만 세인들의 눈에 띄지 않게 음지에서 활동했다. 그래서 오흐라나 요원들은 명예롭지 못한 자들로 간주되었다. 당연히 그럴 수밖에 없었는데, 왜냐면 오흐라나는 어떤 정당한 명분도 불필요한 것으로 생각했고 어떤 명예도 추구하지 않았기 때문이다.

러시아 지배자들의 정체성에 관한 질문들은 당분간 확답을 얻기 어려우리라. 푸티니즘은 러시아 사회에 존재하는 여러 집단의 이익들을 대변하는 권위주의체제이다. 흔히 상기되는 "수직권력"구조는 단순히 상명하복구조를 의미할 따름인데, 만약 그런 것이 존재했다면 명백히 표현되었을 것이다.

최고지도자의 정체성은 부차적인 것일 수 있다. 왜냐면 만약에 옐친이 푸틴을 발탁하지 않았더라도 대략 비슷한 배경을 가진 다른 인물이 발탁되었을 것이기 때문이다. 푸틴의 권력은 제한되지 않는다. 바야흐로 지도자숭배의례가 재연되고 글라스노스트와 민주적 목표들로부터 후퇴하는 현상이 확연해졌다. 이른바 "주권민주주의"[20]는 그런 후퇴와 완전히 일치하지는 않을지라도 실질적이고 의미심장한 동의어이다. 그것은 '러시아는 서구식 민주주의를 도입할 채비를 당

---

20 2006년 2월 22일에 러시아의 집권 여당인 통합러시아당 전당대회에서 연설하던 체첸자치공화국 출신 정치인 겸 사업가 블라디슬라프 수르코프Vladislav Surkov(1964~)가 현대 러시아 정치를 묘사하느라 처음 사용한 이 표현은 세르게이 이바노프, 푸틴, 보리스 그리즐로프Boris Gryzlov(1950~), 바실리 야케멘코Vasily Yakemenko(1971~) 같은 정치인도 사용했고, 푸틴이 후원하여 창립한 러시아 관변 청년정치 운동단체 '나쉬NASHI(우리 나라)'의 공식 이념이 되었다.

장 갖추지 않았고 어쩌면 차후에도 결코 갖추지 않으리라'는 것을 의미한다. 하여간에 서구식 민주주의는 러시아의 전통에도 속하지 않고 러시아의 가치들과도 일치하지 않으므로 러시아인 대다수는 바라지 않는 정치체계이다.

지금으로부터 100여 년 전에 독일의 정치학자 겸 사회학자 로베르트 미헬스Robert Michels(1876~1936)는 "과두정치의 철칙"[21]에 관한 자신의 견해들을 발표했다. 그의 견해들은 흥미로웠다. 그러나 비슷한 견해들을 표현한 동시대인 몇 명—예컨대, 이탈리아의 정치학자들인 빌프레도 파레토Vilfred Pareto(1848~1923)와 가이타노 모스카Gaetano Mosca(1858~1941)—의 정치본능들을 닮은 미헬스의 정치본능들은 자신의 견해들보다 더 기민하지 못했다. 미헬스, 파레토, 모스카는 이탈리아의 독재자 베니토 무솔리니Benito Mussolini(1883~1945)에게 공감했다. 처음에 사회주의를 지지했던 미헬스는 '심지어 민주적 기관단체들에서도(예컨대 노동조합들 같은 민주적 단체들에서는 특히 더 빈번하게) 엘리트/과두들이 조만간 등장하여 소속 단체를 장악할 수 있다'는 사실을 주목했다.

미헬스는 억만장자를 선호하기보다는 오히려 정치지도자를 선호했다. 그의 시대부터 지금까지 엘리트들의 기원과 기능에 관한 다양한 이론이 빛을 봤어도 러시아—구소련—에 적용될 만한 이론은 전혀 없다. 이럴 수밖에 없는 이유는 러시아의 상황이 유례없이 독특하다는 것이다. 러시아의 역사와 전통 때문에 옐친 시대 이후에는, 비록 푸틴이 지도자로 선택되지 않았을지라도, 강력한 민주화 운동이

---

21 이 문구는, 현대 러시아의 맥락에서는, '올리가르히들의 정치'로 번역될 수도 있을 것이다.

출현했을 가능성은 없었다. 그러나 돌발 사태는 언제나 일정한 역할을 하기 마련이다. 그리고 러시아는 공산주의를 탈피한 유일한 국가가 아니다. 여태껏 민주주의를 향해 전진한 국가들도 있었고, (희망차게 출발했지만) 민주주의로부터 멀어져간 국가들도 있었다. 이 모든 국가의 상황이 대단히 급변한다는 사실은 새삼 강조될 필요가 없다. 그러나 이것만이 어느 정도 확실하게 설명될 수 있는 유일한 상황이다.

여태껏 푸티니즘을 정의하려는 수많은 노력이 시도되었고, 그런 노력들을 납득되게 만들어준 정당한 이유들도 있었다. 왜냐면 체제에 자신의 이름을 붙인 지도자가 자의로든 타의로든 퇴임해야 하는 경우에 '새로운 정치체제는 러시아의 현존하는 욕구들과 욕망들에 순응해야 한다'고 생각할 것이므로 전임 지도자를 살려둘 것이기 때문이다. 상황이 순조롭게 돌아가는 한에서 그런 체제는 국민 과반수의 지지를 받는 독재체제이다. 만약 이런 지지자들이 줄어들면 더욱 가혹한 통치방법이 도입될 가능성도 있다. 현존하는 푸티니즘은 선진강국들을 지배했던(혹은 지배하는) 독재체제들보다는 오히려—대체로 중동지역과 라틴아메리카의—개발도상국들을 지배했던(혹은 지배하는) 독재체제들을 더 많이 닮았다.

푸틴을 성공시켰던(성공시키는) 요인들은 크게 두 종류로 나뉜다. 무엇보다도 석유천연가스 수요가 급증하면서 러시아의 경제상황이 급속히 개선되었다. 그 결과 막대한 재산을 긁어모은 소규모 억만장자집단 올리가르히들이 등장했다. 그렇더라도, 필연적으로, 광범한 사회계층들의 생활수준을 실질적으로 향상시킨 낙수효과落水效果도 대규모로 발생하기 마련이었다. 이런 요인들이 푸틴과 그의 체제를 떠받치는 기둥들이 되었다.

푸티니즘을 성공시킨 또 다른 요인은 '공산주의를 기반으로 삼던 통치형식이 시장경제를 기반으로 삼는 새로운 어떤 통치형식으로 변이하는 과도기'의 불운한 성격이었다. 민주사회를 조성하는 개혁이어야만 했던 것들이 오히려 '혼탁한 정치여건들 및 도둑정치kleptocracy'와 동일한 것들로 변해갔다. 푸티니즘은 국가의 권위와 공권력을 강화시킴으로써 민주적 사회개혁들을 다소 성공적으로 추진할 수 있었다. 러시아 정부는 새로운 재원을 확보한 덕분에 애국주의적인 (공격적인) 외교정책을 추구할 수 있게 되었다. 그런 외교정책의 목표는 1989~1991년에 소련이 해체되면서 망가져버린 다양한 분야들을 회복시키는 것이었다. 그런 동시에 푸티니즘은 옐친 시대의 부정적인 사회경제적 유산도 포용했다.

소련이 해체된 이후부터 러시아를 "핵무기로 무장한 오트볼타공화국[22]"에 비유하는 관습이 형성되었다. 그러나 그런 식의 비유들은 정확하지 않았다. 왜냐면 오트볼타 공화국은 완수해야 할 메시아주의적인 사명들을 부여받은 제3로마제국으로 결코 자처하지 않았고, 러시아 이상理想에 비견될 만한 "오트볼타 이상"도 품지 않았으며, (푸틴 집권기간의 러시아처럼) 석유천연가스 가격폭등이라는 횡재를 만난 덕분에 세계정세에서 중요한 역할을 수행할 만큼 재정을 확충하지도 못했기 때문이다. 이런 다양한 정황은 러시아의 이력을 대단히 독특하게 만들었다. 러시아 체제를 역사적 파시즘 체제에 비유하는 견해들은 몇 가지 측면에서는 적확할 수도 있고 유용하게 보일 수도 있겠

---

22 서아프리카 남부의 내륙에 위치한 이 나라는 1919년부터 프랑스 식민지였다가 1960년에 독립했고 1983년에 '부르키나파소Burkina Faso'로 개칭되었다.

지만 다른 측면들에서는 그렇게 보일 수 없을 뿐더러 앞으로 발생할 사건들을 정확하게 예측하는 데 직접 소용될 수도 없을 것이다.

제3장

새로운 러시아 이상을
떠받치는 기둥들

현대 러시아는 몇 가지 주요한 사상적 기둥에 떠받쳐지고 있다. 역사적으로 러시아 사회에서 중심 역할을 수행해온 정교회와 알렉산데르 두 긴을 위시한 우익사상가들, 그리고 유럽과 아시아를 포괄하는 광대한 영토에서 기원한 유라시아주의와 지정학이다. 마지막으로 일종의 집단 최면과도 같은 민족적 허담증이 있다. 공산주의를 대신하여 떠오른 새로운 러시아 이상은 정치적 메시아주의를 부활시켰다.

1 러시아 정교회

러시아 정교는 러시아 이상理想의 역사에서 언제나 중심역할을 수행했다. 오늘에도 러시아 정교는 러시아에서 중심역할을 수행하고, 모든 정황으로 미뤄보건대, 내일에도 역시 그런 역할을 수행할 것이다. 기독교는 콘스탄티노플을 경유하여 러시아로 유입되었다. 그러나이런 유입과정의 기원들을 설명하는 가설들은 다양하다. 키예프Kiev[1]의 어느 왕자가 적합한 종교를 물색하러 비잔티움에 사절단을 파견했다는 기록도 전해진다. 콘스탄티노플의 하기아소피아Hagia Sofia("우리는 천국에 있었다고 느꼈노라") 성당에서 거행된 정교예배를 보고 깊게 감동한 사절단은 그 예배를 키예프에 도입하자고 왕자에게 주청했

---

1 현재 우크라이나의 수도이다.

다. 그러나 비잔티움의 선교사들이 러시아 남부지역의 그리스 식민지들을 방문하던 길에 정교를 러시아로 전파했을 확률이 더 높다.

러시아의 교회는 처음에 콘스탄티노플 총대주교의 지령과 통제를 받았다. 비잔티움이 쇠락하고 약해지면 러시아의 교회는 독립했다. 이후세기들에 진행된 러시아의 교회역사는 다른 나라들의 교회역사들과 마찬가지로 장구하고 복잡하다. 러시아의 교회역사는 분열들과 재통합들, 국가를 상대하면서 빚어진 갈등들, 그런 갈등들보다 더 빈번하게 이루어진 국가에 대한 협력들의 역사이다. 러시아의 교회는 정치에 깊게 개입했다. '이런 정치개입은 교회를 손상시킬 수 있다'는 예언들이 누누이 제기되었지만 널리 납득되지 못했다. 표트르 대제를 보좌한 성직자 페오판 프로코포비치Feofan Prokopovich(1681~1736)는 『영적靈的 통치Dukhivny relament』라는 저서에서 교회의 역할을 명확히 규정했고 '국왕들은 존경받아야 마땅하며 그들의 명령은 충실히 이행되어야 마땅하다'고 주장했다. 국왕들의 반대자들, 즉 반군주론자反君主論者들Monarchomachs(Monarchomaques)[2]은 죄인들이었다.

러시아 혁명직전까지 러시아 정교회는, 혹은 더 정확히 말해지자면, 종교는, 러시아의 지식인계층을 포함한 모든 사회계층에 상당한 영향을 끼쳤다. 공산주의시대에 정교회는 평안하지 못했고, 특히 새로운 체제의 초기에는 정교회들이 파괴되었고 정교회신자들은 핍박

---

2 이 낱말은 16세기말엽에 프랑스의 군주정치(왕정)을 반대하던 위그노Huguenot(프랑스의 프로테스탄트교신자들의 통칭) 이론가들을 가리키는 호칭인데, 1600년 즈음 스코틀랜드의 군주론자이면서 가톨릭교신자이던 법학자 윌리엄 바클리William Barclay(1548~1608)가 처음 사용했다고 알려졌다.

당했다. 이런 상황은 제2차 세계대전기간에 스탈린이 나치 독일에 대항하는 공동전선에 정교회를 합류시키려고 애쓰는 과정에서 어느 정도 변했다. 그런 스탈린의 노력은 비록 매우 제한적인 범위에서나마 정교회활동들을 어느 정도 용납했다. 그런데 그런 노력은 물론 어디까지나 '러시아의 젊은이들은 이제 종교에 관심을 기울이지 않을 것이고 정교회는 서서히 자연사自然死하리라'고 기대하던 희망적 가설의 결과였다.

이런 희망적 가설은 '공산주의이상들이 지속적인 매력을 발휘하리라'고 그릇되게 믿은 오신誤信에서 비롯되었다. 그래서 러시아 정교는 존속할 수 있었다. 그렇지만 그런 존속은 많은 희생을 치러야 하는 불안한 연명이었다. 왜냐면 국가안보를 수호한다고 자처하는 비밀기관들이 정교회에 요원들을 침투시켰을 뿐 아니라 정교회를 사실상 접수해버렸기 때문이다. 정치국과 KGB의 심사를 통과하지 못한 사람은 정교회에서 고위성직자도 되지 못했을 뿐더러 주교도 될 수 없었다. 1991년에 기밀문서보관소들이 잠시 개방되었을 때 쓰라린 진실이 드러났다. 심지어 총대주교마저 비밀간첩이었다. 어느 날 총대주교는 설교하면서 이 사실을 인정했고 정교회 지도부와 그의 직위를 대신하여 "죄를 지었다pater peccavi"고 고백했다. 그러면서 그는 정교회를 존속시키려면 양보할 수밖에 없었다고 변론했다.

비밀이 밝혀진 오늘날의 관점에서 이 변론은 완벽한 진실로 보인다. 정교회가 양보했다는 변론은 사실로 증명될 수 있다. 왜냐면 정교회는 살아남았지만 정교회를 박해한 자들은 살아남지 못했기 때문이다. 정교회성직자들은 공산주의자들이 되지 않았지만 옛 공산주의자들의 일부는 종교로 회귀하는 길을 찾았다. 소련 해체 이후 러시아 국가國歌의 가사歌辭에서 '신神'과 '신성한 러시아'는 다시 등장했지만 '공산주의'와 '최후투쟁'은 사라졌다.

사실상 모든 종교가 생존을 위협당할 때면 생존하려고 한두 번 정도는 비슷한 양보들을 할 수밖에 없었다는 것은 진실이 아니던가? 순교자들의 시대는 이미 오래전에 막을 내렸는데도 현대의 기독교신자들에게 '그리스도와 초기 기독교순교자들처럼 행동하기를 기대하는 희망'은 부당하고 비현실적인 것이었다.

물론 이런 변론은 진실이되 여전히 확고한 진실은 아니다. 교황은 마땅히 발언했어야 할 두 차례 세계대전기간에 침묵을 지켰지만 게슈타포Gestapo[3]에 포섭된 간첩은 아니었다. 정교회성직자들이 비밀기관들의 간첩들이 되기를 거부했다면 고문당하고 총살당했을까? 그랬을 가능성은 거의 없다. 왜냐면 그들은 정교회위계조직에서 승진하지 못하면 겪어야 할 고통을 감수했을 것이기 때문이다. 요컨대, 정교회는 살아남았지만 그것의 도덕적 권위는 심하게, 어쩌면 치명적으로, 추락했다.

정교회가 자유를 재획득한 이후 차지한 정치적 위상들은 '정교회의 사고방식이 근본적으로 변했다'는 사실을 증명하지 못했다. 정교회는 대체로 애국주의와 국가주의를 멀리 벗어났으면서도 쇼비니즘으로 나아가는 노선을 택했다. 정교회는 다른 종교적 신앙들보다 더 관대해지지 않았다. 그래서 정교회는, 예컨대, 반유대주의감정의 폭발들을 묵인했다. 1993~1994년에는 악명 높은 『시온 장로長老들의 의정서The Protocols of the Elders of Zion』[4]의 새로운 판본들이 주교 요안

---

3 독일 나치의 비밀감찰기관이다.

Ioan(이반 스니쇼프Ivan Snychov, 1927~1995)의 주교관구와 축복기도(포 블라고슬로베뉴po blagosloveniu)의 도움을 받아 출판되었다. 주교 요안은 상트페테르부르크 및 라도가Ladoga의 대주교―지방의 하급성직이 아닌 총대주교 직할 정교회의 최고위성직들 중 하나―가 되었을 것이다. 『시온 장로들의 의정서』는 무려 2만 부나 인쇄되었다(요즘 러시아에서 출간되는 서적들의 종당평균인쇄부수는 2,000부이다). 정교회는 아마도 이 책을 직접 지어내지는 않았을지라도 이 책의 제목을 널리 알린 가장 중요한 홍보기관이었을 것이다. 이 책의 최신판(2013)은 테르노폴Ternopol 및 크레메네츠Kremenets[5]의 대주교가 행한 축복기도에서 소개되었다. 이 판본의 인쇄부수는 8,000부였다.

그러는 사이에 모스크바 법원이 『시온 장로들의 의정서』를 위서僞書로 규정하면서부터 모스크바의 총대주교(알렉세이 2세Alexy II [1929~2008])는 적잖은 압력을 받기 시작했다. 그 책이 위서라는 사실은 오래전부터 알려졌다. 왜냐면 그 책은 차르 시대의 비밀경찰기관 오흐라나의 도움을 받아 위조되었을 19세기의 위서일 가능성이 있었기 때문이다. 그 책의 기원들은 오늘날까지도 결정적으로 증명되지 않았다. 그 책은 유대민족이 러시아를 멸망시키고 세계를 지배하는 세상이 오리라고 때로는 우스우리만치 자세하면서도 꽤나 진지하게 주장했다. 흥미롭게도 그 책은 제1차 세계대전 이전의 러시아에서는 성공하지 못했다. 철저한 우익정책들을 고수하던 러시아의 국무

---

4 유대인들이 세계를 지배하려고 획책한다는 음모론을 주장하면서 반유대주의를 선동하는 이 저자미상의 책은 1903년 러시아에서 처음 출간된 이후 여러 언어로 번역되어 출판되면서 20세기의 국제사회에 널리 유포되었다.
5 테르노폴(테르노필Ternopil)과 크레메네츠는 우크라이나 서부에 있는 도시들이다.

총리 표트르 스톨리핀Pyotr Stolypin(1862~1911)은 차르에게 그 책은 위서라고 보고했다. 그 책은 제1차 세계대전이 종결된 이후부터 러시아에 거주한 발트 독일인Baltic Germans[6]이던 알프레드 로젠베르크Alfred Rosenberg(1893~1946) 같은 초기의 나치 투사 몇 명이 이용하면서부터 비로소 성공하기 시작했다.

대주교 요안은 그 위서를 선전하고 변호하느라 신神의 권위에도 호소했지만, 모스크바의 총대주교 알렉세이 2세는 자신과 직할 정교회가 요안의 선전활동들에 연루된 혐의를 끝내 부인했다. 총대주교는 "정교회는 인종차별주의적인 교회가 아니다"고 선언했다. 총대주교의 인터뷰 기사는 러시아의 어느 신문에—그리고 잉글랜드의 어느 신문에도—게재되었다. 대주교 요안이 『시온 장로들의 의정서』의 진정성을 진짜로 믿었는지 여부는 의심스럽지만, 선전선동용 무기로서 그 책을 대신할 만한 것은 거의 없었을 것이다. 그즈음부터 여러 가지 사악한 음모론들이 폭로되기 시작했는데, 러시아를 내부에서 무너뜨리려고 획책한다는 혐의로 러시아 주재 외교관들을 고발당하게 만든 이른바 "바르바로사 작전 제3호Barbarossa 3[7]"도 그런 음모론들에 포함된다.

'교회는 교회신자 몇몇의 생각들과 행동들마저 책임져야 마땅하다'는 논리는 부당할 것이다. 그러나 러시아 정교회는 오히려 그래야

---

6 발트 해 연안지역에 거주하는 독일인을 말한다.

7 이것은 제2차 세계대전기간에 독일이 실행한 소련공격작전 '바르바로사 작전FALL Barbarossa(Operation Barbarossa)'을 연상시킨다. 1941년 6월 22일부터 1941년 12월까지 실행된 이 작전의 명칭은 신성로마제국Holy Roman Emperor(Römisch-deutscher Kaiser: 962~1806)의 카이저(Keiser: 황제) 프리드리히 1세Friedrich I(1122~1190)의 별명이던 '바르바로사 Barbarossa(붉은 수염)'에서 유래했다.

마땅했다. 왜냐면 다른 기독교신앙들을 상대하는 러시아 정교회의 태도가 기독교정신의 교파초월주의教派超越主義는 분명히 아니었기 때문이다. 러시아 정교회는 특히 가톨릭교를 적대시했고 프로테스탄트교회들에도 썩 우호적인 태도를 보이지 않았는데, 그 까닭은 오직 프로테스탄트교회들이 덜 위험한 적들로 간주된다는 것뿐이었다. 러시아 정교회는 '러시아 시민 수백만 명이 다른 종파들에 속한다는 사실'을 받아들이지 않고 부인했다. 왜냐면 러시아 정교회는 러시아의 종교계를 독점하고파했기 때문이다. 러시아 정교회의 총대주교는 사이비종파들과 사이비선교활동들에 대한 불만을 표시하는 탄원서를 옐친에게 제출했다. 총대주교는 그런 사이비들이 러시아 국민의 정신적이고 육체적인 건강도 해칠 뿐 아니라 러시아의 안정과 국민화합마저 해친다고 주장했다. 러시아 정교회의 개혁적 성직자들은 상부에서 하달되는 노선을 고수하라는 훈령을 받았다. 더구나 모스크바 성당과 외국주재 러시아 정교회 사이에서도 갈등들이 빚어졌다.

소련 해체 이후 러시아에서 진행된 종교부활의 심도와 의미가 정확하게 가늠되기는 어렵다. 신뢰될 만한 여론조사결과가 보여주다시피, 러시아인들의 약 15퍼센트만이 스스로를 무신론자로 규정한다. 러시아인들의 3분의 2는 '종교가 러시아의 삶에서 더욱 중대한 역할을 담당해야 한다'고 생각했다. 그렇지만 '그들의 극소수만이 기독교원칙들을 지키면서 생활하려고 노력한다'고 답변했을 따름이다. 러시아인들의 2~3퍼센트만이 정기적으로 정교회예배에 참석했다. 조금 더 이른 시기에 실시된 여론조사의 결과는 '서구세계에도 그렇듯이 러시아에도 스스로를 종교적 인간으로 단언하는 남자들보다 여자들이 더 많다'는 사실도 증명했다. 또한 '종교는 투표행위에 어떤 유의미한 영향도 끼치지 않는다'는 여론조사결과도 나왔다. 갖가지 모순이 존재할지라도, 이런 결과는 단지 종교적 태도들과 관련된 진실만은 아니다. 예컨대, 러시아인들의 과반수는 새로운 국가國歌를 부르거나 들을 때 고양되는 기분을 느낀다. 그런 반면에 적어도 그 국가의 첫 소절이나마 기억하는 러시아인은 드물었다.

소련 해체 이후 20년간 수많은 옛 정교회가 다시 문을 열었고 새로운 정교회들도 설립되었다. 그런 정교회들에서 성직자 2만 여 명이 봉직했다. 그러나 고등교육을 받은 사람들에게 종교가 끼치는 영향력은 오히려 감소되어온 듯이 보인다. 브레즈네프 집권후반기의 청년지식인들은 종교에 상당한 흥미를 보였다. 그러나 아직까지도 존속하는 그런 흥미는 더욱 이색적인 신념들(이나 미신들)의 가르침들—예컨대, 프랑스의 예언자 노스트라다무스Nostradamus(1503~1566)나 러시아의 신비학자 마담 블라바츠키가 기록한 예언들—로 이동해왔다.

러시아 출신 미국의 문학이론가 미하일 엡스타인Mikhail Epstein(1950~)은 1970년대에 유행한 이런 현상을 "최소"종교 또는 "가난한(베드나야benaya)" 종교로 지칭했는데, 이것은 교회를 벗어나서 어떤 신전[8]도 보유하지 않고 어떤 의례나 예배도 거행하지 않으며 어떤 교리도 신봉하지 않는 종교성향religiosity을 가리킨다. 엡스타인은 특히 1970년대에 활동한 바실리 악쇼노프Vasili Aksyonov(1932~2009)와 불라트 오쿠차바Bulat Okudzhava(1924~1997)를 위시한 몇몇 청년작가들의 종교성향이나 조금 더 이후시기에 활동한 요시프 브로트스키Iosif Brodsky(조지프 브로드스키Joseph Brodsky: 1940~1996)[9]의 종교성향을 주목

---

8 즉, 교회나 성당이나 예배당이나 사원寺院이다.

했다. 그러나 그렇듯 자유분방한 종교성향은 러시아 정교회의 형식을 취하는 공인된 종교와는 확연히 다르게 국가주의를 설교하지도 않고 국가 및 국가지도자들에 대충성하라고 설교하지도 않으므로 국가에는 별로 유용하지 않다.

물론 이 현상은 언제나 발생하지는 않으므로 '심지어 지식인계층에서도 교회의 매력을 감소시켜온 원인은 무엇인가?'라는 질문을 낳는다. (여기서 예를 한 가지만 들자면) 유대인들이 개인별로 개종하거나 (예컨대, 루빈슈타인Rubinstein[10] 일가와 파스테르나크 일가처럼) 가족단위로 개종하던 시절도 있었는데, 그때 러시아의 중요한 유대계 종교사상가이던 세묜 프랑크Semyon Frank(1877~1950)는 '러시아 정교회에 소속되지 않은 사람은 러시아에 완전히 동화될 수 없을 것이다'고 믿었다.

요컨대, 러시아 정교회는 지식인계층에서 별로 성공하지 못한 듯이 보인다. 이것은 아마도 러시아 정교회의 관점에서는 치명적 결함으로 보이지는 않겠지만 다른 관점에서는 여전히 흥미로운 현상으로 보인다. 옛날에는 심지어 레닌도 지식인계층에게 끼쳐지는 러시아 정교회의 영향력을 우려했다. 레닌은 '종교는 역사적 현상이면서도 시대착오적인 것이라서 마르크주의와 양립할 수 없다'고 확신했다. 그렇지만 레닌은 무신론을 공산당강령에 포함시키기를 거부했다. 그는 1905년 혁명이 실패한 이후 몇몇 유력한 지식인들이 마르크스주의를 버리고 종교사상 내지 사이비종교사상―예컨대, 이전부터 "진

---

9   바실리 악쇼노프는 소련 및 러시아의 소설가이고, 불라트 오쿠차바는 소련 및 러시아의 시인 겸 소설가이자 작곡가 겸 가수이며, 조시프 브로트스키는 소련에서 태어나 1972년 미국으로 망명한 시인 겸 에세이스트이다.

10   예컨대, 유대인이던 러시아의 피아니스 겸 작곡가 겸 음악지휘자이던 안톤 루빈슈타인 Anton Rubinstein(1829~1894)도 기독교신자로 개종했다.

보적"이고 심지어 급진적인 지식인들로도 여겨지던 많은 지식인들이 놀라울 정도로 종교를 강조하면서 집필한 에세이들이 수록된 『이정표들Vechi』(1909)에서 표명된 사상—에 심취하는 경향을 보이자 실망을 금지 못했다.

러시아가 바실리 로자노프Vasily Rozanov(1856~1919)와 블라디미르 솔로비요프 같은 인상적인 종교사상가들을 배출했던 시절도 있었다. 고골, 톨스토이, 도스토옙스키Dostoyevsky(1821~1881) 같은 19세기의 위대한 러시아 작가들도 모두 종교에 깊게 심취했다. 물론 그들이 언제나 교회를 기쁘게 하지는 않았는데, 이것은 교단에서 파문당한 톨스토이가 예증하는 사실이다. 블라디미르 솔로비요프는 (개인보다 집단을 더 강조하는) 소보르노스트sobornost[11]의 역할을 중시하는 사상을 전개해서 공식적인 정교회의 호감을 샀다. 그렇지만 러시아 정교회는 솔로비요프의 사상에, 그리고 특히 그의 교파초월주의—러시아 정교회의 관점에서는 파문되어야 마땅하게 보이는 가톨릭교와 공존할 수 있는 근거를 모색하는 사상—에 끼쳐진 헬레니즘Hellenism[12]철학자들의 영향을 매우 달갑잖게 여겼다.

솔로비요프는 자신의 동시대인들과 이후세대—신학자들보다는 오히려 철학자들, 작가들, 예술가들—에게 지대한 영향을 끼쳤다. 이른바 적敵그리스도의 도래到來를 다룬 그의 단편소설[13]은 강력한 역사문학 에세이에 속한다. 그것은 아시아의 어느 강국한테 정복당한 세

---

11 '공동체'를 뜻하는 이 러시아낱말은 러시아 정교회에서 주교들이 주도하는 교회통치의 이상형理想型을 가리킨다.

12 고대 그리스의 고유문화가 서아시아(오리엔트Orient) 문화와 융합하면서 형성한 그리스의 사상, 학문, 문화, 정신, 예술을 아울러 가리키는 총칭이다.

계를 이야기한다. 그것은 엄청난 충격파를 낳았다. 왜냐면 그것은 복잡하고 극적劇的인 음모론들을 애호하는 러시아의 전통적 신심信心에 부응했기 때문이다.

유대인들을 대하는 러시아 정교회의 태도가 심지어 지식이론의 최고수준에서마저 그런 식으로 유지되는 한에서 유대인들은 행운을 누리지 못했다. 아마도 제1차 세계대전과 제2차 세계대전 사이에 러시아 정교신학을 주도적으로 이끌었을 신학자 기오르게스 플로롭스키Georges Florovsky(1893~1979)는 근본주의자였을 뿐 아니라 유대인남성들을 거세去勢하려는 생각마저 품기도 했다. 러시아 정교신학의 또 다른 기둥이던 알렉세이 로세프Aleksei Losev(1893~1988)도 유대인들에게 관대하지 않았다.

이 신학자들의 직전세대直前世代에 속하는 유력한 러시아 정교신학 사상가들은 세르게이 불가코프Sergei Bulgakov(1871~1944)와 니콜라이 베르댜예프Nikolai Berdyaev(1874~1948)였다. 불가코프는 청년기에 독재정치와 "가짜애국주의"를 반대한 근본주의자였다. 그는 인생후반기에 쇼비니즘과 여타 반동적인 견해들을 멀리했지만 러시아 국가주의만은 수용했다. 그러나 그는 정치적 국가주의보다는 오히려 속세의 세력들이 응원하던 쇼비니즘과 대조되는 문화적 국가주의를 지향했다. 그는 (소피올로지sophiology[14] 같은) 비非정교교리학적인 견해들을 옹

---

13 이것은 블라디미르 솔로비요프가 1900년 발표한 「반그리스도 이야기A Story Of Anti-Christ」를 가리킨다.
14 철학적 관점에서는 '지혜학智慧學'으로, 신학적 관점에서는 신의 지혜를 궁구하는 '신지학神智學'으로 번역될 수 있는 러시아 정교회신학의 한 갈래. 러시아 정교회에서는 대체로 '소피아니즘sophianism(지혜주의)'과 동일시되면서 이단시되는 소피올로지는 더욱 널리 알려진 '테오소피theosophy(견신론見神論, 접신학接神學, 신지학)'를 연상시킨다.

호했으므로 정교회당국자들의 눈에는 여전히 의심스러운 인물로 보였다.

베르댜예프는 러시아 정교회의 외부에도 널리 알려진 가장 유명한 종교사상가였다. 그도 청년기에는 근본주의자였고 체포되었다가 추방되어 몇 년간 망명생활을 하기도 했다. 그는 러시아가 완수해야 할 사명을 가졌다고 믿었다. 그는 『러시아 이상The Russian Idea』(1947)이라는 저서에서 '러시아 지식인들은 조국의 절망스러운 이력을 통탄스럽게 여겼다'고 회상했다. 그래도 그들은 '조국이 역사적 사명을 가졌고 그것을 세계에 알릴 날이 오리라'고 믿는 신념을 결코 포기하지 않았다. 베르댜예프는 그 사명을 구체적으로 설명하지 않았지만, 문맥상 그것은 분명히 진정한 기독교를 가리켰다. 심지어 19세기의 러시아 사상가들을 가장 맹렬하게 비판한 철학자 표트르 차다예프Pyotr Chaadayev(1794~1856)도 '러시아 국민의 잠재력이 존재할 뿐 아니라 조만간에 발현되리라'고 믿었다.

이런 과거세대의 종교사상가들과 현재세대의 종교사상가들 사이에는 '차이差異의 세계' 같은 것이 존재한다. 그런 세계의 관건은 '대변인들의 문화수준'이기만 한 것도 아니고 '그들의 선언들이 정신적 성격보다는 정치적 성격을 훨씬 더 강하게 띠는 경향을 보인다는 사실'이기만 한 것도 아니다. 그들은 '차르의 가족과 가신들' 같은 주제들을 열심히 탐구했다. 1918년에 볼셰비키들은 차르의 가족과 가신들을 살해했다. 훗날 독실한 정교회신자들 중 군주주의자들이 노골적으로 행사하는 압력에 시달린 정교회당국자들은 살해된 로마노프 황가Romanov 皇家[15]의 일족을 성인聖人들의 반열에 올리기로 정치적 결단을 내렸다. 볼셰비키들이 자행한 그런 일가족살해는, 특히 어린이살해는, 비열한 짓이었지만, 피살자들은 신봉하던 종교 때문에 살해되지 않았으므로 종교적 순교자들로 추앙될 만한 자격을 갖추지 못했다. 그래서 정교회당국자들은 다른 어떤 합당한 명분을 착안해야만 했지만, 그 결과는 누구에게도 납득되지 않았다.

일반적인 견지에서 교회와 국가의 분립은 사실상 사라졌다. 소련에서 정교회는 정권의 도구였다. 정교회의 대외적이고 정치적인 선언들은 외무부나 군대참모부나 경찰에서 발표될 수 있었다(그리고 대체로 그곳들에서 발표되었다). 그런 선언들은, 옳든 그르든, 정신영역을 벗어나는 것들이었다. 그것들과 관련하여 특별히 종교적인 것은 전혀 없었다.

러시아 정교회의 내부에서는 이따금 진기한 사건들이 발생했는데, 그럴 때면 총대주교가 통제력을 상실한 듯이 보였다. 두마(러시아 국회)에서 정교회의 이권들을 사수해야 하는 임무를 띠고 두마에 진출한 정교회고위성직자도 있었다. 그러나 그는 이슬람교신자로 개종했고 '대단히 바람직하지 않은 아랍의 봄Arab Spring[16]을 초래한 책임자들은 (CIA[17]가 아닌) 로트실드 가문Rothschild family(로스차일드 가문)[18]이었다'는 사실을 증명하려고 애쓰느라 시간의 대부분을 소모했다. '정교회에서 영향력을 행사하려고 애쓰는 동성애자들의 압력단체가 정

---

15 러시아 로마노프 황조皇朝(1613~1917)의 차르들과 황족들 및 가신들을 아우르는 총칭. 여기서 "살해된 로마노프 황가의 일족"은 '러시아의 마지막 황제 니콜라스 2세Nicholas II(1868~1918: 1894~1917재위)와 그의 일가족 및 가신들'을 가리킨다.

16 2010년 12월 18일 북아프리카 튀니지Tunisia에서 시작된 이른바 튀니지 혁명Tunisian Revolution과 그것의 여파가 아랍권 국가들로 확산되면서 발생한 일련의 평화시위들, 폭력시위들, 내전들을 아우르는 총칭.

17 미국 중앙정보국Central Intelligence Agency의 약칭이다.

18 국제금융업으로 막대한 재력을 축적한 독일계 유대인가문이다.

교회를 지배한다'고 단언하는 또 다른 정교회고위성직자도 있었다.

모스크바의 정교회뿐 아니라 푸틴도 '신을 불신하는 서구'를 상당히 지속적으로 비난했다. 푸틴은 (2013년 12월에 행한 연설에서) "여태껏 많은 유럽-대서양연안국들이 기독교가치들을 포함한 그들의 뿌리들로부터 멀어져갔지만, 그런 한편에서 러시아는 서구의 무도한 습격에 대항하여 전통가치들을 지키는 수호국가이자 러시아를 혼돈암흑의 나락으로 떨어지지 않게 예방할 수 있는 유일하고 확고한 방어선이다"고 주장했다.

러시아 정교회총대주교 키릴Kirill(1940~)은 푸틴의 연설을 다소 축약하여 다양한 자리들에서 복창했다. 그리고 러시아 정교회수도원장 브세볼로드Vsevolod(1968~)는 교회-국가분립원칙을 비난했다. 그는 이 원칙을 서구의 치명적 실책으로 간주하는 동시에 "오직 서구문명에서만 생겨나서 서구를 죽일" 괴물 같은 현상으로 간주했다. 그리하여 러시아 정교회에서 더 낮은 직위에 속하는 성직자들의 공언일수록 일반인의 귀에는 훨씬 더 거슬리게 들린다. 비밀스러운 악의 세력들로부터 스스로를 지키는 방법을 신자들에게 조언하는 무려 1,350가지에 달하는 공언들 중에는 다음과 같은 것도 있다. "어떤 책들이 사탄을 가장 불쾌하게 만드는가? 성자聖者들이 집필한 책들이다."

사탄주의Satanism(악마주의)를 믿는 신념은 제1차 세계대전 이전의 시절에 형성된 유별나게 러시아적인 특징이다. 그래서인지 러시아의 언론매체는 사탄주의집단들의 존재에 관해서 이따금 보도해왔다. 최근에 보도된 관련사건은 2008년에 발생했는데, 그것은 러시아 서부의 도시 야로슬라블Yaroslavl 인근에서 사탄주의에 심취한 열일곱~열아홉 살짜리 청소년 8명이 다른 청소년 4명을 불태워 죽인 혐의로 체포되어 기소된 사건이었다.

신新페이거니즘Neo-paganism[19]은 1980년대부터 러시아에서뿐 아니라 발트 해 연안국들과 동유럽의 다른 국가들에서도 일정하게 추종되었다. 그러나 신페이거니즘은 정치적으로 중대한 요인은 전혀 아니었다. 러시아에서 신페이거니즘은 수많은 자잘한 계파로 분열되었다. 어떤 계파들은 생태운동ecological movement으로부터 영감靈感을 받아 태양과 달[月]에게 기도한다. 땅(지신地神)과 여타 관련된 신들을 섬기는 예배를 거행하는 계파들도 있다. 더구나 교회들에 불을 지르는 방화행위 같은 돌발적인 폭행들을 일삼는 노골적인 신新파시스트 계파들도 있다. 계파들의 다수는 하지예배夏至禮拜(쿠팔로Kupalo)를 거행한다. 그들은 기독교이전시대基督敎以前時代의 민속농민문화로부터 영감을 받는다. 그러나 그런 시대의 진면목은 거의 알려지지 않았으므로 그런 계파들에서 근래에 채택된 많은 풍습들과 의례들은 환상, 발명, 날조의 영역들에 속한다. 몇몇 언론보도를 통해 알려졌다시피, 신페이거니즘에 심취한 인구는 근래 수년간 증가했고, 러시아 정교회에서 싫증을 느꼈거나 심지어 쫓겨나기도 했던 도시청소년들은 더욱 흥미진진하고/하거나 독창적인 어떤 것을 추구했다. 그러나 신페이건 인구의 증가를 다룬 이런 언론보도들은 과언된 것들일 가능성이 농후하다. 신페이건 집단들 중에 장기간 존속한 집단은 전혀 없고, 현재 러시아에 이미 뿌리를 깊게 내려서 굳건히 확립된 러시아 정교

---

19 이 용어는 기독교의 관점에서는 '새로운 이교주의異敎主義(페이거니즘paganism)' 또는 '신新이교주의'로도 번역될 수 있다. 페이거니즘은 유대교, 기독교, 이슬람교를 제외한 다른 종교들을 믿는 신념들이나 신앙들을 아우르는 총칭으로 '파가니즘'으로도 지칭된다. 그리고 페이거니즘을 믿거나 신앙하는 사람은 '페이건(파간)'으로 지칭되는데, 기독교(와 유대교와 이슬람교)의 관점에서는 '이교도'로 번역되는 경우가 많다.

회를 상대로 신페이건 집단들이 경쟁해서 이길 승산도 아예 없다는 것은 분명하다. 그러나 러시아 정교회가 대단히 보수적인 성격을 견지하면서 젊은이들에게 제한된 매력밖에 발휘하지 못한다면, 앞으로 신페이건 집단들의 처지도 변할 수 있을 것이고, 러시아 정교회도 다른 신앙들의 운명—이른바, 수많은 충실하고 실천적인 종교들의 쇠락—을 공유할 가능성이 농후할 것이다. 그러나 이런 변화는 상당한 시간을 요구할 수 있으므로, '앞으로 누가 이런 발전적 변화의 혜택을 누리겠는가?'라는 의문은 아직 확답을 얻지 못할 것이다.

그런 한편으로 러시아 정교회는, 특히 반서구주의를 선전선동하는 분야에서, 정권을 뒷받침하는 정치적 기능을 대체로 충실히 수행해왔다. 그동안 주목될 만한 변화들이 진행되었다. 1880년 모스크바에서 거행된 (스탈린 집권기간에 다른 장소로 옮겨진) 푸슈킨 기념동상 제막식장에는 도스토옙스키가 기념연설자로서 초청되었다. 도스토옙스키는 지극히 종교적인 인간이었지만 정확히 슬라보필은 아니었다. 왜냐면 그때 슬라보필들의 시대는 이미 끝났고, 도스토옙스키는 그들의 전통을 충분히 편력했기 때문이다. 그 자신도 황홀감에 빠뜨렸고 청중을 더욱 깊은 황홀감에 빠뜨린 그의 연설은 이후 10년간 유례없이 널리 토론된 일대사건이었다. 연설의 말미에 그는 다음과 같이 말했다.

그렇습니다. 러시아의 운명은 명백히 유럽 전체의 운명이고 세계전체의 운명입니다. 천재가 되고 완벽한 러시아인이 되는 과정은 아마도 (그리고 여러분께서 명심하셔야 할 것인바) 만인의 형제가 되고 보편적 인간이 되는 과정일 것입니다……. 오, 유럽인들은 그들이 우리를 얼마나 존귀하게 여겨야 하는지 상상조차 못할 것입니다…….

그때로부터 140년이나 흐른 요즘에는 이런 연설이 상상되기도 쉽지 않을 것이다. 물론 이런 도스토옙스키의 연설이 요즘에 행해지더라도 그의 시대로부터 이미 많은 세월이 흘렀으므로 연설자가 체포되지는 않을 것이다. 그러나 140년 전에 기념식 주최측은 도스토옙스키를 초청했다는 사실을 후회했을 것이고 청중들로부터 심한 야유를 들었을 것이다. 러시아 정교회가 그를 파문하지는 않았어도 그토록 '부적당하고 그릇되며 거의 신성모독적인 발언들을 다시는 하지 말라'고 그에게 경고했을 것이다. 그 다음 주에는 극우성향의 유력 주간지 《잡트라Zavtra》가 '그는 반역죄에 거의 필적하는 믿기지 않을 만치 천진난만한 짓을 저질렀다'고 그를 비난했을 것이다.

2 러시아 우파를 이끄는 사상가들

인터넷 백과사전 〈위키피디아Wikipedia〉 러시아어판을 검색하는 독자는 어느 페이지에서 전차공격무기의 일종인 로켓추진유탄발사기Rocket-propelled grenade(RPG)를 소지한 잘생긴 남자의 사진을 발견할 수 있을 것인데, 그 남자가 앳된 청소년으로 보이지는 않을 것이다. 다른 페이지에서는 그 남자가 칼라슈니코프 기관단총Kalashnikov submachine gun[20]을 들고 탱크 앞에 서있는 모습이 찍힌 사진도 발견된다. 확실히 그는 만만한 인물로는 보이지 않는다. 그는 혹시 러시아 군대장교일

---

20 AK-47소총의 발명자로도 유명한 러시아의 장군 겸 총기류발명가 겸 군사기술공학자 미하일 칼라슈니코프Mikhail Kalashnikov(1919~2013)가 발명한 총기류의 일종.

까, 아니면 군수업계의 간부급 인물일까, 아니면 무기수집자일까, 아니면 많은 적敵을 가진 남자일까? 전혀 그렇지 않다. 그는 철학자이지만, 그의 사진은 2008년의 어느 날 남오세티아에서 찍혔으므로 그가 독일의 철학자 마르틴 하이데거Martin Heidegger(1889~1976)일 가능성도 없다. 그 사진의 주인공은 알렉산데르 두긴이므로 평범한 철학자는 결코 아니다. 그는 어떤 전차들이나 항공기들을 파괴하려거나 무용지물로 만들려고 할까? 이 의문은 길고 복잡하며 흥미진진한 사연과 얽혀있다.

1980년대부터 과다해진 각종 단체들의 대부분은 모스크바에서 형성되었고, 그런 단체들의 주요 구성원들은 나치즘의 영향을 받아서 나치스를 모방하는 젊은이들이었다. 비슷한 성격을 띠는 단체들이 유럽 국가들에서도 등장했지만, 러시아에서 그런 단체들의 등장은 아마도 더욱 놀랍게 보일 것이고 그리된 까닭도 설명되기가 더욱 어려울 것이다. 부분적으로는 브레즈네프 시대에 공산주의의 매력이 감소한 결과로서 그리되었다는 것은 분명한 사실이다. 그런데 (제2차 세계대전기간에) 독일군대가 러시아를 점령했고 온갖 전쟁범죄를 자행했으며 러시아에 막대한 피해를 입혔고 러시아인 수백만 명을 죽게 만들었다는 사실이 감안되면, 러시아의 젊은이들이 자신들을 하등인간들로 취급하는 이념(나치즘)의 영향을 받아들일 수 있었던 까닭은 이해되기 어렵다. 설령 기성세대들에게 충격을 주려던 젊은 세대들의 열망이 감안되더라도, 혹은 그런 젊은 세대가 독일의 러시아 침공과 점령을 체험하지 않았고 파시즘에 관한 그들의 모든 지식이 한두 세대를 건너서 전해진 간접적인 것들이라는 사실이 인정되더라도, 그들이 나치즘의 영향을 받아들인 까닭은 이해되기 어렵다. 더구나 그 까닭이 이해될 수 있을지라도, 그런 수다한 단체들이 비록 단명했을망정 엄연히 존재했다는 사실은 여전히 이해되기 어렵다. 러시아 당국자들은 그들을 온건하게 다루었을 뿐더러 민주적 반정부세력들을 다룰 때보다도 훨씬 더 온건하게 다루었다는 사실도 역시 놀랍게 보인다.

그런 청년단체들 중 몇몇은 정치적 성격보다 "문화적" 성격을 더 강하게 띠어서, 예컨대, 서구에서 유행하는 패션들을 모방한 스킨헤드족skinheads[21]도 등장시켰다. 그러나 정치적 성격을 매우 강하게 띠어서 다양한 소규모 국가 볼셰비키 정당들을 등장시킨 단체들도 있었다. 러시아 정부는 대체로 그런 정당들을 폐쇄시켰지만, 그런 정당들은 얼마 지나지 않아 새로운 당명을 달고 재등장했다. 국가구원전선National Salvation Front이라는 정당은 몇 년간 활동하다가 해산되었다. 자신들이 나치스와 매우 흡사하다는 사실을 백일하에 공개하고 나치의 상징들을 과시하며 나치의 표어들을 외치는 단체들도 있었다. 또한 나치의 이념들과 행동방식들 중 일부만 수용하고 나머지는 거부하는 조금 더 온건한 단체들도 있었다. 형성된 지 몇 개월 만에 사라진 단체들과 다르게 장기간 유지된 단체들도 있었다. 결과적으로 그런 단체들을 장기간 유지시킨 것은 언제나 구성원들의 일정한 진심에서 우러난 진정성이었다. 그런 단체들 중에는 구성원들이 진심을 바쳐 만든 자발적 단체들도 분명히 있었지만, 비밀스러운 막후세력들의 후원을 받거나 도움을 받는지도 모른다며 진정성을 의심

---

21 원래 '삭발한 사람들'을 가리키는 이 낱말은 '극심한 백인우월주의와 인종차별사상에 사로잡힌 러시아 극우국가주의집단'의 별칭으로도 사용된다.

받는 단체들도 있었다. 그런 의심스러운 단체들은 실제로 예전에—1905년 혁명기간과 이후에—우익진영에서 등장한 바 있었다. 1990년대에도 그런 우익단체들이 활동을 재개했을지 모른다.

앞에서 언급된 로켓 추진유탄발사기를 소지한 철학자는 젊었을 때 이런 단체들 중 하나에 가담했지만 나이를 먹으면서 현저하게 존경받는 인물로 변해갔다. 최근에 발표된 '러시아를 이끄는 사상가들'의 순위표에서 알렉산데르 두긴은 상당히 높은 순위에 포진했다. 그보다 더 높은 순위에는 러시아 정교회 총대주교(6위), 러시아의 작가 겸 반체제운동가 에두아르드 리모노프Eduard Limonov(1943~)(10위), 러시아의 유명한 영화제작자 니키타 미할코프Nikita Mikhalkov(1945~)와 러시아의 인디아학자 겸 방송진행자 미하일 레온티에프Mikhail Leontiev(1958~)(24위), 러시아의 작가 겸 정치학자 자하라 프릴레핀Zakhar Prilepin(1975~)(31위)과 몇몇 인물이 포진했다. 그러나 그 순위표는 대체로 텔레비전 방송출연빈도를 기준으로 작성되었으므로 정치적 영향력보다는 흥행가치entertainment value를 더 많이 반영한다. 비록 서구에서 푸틴의 두뇌로 생각되어온 두긴의 흥행가치는 지나치게 고평가될 수 있을망정 하여튼 현재에도 매우 높다. 두긴은 심지어 소련 해체 이후 베스트셀러가 된 러시아 소설가 빅토르 펠레빈Victor Pelevin(1962~)의 소설 『차파예프와 헛수고Chapaev i Pustota』에 이름만 다른 인물로서 등장한다. 이 소설에서 주요 등장인물들은 지정학, 신新제국주의, 신유라시아주의를 대단히 열정적으로 토론한다. 펠레빈은 불교佛敎에 관심을 기울이는 작가로 알려졌지만 이 소설에 묘사된 정치논쟁들은 정신병원에서 벌어진다.

두긴의 동시대인 몇몇은 '두긴은 독보적인 스타이다'고 믿는다. 예컨대, 유력한 극우파 주간지《잡트라》의 편집주간 프로하노프Alexander Prokhanov(1938~)는 두긴을 '엄청난 역사지식을 갖춘 남자, 우리시대의 가장 위대한 이념론자ideologue들 중 한 명'이라고 지칭했다.

1962년 모스크바에서 소련군첩보부대장의 아들로 태어난 두긴은 소련말기에 독일의 나치스 친위대Schutzstaffel(SS)를 모방하는 소규모 청년단체에 가입하여 몇 년간 활동하다가 그 단체의 지도자가 되었다. 두긴을 사로잡은 그 단체의 주요한 매력이 (독일애국주의였을 가능성은 거의 없기 때문에) 영웅숭배심리의 낭만주의였는지 아니면 제2차 세계대전 이후에 나치스 친위대를 예찬한 비非독일인들 사이에서 빈번히 관찰되는 퇴폐적 요소와 사도마조히즘sadomasochism[22]의 요소였는지 여부는 확실하지 않다. 그러던 어느 날 그 단체를 탈퇴한 두긴은 그즈음 가장 활발히 활동하던 반유대주의단체 파먀트Pamyat에 가입했다. 그러나 1992년에 파먀트를 탈퇴한 (아니면 퇴출당한) 후부터 두긴은 "지정학적 전문지식"을 소개하는 기고문을 쓰고 각종 민영 라디오 방송에 출연해서 번 돈으로 생계를 유지했다. 그즈음 그의 정치적 견해들은 국가주의-볼셰비키주의적인 것들이었다. 그래도 그는 러시아 연방의회 고스두마Gosduma(하원) 의장의 보좌관으로 채용되기도 했다.

2002년에 두긴은 거의 하룻밤 만에 "에브라쟈Evrazia당"이라는 자신의 정당을 창당하면서 자신의 이름을 더 많은 대중에게 알렸다. 2009년에 그는 모스크바 대학교의 사회학교수로 임용되었지만 고스

22　사디즘sadism(가학심리加虐心理/가학증加虐症)과 마조히즘masochism(피학심리被虐心理/피학증被虐症)의 합성어로서 두 심리를 동시에 또는 번갈아 드러내는 심리증상을 가리키는 용어이다.

두마 의장과 여타 고위급 정치인들을 보좌하는 역할도 계속 수행했다. 옐친과 그의 행정부는 두긴을 심하게 반대했지만, 두긴은 푸틴 정부의 궤도에 진입했고 다양한 주제들의 전문가로서 푸틴 정부의 늘어나는 요구들에 부응했다. 두긴은 몇 가지 참신한 의견들을 내놓았기 때문에 지속적으로 신뢰를 얻을 수 있었다. 그는 텔레비전 스타도되었다(인터넷사이트 〈유튜브YouTube〉에서는 현재에도 두긴이 출연한 방송동영상들이 검색된다).

그가 펴낸 많은 저서 중에 가장 널리 읽히는 것은 아마도 음모론들을 백과사전식으로 소개한 (무려 600페이지를 넘는) 두꺼운 책일 것이다. 두긴의 성향들은 언제나 신비주의와 메타자연학에 이끌렸다. 그렇지만 그가 얼마나 많은 음모론을 믿는지는 알려지지 않았다. 그의 저서는 불티나게 팔린다. 그의 책을 읽는 독자들은 드라큘라 백작Count Dracula[23]과 유명한 신新보수주의자 레오 스트라우스 Leo Strauss(1899~1973), ("유력한 세계주의자") 안드레이 사하로프Andrei Sakharov(1921~1989)와 "자유주의적 전체주의이념," "아폴로Apollo 계획"과 과거의 다양한 반反러시아 십자군들, "새로운 미국의 세기를 여는 계획Project for a New American Century"과 "신비전쟁의 메타자연학"에 얽힌 음모론들에 관해서 아는 데 필요한 모든 것을 발견할 것이다. '소련공산당 서기장 니키타 흐루쇼프는 대서양연안국들의 간첩이었다'거나 '고르바초프는 이중간첩이었다'는 음모론들을 모르던 독자도 두긴의 저서에서 이 음모론들에 얽힌 사연들을 발견할 것이다.

---

23 아일랜드의 작가 브람 스토커Bram Stoker(1847~1912)가 1897년에 발표한 소설 『드라큘라Dracula』의 주인공이다.

두긴은 자신의 저서들과 언론기고문들을 자신이 설립한 출판사에서 펴냈다. 그는 정치적 후원을 받았을 뿐 아니라 어쩌면 다양한 공공기관들로부터 후원금도 받았을 것이다. (러시아 군첩보부도 그에게 후원금을 주었다는 보도기사도 몇 건 발표되었다.) 그는 유럽의 쥴리오 에볼라 같은 유력한 신파시스트 사상가들의 견해들과, 알렝 드 브누아뿐 아니라 그보다는 덜 유명해서 러시아에는 거의 알려지지 않은 프랑스의 르네 게농René Guénon(1886~1951)이나 벨기에의 장 프랑수아 티리아르 같은 사상가들과 루마니아 출신 프랑스의 작가 장 파르불레스코Jean Parvulesco(1929~2010)가 속한 극단적 신우파(뉴라이트)의 견해들을 러시아에 소개했다. 두긴은 란츠 폰 리벤펠스Lanz von Liebenfels(1874~1954) 같은 독일의 전前-히틀러주의pre-Hitlerianism[24]적인 사상가 몇 명도 발굴해서 소개했다. 그렇지만 나중에 두긴은 '러시아의 청년애국자들이 파르불레스코의 견해를 추종하여 바리케이드를 치지는 않았으리라'는 사실을 깨달은 듯이 보인다. 또한 두긴은 파먀트의 원시적 반유대주의가 '정치운동에도 필요하고─잘 알려지지 않은 몇몇 외국인들이 아닌 러시아의 옛 극우주의자 몇 명이 핵심 역할을 수행한─러시아 극우파의 운동에도 필요하던 지식인들의 정치적 지지를 이끌어내기는커녕 일반대중의 지지'마저 이끌어낼 수 없었다는 사실도 나중에 깨달은 듯이 보인다. 두긴은 콘스탄틴 레온티에프Konstantin Leontiev(1831~1891)와 니콜라이 다닐렙스키 같은 19세기 러시아의 반서구주의이론가들이 집필한 저서들을 탐독하면서

24　히틀러가 독일정권을 장악하면서부터 본격화된 '히틀러 숭배자들 및 예찬자들의 파시즘 사상Hitlerianism'이 형성된 시기보다 더 이른 시기에 형성되던 비슷한 사상을 말한다.

이런 사실들을 깨달을 수 있었다.

그런데 이런 반反직관적 이론들일수록 오히려 두긴의 흥미를 더 강하게 사로잡은 듯하다. 그러나 그가 독서로 얻은 모든 지식은 전혀 일관되지 않았지만 허위들도 아니었다. 두긴의 저서들은 불티나게 팔렸다. 그래도 그의 사상은 이념적 급변들, 그가 품은 견해들의 모순들, 정치와 거의 무관한 (열역학 제2법칙 같은) 주제들에 끌리는 그의 성향 때문에 논리정연하게 이해되기 힘들다.

일찍이 그는 신페이거니즘을 신봉한 듯하다. 그러나 1991년에 그는 뜬금없이 러시아 정교회에 가입했고, 더 구체적으로는, 러시아 정교회 구신도파舊信徒派(Old Believers)[25] 교회의 청년신자가 되었다. 그는 많은 현안에 관해서 모순적인 견해들을 빈번하게 표명했다. 예컨대, 중국에 관한 그의 견해도 모순적인 것이었다. 일찍이 그는 자신의 지정학적 시야視野에서 중국을 배제하고 오히려 섬[島]이라서 모든 "지정학법칙들"에 부합하지 않고 모순될 수도 있는 일본을 그 시야에 포함시킨 듯이 보인다. 그렇지만 나중에 중국의 커져가는 중요성을 알아차린 그는 자신의 견해들을 조정했을 것이다. 극우파는 분명히 유대인들을 좋아하지 않았겠지만, 두긴은 과격한 반유대주의적 견해들을 결코 발설하지 않았다. 정반대로 그는 카발라Kabbala[26]에 대한 관심을 상당히 많이 표현했는데, 왜냐면 카발라가 신비주의적인 성격을 지녔기 때문이다. 또한 그는 이스라엘 지지자들의 가장 극단적인 요

---

25 구신도파는 구식예배파Old Ritualists/분리파分離派/라스콜니키Raskolniki로도 불린다. 1652~1666년에 모스크바 총대주교가 주도한 정교회개혁들을 반대하여 공식적 러시아 정교회에서 떨어져나간 분파이다.

26 유대교신비주의교리들과 그것들을 연구하는 학문들의 총칭이다.

소들에도 공감했을 것이다. 이런 그의 관심 때문에 그는 '러시아 우파─카발라에도 전혀 관심을 보이지 않고, 다른 유대계 책들 중에도 의례적 살인을 용납하지 않는 책들에는 일말의 관심조차 보이지 않는 자들─에 동의하는 세련되지 못한 반유대주의자들'과 갈등하기도 했다.

두긴은 외국인공포증을 조장하는 극우집단들의 선전활동을 공공연하게 비난했는데, 왜냐면 (그가 주장하기로는) 그런 선전활동이 "국가대의國家大義를 크게 훼손"했기 때문이다. 그러면서 두긴은 유라시아주의의 열렬한 옹호자가 되었다. 유라시아주의는 동쪽으로는 러시아의 사명을 설교하고 서쪽으로는 서구와 서구의 영향력들을 벗어날 필요성을 강조하는 이념이었다.

두긴은 레프 구밀레프의 가르침들도 발견했다. 두긴은 특히 '민족발생론'과 '열정론'을 강조하는 구밀레프의 팽창주의이론들에 심취해서 그랬는지 의심스러운 학자로 비치기도 했지만 오히려 칭송받기도 했다. 그러나 실제로 두긴의 저작들은 대개 전혀 검증될 수 없는 이념적 주장들을 머금었다. 그래서 한스 귄터Hans Günther(1891~1968) 같은 나치 이념론자들과 두긴 사이에는, 두긴이 노르딕Nordic(게르만종족)들보다는 노마딕nomadic(유목종족遊牧種族)들을 더 선호했다는 사실을 제외하면, 중대한 차이가 없었다. 두긴은 과거에 제시된 다양한 이론들의 중대한 옹호자로 변해갔다. 그리고 그는 20년 전부터 자신의 대의大義로 삼으면서 자신의 간판으로 내세워온 유라시아주의지정학에 그 이론들을 합체시켰다.

두긴은 러시아의 극우정당 로디나Rodina를 위시하여 다양한 정당들을 들락거렸고, 유라시아주의를 후원하는 새로운 정당뿐 아니라 유라시아주의이상理想들을 선전하는 청년단체도 창립했다. 그의 이념적 신념들이 변해갔듯이 당국자들을 바라보는 그의 태도도 변해갔다. 그는 ("진정한 유라시아주의자"로 보이는) 푸틴에게 대체로 공감했지만 이따금 푸틴을 비판하기도 했다. 왜냐면 두긴의 눈에는 푸틴이 러시아 제국을 너무 신중히 (혹은 너무 천천히) 확대하고 또 제국의 잃어버린 영토들을 너무 신중히 (혹은 너무 천천히) 탈환하는 듯이 보였기 때문이다. 그러나 러시아의 전반적 분위기는 점점 더 우경화되어갔고, 푸틴의 정책은 공격적인 성격을 점점 더 강하게 띠어갔으며, 두긴은 당국자들을 점점 더 많이 닮아갔다. 두긴은 자신이 주도하던 "국제 유라시아주의운동International Eurasian Movement"이라는 단체의 수뇌진에 동참해달라고 푸틴을 초청했다. 두긴의 초청은, 당연하게도, 무시되었지만 초청취지는 높게 평가되었다.

두긴의 저작들을 읽고 이해하느라 진력하는 독자들 중에는 두긴을 '정치적 카멜레온'으로 생각하는 독자들도 있고 '진지하고 솔직하면서도 흥행욕구와 히스테리로 버무려진 전염성 혼동을 유발하는 저자'로 믿는 독자들도 있다. 두긴의 이념을 구성하는 지속적 요인들은 반反지구촌주의anti-globalism, 반反자유주의(이것이 그의 가장 중요한 이념적 근간이다), 반미주의, 신비학, 유라시아주의, 지정학, '세계정치를 마음대로 주무르는 비밀세력들의 현존,' '강대국 러시아 신화의 유포'이다. 이런 요소들이 동반하는 제국주의, 인종차별적 아리아족주의Aryanism,[27] 신비학적 신념들은 완곡하게 표현되고 모호한 영역에 속

---

27 이 낱말은 '아리아족Arya族'을 최상인종으로 믿는 신념을 뜻한다. '아리아족'은 본래 '인디아, 이란, 유럽에 주로 거주하는 인도유럽어족Indo-Europe語族들'의 총칭이지만, 히틀러 치하의 독일에서는 게르만족의 우월성을 부각시키는 족칭族稱으로서 주로 사용되었다.

한다. 이런 신념들은 응분의 결과들을 초래한다.

그렇다면 어떤 결과들일까? 그리고 대개는 모순적인 이런 이념적 광란들이 실제로 필요할까? 1920년대와 1930년대의 어느 자주적自主的 독일인이 나치 지도자의 저서 한 권을 읽었다고 과연 나치가 되었을지, 그리고 심지어 히틀러의『나의 투쟁Mein Kampf』(1925)을 읽었어도 과연 그리되었을지 의심스럽다.

두긴의 사상과 여타 러시아 극우이념론자들의 사상에 중대한 영향을 끼친 두 사상가는 콘스탄틴 레온티에프와 니콜라이 다닐렙스키였다. 레온티에프의 성향은 정확히 분별되기 어렵다. 왜냐면 그는 신비주의를 독실하게 믿는 신념과 염세주의를 더 독실하게 신념을 겸비했을 뿐더러 그런 신념들이 때로는 예언적인 것들로 판명되었기 때문이다. 그는 20세기의 러시아에서 적그리스도가 선동하고 주동하는 대혁명이 발생하리라고 예언했다. 두긴은 "동방지향성東方志向性(Eastern Orientation)"을 믿는 레온티에프의 신념에 특히 매료되었다. 동방지향성은 레온티에프가 '러시아에 끼쳐지는 서구의 영향들'을 적대시한 결과였다. 그것이 어쩌면 두긴의 관심을 유라시아주의로 돌렸을 수 있고, 유라시아주의는 두긴의 사상 속에서 근래 수년간 핵심 역할을 수행했을 것이다.

니콜라이 다닐렙스키는 오토만 제국Ottoman Empire[28] 주재 러시아 영사관에서 다년간 근무했다. 그곳에서 다닐렙스키는 비잔티움 제국의 역사와 그 제국이 러시아에 끼친 영향을 알고 무척 당혹했

---

28 현대의 터키Turkey와 주변지역을 영토로 삼아 1299~1923년에 존재했던 이 제국은 '오스만-투르크Osman-Turk 제국' 또는 '투르크 제국'으로도 지칭되었다.

다. 훈련된 과학자이기도 하던 그는 대체로 『러시아와 유럽Russia and Europe』(1895)이라는 저서를 출간한 후부터 유명해졌다. 그는 아마도 그의 시대에 활동한 반유럽주의사상가들 중에도 가장 급진적인 사상가였을 것이다. 그는 청년기에 당시의 러시아 정치체제를 반대하는 지식인들의 동아리에 소속되었다(도스토옙스키도 같은 동아리의 회원이었다). 다닐렙스키는 러시아와 독일과 라틴 국가들[29] 사이에는 어떤 교량도 놓일 수 없는 깊고 넓은 심연이 존재한다고 주장했다. 그는 문화들의 발달과정에 관한 이론도 전개했다. 고도로 사색적인 그 이론은 그가 살아있을 때 세인들의 얼마간 관심을 끌어 모으기도 했다.

물론 두긴이 결코 앞에서 언급된 두 사상가의 영향들만 받지는 않았지만, 그런 영향들은 의미심장했을 뿐더러 두긴이 받은 영향들의 범위는 흔히 상상되는 것보다 더 넓었다.

두긴의 상황은 '제1차 세계대전이 끝난 지 얼마 지나지 않아 뮌헨에 등장한 히틀러를 마주친 사람의 상황'과 몇 가지 면에서 비슷하다. 그 당시 뮌헨에는 히틀러의 개인적 견해들과 흡사한 견해들을 선전하던—그리고 훗날의 나치스 몇 명이 소속되었던—툴레회Thule會 (Thule-Gesellschaft)[30] 같은 여러 동아리가 존재했다. 그러나 히틀러는 툴레회를 각별하게 생각하지 않았고 심지어 조롱하기도 했으며 그 동아리와 자신의 관계를 재빠르게 끊어버렸다. 그런 동아리들은 대

---

29 이 문장에서 "러시아"는 '슬라브족의 국가들,' "독일"은 '중북부유럽(또는 게르만족)의 국가들,' "라틴 국가들"은 '프랑스를 포함한 남부유럽(라티움족Latium族/라틴족Latin族)의 국가들'로 이해될 수 있다.

30 툴레Thule는 유럽에서 고대로부터 존재한다고 믿기던 세계최북단의 나라, 극북極北의 땅, 세상 끝, 북극정토北極淨土로서 '원대한 목표, 뜻, 이상理想'을 가리킨다. 툴레회의 원래명칭은 '게르만 고대역사 연구회Studiengruppe für germanisches Altertum'였고 신비학과 북유럽전설 따위를 연구했는데, 나치의 전신前身으로 알려졌지만, 그것의 진위여부는 정확하지 않다.

중친화력을 결어했고 그들의 이념도 너무나 복잡했기 때문에 히틀러는 그들을 무능한 자들로 생각했다. 히틀러의 관점에서 그들은 몇 가지 핵심현안들에 집중하여 그것들을 해결하려는 노력을 줄기차게 반복하기보다는 오히려 '대중의 관심을 전혀 끌지 못하는 비밀스러운 주제들'에만 골몰하는 듯이 보였다. 발트 독일인으로서 툴레회의 회원이던 알프레드 로젠베르크 역시 그런 주제들에 골몰했다. 그는 『시온 장로들의 의정서』를 러시아에서 독일로 반입하는 데 이바지했다.

로젠베르크의 저서 『20세기의 신화Der Mythus des zwanzigsten Jahr-hunderts』(1930)는 오직 『나의 투쟁』에서만 중요시되어 두 번째로 고찰되었다. 그러나 히틀러는 로젠베르크의 저서를 전혀 읽지 않았고, 헤르만 괴링Hermann Göring(1893~1946)은 그것을 야바위 같은 책으로 취급했다. 요제프 괴벨스Joseph Goebbels(1897~1945)는 로젠베르크를 조롱했고 전혀 중요하지 않은 인물로나 심지어 백치로도 생각했다. 로젠베르크의 대표작 『20세기의 신화』는 이후 수년간 무려 100만 부나 판매되거나 배부되었지만, 실제로 얼마나 많은 사람이 그것을 읽었는지는 의심스럽다. 왜냐면 인종과 혈통, 마르키오니즘Marcionism, 카타리파Cathary派(Catharism/Cathars),[31] "부정적 기독교"와 관련된 환상들에 사로잡힌 그 책은 정치적 선전선동의 기본노선들을 무시하기 때문이다.

만약 두긴이 로젠베르크보다 더 성공했다면, 그 이유는 아마도 텔레비전이었을 것이다. 두긴의 독서범위가 로젠베르크의 것보다 훨씬

---

31 마르키오니즘은 초기 기독교계의 중요한 지도자이던 마르키온Marcion of Sinope(85경~160경)과 그의 사상을 신봉하는 주의로 짐작된다. 카타리파는 유럽에서 11~13세기에 활동했다고 알려진 이원론적이고 신비주의적인 기독교의 일파이다.

더 방대해서 그랬는지 두긴은 반半문맹자들에게 감명을 주었다. 그러나 텔레비전 방송에 출연한 두긴은 자신의 저서들에는 불필요하던 '핵심현안들에 대한 집중'을 강요받았다. 그는 텔레비전 방송에 출현할 때면 게농, 에볼라, 파르불레스코나 비슷한 반反계몽주의자들을 무심결에 거명할 수밖에 없었다. 히틀러와 다르게 두긴은 대중정당의 대표직을 차지하려고 애쓰지 않았다. 두긴은 지식엘리트들을 상대로 설교했는데, 그런 설교조차도, 가장 우수하고 총명한 지식인들의 다수가 러시아를 떠나버린 이후에야 이루어졌다. 그즈음에 당대의 첨단지식들을 의식하고 주목하던 러시아의 인문학자들 중에는 그런 지식인이 거의 남아있지 않았다.

미하일 레온티에프와 세르게이 쿠르기냔Sergey Kurginyan(1949~) 같은 또 다른 우익이념론자들(의 대다수는 텔레비전에 출연했다)도 때때로 두긴과 협력했다. (미하일 레온티에프는 푸틴이 선호하는 방송논평가로 알려졌고 쿠르기냔은 연극계에서 활동했다.) 두긴은 푸틴 진영에 무조건 가담했다. 언젠가 두긴은 "정신병자가 아닌 사람은 누구나 그렇게 했을 것이다"고 단언했다. 2014년 5월 "감정에 호소하는 면담"을 마친 두긴은 국립 모스크바 대학교 사회학과의 교수직을 사임했다. 두긴의 친구들이자 극우잡지 《잡트라》의 편집자들은 그때서야 비로소 "두긴이 철학자라면 처음부터 그 학과에 재직하지 말았어야 한다"고 주장했다. 또한 그때 두긴의 전반적인 정신상태도 논란꺼리로 전락했다.

두긴은 반서구주의와 반민주주의 분야에서 독점권을 결코 행사하지 못했다. 소련 해체 이후 이 분야에서 활동한 소규모 집단들과 그들의 대변인들을 포함하는 모든 집단의 명단이 작성되면 작은 백과사전 한 권은 너끈히 채울 것이다.

그 명단에는, 예컨대, (유명한 기관단총의 발명자가 아닌) 막심 칼라슈니코프Maxim Kalashnikov도 포함될 수 있을 것이다. 물론 이것은 그의 필명이고, 그의 본명은 블라디미르 알렌산드로비치 쿠체렌코Vladimir Alexandrovich Kucherenko(1966~)이다. 그는 투르크메니스탄Turkmenistan에서 태어났고, 우크라이나 남부의 항구도시 오데사Odessa에서 성장했으며, 모스크바에서 역사학과 경제학을 공부했다. 그는 『"제국의 부러진 검劍The Broken Sword of the Empire』, 『모스크바: 어둠의 제국Moscow: The Empire of Darkness』, 『영공쟁탈전The Battle for the Skies』, 『열등인종Inferior Race』, 『초인은 러시아어로 말한다The Übermensch Speaks Russian』, 『우리에게 미래는 있는가?Do We Have a Future?』를 포함한 많은 저서를 집필했다. 이 저서들은 베스트셀러들이 되었고, 그는 '그의 견해들을 주제로 크렘린에서 개최된 어느 토론회'에 참석해달라는 대통령 메드베데프의 초청을 받기도 했다. 그런 쿠체렌코의 견해들 중에는 현명한 것들도 있었고 극단적인 것들도 있었으며 정치적 분석보다는 오히려 심병학心病學(psychiatry)[32]의 영역에 속하는 것들도 있었다.

이런 저서들에서 파악될 수 있는 쿠체렌코 즉 막심 칼라슈니코프의 전반적인 상황인식은 다음과 같다. 그는 (모스크바의 "역동적 보수주의 연구소Institute of Dynamic Conservatism"에 소속된 연구자로서) 이따금 보수주의자로 호칭되지만, 이 호칭은 정확하지 않다. 그는 스탈린과 히틀러를 한꺼번에 예찬한다. 막심 칼라슈니코프는 이미 10년 전에 '미국과 백인종 전체는 급격하게 붕괴하리라'고 예언했다. 그가 주장하

---

[32] 이 용어는 한국에서 주로 '정신병학'이나 '정신의학'이나 '정신병치료학'으로 번역되어 왔다.

다시피, 러시아는 "위대한 부활"을 성취할 기회를 붙잡았다. 왜냐면 러시아는 일찍이 붕괴되는 경험을 해봤고 그런 경험으로부터 교훈을 배울 수 있었기 때문이다.

막심 칼라슈니코프의 관점에서 러시아가 부활하려면 두 가지 중요한 선결조건이 충족되어야 한다. 첫째, 새로운 러시아인이 창조되어야 한다. 현재 러시아인의 정신상태는 구제불능일 정도로 어리석기 그지없어서 자신의 이익조차 자각하지 못한다. 그것은 병들었고 치유될 수 없는 정신상태이다. 그래서 만약 신종新種 러시아인들이 생겨나지 않으면 그런 정신상태는 저열해질 것이고 끝내 사멸할 것이다. 새로운 국민, 새로운 남녀초인종족이 생겨나야 한다. 바로 이 대목에서 막심 칼라슈니코프는 그다지 새롭지 않은 영역으로, 이른바 '신종 게르만족의 창조를 목표로 삼은 나치의 아흐네네르베 Ahnenerbe[33] 계획'으로 진입한다. 그는 1930년대 독일의 경험으로부터 많은 교훈들을 배울 수 있다고 말한다. 그러나 핵심관건은 시간인데, 단 몇 년 만에 새로운 종족을 어떻게 창조할 것인가? 이것은 미결문제로 남는다.

둘째, 새로운 종족, 새로운 경제, 새로운 소련을 포함한 이 모든 것은 비밀리에 창조되어야 한다. 그리되지 않으면 암흑세력들이 창조를 방해할 것이다. 국가의 겉모습 뒤에는 또 다른 국가, 실질적 국가 즉 비밀국가가 숨어있을 것이고, 군대와 경찰과 경제기관을 포함한

33　하인리히 힘러Heinrich Himmler(1900~1945: 나치스 친위대 간부), 헤르만 비르트Herman Wirth(1885~1981: 네덜란드 태생 독일의 민간역사학자 겸 고대종교학자), 리하르트 발터 다레 Richard Walther Darré(1895~1953: 나치 이념학자 겸 나치스 친위대간부)가 아리아족의 고고학적이고 문화적인 역사를 연구한다는 명분으로 1935년 7월 1일 설립한 나치의 사이비과학연구소이다.

여타 중요한 공공기관들의 겉모습들 뒤에도 또 다른 실질적 공공기관들 즉 비밀기관들이 숨어있을 것이다. 막심 칼라슈니코프가 이해하다시피, 그렇게 막후에 병존하는 실질적 비밀기관들은 겉으로 드러나는 공식적 공공기관들이 실행할 수 없는 행위들을 실행할 수 있을 것이다. 그런 행위들은 시민권市民權들의 제약도 받지 않고 기타 중요한 견제장치들의 제약도 받지 않는 불법행위들이나 탈법행위들일 것이다. 그런 비밀기관들은 심리적 방법이나 기타 교묘한 방법들을 사용하여 올리가르히들의 재산을 몰수할 수 있을 것이다. 그런 방법들에 현혹된 올리가르히들은 자신들이 무슨 일을 겪는지도 알아차리지 못할 것이다. 금융재정분야를 통제하는 권력은 다시금 국가의 수중에 떨어질 것이다. 그렇다면 비밀국가는 더 정직해질까? 또 그런 국가에서는 부정부패가 줄어들까? 막심 칼라슈니코프는 그리될 것이라고 호언장담한다. 왜냐면 아마도 그런 비밀국가의 국민들은 더 우수한 지능을 타고날 뿐 아니라 부정부패를 더 적게 저지를 성향마저 타고나도록 유전학적으로 설계된 새로운 초인종족의 구성원들일 것이기 때문이다. 이렇게만 된다면 새로운 러시아와 새로운 러시아 국민이 출현할 것이다.

알렉산데르 두긴의 사상은 그 자신이 바로 지정학의 횃불이라고 역설하지만, 막심 칼라슈니코프의 사상은 모든 것을 성취해줄 것으로 믿기는 현대공학기술을 강조한다. 막심 칼라슈니코프는 혁신을 대단히 신뢰한다. 그는 '스탈린은 위대한 혁신자革新者였으며 라브렌티 베랴Lavrenti Beria(1899~1953)[34]와 아돌프 히틀러도 역시 위대한 혁신자들이었다'고 믿는다. 어느 기자회견에서 막심 칼라슈니코프는 스탈린주의자로 자처했지만 다른 기자회견에서는 다음과 같이 말을 바꿨다. 먼저 기자가 말했다. "당신이 '나는 공산주의자가 아니라 파시스트이다'고 말했다고 언론에 보도되었습니다." 그러자 막심 칼라슈니코프가 대답했다. "나는 콘스탄틴 레온티에프의 추종자이고 니체Friedrich Nietzsche(1844~1900)[35]에게 매료되었습니다. 나는 스탈린을 높게 평가하며 1930년대 독일의 경험으로부터 아주 값진 교훈들을 배울 수 있다고 믿습니다."

2014년에 막심 칼라슈니코프는 조금 더 비관적인 사람으로 변했다. 그가 집필한 최신저서의 제목은 『푸틴 체제의 붕괴: 터널 끝의 암흑The Collapse of the Putin Regime: Darkness at the End of the Tunnel』(2014)이다. 막심 칼라슈니코프는 앵글로색슨족을 여전히 좋아하지 않아서 다음과 같이 말한다. "그들은 언제나 러시아인들의 철천지원수들이었다. 우리의 모든 역사가 이것을 증명한다." 그리고 그는 "앵글로색슨족은 냉혹하고 위선적이며 계산적이고 교활하며 잔인하다"고 덧붙인다. 그러나 그 저서에 담긴 그의 진정한 의도는 '푸틴의 러시아는 앞으로 붕괴할 것이고, 경제, 사회, 사회구조를 포함한 러시아의 모든 것도 러시아의 모든 곳에서 박살나버릴 것이다'고 예언하는 것이었다.

알렉산데르 두긴처럼 막심 칼라슈니코프도 독창적 사상가로 평가된다. 그러나 막심 칼라슈니코프가 예견한 것들의 다수는 여타 극우 사상가들도 공유해왔거나 그보다 더 일찍 예견했던 것들이다. 예컨대, '미국은 2010년에 붕괴할 것이다'는 예견도 그런 것이다. KGB첩보분석요원으로 활동하다가 훗날 신임 외교관들을 교육하는 러시아

---

34 스탈린 시대에 자행된 대량숙청을 직접 지휘했고 스탈린 사망 후에 정부전복혐의로 처형된 소련의 정치인이다.

35 독일의 철학자 겸 시인이다.

외무부 아카데미의 학장을 역임한 이고르 파나린Igor Panarin(1958~)
은 '미국 캘리포니아 주州는 중국의 영토가 될 것이고 텍사스 주는 멕
시코의 영토가 될 것이다'는 식의 예견을 내놓기도 했다. 또한 역사
다큐멘터리 방송들을 전담하는 러시아의 작가 겸 인기 텔레비전 방
송진행자 니콜라이 스타리코프Nikolai Starikov(1970~)는 20세기의 많
은 중대한 역사수수께끼들을 해명함으로써 사실상 모든 전문역사학
자를 부끄럽게 만들었다. 예컨대, 그는 '미국과 프랑스의 지원을 받
을 수 있던 브리튼 첩보기관이 러시아의 2월 혁명(1917) 및 10월 혁
명(1917)과 독일의 11월 혁명(1918)을 조장하고 부추겼다'는 음모론
을 틀림없는 사실로 증명했다. 또한 그는 '제1차 세계대전기간에 브
리튼 첩보기관의 목표가 두 강대국이던 소련과 독일을 유혈전쟁으
로 몰아넣어 최종적으로는 양국에서 혁명들을 촉발시키는 것이었다'
는 음모론을 사실로 증명했고, '제2차 세계대전기간에 브리튼의 총리
윈스턴 처칠Winston Churchill(1874~1965: 1940~1945/1951~1955 재임)과
미국의 대통령 프랭클린 루스벨트Franklin Delano Roosevelt(1882~1945:
1933~1945 재임)는—실제로 브리튼의 간첩이던—히틀러를 충동질하
여 소련을 공격하게 만들었지만 스탈린이 운 좋게 히틀러를 저지할
수 있었다'는 음모론도 사실로 증명했다.

그리고 2014년 여름에 동우크라이나에서 전투가 벌어지는 동안
러시아 언론들은 또 다른 영웅을 발견하여 추켜세웠다. 행동하는 인
간이자 애국적 사상가 이고르 스트렐코프Igor Strelkov로 알려진 그 영
웅의 본명은 이고르 기르킨Igor Girkin(1970~)이고 그의 출생지는 모스
크바이며 그의 나이는 현재 마흔다섯 살이다. 러시아 군사첩보부대
의 첩보부에서 근무한 예비역대령인 그는 옛 유고슬라비아를 포함한

수많은 전쟁터들에서 전투를 치렀고 동우크라이나의 반군 최고지도자가 되었다. 그가 집필한 어느 선언문에서 그는 자신을 따르는 반군 투사들을 "금송아지를 섬기느라 싸우는 자들이 아니라 우리의 주 예수 그리스도를 섬기려고 싸우는 자랑스러운 정교회의 군대"로 호칭했다. 그래서였는지 스트렐코프는 여태껏 '독실하게 종교적인 인물'로 묘사되어왔다. 예컨대, 그는 텔레비전과 일상생활에서 욕설을 금지하자고 주장하기도 했다. 그런 반면에 그는 보스니아인Bosnia人 수천 명을 살해한 혐의, 많은 체첸인Chechen人을 실종시킨 혐의, 우크라이나인Ukraina人 여러 명을 처형한 혐의로 고발되기도 했다. '스트렐코프 현상'은 많은 이유 때문에 흥미롭다. 그는 "푸틴과 기타 유력한 엘리트들은 우크라이나에서 우유부단하게 행동했다"고 비난하면서 "그들이 행동방식을 개선하지 않으면 러시아를 파멸시킬 것이므로 모조리 축출당할 것이다"고 예언했다. 이런 긴장관계들은 '러시아 군대내부의 GRU[36]로 대표되는 강경파들'과 '조금 더 신중한 실로비키(현재 러시아를 지배하는 전직 KGB간부들)' 사이에서 더욱 심하게 빚어지는 갈등을 정확하게 반영하는 듯이 보인다.

---

36 러시아 연방군참모부 첩보총국Glavnoye Razvedyvatel'noye Upravleniye(Main Intelligence Directorate)의 줄임말이다.

3 유라시아주의

몇몇 자료는 '19세기초엽에 독일의 해박한 학자이자 세계탐험자이던 알렉산더 폰 훔볼트Alexander von Humboldt(1769~1859)가 "유라시아주의"라는 낱말을 처음 사용했다'고 알려준다. 유라시아주의는 ("지정학"과 결합되면서) 새로운 러시아 노선을 구성하는 가장 중요한 단일요소이다. 유라시아주의의 기원들은 아주 오래된 것들일 수 있다. 그렇지만 현대판 유라시아주의—이른바 신유라시아주—의 성격은 본래 유라시아주의의 성격과 매우 다르다. 현대 유라시아주의의 옹호자들은 니콜라이 다닐렙스키의 『유럽과 러시아』에서 시도된 유라시아주의에 관한 고전적 해석을 선호한다. 그 저서에서 다닐렙스키는 '보편적 인간문화도 공통가치들도 전혀 존재하지 않을 뿐더러 특히 게르만족의 세계와 슬라브족의 세계 사이에는 심연이 존재한다'고 보는 견해를 얼마간 개척했다. 그는 콘스탄틴 레온티에프와 기타 몇몇 학자에게 상당한 영향을 끼쳤다. 그러나 다닐렙스키는 신유라시아주의자들에게 제한적으로만 이용될 따름이다. 왜냐면 그들은 미국에 집착하고 '독일이 그들의 우방국이 되기'를 바라며 '(아일랜드의) 더블린Dublin에서 (러시아 동단의) 블라디보스토크Vladivostok에 이르는 미래의 유라시아'를 희망하기 때문이다. 다닐렙스키는 자신이 신유라시아수의자들에게 그런 식으로 이용된다는 사실을 알았다면 오싹했을 것이다. 예전의 유라시아주의자들은 "유럽화化(Europeanization)"에 관심을 쏟았다. 오늘날의 유라시아주의자들은 미국화美國化(Americanization)를 두려워한다.

유라시아주의는 1920년대 초엽의 망명러시아인들 사이에서 처음 등장했다. 그런 유라시아주의의 주요노선은 1921년 출간된 『동쪽을 향한 대이동Exodus to the East』이라는 에세이집에서 최초로 표명되었다. 이 에세이집은 '러시아와 서구는 결코 화해할 수 없을 뿐더러 심지어 서로를 지독하게 증오한다'고 주장하기를 반복한다. 그러나 오늘날 신유라시아주의자들에게 가장 중요시되는 미국과 대서양주의, 자유주의와 민주주의 같은 주제들은 이 에세이집에서 전혀 다뤄지지 않는다.

고대역사와 고고학을 주로 다루는 잡지(《아나바세스Anabases》)의 2009년 호에 실린 고전고고학자 캐스퍼 마이어Caspar Meyer의 「로스톱체프Rostovtzeff[37]와 '유라시아주의의 고전적 기원들'Rostovtzeff and the Classical Origins of Eurasianism」이라는 글은 이 에세이집의 목표들을 가장 잘 요약해준다.

> 그들의 계획은 볼셰비키 체제를 '범凡유라시아주의이념국가를 태동시킬 필연적 격변'이 아닌 '일시적 현상'이 되리라고 예견하는 것이었다. 유라시아의 광대한 생존가능지대ecological zone는 그곳에서 뿔뿔이 흩어져 살아가는 주민들에게 '중앙집권체제 아래에 집결할 수 있는 여건'과 '역사적으로 변모해온 영원한 대초원제국을 주기적으로 복구할 수 있는 여건'을 제공했다. 러시아 제국은 칭기즈칸의 몽골제국을 자연스럽게 계승했고, 몽골제국과 마찬가지로, "로마게르만 Romano Germanic" 문명을 계승한 서구와 대립하는 경향을 띠어왔다. 볼셰비키 체제를 탈피한 러시아는 유라시아의 "지정학적 운명"을 궁극

---

37 이 인명은 고대 로마 및 그리스의 역사를 주로 연구한 러시아의 역사학자 미하일 로스톱체프Mikhail Rostovtzeff(1870~1952)를 가리킨다.

적으로 표현했을 것이고, 그런 러시아의 통수권은 당연히 국가의 본
질과 신성한 역할을 인식한 자들에게 맡겨지기 마련이었다.

　1920년대는 유라시아주의의 전성기였다. 1929년 이후에 유라시아
주의운동은 지리멸렬해졌다. 많은 러시아인은 '러시아는 하나의 국
가이고 독특한 문화이다'고 계속 믿었지만 순수하게 아시아적인 기
원들과 영향들을 열광적으로 믿지는 않았다. 특히 젊은 유라시아주
의자들을 포함한 몇몇 유라시아주의자는 이념적 이유들보다는 오히
려 감정적 이유들 때문에 소련을 지지하거나 아예 공산당을 지지하
는 자들로 변하기도 했다. 그들 중에는 심지어 서유럽에서 영향력을
행사하거나 GPU/NKVD에 협력한 소련간첩들로 변한 자들도 있었
다. 그러나 GPU/NKVD는 '그런 간첩들 중에도 소련으로 복귀했다가
처형될 위기에 처하거나 굴락에 수감된 자들'을 구명해주지 않았다.
그런 간첩들 중에 오늘날에도 자세하고 완전하게 알려지지 않은 세
르게이 에프론Sergei Efron(1893~1942)의 일대기는 어쩌면 가장 불행할
것이다. 백군의 (유대계) 청년장교로 러시아 내전에 참전했던 세르게
이 에프론은, 그 당시 크리미아에 있던 러시아 시인詩人 막시밀리안
볼로쉰Maximilian Voloshin(1877~1932)이 소유하던 별장의 정원에서, 뛰
어난 러시아 시인 마리나 체베타예바Marina Tsvetaeva(1892~1941)를 만
나서 사랑에 빠졌다. 그리고 훗날 에프론은 체베타예바와 결혼했다.
그러던 어느 날 에프론은 파리에서 백군의 러시아 장군 한 명을 납치
하려는 소련간첩을 도왔다. 에프론은 소련으로 피신할 수밖에 없었
지만 소련에서 체포되어 처형당하고 말았다. 왜냐면 에프론의 가족
한 명이 가혹한 고문을 받다가 견디지 못하고 "에프론은 트로츠키파

의 간첩이다"고 거짓증언을 했기 때문이다. 그리고 얼마 지나지 않아 체베타예바는 자살했다.

브리튼에서 망명생활을 하며 '왕자 미르스키Prince Mirsky'로 호칭되던 드미트리 페트로비치 스뱌토폴크-미르스키Pyotr Dmitrievich Sviatopolk-Mirsky(1890~1939)도 러시아로 귀국하고 나서 얼마 지나지 않아 실종되었다. 그의 (1939년으로 추정되는) 사망일시와 사망원인은 알려지지 않았다. 브리튼의 유명한 역사학자 E. H. 카Edward Hallett Carr(1892~1982)는 자신도 모르게 미르스키의 가련한 운명에 연루되었다. 마르크주의를 비판하면서도 소련을 지지하던 E. H. 카는 모스크바의 어느 길거리에서 미르스키를 보았다. E. H. 카는 런던에서부터 이미 알던 반가운 미르스키에게 다가가서 그와 대화를 나누려고 했다. 미르스키는 E. H. 카를 생전 처음 본 사람을 대하듯이 처신했다. 그러나 미르스키의 그런 노력은 딱히 성공하지 못한 듯했다. 이 일화는 유라시아주의자들의 심각한 정치적 순진성을 증명한다. 더 이른 시기에 활동한 유라시아주의자들 중에는 소련"비밀기관들"의 작전에 걸려들어 희생된 자들도 있었다. 그런 유라시아주의자들은 소련내부에서 암약하던 "반체제단체"의 단원들과 접선했다는 혐의를 받았는데, 실제로 그 단원들은 "비밀기관들"의 첩자들이었다.

초기 유라시아주의자들 중에 주요한 인물들은 결국에는 미국으로 건너가서 명문대학교들의 교수들이 되었다. 러시아의 유라시아주의자이고 언어학자이며 역사학자이던 니콜라이 트루베츠코이Nikolai Trubetzkoy(1890~1938)는 안슐루스Anschluss(합병, 결합)[38]가 이루어지고

---

38 1938년 5월 이뤄진 '나치 독일의 오스트리아 병합'을 가리키는 독일어이다.

얼마 지나지 않았을 즈음의 오스트리아 빈Wien에서 젊은 나이로 사망했다. 그는 사망하기 직전에 인종차별주의와 쇼비니즘("사이비국가주의")을 비난하는 저서를 출판했다. 그 저서는 그때로부터 15년 전에 그가 집필한 쇼비니즘을 비난하는 에세이와 매우 비슷한 견해를 표방했고, 그 에세이는 유라시아주의자들의 최초 선언서에 포함되어 발표되었다. 게슈타포는 그 저서를 빌미로 그를 체포하여 한동안 구금했다.

그런데 왜 하필이면 유라시아일까? 이 질문이 얻을 수 있을 유일하게 명확한 답변은 '어떤 러시아인들은 자신들이 유럽인들에게 동등한 인간들로 인정받지 못한다고 분노하는데, 어쩌면 그런 러시아인들은—무엇보다도 먼저 유럽문화 같은 것이 존재한다면—유럽문화의 모든 측면을 좋아하지 않으리라'는 것뿐이다. 만약 유라시아주의자들이 '러시아는 유럽과도 다르고 아시아와도 다른 제3세력과 비슷하다'고 주장했다면, 이 주장은 흥미로운 토론의 출발점이 되었을지 모른다. 이것보다 더 광범한 어떤 주장도 유라시아주의자들을 역사적 진실에서 이탈시킬 수밖에 없었을 것이다. 러시아의 기원들은 아시아에는 없었고 유럽에 있었다. 유라시아주의는 러시아가 타국들의 제국주의—예컨대, 브리튼의 정치인이던 앨프레드 밀너 Alfred Milner(1854~1925)가 주장한 "건설적 제국주의", '고등인종들이 하등인종들을 보살펴야 한다'고 주장한 프랑스의 정치인이던 쥘 페리Jules Ferry(1832~1893)의 제국주의, 1890년대의 독일에서 주장된 제국주의—를 갱신하고 조정하여 빚어낸 러시아판 제국주의였다. 그런 유라시아주의적인 주장들은 100년 후에는 적확하지 않아졌지만 '팽창하려는 의도가 이타주의적인 것은 아니었음'은 여전히 진실이었다. 그런 주장들의 저변에는 러시아의 국가사명과 강대국위상을 복원하려는 욕망이 깔려있었고, 근대의 여건들에서 그런 욕망과 복원은 오직 러시아가 지배하는 동맹의 형식을 통해서만 성취될 수 있었다. 다른 여건들에서 그런 욕망과 복원은 칭기즈칸, 바투칸Batu Khan(1207~1255)과 황금군단, 기타 여러 칸국(汗國)들의 위명을 갱신하려는 노력을 의미했다.

러시아인들은 16세기부터 아시아로 침투하기 시작했다. 코사크Cossack(카자크Kazak/카자흐Kazakh)인들은 사냥감들과 사냥터들을 찾아 우랄 산맥을 넘어 동쪽으로 나아갔다. 이반 그로즈니Ivan Grozny(이반 뇌제)는 모피탐험대毛皮探險隊를 파견했다. 코사크인이던 예르마크 티모페예비치Yermak Timofeyevich(1532/1542~1585)가 탐험대를 이끌었고, 부유한 상업가문이던 스트로가노프Stroganoff 가문이 탐험대를 꾸리고 탐험비용을 조달했다. 탐험대의 활동에 관해서 알려진 것은 거의 없다. 더구나 그들의 탐험에 관해서 미미하게나마 알려진 모든 것은 탐험이 감행된 지 수십 년이 지나서 작성된 각종 연대기들에서 유래했으므로 사실들이 아닐 수도 있다. 만약 그런 연대기들에 기록된 내용들이 사실들이라면, 또한 티모페예비치가 이끈 탐험대원이 840명이었다면, 그리고 그들 모두가 도보로 행군했고 그들 중 몇 명만 소총을 휴대했다면, 그 탐험은 기나긴 원거리행군을 완수해야 하는 대단한 임무가 확실했다. 그들은 탐험을 시작한 지 몇 년 만에 오늘날 '베링Bering 해협'으로 지칭되는 바다의 해변에 도달했다. [이 해협의 명칭을 탄생시킨] 덴마크인Denmark人이자 러시아 해군의 장교이던 비투스 베링Vitus Bering(이반 이바노비치 베링Ivan Ivanovich Bering, 1681~1741)은 1740년대에 수많은 탐험임무를 수행했을 뿐 아니라 시베리아의 캄차카Kamchatka 반도를 최초로 얼마간 진지하게 탐험한 탐험가였다.

그 당시에는 러시아인들의 극소수만 시베리아로 갔고, 이후에도 강제로 끌려간 범죄자들과 정치범들을 제외하면 자청해서 시베리아로 갔던 러시아인은 오랫동안 극히 드물었다. 러시아의 우랄 산맥 동쪽에 있는 대도시들은 19세기부터 비로소 건설되기 시작했고, 블라디보스토크는 1860년에 건설되었다. (그 당시에는 하바롭카Khabarovka로 지칭되던) 하바롭스크Khabarovsk는 러시아 군대의 전진기지로서 건설되었는데, 블라디보스토크도 처음에는 해군기지였다. 요컨대, 시베리아와 러시아 극동지역에 러시아인들이 정착하기 시작한 때는 그렇게 오래되지 않았고, 그들의 정착과정은 19세기에 일반적으로 진행된 제국주의적 팽창과정의 일부였다.

이런 맥락에서 러시아의 동쪽으로 진행된 식민지팽창과정은 다른 제국주의국가들의 팽창과정보다 더 낫지도 더 나쁘지도 않았다. 그런 과정은 아마도 '러시아인들이 진출한 아시아 지역들을 발전시켰다'는 논리로써 정당화될 수 있었을 것이다. 이 대목에서 카를 마르크스Karl Marx(1818~1883)도 '브리튼의 인디아 식민통치가 인디아를 발전시켰으므로 진보적 성격을 지녔다'는 논리를 전개했다는 사실이 상기될 수 있을 것이다. 그러나 이런 논리는 19세기에는 수긍되었을지라도 오늘날에는 결코 수긍될 수 없을 것이다.

전설로 전해져왔다시피, 먼 옛날에 러시아의 원주민부족들은 류리크Riurik(루리크Rurik: 830경~879경)[39]와 바랑고이족을 찾아가서 그들에

---

39 북유럽에서 정착생활과 방랑생활을 겸하던 바랑고이Varangoi족(Varangians/Varyags)의 족장으로서 러시아를 건국했다고 알려진 반¥전설적인 인물이다.

게 자신들(원주민부족들)의 거주지로 와서 자신들을 다스려달라고 부탁했다. 그 원주민부족들이 그랬던 까닭은 만약 그리하지 않으면 혼돈에 휘말릴 수 있었기 때문이다(러시아 역사학계에서 이 혼돈은 "프리즈바녜 바랴고프Prizvanie varyagov"로 일컬어진다). 그러나 러시아인들이 시베리아로 와달라는 부탁을 받았는지 여부는 심지어 전설로도 전해져오지 않는다. 이런 역사적 배경과 상반되게 '동양에 매혹되는 러시아인들의 성향'은 러시아 지식인계층에서 잠시 유행했던 어떤 문화적 풍조들과 관련되었겠지만, 그런 풍조들도 유럽을 거쳐 러시아로 유입되었다. 예카테리나 여제도 동양문물에 열광했다. 그녀는 크리미아를 방문했을 때 아시아에 관해서 알았다. 18세기에 시작된 이런 동양지향성 풍조들은 오직 러시아에서만 유행하지는 않았다. 그런 풍조들은 서유럽에서도 똑같이 유행하면서 중국풍 취미들을 조장하거나 일본예술에 대한 흥미를 유발했다. 예컨대, 이런 풍조들의 영향을 받은 러시아의 유능한 화가들인 니콜라스 뢰리크Nicholas Roerich(1874~1947)와 스베토슬라프 뢰리크Svetoslav Nikolaevich Roerich(1904~1993) 부자父子는 인디아로 갔고 사실상 인디아인人들이 되었다. 바로 그런 시절의 유럽에서 동양이 학술적으로 연구되기 시작했고, 독일의 프리드리히 로젠Friedrich Rosen(1856~1935)과 러시아의 바실리 바르톨드Vasily Bartold(1869~1930)와 세르게이 올덴부르크Sergey Oldenburg(1863~1934) 같은 동양학자들—그리고 소수의 몽골출신 동양학자들—로 이루어진 동양학파도 형성되었다.

아시아에 심취하는 풍조의 둘째물결은 20세기초엽의 상징주의 시인들로 대표되는 이른바 "백은시대"에 발생했는데, 러시아의 시인들인 알렉산데르 블로크Alexander Blok(1880~1921)와 안드레이 벨리Andrei Bely(1880~1934)도 그들과 같은 세대에 속했다. 그러나 그들은 아시아를 맹목적으로 예찬하지 않았고 아시아의 묵시록 같은 것을 두려워했다. 그 시대의 상징주의자들은 블라디미르 솔로비요프의 영향을 받았다. 그는 범凡몽골주의Pan-Mongolism의 위험성에 관한 글을 썼고 그 시대의 동양을 그리스도보다는 크세르크세스Xerxes(크세르크세스 1세, 서기전519~465)[40]와 더 깊게 관련된 곳으로 생각했다. 그 시대의 상징주의자들은 브리튼의 시인 앨프레드 테니슨Alfred Tennyson(1809~1892)이 썼던 다음과 같은 시구詩句에 동의했다.

중국의 기나긴 한 시대보다 더 뛰어난 유럽의 오십 년

그들 중 누구도 '러시아가 아시아의 영향들에 한동안 노출되었다'는 사실을 의심하지 않았다. '돈[錢]을 뜻하는 러시아낱말(덴기dengy)이 타타르어語에서 유래했다'는 단 한 가지 사실만으로도 이 영향들은 충분히 예증된다(해석자解釋者를 뜻하는 독일낱말 돌메취Dolmetsch도 타타르어에서 유래했지만, 이 사실로부터 도출될 수 있는 결론들은 얼마나 방대하겠는가?).

러시아의 시인 겸 역사학자 니콜라이 카람진Nikolay Karamzin(1766~1826)은 어딘가에서 '칸국들은 어떤 식으로든 거대한 러시아도 창조했고 독재정치의 개념도 창조했다'고 썼다(그리고 '카람진'이라는 이름도 어쩌면 아시아에서 유래했을 것이다). 그러나 이 모든 창조는 아

---

40 고대 페르시아Persia의 황제(서기전486~465재위)이던 크세르크세스는 유명한 다리우스 1세(Darius I, 서기전550~486: 서기전522~486 재위)의 아들이다. 크세르크세스는 바빌로니아 Babylonia의 반란을 진압했지만, 고대 그리스를 침략한 전쟁에서 패배했다.

주 오래전에 이루어졌다. 그렇다면 러시아 문화와 관점에서 다음과 같은 의문이 제기될 수 있다. 황금군단이 19세기 러시아 문화의 황금시대에 끼친 영향은 무엇이었던가? 수천 명에 달하는 러시아 지식인들, 작가들, 예술가들이 유럽으로 갔다. 그렇다면 아시아로는 누가 갔을까?

지식인들의 언어는 몽골어도 타타르어도 아니었고 심지어 러시아어도 아니었다. 러시아 문학계의 중대한 사건들은 프랑스어로 기록되었다. 톨스토이는 장편소설 『전쟁과 평화War and Peace』(1869)의 도입부뿐 아니라 이어지는 상당히 많은 대목을 프랑스어로 썼다. 러시아의 시인 표도르 튜체프Fyodor Tyutchev(1803~1873)는 오직 하인들만 러시아를 사용하는 가정에서 성장했고, 성년이 되어서도 그는 러시아어보다 프랑스어를 더 유창하게 구사했다. 러시아의 소설가 겸 극작가 이반 투르게네프Ivan Turgenev(1818~1883)는 성년기의 대부분을 프랑스에서 보냈다.

그러나 러시아의 작곡가들은 서구의 작곡가들과 달라지기를 바랐다. 이른바 "모구차야 쿠츄카moguchaya kuchka(위대한 5인조)"로 일컬어지는 러시아의 작곡가들인 밀리 발라키레프Mily Balakirev(1837~1910), 알렉산데르 보로딘Alexander Borodin(1833~1887), 케사르 쿠이César Cui(1835~1918), 모데스트 무소르그스키Modest Mussorgsky(1839~1881), 니콜라이 림스키-코르사코프Nikolai Rimsky-Korsakov(1844~1908)는 언젠가 진정한 러시아의 정체성을 발견하고파했다. 그들은 그런 염원을 이루고자 동양의 음색들(혹은 그들이 진정한 동양음률들로 생각하던 것들)을 아주 많이 차용하여 (아라비아Arabia를 배경으로 설정한) 「셰헤레자

데Sheherezade」, 「이슬라미예Islamiye」, 「안타르Antar」[41] 같은 작품들을 작곡했다.

동양주의Orientalism는, 당연하게도, 그런 시대의 러시아 외교정책목표들과도 관련되었다. 러시아에서 비잔티움이 차지하는 중요성을 발견한 자유주의자 파벨 밀류코프Pavel Milyukov(1859~1943)도 그랬듯이, 러시아에서 서구식 정치모형들의 실패를 (그리고 1905년 러시아 혁명의 실패를) 목격한 유라시아주의자들도 저마다 더욱 먼 동쪽으로 눈을 돌렸다. 18세기초엽의 프랑스에서 일본문물을 즐기는 풍조가 유행했다면 제1차 세계대전 이후의 독일에서는 인디아 문물을 즐기는 풍조가 유행했다. 그때 독일에서는 인디아의 시인 라빈드라나트 타고르 Rabindranath Tagore(1861~1941)의 저작들을 읽는 인구가 갑자기 폭증했고, 독일에서 성장하여 스위스에서 주로 활동한 헤르만 헤세Hermann Hesse(1877~1962) 같은 유력한 작가들은 싯다르타Siddhartha[42] 같은 인디아 관련주제들에 심취했다. 인디아는 1960년대와 1970년대에 반체제학생운동들이 빈발하던 서구에서 다시 유행한 주제였다. 러시아에서, 그리고 나중에는 망명러시아인들 사이에서, 그런 유행은 문화적인 것이라기보다는 오히려 정치적인 것이었다.

그러나 정치적 흥미는 대체로 상상된 동양(과 아시아)에 집중되었다. 심지어 가장 열렬한 유라시아주의자들도 아시아에 각자의 거처

---

41 「세헤레자데」는 림스키-코르사코프가 『아라비안나이츠The Arabian Nights』에서 영감을 받아 1888년에 작곡한 교향시이고, 「안타르」는 림스키-코르사고프가 1868년 작곡한 4악장짜리 교향곡이다.

42 불교의 교조 석가모니釋迦牟尼(사캬무니Śākyamuni, 서기전624/566~544/486)의 아명兒名이 고타마 싯다르타Gautama Siddhartha였다. 헤르만 헤세는 1922년에 소설 『싯다르타』를 발표했다.

를 마련하기는커녕 아시아를 방문하려고 시도조차 하지 않았다. 그들은 아랍어는 물론 중국어나 우르두어Urdu語[43]도 공부하지 않았고 아시아 국가들의 문명에도 심취하지 않았다. 어쩌면 구밀레프는 예외였겠지만 아시아계 언어들에 대한 그의 관심이 자발적인 것일 가능성은 거의 없었다. 그는 굴락들에나 비슷한 다른 수용소들에 다년간 구금되어 살았다. 유라시아주의자들은 스텝steppe 지대를 지극히 중요시했다. 그런데도 스텝 지대—초원들, 즉 우랄 산맥 동쪽 러시아의 대초원지대—를 얼마간에나마 체험해본 유라시아주의자들은 얼마나 많았을까(아니면 오히려 얼마나 적었을까)?

유라시아주의자들의 대다수가 생각하는 이런 초원들은 메타자연학적 초원들이고 상상된 세계이지 현실세계는 아니다. 물론 정치와 역사에서 신화가 차지하는 중요성이 경시되면 결코 안 될 것이다. 그러나 바야흐로 신유라시아주의가 정치적 세력을 획득한—그리고 미래에는 훨씬 더 중요시될 수 있을—상황에서 때때로나마 반드시 기억되어야 할 사실은 신유라시아주의운동의 기원들은 상상세계에 있다는 것이다.

알렉산데르 두긴은 그의 견해와 비슷한 견해를 품은 이념론자 몇 명과 함께 신유라시아주의운동을 주도해왔다. 이 운동은 1990년대의 러시아에서 시작되었고 현재에는 단순한 문화적 유행이 아닌 정치적 운동의 일종이 되었다. 그러나 두긴은 시베리아 바이칼Baikal 호수의 동부지역[44]에 펼쳐진 초원들의 신파시즘이 아닌 프랑스, 벨기에, 이

---

43 인디아의 주요 공용어인 힌두스타니Hindustani의 고대 명칭이다.

44 이 지역은 '트랜스바이칼Transbaikal, 트랜스바이칼리아Transbaikalia, 자바이칼리예 Zabaykalye, 다우리아Dauria(다우리야Dauriya)'로도 지칭된다.

탈리아의 신파시즘에서도 원초적인 영감靈感을 얻었다. 터키에는 범凡우랄알타이어족주의[45]가 존재하고, 중앙아시아의 몇몇 국가에도 비슷한 주의主義를 표방하는 집단들이 존재하지만, 그들은 세계차원의 운동을 조직하지 않는데, 왜냐면 이 주의를 표방하는 다양한 분파들 사이에도, 그들의 이해관계들 및 활동일정들 사이에도, 워낙 심한 차이들이 존재하기 때문이다.

유라시아주의의 제1세대는 1920년대에 유라시아주의사상들을 발전시켰다. 왜냐면 그들은 유럽에 실망했기 때문이다. 러시아 내전에서 패배한 당파에 속했던 그들은 자신들을 얽매던 딜레마를 벗어나는 데 필요한 이념노선을 모색했다. 그들은 러시아를 포기할 생각조차 못했다. 그랬거늘 그들은 러시아의 미래에도 적용할 수 있고 자신들의 미래에도 적용할 수 있는 공통잣대를 어떻게 발견했을까?

현재의 러시아 정부와 그것의 지지자들은 "지금 우리 모두는 유라시아주의자들이다"고 비유될 수 있는데, 이것은 조금밖에 과장되지 않은 비유이다. 이것은 부분적으로는 '러시아 정부와 그것의 지지자들이 그들을 거부하는(듯이 느껴지는) 유럽을 향해 품는 혐오감'과도 관련된 비유이다. 그러나 이것은 '레프 구밀레프의 사상들이 누린 엄청난 인기'도 반영하는 비유이다.

레프 구밀레프의 모친은 러시아의 뛰어난 시인 겸 작가 안나 아흐마토바Ann Akhmatova(1889~1966)이고 부친은 1921년 볼셰비키들한테 총살당한 러시아의 시인 니콜라이 구밀레프Nikolay Gumilyov(1886~1921)

---

45 판-튜라니즘Pan-Turanism: 이것은 모든 우랄알타이어족Ural-Altai語族(Turanian)의 연합을 지향하는 정치적 운동으로서 '튜라니즘Turanism'으로 약칭되기도 한다.

이다. 레프 구밀레프는 러시아의 오스발트 슈펭글러Oswald Spengler(1880~1936)[46]로 일컬어졌고, 그랬던 만큼이나 널리 읽히는 저작을 집필했지만, 결함을 겸비한 천재였다. 그는 '러시아의 기원들은 아시아와 유목종족들에서 발견된다'는 주장을 증명하려는 여러 저서와 많은 논문을 집필했다. 독일의 오스발트 슈펭글러가 전망한 미래는 독일인들과 러시아인들처럼 근래에 형성된 젊은 국민들의 것이었다. 그러나 레프 구밀레프에게는 몽골인들이 젊은 국민들로 보였다. 그는 자신의 비非정교회적인 견해들 때문에 투옥되었고 굴락에도 몇 번 수감되었다. 그의 견해들은 때로는 매우 흥미롭고 때로는 대단히 독창적이지만 때로는 억지스러울 뿐더러 명백히 틀리기도 했다. 그는 과학적 방법을 사용한다고 자처했다. 그러나 그는 어느 기자회견장에서 "내가 여러분께 말씀드리고픈 비밀 한 가지는 '오직 러시아만이 유라시아의 강대국으로서 살아남으리라는 것'입니다"(잡지《소키움 Socium》, 5, 1992)라고 말했는데, 이 말은 과학적 진술이 거의 아니라서 논증될 수도 논박될 수도 없는 것이었다.

레프 구밀레프는 그의 아시아지향적인 접근법 때문에 러시아 정교회의 반감을 샀을 뿐 아니라 그를 러소포브Russophobe[47]로 얕잡아 지칭한 극렬국가주의자들의 반감도 샀다(왜냐면 그의 견해들이 범슬라브주의를 훼손했기 때문이다). 그는 그의 전공분야에 속하지 않은 것이 분명한 주제이던 '중세 유대인들의 역사'에 관한 그의 논평들 때문에 유대인들의 반감도 샀다. 그래도 그는 카자흐스탄에서는, 그리고 여타

---

46 독일의 역사철학자로서 『서구의 몰락Der Untergang des Abendlandes』(1918~1922)이라는 유명한 저서를 집필했다.

47 러시아공포증환자. 한국에서는 '공로병자恐露病者'로도 번역되어왔다.

비非민족적 러시아인들에게는, 가장 열광적으로 반겨졌다. 어느 대학교의 명칭에도 그의 이름이 사용되었고, 타타르스탄 자치공화국의 수도 카잔에는 그의 동상이 세워졌으며, 카자흐스탄 정부의 우편담당부처는 그의 초상화가 인쇄된 우표를 발행했다.

신유라시아주의는 공산주의몰락과 소련 해체에 반응하여 등장했다. 우리는 지금 1920년대에 유행한 것이 다시 유행하는 흥미로운 복고현상을 목격한다. 유라시아주의를 창시한 세대는 1920년대의 말엽에 더 젊은 친親소비에트 투사들에게 유라시아주의운동의 주도권을 뺏기면서 그 운동의 지도부에서 퇴출되었다. 그런 유라시아주의의 창시자들은 흔히 "좌익"으로 묘사되지만 실제로는 공산주자들도 아니고 마르크스주의자들도 아닌 친親러시아파였다. 그런 창시자들은 러시아 내전을 치르던 백군에—그리고 소련에—소속되어 싸우던 청년장교들을 선도할 공통적 주의主義를 모색하느라 진력했다. 그들은 '자신들이 애국심/국가주의에서 그런 주의를 발견했고 그것에 유라시아의 옷을 입혀야 한다'고 믿었다. 그들의 믿음을 뒷받침한 가설들은 오래된 옛것들이 아니었다. 왜냐면 그 시대의 러시아에서 국제주의는 위력을 이미 잃었고 국가주의가 대세를 차지했기 때문이다. 그러나 그들은 '시간'이라는 요인을 가늠하지 못했다. 그들의 꿈들이 실현된 시점은 그들의 예상보다 훨씬 더 늦어졌을 것이고 그들의 극소수만이 그런 시점까지 살아남았을 것이다. 그런 생존자들은 대세를 정확히 인식한 망명러시아인집단이었다. 그러나 오직 그들만이 대세를 정확히 인식한 망명러시아인집단은 아니었다. 다른 망명러시아인집단들도 대세를 정확히 인식했는데, 니콜라이 우스트럌로프 Nikolai Ustryalov(1890~1937)가 이끌던《이정표들의 교체Smena vekh》라는 잡지를 발간하던 정치단체도, 파시즘에 경도된 알렉산데르 르포비치 카젬베크Alexander Lvovich Kazembek(1902~1977)가 창단한 정치단체 "젊은 러시아인들Mladorossi"도 그런 집단들이었다. 너무 일찍 러시아로 귀국하는 실수를 범한 망명자들은 불행한 운명을 피하지 못했다. 조금 더 기다렸다가 1960년대에 러시아로 귀국한 망명자들은 적어도 굴락에는 수감되지 않았다. (카젬베크는 1960년대에 러시아로 귀국해서 소소한 일자리를 얻었다─그는 모스크바 성당에서 일했다.) 1920년대 말엽에 유라시아주의운동은 중단되었다. 공산주의자들이 유라시아주의운동단체들의 정기간행물들을 접수했다. 그러나 얼마 지나지 않아 공산주의자들은 그런 간행물들을 쓸모없는 것들로 치부했다.

제1세대 유라시아주의자들과 유사한 오늘날의 유라시아주의자들이 처한 상황은 다음과 같다. 소련 해체 이후 애국자들에게는 새로운 노선이 필요했다. 러시아의 우익사상가들 중 한 명은 유라시아주의계열에서 발행되는 주간지 《잡트라》에 "이념 없는 엘리트는 위험하다"고 주장하는 기고문을 게재했다. 그리고 자존심을 가진 정치운동단체에 이념이 필요하다는 것은 사실이다. 왜냐면 그런 단체의 필수요건들은 소속회원들의 흥미와 관심만으로는 충족되지 않기 때문이다. 공산주의이후시대의 러시아에 존재할 수 있을 만한 이념은 무엇일까? 알렉산데르 두긴은 청년기에 파시즘을 추구하려고 노력해봤다. 그러나 파시즘은 비록 그럴싸하게 보이는 겉옷을 걸쳤더라도 그다지 훌륭한 이념은 아니었다. 그리고 재래식 보수주의는, 타국들의 경험이 증명해왔다시피, 불충분했고 흥미롭지도 않았을 뿐더러 따분하기까지 했다. 두긴은 유럽의 반민주적이고 반자유주의적인 신우파(뉴라이트)의 경험을 주목했다. 유럽의 신우파는 몇 가지 이념을 가졌지만, 그것들 중에 현실에서 성공한 이념은 하나도 없었다. 신우파집단들 중에 대중운동단체로 성장했거나 아니면 적어도 실질적 영향력을 발휘할 만한 입지를 획득하는 데 성공한 집단은 하나도 없었다.

　이런 상황에서 유라시아주의는 현저히 적당하게 보이는 이념노선으로서 재발견되었다. 그것은 애국적/권위주의적이고 반민주적이며 국가주의적인 이념이었다. 그것은 무엇보다도 잃어버린 영토들을 탈환하려고 애쓰는 "수정주의적修正主義的" 강대국에 적합한 이념이었다. 그것은 반反자본주의적인―다시 말해서, 올리가르히들을 반대하는―이념이되 너무 심하게 반대하지는 않는 이념이었다. 그것은 난해한 정치적 견해들과 세계관들을 국민과 집단들에게 보급할 수 있을 만큼 충분히 모호했다. 그리하여 갑자기 모든 러시아인이 유라시아주의를 발견했다. 옛/새로운 공산당도 블라디미르 지리놉스키도 유라시아주의자로 자처했고 심지어 푸틴마저 유라시아주의자로 자처했다. 그러나 유라시아주의의 일인자는 알렉산데르 두긴이었다. 어쩌면 유라시아주의는 불충분한 이념이라서 파시즘과 대중영합주의를 차용해야만 했을 것이다. 그러나 이런 차용은 유라시아주의노선을 너무 멀리 벗어나면 불가능할 수 있었다. 왜냐면 유라시아주의진영에는, 하여튼, 지도자를 예찬하는 체계적 의례도 없었고 단일한 집권여당도 없었기 때문이다. 유라시아주의는 현실맥락에서 완전히 무의미하지는 않더라도 별로 의미심장하지는 않아서 언제나 다양한 방식으로 해석될 수 있었다. 유라시아주의의 명칭들과 용어들도 그다지 의미심장하지 않았다. 예컨대, 나치당은 시종일관 국가사회주의독일노동자당National Socialist German Worker's Party을 의미하는 NSDAP였는데, 심지어 그 당을 노동자들이 다른 계급들보다 더 미약하게 대표하는 경우에도 그랬다. 그렇다면 무엇이 문제였을까?

이런 정황이 "유라시아"의 개념은 완전히 날조되었다고 암시하는 것은 아니다. 그러나 이런 신화 같은 개념을 진지하게 믿는 사람들도 틀림없이 존재한다. 또한 그런 개념은 워낙 다양하게 해석될 수 있기 때문에 그런 개념을 좋아하는 사람들도 있다. 그런 개념은 유럽의 다른 정당들 및 세력들과 제휴할 수 있는 길을 개방한다. "보수주의적인"과 "신파시즘적인"이라는 형용사들은 저마다 결점들을 가졌다. "유라시아주의적인"이라는 형용사는 훨씬 더 중립적인 것이고 결점도 거의 갖지 않았다. 그래서 "유라시아주의적인"이라는 형용사는 모든 사람을 매료할 수 있을 것이다. 1920년대에 유라시아주의는 소련을 '마르크스주의-레닌주의를 필수적으로 신봉하지는 않는 국가'로 인식될 수 있게 해주는 교량橋梁 같은 기능을 수행했다. 오늘날의 유라시아주의도 러시아의 보수주의적인 또는 극렬보수주의적인 현행정부정책을 수용될 수 있게 해주는 교량과 비슷하게 기능할 수 있을 것이다. 새로운 러시아 외교정책의 관점에서만 보자면, 러시아는 유라시아의 강대국인 듯이 행세함으로써 투르크계Turk系 국가들의 국민들과, 그리고 어쩌면 극동지역의 국가들과도, 더욱 친밀한 관계들을 맺기 쉬웠을 것이다. 러시아는 경제적이고 정치적인 긴밀한 협력을 기반으로 대규모로 연합하는 여러 강대국에 합류할 수도 있었을 것이다.

현재정세에서는 그런 연합전략의 난관들이 명백하게 드러난다. 그런 종류의 연합은 러시아의 관점에서는 러시아가 주도적 역할을 수행하기만 한다면 사리에 맞는 것이다. 왜냐면 러시아에서 그런 연합은 러시아의 역사적 사명으로 인식되기 때문이고, 그래서 러시아가 투르크계 국가들과 마찬가지로 이류국가二流國家로 취급되는 경우나 중국의 위성국가로 취급되는 경우는 도저히 상상조차 될 수 없기 때문이다. 그렇다면 동등한 국가들의 연합은 왜 불가능할까? 그 까닭은 사고방식의 차이들과 관심사의 차이들이 워낙 심대하고 세계정치의 역학力學이 평등법칙들을 따르지 않기 때문이다. 인구규모의 관점에서도 경제력의 관점에서도 러시아는 유라시아 연합에 잠재적으로 소속될 만한 국가들보다 더 강대한 국가는 아니다. 더구나 러시아는 핵무기들을 독점적으로 보유한 국가도 아니다.

만약 대단히 위협적인 어떤 공적公敵이 존재했다면, 그리고 신유라시아주의자들이 미국과 서구 전체를 적敵으로 보이게 만드느라 힘들여 애써왔다면, 상황은 달라졌을 수도 있다. 그러나 유럽은 서서히 약해졌고 미국의 외교정책은 세계정치에서 발을 빼는 동시에 대서양권에서 태평양권으로 초점을 이동시켜왔으므로, 신유라시아주의자들은 적敵을 필사적으로 물색하겠지만 발견하기는 대단히 어려울 것이다.

유라시아주의자들은 몽골제국의 유산들 중에 어떤 것을 본받았을까? 그것은 혹시 종교를 바라보는 몽골제국의 태도였을까? 러시아 정교회는 그런 태도를 전혀 달가워하지 않을 것이다. 아니면, '유목종족들의 역사는 국민들 및 국가들의 운명들을 통합할 미래의 표본이다'고 믿는 신념이 그런 유산일까? 유럽이 혹여 망가졌을 수도 있지만, 겉으로는 유럽이 어떻게 보이든 상관없이, 유라시아의 과거가 21세기의 러시아에 제공해야 하는 것은 전혀 분명하지 않다.

현재 러시아는 공식적으로도 비공식적으로도 유라시아주의의 매력에, 아시아의 매력에, 그리고 무엇보다도 시베리아의 매력에 사로잡혔다. 그러므로 '크렘린이 아시아에서 러시아의 매력을 강화하느

라 굉장히 노력해왔을 것이다'고 추정되어도 무방하다. 푸틴은 2014
년에 러시아 장군 한 명을 대통령특별전권대사로 임명하여 우랄 산
맥 동쪽지역들로 파견했다. 그 장군의 임무는 그 지역들의 시급한 현
안들을 처리하고 그 지역들을 개발하는 것이었다. 그러나 그때까지
대체로 괄시받는다고 느끼던 그 지역들의 감정이 원한감정으로 비화
되어 널리 확산되다가 심지어 시베리아 독립주의의 형태를 띠기도
했다. 시베리아 서남부의 도시 노보시비르스크Novosibirsk 같은 곳들에
서는 크렘린을 반대하는 시위들이 연발했지만 모스크바에서는 조속
한 대응책의 필요성이 뒤늦게야 인정되었다. 그리하여 가장 예기치
못했던 곳에서 갑자기 새로운 전선이 형성되었고 크렘린은 새로운
문제들을 직면했다.

4 러시아 지정학

1898년에, 혹은 그즈음에, 스웨덴의 지리학자 겸 정치학자 루돌
프 셸렌Rudolf Kjellén(1864~1922)이 만든 "지정학"이라는 용어는 원래,
폭넓게는, 정치철학에서 차용된 몇 가지 사상들을 겸비한 "정치지리
학political geography"의 동의어였다. 지정학은, 예컨대, 자연지리학 같
은, 여타 지리학분과들과 달랐다. 그러나 지정학이라는 용어는 여러
국가를 경유하여 전파되는 과정에서, 그리고 그 용어를 다루는 자들
의 정치적 견해들과 조응하면서, 변경되고 수정된 특별한 의미들을
획득했다. 루돌프 셸렌은 스웨덴의 국회의원을 역임한 정치인이기
도 했다. 그는 독일친화형 인물이었고 그의 주요저작은 독일어로 집

필되었다. 지정학의 일반적 개념은 널리 유포되었다. 독일의 지리학자 프리드리히 라첼Friedrich Ratzel(1844~1904) 교수는 이 새로운 학파의 공동창시자였다. 왜냐면 그의 저서 『정치지리학Politische Geographie』은 1897년에 출간되었기 때문이다. 지정학을 초기에 다룬 또 다른 학자는 미국의 해군사령관이자 역사학자이던 앨프레드 메이헌Alfred Mahan(1840~1914)이었다. 그는 1890년에 『해군력이 역사에 끼친 영향Influence of Sea Power upon History』이라는 저서를 펴냈다. 브리튼의 정치인 겸 지리학자 핼퍼드 맥킨더Halford Mackinder(1861~1947)의 저서 『브리튼과 브리튼의 영해領海들Britain and the British Seas』은 1904년에 출간되었다. 그리고 독일의 가장 유명한 지정학자 카를 하우쇼퍼Karl Haushofer(1869~1946)는 그즈음 독일 남동부의 바바리아Bavaria(바이에른Bayern) 육군참모부에 근무하던 장교였다. 그의 저작들은 조금 늦게 출간되었지만, 그의 견해들이 형성된 시기는 다른 초기 지정학자들의 것들이 형성된 시기와 거의 같거나 그 시기보다 조금밖에 더 늦지 않았다.

지정학은 러시아로 뒤늦게 유입되었다. 차르 시대의 러시아에서 지정학은 별로 관심을 끌지 못했고 공산주의시대에는 공식적인 마르크스주의-레닌주의이념과 충돌했다. 마르크스주의는 경제와 관련된 것이었고 지리와 관련된 것은 아니었다. 지정학은 때때로 무분별하게 사용되는 (그리고 오용되는) 학명이라서 많은 오해를 유발해왔다. 어찌 보면 지정학은 단지 뻔한 사실만―즉 '지리는 정치에 영향을 끼쳤다'는 사실만―진술하는 듯이 보였다. 오늘날에는, 특히 미국에서는, 지정학이 대체로 "지리학"의 동의어로 사용된다(지리학은 미국의 초·중·고등학교들에서는 정규교과목이 아니고 비교적 소수의 대학교들에서만 가르쳐진다). 그래서 "지정학적geopolitical"이라는 형용사를 공개연설에나 글쓰기에 사용하려는 사람에게는 신중한 태도가 요구된다. 그래서인지 이 형용사는 대체로 무의미하고 단순한 유행어 같은 것으로 인식되곤 한다.

지정학의 가르침이 나치즘에 끼친 영향은 빈번하게 과대평가되어왔다. 지정학의 가르침은 이탈리아 나치즘에도 괄목할 영향을 끼치지 못했다. 이것은 내가 개인적으로 경험해봐서 아는 사실이다. 내가 독일에서 초등학교에 다니던 시절은 나치즘이 정권을 획득한 이후의 시절이었다. 그때 지리학은 내가 좋아한 과목들 중 하나였다. 그 시절에 유행하던 지리학은 지정학에 짙게 스며들었다. 그러나 우리가 나치로부터 특별히 배운 것은 거의 없었다. 카를 하우쇼퍼가 창간한 지정학전문잡지 《지정학 저널Zeitschrift für Geopolitik》은 흥미로웠고, 그것의 지면에는 독일의 언론매체들에서 정식으로 다뤄지지 않던 외국들에 관한 소식들과 논평들도 실렸다. 그 시절에 지정학과 관련된 "파시스트"의 움직임은 전혀 없었다. 지정학은 무솔리니 집권기간의 이탈리아에는 거의 알려지지 않았다.

실제로 "생활공간Lebensraum"이라는 ('공간의 필요성'을 강조하는) 이념은 나치 노선의 일부였지만 전혀 다른 출처에서—대체로 독일의 작가 한스 그림Hans Grimm(1875~1959)의 소설 『공간 없는 민족Volk ohne Raum』에서—유래했다. 그러나 (인종人種을 더 중요시한) 히틀러도 괴벨스도 괴링도 지정학에는 특별히 관심을 보이지 않으면서도 "중심지역heartland"이라는 용어를 사용했다. (독일의 뮌헨에서 카를 하우쇼퍼를 잠시 도왔던) 나치의 정치인 루돌프 헤스Rudolf Hess(1894~1987)만 유일하게 지정학이라는 표현을 사용했다. 루돌프 헤스는 제2차 세계대전기간에 브리튼의 스코틀랜드로 망명했다. 카를 하우쇼퍼가 육군참모부에서 근무할 때 집필한 저작들은 전투적인 것들이 아니었다. 제2차 세계대전이 종결되었을 때 그는 전쟁결과를 두려워하다가 침울해졌다. 요컨대, 카를 하우쇼퍼는 제3제국Third Reich[48]에서 대단히 호평되던 인물은 결코 아니었다. 그의 아내는 유대계혈통을 타고났으며, 그의 아들이자 지리학자이던 알브레히트 하우쇼퍼Albrecht Haushofer(1903~1945)는 히틀러의 반대세력에게 협조하다가 제2차 세계대전이 끝나갈 무렵에 처형되었다. 카를 하우쇼퍼의 정치학은 오히려 나치의 것보다도 더 보수적인 것이었다.

생활공간이론이나 핼퍼드 맥킨더의 (중심지역에 관한, 즉 "중심지역을 지휘하는 동유럽의 지배자. 세계섬[世界島]을 지휘하는 중심지역의 지배자. 세계를 지휘하는 세계섬의 지배자"에 관한) 이론들처럼 더 늦게 지정학에 추가된 것들은 몹시 의심스러웠다. 맥킨더는 다방면에서 활동했다. 그는 런던 정치경제대학교London School of Economics의 초기 학장들 중 한 명이었고, 국회의원을 역임했으며, 동아프리카의 케냐Kenya 산(해발 5,199미터)을 최초로 등정한 등산가였다. 그러나 지금 이런 부연설명은 소용없다. (선박용) 석탄보급기항지들의 핵심역할을 믿었고 '기술진보가 욕구를 추월했다'고 믿은 메이헌의 신념에 관한 부연설명도 역시 소용없다.

소련 해체 이후 지정학은 러시아에서 새로운 터전을 발견했다. 오늘날 유럽 극우파에서 배출된 지정학자들의 관점에서 "그것은 1인두뇌집단 같은 총명한 [알렉산데르] 두긴의 공로功勞이다…." 그런 견

48　이 낱말은 히틀러 집권기간(1933~1945)의 독일을 지칭한다.

지에서, 두긴은 유럽의 중요한 모든 언어에 정통한 학자이고, '신우파 (뉴라이트)가 제2차 세계대전 이후의 기억구멍Memory Hole[49]에서 건져 낸 반자유주의적이고 밀교적인 유산'을 훤히 아는 학자이며, 무엇보 다도 '세계자유주의의 거점이라서 현대의 악惡의 근원인 미국'을 반 대하는 비타협적이고 메타정치적meta-political으로 다작하는 지정학자 이다.

만약 지정학이 근래 수년간 러시아에서 널리 보급되었다면, 그것 이 더 널리 보급될수록 지정학자들의 견해들도 다양해졌을 것이다. 다양한 러시아 지정학연구소들의 (대체로 유명무실한) 소장들 대다수 는 레오니드 이바쇼프Leonid Ivashov(1943~) 같은 육해군예비역장성들 이고 나머지 소수는 (바딤 침부르스키Vadim Tsimbursky 같은) 지식인들과 몇몇 전직 외교관이다. 알렉산데르 두긴의 몇몇 동료 지정학자는 그 의 "제4정치이론fourth political theory"을 비판해왔다. 그들의 비판이유 는 '그 이론이 인종(혹은 종족)이라는 요인의 중요성을 심하게 무시한 다'는 것이다. 러시아의 몇몇 지정학자는 (독일에 거주하는 별로 유명하지 않은 미국출신의 스웨덴 언론인인) 프레더릭 윌리엄 잉달Frederick William Engdahl(1944~)을 칭찬하면서 "총명"한 "천재"로 칭했다. 이 직업적 반미주의자 잉달은 'CIA가 세계의 모든 쿠데타와 혁명을 부추기고 공작했다'고 주장한다. 러시아의 몇몇 보수적인 지정학자는 기독교 권 서구와 근본주의적 이슬람권의 갈등을 강조한다. 그런 한편으로 '서구가 오래전에 기독교의 근거들을 포기했기 때문에 그런 갈등은

---

49 잉글랜드의 소설가 겸 언론인 겸 비평가 조지 오웰George Orwell(1903~1950)의 소설 『1984년Nineteen Eighty-Four』에서 언급되는 이 기계장치는 모든 기억용 자료를 검열하여 변 조하거나 소각하거나 재구성하는 데 사용된다.

전혀 없다'고 믿는 러시아 지정학자들도 있다.

전직 (UN주재) 러시아 외교관 나탈랴 나로치니츠카야Natalya Naroch
-nitskaya(1948~)는 여태껏 지정학적 활동들에 깊게 관여했다. 그런 활
동들은 정치적으로 극우성향을 띠었다. 나로치니츠카야는 소련정부
를 모범으로 삼는 복고를 옹호했다. 그러나 소비에트 이념은 위력을
상실했다. 러시아 정교회는 그 이념을 대신할 것이었고 향후 소비에
트/러시아의 정치를 주도하는 역할을 떠맡을 것이었다.

그런 한편에서 모스크바 대학교의 사회학교수 레오니드 사빈Leonid
Savin은 '러시아 정교도 만병통치약 같은 것을 제공하지는 못한다'고
믿는다. 그는 정교회가 "지혜의 보고寶庫"라는 사실을 인정하면서도
'실제로 1년에 딱 두 번 부활절과 크리스마스에만 정교회에 나가는
수많은 신자가 품는 종교적 애착심의 깊이를 의심하는 듯이 보인다.

레오니드 사빈은 《지정학Geopolitika》이라는 잡지의 편집주간이고
유럽-협력지정학파Euro-synergic school of geopolitics에 깊게 관여한다. 유
라시아주의운동의 참모역할도 수행하는 그는 알렉산데르 두긴과 긴
밀히 협력했고 '정치에 끼쳐진 과학기술발전들의 영향을 뚜렷이 표
현하는 사이버지정학cybergeopolitics'을 다양한 자리들에서 강조했다.
2013년에 레오니드 사빈은 어느 기자회견에서 '유라시아주의운동의
목표들'과 '세계정세에 관한 그의 견해들'을 명확히 설명하려고 애썼
다. 그가 주장했다시피, 유라시아주의자들의 주요목표는 다섯 곳 남
짓의 권력중심지들로 구성되는 다극적多極的 세계질서를 확립하는
것이다. 그런데 불행히도 현재 유럽은 친親대서양주의정책들을 추구
한다. 레오니드 사빈의 관점에서는 무슬림들이 여태껏 확실히 통합
되어왔기 때문에 이슬람교는 러시아를 전혀 위협하지 않는 듯이 보

인다. 그는 '모스크바-베를린 추축에서 유망한 가능성들이 발견될 수 있다'고 본다. 왜냐면 그는 '냉전기간에 미국이 아주 그럴싸한 흑색 선전을 일삼아서 소련의 침공을 두려워하는 공포분위기를 조성했으므로 독일이 워싱턴에 들러붙었다'고 보았기 때문이다. 그러나 이런 공포분위기는 이제 사라졌다. 레오니드 사빈은 독일에서, 그리고 특히 수세기 전에 바바리안Bavarian[50]들이 정착한 바바리아에서, 아시아의 요소들을 많이 발견했다. 바바리아가 어쩌면 아시아의 기원들로 회귀하는 길을 발견하지 않을까?

중국은 어떨까? 중국인 수억 명이 우랄 산맥 동쪽의 (모두가 민족적 ethnic 러시아인들은 아닌) 러시아인 약 4,000만 명을 마주보는 접경지역에 거주한다. 레오니드 사빈은 '몇몇 러시아인과 유럽인들이 중국을 적국으로 변할 수 있는 국가(잠재적 적국?)으로 묘사한다'는 사실을 안다. 그러나 그는 '비록 러시아와 중국의 접경지대에서 이따금 국경분쟁들이 발생해왔더라도 중국은 세계의 이 지역(우랄 산맥 동쪽지역)에 전혀 관심을 보이지 않는다'는 사실도 안다. 중국은 타이완과 태평양의 섬들에 초점을 맞출 것이고, 중국의 위성국가들도 시베리아와 러시아의 극동지역이 아닌 타이완과 태평양의 섬들로 지정학적 관심을 집중시킬 것이다. 중국은 러시아와 여타 국가들의 지지를 바랄 것인데, 이런 바람은 '지정학적 현실들과 상식을 압도하기를 바라는 안이한 생각'의 흥미로운 일례이다.

러시아 내부의 상황은 어떨까? 레오니드 사빈이 알다시피, 러시아

---

50   이 낱말은 본래 '야만인들'을 가리키는 호칭이 아니라 정확하게는 '기독교를 믿지 않는 비非로마인들'을 가리키는 호칭이다.

의 핵심문제는 크렘린 내부의 신자유주의자집단이다. 푸틴은 부정부패나 서구의 첩자들 같은 것들을 척결할 더욱 강경한 조치를 바라는 일부 국민들의 지지를 받는다. 러시아의 대중은 친親서구적인 반체제세력의 민주주의이념과 인권사상을 믿지 않는다. 레오니드 사빈은 '미하일 호도르콥스키는 로트실드 가문의 친구이다'고 폭로한다. 우리 모두는 이런 폭로의 의미를 안다. 현대세계의 주요한 자금들의 보관처에 관한 러시아 우익강경파들의 지식은 무려 1세기가량이나 과거로 회귀하는 시대착오적인 것이다. 그들은 블룸버그Bloomberg[51]의 소식지나 여타 정보매체들을 구독하지 않는 듯이 보인다.

요즈음 유행하는 러시아 문학을 비판적으로 분석하는 사람은 다음과 같은 질문을 제기할 것이다. 이런 난센스의 잡동사니와 지정학 사이에는 무슨 관계가 있을까?

지정학은 정치지리, '육지권력'과 '해양권력'과 그것들을 가르는 이분법, '공간'과 '광범위지역들'과 '어떤 특수한 지역들의 전략적 우월성' 등을 다룬다. 지정학은 신자유주의와도 무관하고 러시아 정교회와도 무관하며 CIA나 KGB와도 무관하다. 지정학은 셸렌과 라첼과 하우쇼퍼의 견해들을 다루고, 또 혹시 가능하다면, 현대세계에 그런 견해들을 적용하려는 시도들도 다룰 것이다. 그러나 지정학은 로트실드 가문과 호도르콥스키도 다루지 않고 심지어 푸틴도 다루지 않는다.

요컨대, 이런 종류의 "지정학"은 진짜 지정학이 아니라 학명을 표

---

51 세계의 금융뉴스 및 경제동향과 금융정보를 제공하는 미국의 다매체언론사 또는 그곳에서 발행하거나 운용하는 언론매체들의 통칭이다.

절한 것에 불과하다. 이런 표절은 오도된 이론조립理論組立의 일례이다. 이것은 아마도 '"대서양주의적인" 해양강국들은 자유주의-민주주의적인 곳들이라서 악悪하며, 육지강국과 중심지역은 보수주의적인 곳들이라서 종교적이고 애국적이며 선善하다'는 견해를 제시하고 증명하려는 의도의 발로였을 것이다. 이런 지정학은 '육지강국이 자국의 천부적 국경선들에—그런 국경선들이 있든 없든, 하여간에—도달할 때까지 팽창할 자격을 지녔고 또 실제로 팽창해야 할 의무를 짊어진다'는 견해를 증명하고파한다. 이런 목적을 달성하려는 오늘날의 지정학자들은 유기화학이론이나 열역학 제2법칙 같은 것을 차용하는 편이 차라리 나았을 것인데, 실제로 알렉산데르 두긴은 다른 방면에서 그렇게 해왔다.

5 허담증?

러시아의 대중문학에서도 그랬지만 정치적 문학에서도 공상空想의 요소는 상당히 오랫동안 강력했다(그리고 점점 더 강력해졌다). 이것은 어떻게 설명될 수 있을까? 이것은 어디에서 시작되었고, 새로운 "러시아 노선"의 전반적 맥락에서 얼마나 중요한 것일까? "적敵"을 공격하려는 극심한 반론들뿐 아니라 심지어 폭발적인 광언狂言들도 수많은 나라에서 거의 모든 시대에 발견될 수 있다. 그것들은 러시아에서만 유별나게 발견되는 것들이 결코 아니다. 그러나 만약 반론들이나 이론들이 확실한 오류들이고 심지어 부조리하기도 하다면, 그것들은 빈번히 부정될 것이다. 이런 경우는 어떻게 설명될 수 있을까?

나치 선전부의 장관이자 능란한 정치선전전문가이던 요제프 괴벨스는 의도적으로 거짓들을 날조한 대표적 인물이다. 나치가 독일의 정권을 장악하기 이전의 몇 년간 베를린의 경찰서장을 역임한 베른하르트 바이스Bernhard Weiss(1880~1951)는 유대인이었고 육군예비역 장교였으며 온건한 견해들을 가진 유능한 공직자였다. 그즈음에 바이스를 반대하는 전면적인 선전활동을 개시한 괴벨스는 바이스를 '거추장스러운 모든 것을 파괴하려는 대단히 위험하고 지독하게 교활하며 지극히 수상쩍은 악마적인 인물'로 날조했다. 어느 날 괴벨스의 친구들이 "(괴벨스가 이지도르Isidor라는 별명으로 호칭하던) 바이스는 완전히 해로운 관료이네"라고 괴벨스에게 지적해주자 괴벨스는 웃으면서 "자네들은 내가 이것을 모른다고 생각하는가?"라고 말했다.

　이것은 냉소적 접근법의 전형적인 일례이다. 그러나 명백히 부조리한 반론들과 견해들과 이론들이 모조리 의도적으로 날조되지는 않고 광범한 선전활동의 일환으로서 냉소적으로 이용되지도 않는다. 현대의 러시아에서도 그렇듯이, 그런 것들 중 몇몇은 충분하게 탐구되지 않은 이유들 때문에 진실하다고 믿긴다. 『시온 장로들의 의정서』는 의도적인 날조의 결과이지만 스탈린의 말년에 획책되었다는 "의사들의 스탈린 암살음모"도 역시 날조된 것이 사실이다. 그러나 『시온 장로들의 의정서』와 '유대인의사들-암살자들을 둘러싼 음모론'은 많은 사람에게 믿겼을 뿐더러 그렇게 믿긴 까닭도 확실하지 않아 보인다.

　널리 만연하는 (거듭 말하건대, 유독 러시아에서만 발견되는 것도 아니고 발명되는 것도 아닌) 성향이 있는데, 그것은 '세계정치를 실질적으로 뒤흔들고 움직이는 신비한 막후실력자들이 존재하는 반면에 우리가 언론매체들에서 보고 듣는 자들은 그런 막후실력자들의 꼭두각시들에 불과하다'고 믿는 성향이다. 세계정치에서 벌어지는 실질적 투쟁은 두 당파—'로트실드 당파'와 '록펠러the Rockefellers[52] 일가의 추종자들'—의 투쟁이라고 믿는 (혹은 믿는 체하는) 러시아 이념론자들도 있다. 미국의 보수적 정치운동자 린던 라루셰Lyndon Larouche(1922~)를 추종하는 더욱 박식한 자들이 주장하다시피, 그런 투쟁은, 예컨대, 고급 철학의 차원에서는 두 학파—아리스토텔레스주의자들과 신新플라톤주의자들[53]—가 벌이는 치열한 논전論戰 같은 것이다. 그렇지만 그들의 자금보관처들은 정확히 알려지지 않는데 현재의 그리스는 확실히 아니다. 근래 수년간 러시아 극우파와 라루셰주의자들은 긴밀히 협조했다. 그런 협조는 근래에 라루셰의 기관지《익제큐티브 인텔러전스 리뷰Executive Intelligence Review》에 실린 세르게이 글라지예프Sergey Glazyev(1961~)의 〈유로파시즘On Eurofascism〉이라는 기고문이 예증한다. 글라지예프는 대통령 푸틴의 보좌관이다. 또한 글라지예프와 러시아 출신 미국의 외교정책분석자 드미트리 시메스Dmitri Simes(1947~)의 대담(《내셔널 인터레스트National Interest》 2014년 7월 27일자 참조)도 그런 협조를 예증한다.

'비밀세력과 사악한 막후실력자들이 존재한다'고 믿는 이런 신

52　스탠더드 석유회사를 설립하여 막대한 재산을 축적한 미국의 기업가 겸 자선사업자 존 D. 록펠러John D. Rockefeller(1839~1937)의 가족과 자손들을 아울러 가리키는 총칭이다.

53　아리스토텔레스주의자들Aristolelians은 고대 그리스의 철학자 아리스토텔레스 Aristoteles(서기전384~322)의 철학을 추종하는 자들이고, 신플라톤주의자들Neo-Platonists은 서기3~6세기 고대 그리스 아테네의 플라톤 아카데미Platonic Academy에서 고대 그리스의 철학자 플라톤Platon(서기전428/427~348/347)의 철학을 추종하던 자들이다. 여기서 이들이 거명된 사연을 지극히 단순하게 요약하자면, '플라톤 철학과 아리스토텔레스 철학은 똑같이 이데아Idea(이상理想/최선/최상이념)를 추구하지만 서로 다른 방법론을 구사했다'는 것이다.

넘은 중대한 격변기들에는 특히 강해지는 경향을 보인다. (쉽게 설명될 수 없는 세계역사의 대사건들인) 제1차 세계대전과 러시아 혁명이 끝난 이후에도 그랬고, 이 대사건들과 비슷하게 엄청난 결과들을 초래한 소련 해체 이후에도 역시 그랬다. 결코 무너지지 않을 듯이 영원하게—(그 당시 러시아 국가國歌로도 노래되었던) 나베키naveki(언제나 영원히)—확립되었던 강대국이 돌연하게 붕괴해버린 사건이 과연 어떻게 설명될 수 있었을까? 이 문제를 탐구하는 데 알맞은 확실한 접근법은 국제적 원인들과 국내적 원인들을 모두 고찰해보는 것이었다. 그래서 얻어진 결과는 '체제를 지탱하던 토대들의 어디엔가부터 균열되기 시작한 것이 틀림없다'는 것이었다. 그러나 그런 균열은 워낙 쉽게 발생할 수 있었던 것일 뿐더러 너무나 괴로운 것이기도 했을 것이다. 왜냐면 소련의 많은 사람은 체제를 믿었고 토대들의 굳건함을 확신했기 때문이다. 그랬으니만큼 그들은 밖으로 노출된 겉면의 배후를 들여다보고픈 유혹에, 막후실력자들을 발견하고픈 유혹에, 소련체제를 파괴하려는 신비한 외부세력들의 비밀음모들을 확인하고픈 유혹에 압도적으로 사로잡힐 수밖에 없었을 것이다.

막후음모의 진범들을 적발하려는 이런 연구는 다양한 형식을 띠었다. 그것들 중 하나는 이른바 "덜러스 노선"[54]이라는 종합계획에 대한 연구였다. 덜러스 노선은 앨런 덜러스가 소련을 파괴하려고 1945년에 수립한 종합적 CIA전략의 골격이었다. 그 전략은 단순하면서도 창의적인 것이었다. 그것은 전쟁이나 교전행위를 대비하기보다는 오

54　냉전초기에 미국의 CIA국장을 역임한 외교관 겸 변호사 앨런 덜러스Allen Dulles (1893~1969)의 이름을 딴 계획이다.

히려 소련의 문화유산과 소련국민의 도덕가치들을 침식하고 부패시켜서 소련의 지방, 소속공화국, 국가를 내부에부터 파괴할 목적으로 구상되었다. 예컨대, 소련의 작가들, 배우들, 영화제작자들에게 접근하여 '폭행, 악행, 알코올중독, 각종 약물중독, 음란행위, 세계주의관념들, 부정부패, 다양한 내부소수민족들끼리 증오하는 감정, 보편적 불신감'과 관련된 몇 가지 요인만 언급해주는 식으로 그것들을 널리 유포시키도록 유도하는 전술도 그 전략의 일환이었다.

"덜러스 종합계획"은 처음부터 어딘가 수상쩍은 구석을 가진 것이 틀림없게 보였다. 1945년에는 실제로 CIA도 냉전도 없었다. 그즈음 덜러스는 유력한 지위에 있지도 않았고 러시아 전문가도 아니었다. 그래서 그가 소련을 상대로 실행할 수 있는 장대한 전략문서를 작성하리라고 아무도 예상하지 못했을 것이다. 소련의 문화생활은 그의 전문분야가 아니었다. 더구나 스탈린과 안드레이 즈다노프Andrei Zhdanov(1896~1948)[55]와 각종 검열관들은 소련의 문화생활을 철저히 통제했다. 그들은 보리스 파스테르나크의 약품밀매를 불허했고 안나 아흐마토바의 '외설작품 및 알코올중독에 대한 변호'와 '폭력을 조장하는 설교'를 용납하지 않았다. 심지어 소련의 문화생활을 어렴풋하게만 아는 사람들이 보더라도, 그런 종합계획은 실로 터무니없게 보였을 것이 틀림없다.

소련의 실상을 연구하는 몇몇 학자는 이 전략계획서의 기원들을 추적하느라 노력해왔다. 앞에서 예시적으로 언급된 전략전술에 부

---

55 스탈린 시대에 소련의 문화활동들을 다년간 통제하고 관리한 이른바 '즈다노프 노선'을 발안하고 주도한 정치인이다.

합하는 몇 가지 문구는 도스토옙스키(가 1872년에 발표한 소설 『악령The Possessed』)로부터 차용되었을 것이다. 그런 문구들에는 다음과 같은 문구도 포함된다. "우리는 중상모략을, 취중인사불성을, 이용해야 한다, 우리는 젊은이들을 타락시켜야 한다." 이토록 수상쩍은 종합계획은 소련의—니콜라이 야코블레프Nikolay Yakovlev, 돌드 미하일리크Dold Mikhailik, 아나톨리 이바노프Anatoli Ivanov(1928~1999) 같은—별로 유명하지 않은 몇몇 작가가 1960년대와 1970년대에 발표한 정치소설들에서 언급되었다. 그렇지만 그 계획서의 현재모습은 상트페테르부르크 및 라도가의 대주교 요안이 "러시아를 위한 전투Bitva za Rossii"라는 제목으로 행한 설교에서 그 계획서를 축복한 (어쩌면 심지어 직접 작성했을지도 모를) 1993년에야 비로소 갖춰지기 시작했다. 이 고위성직자는 덜러스를 다음과 같은 식으로 언급한다(그리고 심지어 그를 장군으로 호칭한다).

우리는 거의 불지불식간에 러시아의 가치들을 거짓가치들로 교체함으로써 러시아에 혼돈의 씨앗을 뿌리고 말았으니 앞으로 거짓가치들을 믿을 수밖에 없는 처지로 내몰렸습니다. 어찌해야겠습니까? 우리는 러시아 안에서 우리의 동반자들, 도우미들, 협력자들을 발견할 것입니다. 일련의 삽화적 사건들로 구성된 비극 한 편은, 장대한 비극한 편은, 막을 내릴 때까지 지속될 것입니다. 최후에 붕괴된 국가는 세상에서 사라질 것이고 국민들의 국가적 자의식도 끝내 소멸하며 회복될 수 없을 것입니다. 우리는, 예컨대, 예술과 문학에서도 사회적 요소를 차츰 근절시킬 것입니다. 우리는 예술가들을 재교육할 것이고, 세계를 묘사하려는 예술가들의 욕망을 단념시킬 것이며, 일반대

중 속에서 행해지는 예술활동들을 검열할 것입니다. 문학도 연극도 영화도 모두 "인간감정들은 가장 저열한 감정들이다"고 선포할 것입니다. 우리는 그렇듯 섹스, 폭력, 사디즘, 배반─다시 말하면, 부도덕─을 숭배하는 심리를 국민의 의식 속으로 두드려 박는 이른바 창조자들을 구제하고 개선시키는 데 우리의 모든 수단을 사용해야 할 것입니다…….

요컨대, 사탄이 승리했다는 것이다.

이런 기분에 휩싸인 대주교는 이어서 "우리는 정부기구들 안에서 혼돈과 혼란을 조장할 것이다"고 말했다. 그는 직접 출판비용을 후원한 악명 높은 반유대주의 소책자인 『시온 장로들의 의정서』를 상당히 자세히 언급하면서 '어떤 역사학자들은 덜러스 계획의 진정성을 믿지 않는다'고 지적했다. 대주교는 가톨릭교를 믿는─그래서 세속적 위대성의 허망하고 거짓된 영광에 굴복하고 진정한 정통기독교의 우주적 충만감을 저버린─서구인들도 비난했다. 그는 쉽게 설명될 수 없는 "계몽된 유럽"의 냉소주의를 탓한다. 그러나 대주교는 언제나 『시온 장로들의 의정서』로 되돌아간다. 그는 '그 책의 역사가 오히려 더 비밀스러울 뿐더러 자신은 그 책의 위조여부를 판단할 자격을 전혀 갖추지 못했다'고 인정하면서도 움츠러들지 않고 끝까지 당당하게 설교했다. 왜냐면 그는 그 책이 처음 출간된 이후 80년간 발생한 모든 사건이 그의 설교를 추인한다고 생각했기 때문이다.

그러므로 덜러스 종합계획서는 『시온 장로들의 의정서』의 현대판인 듯이 보인다. 러시아자유민주당(LDPR) 대표 블라디미르 볼포비치 지리놉스키, 러시아의 걸출한 영화제작자들 중 한 명인 니키타 미할코프, 대학교에서 화학을 가르치는 교수이자 정치평론가 세르게이 카라-무르차Sergei Kara-Murza, 유명한 정치인인 세르게이 글라지예프를 포함하는 쟁쟁한 러시아 시민들은 일제히 덜러스 종합계획서의 존재를 인정하여 승인해왔고/해왔거나 인용해왔다. 그런 덜러스 종합계획서는 비록 정치적 허담증의 극심한 일례는 결코 아닐지라도 여태껏 얼마간 구체적인 일례로서 제시되어왔다. 왜냐면 그 종합계획서는 '현대 러시아에서 처음에는 오직 과격파들만이, 그러나 이후에는 관변단체들마저, 위조문서들을 진리의 복음서 같은 것들로 기꺼이 인정하고 수용하는 과정에서 표출해온 자발성'을 조금 더 잘 이해될 수 있게 해주기 때문이다.

러시아에서 80년 전에 등장한 스탈린주의체계는 명백한 거짓주장들을 믿는 신념과 빈번히 결부되었다. 이렇게 믿는 관행이 더 현저해진 기간들도 있었고 더 희미해진 기간들도 있었다. 전문가들은 여태껏 다양한 자리들에서 이런 관행을 비난해왔지만 완전히 부정하지는 않았다. 만약 근래 수년간 이런 관행에 호의적인 공감대가 확대되어왔을 뿐 아니라 심지어 러시아 역사에서 스탈린 시대의 재연을 바라는 어떤 열망마저 증가해왔다면, 이런 관행이 명백한 거짓주장들을 기꺼이 믿어버리는 자발성을 포함하더라도 놀랍지 않을 것은 분명하다.

러시아여론연구소Russia Public Opinion Research Center(ISIOM)와 기타 유력한 러시아 여론조사기관들의 조사결과가 보여주다시피, 2008~2009년에 러시아인들의 거의 50퍼센트가 스탈린을 긍정적인 인물로 생각했고, 이후에도 그렇게 생각하는 러시아인들의 인원수가 줄어들지 않은 것은 확실하다. 이런 결과는 '스탈린 비판이 불법행위로 변했다'는 것을 의미하지도 않고 '스탈린 통치의 모든 측면이 바

람직하게 생각된다'는 것을 의미하지도 않는다. 그러나 러시아의 당
국자들은 과도한 반反스탈린주의에는 언짢은 반응을 보이므로 러시
아의 학교교과서들에 수록되는 관련내용들도 그런 당국자들의 반응
에 맞춰 조정되어왔다. 그렇다면 그런 반응은 '스탈린 시대에 우세하
던 어떤 심리적 태도들이 수긍될 만한 것들로 다시 받아들여지기 시
작했다'는 사실을 의미한다.

　이런 심리는 과거의 사건들과 현재의 사건들을 설명하려고 음모론
들을 믿는 심리도 포함한다. 그러나 오직 이런 심리성향만이 오늘날
의 경향을 설명해줄 수 있는 원인은 아니다. 그렇다면 고의적인 거짓
말들이 그토록 자주 진담들로, 진실들로 믿긴다는 사실은 과연 어떻
게 설명될 수 있을까?

　신경학자들, 심병학자들, 심리학자들이 장기간에 걸쳐 관찰하여
기록해온 이런 현혹현상은 "허담증"으로 알려졌다. 러시아의 유력한
심병학자이던 세르게이 코르사코프Sergei Korsakoff(1854~1900)가 기억
상실증환자들을 치료하다가 발견하여 1889년 처음으로 학계에 보고
한 허담증은 현대 의학계에서는 "베르니케[56]-코르사코프 증후군"으
로도 지칭된다. 허담증은 근래 수십 년간 면밀하게 연구되었고, 그동
안 기억의 문제들에 관한 의학계와 심리학계의 관심도 증가했다. 최
근에 보고된 허담증의 임상증례 한 건을 요약하면 다음과 같다.

　　독일 서부의 도시 쾰른Cologne에서 어느 월요일아침에 일흔세 살 먹은
　　노인 K의 집을 방문한 중년의 가정간호사가 노인에게 주말을 어떻게

56　카를 베르니케Karl Wernicke(1848~1905)는 실어증失語症aphasia에 관한 연구들로 가장 유
명한 독일의 신경학자이다.

보냈느냐고 질문했다. 그러자 노인이 대답했다. "오, 나는 아내와 함께 비행기를 타고 헝가리로 날아가서 멋진 시간을 보냈소이다." 그러자 가정간호사는 한숨을 내쉬었다. 왜냐면 그 노인은 5년 전에 아내를 여의었고 또 그 월요일 이전의 여러 달간 집을 떠나지 않았기 때문이다. 그 노인은 가정간호사에게 감동을 주려고 그렇게 대답했을까? 그 노인이 허담虛談했을 가능성이 더욱 높았다. 그런 허담은 사람들이 진실한 것들로 믿는 자신들의 허위관념들을 진실들인 듯이 말할 뿐 아니라 심지어 그런 허위관념들대로 행동하기도 하는 현상이다.(마리아-도로테아 하이들러Maria-Dorothea Heidler[57], 〈당신의 두뇌가 당신에게 거짓말하는가?Is Your Brain Lying to You?〉, 《아메리칸 사이언티스트 American Scientist》, 2014년 3월호.)

허담증에 관한 연구결과는 '허담증의 유형은 다양하며, 허담하는 사람들은 대체로 자신들의 허위관념들을 절대적으로 확신하고 대단히 자세하게 설명하지만, 합리적 반론에 부딪히면 이전에 허담한 내용들을 재고하지 않으려는 경향을 보인다'는 사실을 증명해왔다. 허담증 연구종사자들은 '비타민B1을 결핍해서 손상된 뇌가 허담증을 빈번히 유발한다'는 사실도 발견했다. (코르사코프는 처음에는 '알코올중독이 허담증을 가장 빈번히 유발한다'고 생각했다.) 그러나 전체적으로 허담증의 원인들에 관한 일치된 의견은 아직 제시되지 않았다. 아마도 그 까닭은 허담증이 여태껏 단일하고 특수한 손상이나 질환의 결과로서 나타나기보다는 오히려 다양한 원인들의 결과로서 나타났기 때문일

---

57 독일 포츠담Potsdam 대학교 인문대학 재활과학과 교수이다.

것이다.

허담증을 다룬 문헌들은 방대하다. 그러나 그것들은 정치적 허담증의 수다한 증례들을 설명하는 데는 별로 기여하지 못한다. 덜러스 종합계획과 기타 비슷한 음모론들을 유포해온 상트페테르부르크 및 라도가의 대주교를 포함한 많은 사람이 비타민B1결핍증을 앓았을 가능성은 거의 없다. 그들 중에는 그런 음모론들의 진위를 더 잘 알았지만 어떻게든 자신의 견해를 널리 유포하려고 그런 음모론들을 이용한 자들도 틀림없이 있었다. 또한 '자신의 음모론이나 교설이 오직 부분적으로만 옳을지라도 충분해서 아무 문제없이 널리 유포될 수 있다'고 믿는 자들도 있었을 것이다. 또 다르게는 '심지어 증명되지 않는 음모론들조차 일말의 진실을 머금었을 수 있으므로, 적어도, 그것들을 간절히 듣고파하는 대중에게는 말해줘도 충분하다'고 믿는 자들도 있었을 것이다. 그래도 어느 경우에나 임상적 허담증과 정치적 허담증은 놀랍도록 닮은 듯이 보인다. 왜냐면 허담증환자들은 '자신들이 진실을 말한다'고 깊게 확신하는 경향과, 의심을 유발하는 대목에서 의심을 배제하는 경향을 보이기 때문이다. 물론 이런 허담증은 러시아에만 나타나는 특수한 현상이 결코 아니다. 그러나 허담증은 러시아에서는 특히 더 광범하게 확산되어왔다. 그래서인지 러시아 사회의 '더 쉽게 기만당하는 저학력계층'뿐 아니라 '맹신하지 않고 비판적 접근법을 사용하도록 훈련된 지식인계층'에도 허담증이 유행해왔다. 정치적 허담증은 더 폭넓게 연구될 만한 가치를 머금은 현상이 확실하고, 러시아는 허담증을 연구할 수 있는 최적합장소들 중 한 곳일 것이다.

제4장

푸틴과 푸티니즘

푸틴이 러시아의 대통령이 되었을 당시 러시아는 극심한 곤란에 빠져 있었다. 그럼에도 푸틴은 이상할 정도로 인기를 끌었다. 2000년대 들어 본격적으로 시작된 석유천연가스 가격의 급등은 푸틴에게 행운을 안겨주었다. 러시아는 빚을 청산했고, 새로운 중산층이 생겨났다. 침몰 직전의 러시아는 다시금 세계의 초강대국이 되었다. 푸틴의 권력은 더 강해졌고, 러시아 국민은 민주주의와 자유보다는 안전과 행복을 바랐고, 세계최강대국의 자부심을 원했다. 국가자본주의적 독재정치인 푸티니즘은 이렇게 탄생했다.

1 푸틴

『러시아 유명인 사전Who's Who in Russia』은 아직 없다. 그러나 만약 그것이 있다면, 그것에 수록되었을 "푸틴" 항목의 내용은 다음과 같을 가능성이 매우 높다.

*

블라디미르 블라디미로비치 푸틴Vladimir Vladimirovich Putin은 1952년 10월 7일 레닌그라드(상트페테르부르크)에서 태어났다. 그의 부친父親인 블라디미르 스피리도노비치 푸틴Vladimir Spiridonovich Putin(1911~1999)은 제2차 세계대전에 참전하여 심각한 부당을 당했고 1996년 사망했다. 블라디르모비치의 조부祖父인 스피리돈 푸틴

Spiridon Putin은 레닌과 스탈린이 먹은 음식을 여러 번 요리한 요리사였다. 블라디르모비치의 모친인 마리아 이바노브나 푸티나Maria Inavovna Putina(1911~1998)는 공장노동자였다. 블라디미르모비치의 남자형제가 두 명 있었지만 둘 다 어릴 때 사망했다. 블라디미르모비치 푸틴(이하 "푸틴"으로 약칭)의 가난한 가족은 코무날카(다세대공동아파트)에서 살았다. 푸틴은 초등학교 재학시절에 만난 여교사 베라 구레비치Vera Gurevich를 좋아했을 뿐더러 오래도록 연모하는 마음마저 품었다. 베라 구레비치는 푸틴의 모친을 "아주 착한 사람, 친절하고 독립적이며 선량한 영혼의 소유자"로 기억했다. 푸틴은 1990년대에 상트페테르부르크 시의회가 이스라엘로 파견한 외교사절단의 일원이 되었다. 그의 모친은 출국하는 그에게 세례십자가목걸이를 주고 예수 그리스도의 묘지(예루살렘)를 방문해서 축복을 받으라고 말했다. 그는 훗날 다음과 같이 회상했다. "나는 어머니의 말씀대로 그 십자가를 나의 목에 걸었다. 나는 그 목걸이를 한 번도 벗지 않았다." 레닌그라드 시대의 93번지에 있는 학교에 재학하던 그는 난폭한 학생으로 알려졌다(그는 어느 인터뷰에서―『일인칭: 러시아 대통령의 놀랍도록 솔직한 자화상First Person: An Astonishingly Frank Self Portrait by Russia's President』이라는 제목으로 영역되어 출간된 그의 자서전 『처음부터Ot pervovo lista』에도 썼다시피―"나는 사실 불량청소년이었다"고 인정했다). 일찍이 그는 주로 유도와 삼보sambo(러시아 격투기의 일종) 같은 격투기들에 관심을 쏟았다. 그는 1975년에 국립 레닌그라드 대학교 법학과를 졸업했다. 그의 졸업논문은 국제법의 혜택을 가장 많이 누리는 국가에 관한 것이었다. 그는 1972년부터 공산당에 가입했고 1975년에 KGB요원이 되었다. 그는 처음에는 KGB방첩부서에서 근무했고 나중에는 레닌그라드의 외교관들과 영사관 직원들을 감시하는 업무를 담당했다. 1985~1990년에 그는 동독의 작센Sachsen 주州 드레스덴Dresden에서 근무했다. 동독에서 그가 담당한 업무의 성격에 관해서는 어떤 신뢰될 만한 정보도 알려지지 않았다. 1991년에 상트페테르부르크로 복귀한 그는 지역 대학교의 행정부서에서 근무했다. 1991년 8월에 그는 예비역중령이 되어 KGB에서 퇴직했다. 1991~1996년에 그는 상트페테르부르크 시청의 대외업무부장으로 재직했다. 1997년에 모스크바로 이사한 그는 국가기관의 다양한 직책들을 역임했고 1998년 5월에 대통령(옐친)의 수석보좌관으로 발탁되었다. 1998년 7월에 푸틴은 KGB를 계승한 여러 비밀기관들 중 하나인 FSB국장으로 임명되었다. 1999년 8월에 제1부총리로 임명된 푸틴은 7일 후에는 러시아 국무총리로 임명되었다. 그는 류드밀라 슈크레네바Lyudmilla Shkreneva와 1983년 7월에 결혼했지만 2013년에 이혼했다. 그의 두 딸인 마샤Masha와 카탸Katya는 대통령의 딸이라는 사실을 숨느라 가명을 사용해왔다. 푸틴은 2014년에 올림픽 체조선수였던 알리나 카바예바Alina Kabayeva와 재혼했다.

*

다년간 러시아를 통치할 직책들에 재임할 남자의 과거이력은 대략 이랬다. 그것은 성공적인 이력이었다. 그는 의욕적이고 근면하며 믿음직한 공직자로서, 그리고 상관들을—처음에는 상트페테르부르크 시장市長이던 아나톨리 솝차크Anatoly Sobchak(1937~2000)를, 나중에는 보리스 옐친을—대단히 충성스럽게 보좌하는 부하로서, 평판을 얻었지만 여전히 소수의 관료들에게만 알려진 인물이었다. 옐친은 푸틴을 처음 만나고 얼마 지나지 않아 푸틴을 후임자로 삼고파하는 자신의 마음을 푸틴에게 표현했다. 푸틴은 국무총리로 임명된 1990년에도, 심지어 옐친의 뒤를 이어 대통령이 되고나서 1년 후(2000년 5월)에도, 여전히 유명하지 않았다. '그즈음에는 푸틴이 명성에 무관심했다'고 믿길 만한 이유가 있다. 그러나 그때로부터 오래 지나지 않았을 즈음에 러시아인들의 대부분은 푸틴을 아주 잘 알았을 뿐더러 심지어는 푸틴이 기르는 래브라도레트리버 종種 애완견의 이름이 코니 Koni라는 것, 그 개의 외모와 행동거지, 푸틴의 별명을 들을 때마다 짖어대는 그 개의 버릇까지도 알았다.

푸틴의 KGB교관은 정체正體(얼굴+본심)를 숨기는 수법의 장점들을 푸틴에게 가르쳤다. 그러나 푸틴은 분명히 자기의견들을 가졌을 뿐 아니라 독특한 활동방식도 겸비했다. 그것들은 모두 지난 10년간 러시아어와 영어를 포함한 여러 언어들로 출간된 그의 전기들과 그에 관한 정치평론들에서 설명되고 분석되었다. 그리고 KGB요원양성학교에서 푸틴을 가르친 교관들과 교사들의 회고담들도 흥미로운 증언들이다. 그들 중에 어느 예비역대령은 다음과 같이 회고한다.

나는 그가 출세주의자careerist였다고 말할 수 없다. 그렇지만 나는 그의 교육성적표에 몇 가지 부정적 특성들에 관한 의견을 내가 기록했다고 기억한다. 그는 약간 소극적이고 내성적인—긍정적으로도 부정적으로도 간주될 수 있는—면모를 보였다. 나는 그가 일정한 학문적 성향도 겸비했다고 기억한다. 내가 볼 때 그는 무미건조하지 않았고 매우 영민해서 언제든지 뼈 있는 말을 할 수 있었다. 푸틴은 나태하지 않은 꾸준한 학생이었다. 그는 어떤 문제도 일으키지 않았다. 그의 정직성과 성실성을 의심할 이유는 전혀 없었다.

  푸틴이 대통령에 당선했을 때 러시아의 극심한 곤경에 빠져있었다. 국정도 경제도 기능하지 못했다. 그런 난국에서 국가지도자가 되려고 열망하는 사람은 대단한 개인적 야심과 애국심 중 하나 아니면 둘 모두를 품어야 했다. 경제학자가 아닌 푸틴은 아마도 사태의 심각성을 충분히 깨닫지 못했을 것이다. 그래도 그는 예전에 수년간 고위 공직들을 역임하면서 필시 많은 것을 파악했을 것이다. 푸틴은 미하일 카샤노프Mikhail Kasyanov(1957~)를 국무총리로 임명했는데, 카샤노프는 나중에 푸틴 체제의 신랄한 비판자로 변했다. 카샤노프는 경제 분야의 중요한 개혁들(조세개혁, 재정개혁, 관세개혁)을 성공적으로 완수했다. 인플레이션도 완화되었고 그가 국무총리로 재임한 기간의 3분의 1쯤에 해당하는 기간에는 경제도 성장했다.

  그래도 카샤노프는 푸틴의 통치방식을 찬성하지 않았다. 카샤노프는 '권력분립원칙은 이미 폐기되었으며 "수직권력"원칙으로 대체되었다'고 주장했다. 수직권력원칙은 '정부가 모든 정책을 결정하는 반면에 국회와 사법부는 침묵해야 한다'는 사실을 의미했다. 그렇게 주장하는 카샤노프를 사기꾼으로 몰아붙이는 주장들이 제기되었지만, 푸틴도 똑같은 사기꾼으로 몰렸다. 그 시절에나 이후 수년간에 의심받지 않은 러시아 정치인이 단 한 명이라도 있었을 가능성은 거의 없다. 카샤노프는 2004년에 퇴임해서 반정부세력에 합류했지만 많은 인기를 얻지는 못했으므로 자신의 정치경력에 종지부를 찍을 수밖에 없었다.

  카샤노프의 뒤를 이어 미하일 프라드코프Mikhail Fradkov(1950~)가 국무총리로 임명되었다. 프라드코프 내각에는 '게르만 그레프German Gref(1964~)와 알렉세이 쿠드린'이라는 유명한 자유주의경제학자 두 명도 발탁되었다.

푸틴의 대통령직은 경사스럽게 시작되지 못했다. 대통령임기를 시작한 지 3개월 만인 2000년 8월에 순항미사일을 장착한 핵잠수함 "쿠르스크"호가 바렌츠 해에서 침몰하는 사고가 발행했다. 사고발생시점에 휴가를 즐기던 푸틴은 모스크바로 즉각 복귀하지도 않았고 사고현장을 방문하지도 않았으며 외국들의 구조제의들을 수락하지도 않았다. 그러나 그 사고는 푸틴의 마음에 어떤 상처도 입히지 못한 듯이 보였고, 다른 재난도 그렇기는 마찬가지였다. 예컨대, 2002년 모스크바의 두브로브카Dubrovka 극장을 공격한 테러리스트들의 인질들을 구출하려던 러시아 특수부대가 엉성한 구출작전을 시도하다가 인질 130명을 죽게 만들었을 때도 푸틴은 태연하기만 했다. 이 테러리스트들은 체첸 반군들이었다. 테러공격을 당한 극장에서는 소련의 작가 베냐민 카베린Veniamin Kaverin(1902~1989)의 장편소설 『두 선장Two Captains』(1944)을 각색한 뮤지컬이 공연되던 중이었다. 특수부대는 극장의 통풍관通風管들로 유독가스를 주입했고 그 결과 많은 인질이 목숨을 잃었다. 그래도 푸틴의 인기는 시들지 않았다. 어쩌면 푸틴을 개인적으로 비난하는 언사는 부당할 수 있다고 여기는 공감대가 형성되었을 것이다. 그것은 아마도 러시아에는 강력한 실권을 휘두르는 통치자가 필요하다, 국가권위가 재확립되어야 한다, 갑부들의 권력은 박탈되어야 한다, 국가는 더욱 단호하고 국가주의적인 외교정책을 추구해야 한다—그리고 푸틴의 지휘를 받으면 필요한 것을 얻을 수 있다—고 느끼는 공감대였을 것이다.

무엇보다도 석유천연가스 가격급등은 푸틴의 행운이었다. 이런 행운이 없었다면 그의 정책들은 하나도 완수될 수 없었을 것이다. 옐친 시대(1994년)의 원유가격은 배럴당 약16달러였고, 2002년에는 22달러, 2004년에는 50달러, 2008년에는 91달러로 급등했다. 이 가격대는 이후에도 거의 변함없이 유지되었다. (그동안 잠시 140달러까지 치솟기도 했다.) 2001~2007년에 러시아 경제의 연평균성장률은 7퍼센트를 유지했다. 2006년에 러시아의 GNP는 옐친 집권기간말기의 GNP보다 두 배나 더 많아졌다. 이제 러시아는 모든 빚을 청산할 수 있었고 신생중산층이 등장했으며 각종 연금도 두 배로 증가했다. 요컨대, 거의 모든 러시아인이 행운 덕분이 아니라 오히려 푸틴의 현명하고 효율적인 지도력 덕분에 가능해졌다고 생각한 번영의 혜택을 누린 셈이었다. 그러나 그것은 사실 현대역사에서 가장 놀라운 행운들 중 하나였다.

　푸틴의 경제관經濟觀은 아마도 십중팔구는 동독에서 근무하던 시절에 형성되었을 것이다. 그는 분명히 서독의 경제를 모범으로 여겼을 것이다. 그는 제한적 시장경제정책을 선호했고 국가의 통제권과 감독권을 대단히 강조했으며 올리가르히들의 정치권력을 행사하려는 어떤 시도도 엄중하게 저지했다. 새로운 통치규칙들에 복종하지 않은 미하일 호도르콥스키와 보리스 베레좁스키 같은 자들은 굴락에 수감되거나 국외로 추방되었다. 더욱이 푸틴을 개인적으로 잘 알고 푸틴이 암묵적으로 신뢰할 만한 충성심을 가진 겐나디 팀첸코 같은 신흥갑부들로 구성된 새로운 집단도 등장했다.

　러시아의 새로운 지배자들은 올리가르히들이 아니라 상트페테르부르크(레닌그라드)와 KGB에서 푸틴과 함께 활동한 옛 동료들이었다.

그들 중에는 군대고급장교들 및 경찰고위간부들과 전문가들뿐 아니라 심지어 (구시대의) "자유주의자들" 몇 명도 포함되었는데, 그들 모두는 푸틴의 신뢰를 받을 수 있는 자들이었다. 그들의 지도력은 엄격한 권위주의형식으로 발휘되었다. 아마도 그런 지도자들의 4분의 1 내지 3분의 1은 KGB출신자들이었을 것이다. 비밀기관에 재직했던 그들의 내력이 대체로 널리 알려지지 않았기 때문에 푸틴 정권에서 그들이 차지한 위상은 어쩌면 훨씬 더 높았을 것이다. 이런 맥락에서, 예컨대, 미하일 프라드코프가 푸틴 정부의 두 번째 국무총리라는 사실은 흥미롭다. 프라드코프가 처음에 국무총리로 임명되었을 때 그에 관해서 알려진 사실은 그가 대외무역분야에서 활동했다는 사실 외에는 거의 없었다. 그렇지만 그는 2007년 국무총리직에서 퇴임한 이후 러시아 대외정보부의 책임자가 되었는데, 그런 직책은 해당분야를 경험하지 못한 사람이 맡을 수 있을 성싶지 않은 것이었다.

최고위공직자들의 대다수는 재력가들이 되었지만, 그들의 정확한 보유재산규모, 소득원, 최종적 자금보관처는 국가일급기밀들이었다. 그들에게는 일정한 규칙들이 적용되었는데, 그래서 그들은 과시용 낭비를 일절 하지 않았고, 때로는 그들의 아내들이 갑자기 가족의 주요한 생계책임자들이 되기도 했다. 이런 주제를 다룬 문학작품들도 대단히 많이 발표되었는데, 그것들 중에는 (뜬금없게도 푸틴을 세계최대 갑부로 묘사하는 식으로) 사실을 과대하게 묘사한 것들도 있었다. 그러나 정부고위공직자들이 사회보장제도의 도움을 받아야 할 정도로 빈곤해지는 경우는 결코 없었다는 것은 분명한 사실로 보인다.

푸틴은 대통령이 되었지만, 그의 견해들에 관해서 알려진 것은 여전히 거의 없었다. 그는 내심으로는 자유주의자들에게 공감하는 개혁자였을까 아니면 보수주의자였을까? 그는 국가의 변화를 원했을까 아니면 다년간 불안했던 국가의 안정과 평정을 되찾는 데 주안점을 두었을까? KGB졸업자에게 러시아 사회의 민주화를 바라는 기대감이 투영되었다면 그런 기대감은 비현실적인 것이었으리라. 그런데도 그는 고르바초프 시대에 이루어진 변화들을 수용했을까, 아니면, 보수적이고 반동적인 세계관을 토대로 삼은 우파로 점점 더 기울어지던 엄격한 권위주의체제를 재도입했을까? 새로운 체제는 국내정책을 강조했을까 외교정책을 강조했을까? 이 질문들과 여타 근본적인 의문들은 상당히 오래도록 답변되지 않은 채로 남아있었다. 논쟁을 유발한 후보답변들이 제시되기도 했지만, 2005년 즈음에는 보수주의적이고 국가주의적인 충동이 가장 강력해졌다고 보는 견해가 대세를 형성했다. 푸틴의 측근에서 활동하면서 그로부터 받은 인상들을 기꺼이 공유한 자들은 그를—그의 의중을 숨기면서, 그의 출신배경과 비슷한 출신배경을 가진 극소수를 제외한 나머지 사람들을 믿지 않는, 매우 신중한—애국자로 생각했다. 그는 공산주의를 믿지 않았을 뿐더러 사회주의도 결코 믿지 않은 듯이 보인다. 확실히 그는 러시아가 급속하게 (조금이라도 더) 민주화될 준비를 갖추었다고 생각하지 않았을 것이다.

그 당시에 푸틴의 영웅은 유리 안드로포프였다. 그러나 안드로포프는 자신이 통솔하던 비밀기관들의 러시아 국가주의자들을 높게 평가하지 않았다. 그런 반면에 푸틴은 이런 국가주의일파의 일원이 아니었을 때에도 국가주의자들의 목소리를 [안드로포프보다] 더 경청하는 태도를 보였다. 푸틴은 차르 시대 러시아의 국가주의적인 정치 지도자들 및 사상가들과 1917년 이후 러시아를 떠났던 몇몇 국가주의자에게 매료되었다. 그런데 이제는 역리적逆理的이게도 비밀기관들에 속한 푸틴 옹호세력이 국가 및 사회의 여타 계층들에 속한 푸틴 옹호세력보다 약해졌다. 아마도, 특히 제2차 체첸 전쟁 때문에, 상황이 변해서 그렇게 되었을 것이다. 푸틴은 외국정부들을 불신했는데, 이런 그의 불신감은 그가 대외첩보훈련을 받았기 때문에 별로 놀라운 사실이 아니다.

이른바 "정체불명 푸틴," 그의 남성다움, 유도를 포함한 각종 격투기분야에서 행해지는 그의 활동은 다양한 많은 문헌에서 다뤄져왔다. 그는 연재만화들과 스릴러물들에서도 다뤄져왔고, 잠든 암호랑이와 철갑상어에게 입맞춤하는 용맹한 사나이로 묘사되기도 했으며, 중대한 경제위기에 정면으로 대응하는 국가의 아버지로서 묘사되기도 했다. 그의 지지율은 꾸준히 높게 유지되어왔을 뿐더러 때로는 80 퍼센트로 치솟기도 하거나 더 높이 치솟기도 했다. 관변언론매체들은 이런 푸틴의 인기를 드높이는 결정적인 역할을 수행했다.

이 대목에서 푸틴과 비슷하게 높은 지지율을 획득하고 심지어 열광적인 인기를 누리다가 마침내 찬양되고 숭배되기도 했던 20세기의 다른 지도자 몇 명을 떠올리는 사람도 있을 수 있다. 그러나 당대의 많은 러시아인이 염원하던 지도자의 역할에 푸틴이 기막히게 부응했다는 것도 사실이다. 민주적 제도들이 요구되지는 않았어도, 러시아는 강력한 지도력과 자신감을 발휘하는 지도자를 원했다. 러시아인들의 대다수는 자국에서 1990~2000년에 민주주의가 이루어졌다고 믿었으므로 더 많은 것을 바라지 않았다. 러시아에는 1917년의 몇 달쯤을 제외하면 민주주의가 결코 존재하지 않았다. 그리하여 민주주의를 불신하고 혐오하는 감정과 '민주주의는 국민들의 소수만 갑부가 되고 나머지 대다수는 계속 가난하거나 심지어 더 가난해지는 상황이다'고 믿는 신념이 러시아에 깊게 뿌리내렸다.

불확실하고 혼돈스러운 상황이 다년간 지속되던 정황에서는 푸틴 같은 인물이 눈부신 갑옷을 착용한 기사騎士처럼 등장해야 했을 뿐더러 특히 지식인들의 눈앞에 등장하기보다는 오히려 나머지 국민 대다수의 눈앞에 등장해야만 했다. 푸틴은 아마도 이상적理想的인 영웅은 아니었을 것이다. 그러나 그는 근래에 국민 대다수에게 노출되었던 다른 인물들보다도 더 바람직하게 보인 인물이 확실했다. 텔레비전은 물론 대단히 중요한 매체였지만, 그것이 아무리 대량으로 보급되었어도 늙은 브레즈네프나 체르넨코를 일반국민들에게 구세주 같은 인물로 보이게 만들기는 불가능했을 것이다. 푸틴의 돌파력이 지속적인 효과를 발휘할지 못할지, 그리고 국가의 존속에 필요한 근본적이고 구조적인 변화들을 지속적으로 추진하여 21세기에는 그런 변화들을 성공시킬지 못할지 여부는 우리가 앞으로도 계속 지켜봐야 할 문제이다.

우리는 이 문제를 나중에 러시아의 전망들을 다룰 때 다시 거론해야 할 것이다. 철갑상어들과 잠든 암호랑이에게 입맞춤하는 푸틴의 과시행위는 러시아의 낙관적인 분위기를 한동안 강화시킬 수 있을 것이다. 왜냐면 그런 행위가 '러시아는 강력하고 사나운 맹수들한테 둘러싸인 약한 국가가 아니고 이제는 오히려 약소국들한테 둘러싸인 강대국이다'고 느끼는 감정을 조장할 수 있기 때문이다. 그러나 그렇게 낙관적인 분위기는 한정된 기간에만 유지될 것이다. 그런 분위기는 러시아를 민주주의질서로 조금도 더 가까이 접근시키지 못할 뿐더러 그토록 절실히 요구되는 경제개혁들을 추진하는 데도 이바지하지 못할 것이다. 어쩌면 그런 분위기는 러시아의 출산율을 증가시키는 데도 이바지하지 못할 것이다. 만약 석유천연가스의 수요는 증가하지 않고 가격만 급등했다면, 푸틴은 참담한 실패자로 전락했을 것이다. 그러나 그는 행운아였다. 왜냐면 그즈음 러시아의 불운한 역사와 국민정서는 단지 러시아를 알렉산데르 야코블레프 같은 인물에게 아니면 비非권의주적인 질서로 러시아를 이끌어가려는 자에게 기꺼이 내맡길 준비만 갖추지 않았을 따름이었기 때문이다.

2003~2004년에 캅카스에서 체첸 반군들이 감행한 테러공격들은 푸틴 체제를 시험했다. 그 과정에서 러시아에 가장 심각한 타격을 입힌 두 사건이 발행했다. 하나는 러시아에 협조하던 체첸 자치공화국 대통령 아흐마드 카디로프가 2004년 5월에 암살당한 사건이었고, 다른 하나는 반군들의 인질극이 자행된 베슬란을 포위한 러시아 정부군이 또 다른 엉성한 인질구출작전[1]을 감행하다가 북오세티아에서 대부분이 어린이들이던 인질 330명을 죽게 만든 사건이었다. 그러나 이후에도 오히려 더 많은 테러 공격이 감행되었고, 모스크바는 카디로프의 아들을 카디로프의 후임자로 앉히는 데 성공하면서 마침내 북캅카스에서 지배력을 행사하는 데 성공했다. 그러나 모스크바는 카디로프 정권에 막대한 재정보조금을 투입해야 했을 뿐 아니라 다른 비싼 대가代價들도 치러야만 했다. 왜냐면 북오세티아가 과거에 지녔던 러시아적인 성격의 대부분을 잃으면서 고립된 이슬람문화권으로 변해버렸기 때문이다.

---

1 즉, 모스크바 극장에서 러시아 특수부대가 감행했던 것만큼이나 엉성한 인질구출작전을 지칭한다.

2004년에 치러진 러시아 대통령선거에서 푸틴은 재선되었다. 러시아 국내에서는 거대 석유회사 유코스Yukos의 자산들이 몰수되었다. 유코스의 소유주 마하일 호도르콥스키는 2003년에 기소되어 조세포탈 및 기타 죄목들로 9년 징역형을 선고받았다. 2차 재판에서는 그에게 선고된 형량이 늘었다. 그는 2013년에 상당한 로비활동을 벌인 끝에 비로소 석방되었다. 그는 러시아의 변화된 권력판도를 이해하지 못하고 대통령을 공개적으로 거론하고 반대했다. 호도르콥스키는 세계최대갑부들 중 한 명이었다. 감옥과 굴락에서 복역하다가 석방되어서도 가난해지지 않은 그에게는 무려 2억 달러에 육박하는 재산이 남아있었다고 추산된다.

2006~2007년에 우크라이나, 조지아, 발트 해 연안국가들 같은 러시아의 이웃국가들을 긴장시키는 일들이 발생했다. 2008년에는 대통령에 당선된 드미트리 메드베데프가 푸틴을 국무총리로 임명했는데, 그렇게 출범한 국정체제 덕분에 푸틴은 법률로 명시된 대통령 중임제의 저촉을 받지 않고 러시아의 지도자 역할을 수행할 수 있었다. 2008년에 러시아는 조지아와 함께 전쟁을 개시했지만 전쟁은 단 며칠 만에 끝나버렸다. 그 결과 조지아는 남오세티아와 압하지아Abkhazia[2]를 잃었고, 두 지역은 조지아로부터 "독립한" 공화국들이 되었다.

2009년에는 러시아와 미국의 긴장관계가 제한적으로나마 완화되었지만, 그런 해빙기는 오래 지속되지 못했다. 유럽국가들 및 러시아의 이웃국가들과 러시아의 관계들은 개선되지 못했고, 러시아 국내

---

2 러시아 서남부국경에 접한 조지아의 북서부해안지역에 속하는 일부 지역이다.

의 자유들과 시민권들과 정치적 권리들은 느리게, 그러나 체계적으로, 축소되어갔다. 국가는 언론매체들을 접수하거나 억압했다. 그래서 2012년 3월 치러진 러시아 대통령선거에서 총유효표의 63퍼센트를 득표한 푸틴의 승리는 별로 놀랍지 않았다. 메드베데프는 국무총리로 재임명되었다. 서구의 몇몇 논평자는 메드베데프가 푸틴의 국내정책과 대외정책을 대신하는 온전한 정책들을 제시했다고 믿었지만, 그런 믿음은 오판의 소치로 판명되었다. 베드베데프가 재임명된 정확한 이유는 그가 푸틴의 정책과 현저히 다른 정책을 추구하지도 않았고 대안을 제시하려는 야심들도 드러내지 않았다는 것이다.

푸틴의 세 번째 대통령임기에 러시아의 국내정책과 대외정책은 (예컨대, 2014년 크리미아를 러시아에 합병시켰듯이) 대단히 강경해졌다. "도둑놈들과 사기꾼들"을 규탄하는 신흥중산층과 지식인들이 벌인 시위들은 '강력한 반정부세력이 등장했다'고 여기는 오해를 유발했지만, 그런 오해는 사태를 오인한 결과였다. 그리하여 푸틴의 국가주의정책은 여느 때보다 높은 지지율을 획득했다. 그의 공격적인 반서구노선은 국내에서 그의 입지를 강화시켰다. 어느 논평자가 말했다시피, 석유천연가스 가격이 높게 유지되는 한에서 푸틴 정권은 심각한 위기를 겪지 않았다.

푸틴 정권은 비록 독재적인 양상을 띠었지만, 공식적으로는 "수직적"이라는 형용사가 사용되었다. 그 형용사는 반박되어도 안 될 뿐더러 의문시되어도 안 되는 상명하복체계를 의미했다. 그것은 의논하느라 낭비되는 시간을 확실히 없애주었지만 효율적인 통치를 보장해주지는 못했다. 그래서인지 먼 옛날부터 러시아를 괴롭히던 전염병인 부정부패를 척결하겠다는 공약들이 속속 발표되었다.

갖가지 사회적 대책들이 공표되었다. 그러나 현실적으로 예전부터 만연해온 부정부패를 상대한 싸움에서 거둬진 성과는 (오히려) 거의 없었다. 더구나 부정부패혐의들은 때로는 정적政敵들을 패배시키는 데 아니면 적어도 약화시키는 데 이용되곤 했다. 어떤 사회적 대책들은 시행되지 못하거나 부분적으로만 성공함으로써 오히려 푸틴에 대한 불평불만들을 유발했다.

푸틴은 대통령임기 중 대부분의 기간에 수석보좌관 3명을 운용했다. 블라디슬라프 수르코프는 2004~2011년에 제2수석보좌관으로 재임하면서 확실히 가장 출중한 능력을 발휘했다. 수르코프는 2000년부터 더 낮은 지위에서 푸틴을 위해 일하기 시작했다. 수르코프는 체첸 자치공화국에 터전을 둔 부계혈통을 이어받았지만 시종일관 러시아의 환경에서 성장했다. 그는 애국심/국가주의 같은 상당히 근본적인 태도들에 국한된 주제에만 관심을 쏟은 푸틴에게 아첨하는 사상들의 소유자였다. 수르코프는 제한적 민주주의(주권민주주의 혹은 관영官營민주주의)의 개념을 포함하는 체제이념의 대부분을 마련했다. 정권내부관계자들이 전하다시피, 수르코프는 사업계(정확하게는 홍보업계) 출신자이고 비밀기관들에서 한 번도 근무하지 않았기 때문에 푸틴은 수르코프를 상대할 때면 언제나 일정한 간격을 유지했다.

수르코프는 푸틴의 측근집단에 속한 다른 자들보다는 매우 근소하게 더 자유주의적인 성향을 띠기도 했는데, 그래서였는지 2010년 이후 푸틴의 더 강경해지고 더 독재화된 노선에는 지나치게 열광하지 않았다. 2012년에 대규모 항의시위들이 연발하자 수르코프는 "시위자들 중에는 우리나라의" 지도층의 보수적 다수파를 만족시킬 수 없는 "최우등국민 몇 명도 포함되어있다"고 공개적으로 발언했다. 그는 집권여당의 하부조직인 "나쉬"라는 청년단체를 창립하려고 애썼지만 애초의 기대만큼 성공하지 못했다. 그 단체의 창립은 그에게 부과된 임무였을 것이다. 그렇지만 그는 해임된 후에도 다양한 자격들과 특수임무들을 부여받아 크렘린을 위한 활동을 계속했다. 그의 이력은 '푸틴이 공직자들을 담당직책들에 너무 오래 근무시키지도 않고 또 그들이 불충하지만 않으면 그들을 한꺼번에 해임하지도 않는 일종의 순환인사방식循環人事方式을 신뢰하는 인사권자였다'는 사실을 증명해준다. 푸틴은 '불평분자들로 구성된 성장하는 집단'을 태동시키면 위험해진다는 사실을 잘 알았다.

수르코프는 지나치게 영리하면서도 그런 영리함을 숨기지 않았기 때문에 크렘린 수뇌부의 대다수를 차지한 관료들에게는 다소 의심스러운 인물로 비쳤다. 수르코프는 (나중에는 충돌할) 알렉산데르 두긴을 이용할 수 있었을 뿐 아니라 이제는 "비밀기관들"과 화해한 왕년의 반체제운동자 글렙 파블롭스키Gleb Pavlovsky(1951~)를 이용할 수도 있었다. 그렇지만 결과적으로 수프코프는 자신의 주군(푸틴)을 위해 너무 많이 생각한 듯이 보인다.

수르코프의 전임자는 나중에 러시아의 유력한 회사들 중 하나인 노릴스크 니켈Norilsk Nickel의 사장으로 부임하는 알렉산데르 볼로쉰 Alexander Voloshin(1956~)이었다. 수르코프의 후임자는 푸틴의 옛 KGB 동료들 중 한 명으로서 국방부 차관을 역임하기도 했던 세르게이 이바노프였다. 푸틴은 분명히 수르코프를 썩 변덕스럽지는 않은 인물로 생각했을 것이다.

2 푸티니즘

푸티니즘은 무엇인가? 새로운 체제들이 등장할 때면 흔히 그래왔
듯이 푸티니즘의 개념을 정확히 정의하는 데도 엄청난 정신력이 투
입되었다. 그렇지만 개념정의는 그다지 성공적으로 이루어지지는 못
했다. 그래도 하여간에 정의된 개념은 대략 다음과 같다. 즉, 푸티니
즘은 국가자본주의이고 자유주의경제정책일 뿐 아니라 국가의 엄청
난 개입정책—중대현안들에 대한 거의 전면적인 간섭정책—이다. 푸
티니즘은 독재정치의 일종이다. 그러나 이런 독재정치는 러시아 역
사에서 새로운 것은 전혀 아니고, 비효율성과 부정부패는 독재정치
를 거의 누그러뜨린다. 국회는 존재하지만, 집권여당의 반대정당들
은 진정한 반대정당들이 아니다. 자유로운 언론이 존재하지만, 자유
는 단지 소수의 일간지들에게만 허용되고 비판도 제한된 범위 안에
서만 가능하다. 헌법이 존재하지만 현대 러시아의 현실들을 지도하
는 최선의 방향타方向舵는 아니다. (1935년에 존재한 스탈린 헌법은 세계에
서 가장 민주적인 헌법이라고 소문나기도 했지만 스탈린 체제의 관행과 일절 무
관했다.) 헌법은 씁쓸한 풍자들과 온갖 우스갯말들의 소재로 전락했
다. 역사학자들은 '체제들 하나하나는, 특히 극한적 정치체제들 하나
하나는, 서로 다르고 때로는 독특하기도 하다'는 사실을 안다. 러시아
의 새로운 정치노선은 유달리 독특하게 추구되는데, 왜냐면 변이한
공산주의들은 몇 가지뿐이고 서로 다를 뿐더러 중국에 아니면 베트
남에 아니면 동유럽에 존재했기 때문이다.

러시아의 현실을 가까이에서 관찰한 많은 사람은 '현재 러시아에
는 새로운 이념을 바라는 심대한 여망이 아예 존재하지 않고 그런 이

넘에 이끌리는 관심도 거의 없다'고 믿는다. 만약 러시아인들이 언쟁을 벌인다면, 그것은 그들의 소득, 투자처와 이익금, 수익률을 올리는 최선의 방법에 국한된 재정문제들에 관한 언쟁이지 이념문제들이나 변증법적 유물론에 관한 언쟁은 아닐 것이다.

물론 러시아의 국가경영자들이 애오라지 그들의 투자처들에만 관심을 쏟는다고 말해질 수는 없다. 그들이 억만장자들이 되었다는 사실은 '애국자들로서 행동할 자격'과 '세계정치에서 중대한 역할을 수행하는 강대국에서 살아가기를 바랄 자격'을 그들로부터 박탈하지는 않는다. 애국심이 변할 수는 있어도, 애국심의 소유자가 재산을 긁어모으거나 고소득을 올린다고 그의 애국심이 반드시 사라지는 것은 아니다. 카를 마르크스의 견해를 다소 변용하여 말하자면, '재정경제'라는 하부구조는 '이념'이라는 상부구조에도 '추구되는 정책'에도 여전히 영향을 끼칠 수 있다. 신생귀족층은 현상유지를 지속하면서 기득권을 확보하는데, 바로 이런 맥락에서 애국심은 매우 유용할 수 있다.

새로운 체제의 대변자 안드라니크 미그라냔Andranik Migranyan (1949~)이 주장하듯이, 신생귀족층은 혼돈을 바라지 않고 강대한 국가권력을 바란다. 푸틴이 통치하는 국가는 전통적 기능을 재획득했고 보유자원들을 운용할 수 있는 효율성을 되찾았으며 게임의 규칙들을 수립할 책임을 짊어진 최대회사로서 거듭났다. 그런 국가의 체제는 독재체제일 수 있지만 시민들의 동의를 얻어야만 한다.

어떤 세련된 푸티니즘 이념도 존재할 수 없었을 것이다. 그러나 게르만 그레프가 러시아 경제개발부 장관으로 임명되기 직전이던 1991년에 만든 두뇌집단이 작성한 문건 하나가 존재한다. 그 두뇌집단은 푸틴의 선거유세용 연설문을 작성했는데, 그 연설문은 다양한 자리들에서 인용되었다. 연설문은 다음과 같은 내용으로 시작되었다. 즉 러시아는 역사상 최대위기를 통과하고 있으므로, 러시아가 하나로 통일되어 러시아의 정치적이고 경제적이며 도덕적인 모든 자원을 총동원해야만 그 위기를 극복할 수 있을 것이다. 러시아는 새로운 사명감과 새로운 러시아 이상理想을 품어야 한다. 이 새로운 러시아 이상이 국가정책의 기반이 되어야 하고 '진정한 국가gosudarstvenost'의 기반이 되어야 하는 동시에 일치단결의 기반이 되어야 한다.

러시아가 그런 방향으로 나아갔어도 파시즘 국가는 되지 않았다. 국회와 여러 정당들이 존재하지만, 그런 정당들은 모든 중대현안에 관한 정부의 방침을 찬성하는 충성스러운 반정부세력을 형성한다. 1933년의 독일에도 공산주의국가들의 대부분에도 국회가 존재했다는 사실이 기억되어야 한다. 프랑스의 철학자 장-자크 루소Jean-Jacques Rousseau(1712~1778)는 "심지어 반대정당들이 존재하지 않아도 민주주의는 가능하다"고 주장했지만, 많은 정치학자는 그의 주장에 동의하지 않을 것이다.

언론인들이 당국자들을 너무 심하게 비판하지 않는 한에서, 그리고 신문사들(또는 텔레비전 방송국들)이 낮은 구독률(또는 낮은 시청률)만 기록하는 한에서, 자유로운 언론도 존재한다. 만약 반체제적인 신문사들이나 라디오 방송국들이나 텔레비전 방송국들이 과도하게 유력해지면 폐쇄되거나 그곳들의 소유주들이 교체될 것이다. 민주주의의 겉모습은 이런 식으로 유지되었다.

러시아에서 새로운 이념의 가장 중요한 구성요소는 반서구주의를 동반하는 국가주의이다. 이렇게 격심한 반서구주의의 기원들은 확연하지 않다. 냉전이 시작되기 전에는 어떤 유의미한 반미주의도 존재하지 않았다. 그렇지만 현저히 실용적인 관점에서 반서구주의는 KGB의 후신 FSB의 존재, 예산, 정책을 정당화할 필요성에 부응한다. 왜냐면 위험하고 강력하며 교활한 적들로부터 러시아가 보호되지 않으면 또 다시 파멸할 수 있다고 생각되기 때문이다. 그러므로 러시아의 신생 귀족층이 지휘하는 이토록 거대하고 값비싼 안보기관을 존속시킬 필요가 있다고 생각된다. 이렇듯 최대한 간략하게 요약된 내용들은 이런 신생 계층을 생각하는 사고방식에 내재한 신념을 구성하는 기본적인 주의主義들이었다.

그렇다면 푸틴 예찬열풍의 기원은 무엇일까? 그것은 실제로 러시아 역사의 영속적인 특징이 아니다. 왜냐면 차르 시대 러시아의 어떤 장관도 그토록 과다한 예찬의 대상이 되지는 못했기 때문이다. "푸틴"이라는 상표명이 붙은 보드카뿐 아니라 밀크셰이크, 막대사탕, 아이스크림, 케밥, 냉동저장 토마토마저 등장했다. 아마도 푸틴은 시베리아와 투바 자치공화국에서 윗옷을 벗고 상체를 드러내는 모험들을 요청받기도 했을 것이다. 브레즈네프와 그의 직속후임자들에 비하면 푸틴은 훨씬 더 젊고 더 민첩하게 보였기 때문에 그런 요청을 받았을지도 모른다. 러시아에는 확실히 푸틴 같은 인물이 필요했다. 모스크바에서 북동쪽으로 250킬로미터 가량 떨어져있는 도시 야로슬라블Yaroslavl에서는 여성들 한 무리가 어느 정신병치료소에 구금되는 사태도 발생했다. 왜냐면 그녀들은 '행글라이더를 타고 두루미들과 함께 (마치 한 마리 새처럼) 시베리아의 하늘을 거침없이 날아다니는 남자'에게 미친 듯이 열광했기 때문이다. 스탈린이나 흐루쇼프나 브레즈네프는 이런 광풍을 촉발하지 못했을 것이다.

미래에 푸틴의 후임자는 누가 될까? 앞에서 후보가 될 만한 여섯

명이 거명되었다. 푸틴의 후임자는 분명히 신생 "귀족층"에 속할 것이다. 그는 유능해야겠지만 그의 전임자를 무색하게 만들지 않으려면 지나치게 유능하지는 않아야 할 것이다. 그는 그를 발탁한 지도자에게 충성스러운 후임자로 생각되어야 할 것이고 그 지도자의 정책을 계속 추구하리라고 믿기는 신뢰를 그 지도자로부터 받아야 할 것이다. 거명된 후보들 중에는 세르게이 쇼이구가 아마도 가장 많은 인기를 누릴 것이다. 그는 민족적 러시아인이 아니고(스탈린도 민족적 러시아인이 아니었다), 그의 종교적 배경은 불교이지만, 외교정치계에서 그는 강경론자로 믿긴다. 드미트리 메드베데프는 과거에 푸틴의 대리인 역할을 수행했다. 그래서인지 메드베데프는 아주 강력한 지도자로 믿기지는 않지만, 그가 의심받거나 두려운 인물로 보이지만 않는다면 이런 인식이 그에게는 오히려 유리하게 작용할 수 있을 것이다. 이런 맥락에서 모스크바 시장 세르게이 소뱌닌도 후보로서 거명될 수 있다. 그러나 푸틴이 정계은퇴를 수년 더 뒤로 미룰 것이 분명하다면, 앞에서 거명된 후보자들보다 더 젊은 후보자가 훨씬 더 유리한 기회들을 잡을 수도 있을 것이다.

제5장
스탈린과
'비잔티움 제국의 쇠망'

스탈린이 세상을 떠난 지 60여 년이 지났지만 러시아는 아직 스탈린의 유산에서 벗어나지 못했다. 그가 '위대한 영도자'로 이끌던 소련은 이제 존재하지 않고, 그가 30년 동안 장악한 공산당도 존재하지 않는다. 그럼에도 스탈린을 둘러싼 논쟁은 지금까지 계속되고 있다. 스탈린 시대에 소련의 영토는 대폭 확장되었고, 소련은 초강대국이 되었다. 화려했던 그 시절, 세계최강대국의 상징인 스탈린에 대한 향수는 현대 러시아에서 '재-스탈린화'란 이름으로 부활하고 있다.

러시아에서 실시된 2013년 여론조사결과. 설문: 스탈린은 소련을
강대하게 만들고 번영시킨 현명한 지도자이다.

완전히 그렇다   14.8퍼센트

거의 그렇다   32.0퍼센트

2012년 여론조사결과. 설문: 역사상 위대한 인물.(중복 응답 허용.)

스탈린   49퍼센트

레닌   37퍼센트

표트르 대제   37퍼센트

푸슈킨   29퍼센트

마르크스   4퍼센트

스탈린 사후 60여 년이 지났어도 러시아는 여전히 스탈린의 유산을 인정할 수밖에 없다. 제20차 소련공산당 전당대회에서 행해진 니키타 흐루쇼프의 유명한 연설을 들은 많은 사람은 이런 단계[1]에 도달했거나 아니면 적어도 매우 빠르게 도달할 것이라고 생각했다. 그러나 실상은 전혀 달랐다. 현재 시판되는『스탈린 백과사전Stalin Encyclopedia』(Eksmo, 2006)은 '흐루쇼프가 라브렌티 베랴와 공모하여, 혹은 단독으로, 혹은 어느 정치국원과 공모하여, 혹은 아마도 뱌체슬라프 몰로토프Vyacheslav Molotov(1890~1986)를 제외한 몰로토프의 가족과 공모하여, 스탈린을 죽였다는 가설을 입증해줄 어떤 결정적인 증거도 존재하지 않는다'고 우리에게 알려준다. 그러고 보면 스탈린은 가련한 남자였다. 왜냐면 그가 아무리 거대한 업적들을 성취했어도 그의 주위에는 정적政敵들과 배반자들밖에 없었던 듯이 보이기 때문이다. 그래서인지 우리는 너무나 많은 숙청을 자행한 그를 비난하기는커녕 '"국민의 아버지"가 더욱 조심하지 않았으며, 중대한 개혁들을 마음속에 계획만 해두고 아직 실행하지도 못한 그를 암살한 자들을 피하지 못했다'고 안타깝게 여겨야 하는지도 모른다.

　그러나 스탈린이 사망한 이후 60여 년이 흐른 지금 하필이면 왜 이런 문제들이 거론되어야 할까? 스탈린이 위대한 영도자로서 이끌던 소련은 이제 존재하지 않는다. 또한 그가 서기장으로서 무려 30여 년간 이끌던 소련공산당도 이제 존재하지 않는다. 그래도 그를 둘러싼 논쟁은 아직도 지속된다. 대大숙청자 스탈린도 숙청되어왔고 복권되어왔다. 그리고 현재에도 그의 복권과정은 지속되지만 완결되려면

1　러시아가 스탈린의 유산을 인정할 수밖에 없는 단계를 지칭한다.

아직도 멀었다. 그런 과정이 지속되는 까닭은 위대한 지도자 한 명이 국가의 성격을 결정적으로 규정하기 때문이다. 그러므로 그런 과정이 완결될 때까지 논쟁은 지속될 수밖에 없을 것이다.

히틀러를 제외하면, 국가의 성격을 결정적으로 규정하는 임무의 적임자로 스탈린보다 더 부적합하게 보이는 현대의 정치지도자는 없을 것이다. 스탈린은 매력적인 인물이 아니었다. 왜냐면 그는 흡인력도 카리스마도 갖추지 못했고 특출한 지식인도 아니었으며 현저하게 뛰어난 선견지명을 가진 인물도 아니었기 때문이다. 그가 막대한 노력을 투입한 시도들의 대부분은 실패했고, 비록 몇 가지 시도가 성공했어도 그의 생존기간에는 그것들의 일부만 성공했을 뿐 나머지는 그의 사후에 성공했다. 더구나 그런 성공들조차 타인들의 능력을 빌린 덕분에 가능했다. 그랬건만 다른 누구에게도 읽히지 않은 것으로 짐작되는 어느 개인의 편지에는 스탈린이 다음과 같이 묘사되었다.

> 스탈린은 우리시대의 가장 위대한 인간인 듯이 보입니다. 우리는 인류역사에서 그만큼 위대하고 그만큼 두터운 인기를 누리며 그만큼 존경과 사랑을 받는 개인을 발견하지 못합니다. 우리는 우리가 그의 동시대인들이자 그의 동지들로서 단 한 순간에나마 그와 함께 활동할 수 있다는 사실을 자랑스러워해야 마땅합니다. 그가 호흡하는 공기를 우리도 똑같이 호흡한다는 사실을—그러니까 똑같은 하늘 밑에서 우리가 그와 함께 살아간다는 사실을—우리는 너무나 자주—그리고 젊은 세대는 특히 더 자주—망각합니다. 사람들은 "친애하는 스탈린 동지"라고 참으로 자주 외칩니다. 그리하고 나서야 그들은 각자의 할일을 시작하고 혼자 또는 타인들과 함께 일을 처리하느라 비천하

게 행동하기도 합니다. 스탈린과 공존하려는 그의 동시대인들에게는 무한한 순수성과 헌신, 믿음과 의지, 도덕적으로나 사회적으로 영웅적인 행위가 요구됩니다.

이 편지는 1949년 스탈린의 71번째 생일에 유력한 대중음악작곡가가 쓴 것이다. 그가 작곡한 노래들 중에 "세계의 다른 여느 나라에서도 국민이 그토록 자유롭게 호흡하지 못하네"라는 후렴구를 가진 노래는 모스크바 라디오 방송의 시작과 마감을 알리는 주제음악으로 다년간 사용되었다. 그 작곡가는 '그가 아는 사람의 모든 가족 중에 누구라도 사실상 향후 수년간 완곡어법을 사용하도록 "억압"당했다'는 사실과 '그의 편지를 수신할 인물은 현대역사에서 가장 많은 인명을 살상한 대량학살자들 중 한 명이자 최대거짓말쟁이들 중 한 명이었다'는 사실을 알아야만 했다. 그런데도 그 작곡가는 "무한한 순수성"과 "도덕적으로도 사회적으로도 영웅적인 행위"를 운운했다.

여태껏 스탈린주의에 대한 분석은 일반적인 시대정신, 대대적인 열광, 국가의 퇴보, 열광자들의 순진성, 외부로부터 불러들여진 위험들 등을 포함하는 배경을 비판하는 식으로 진행되어왔다. 그러나 이 모든 배경이 참작되더라도—더구나 흐루쇼프의 해빙기를 지나면서부터 스탈린을 둘러싼 진실이 조금씩 알려지기 시작했고, 러시아의 역사학자 드미트리 볼코고노브Dmitri Volkogonov(1928~1995) 같은 나무랄 데 없는 증언자들이 스탈린과 스탈린 시대를 대단히 면밀하게 연구할 기회를 잡은 글라스노스트 시대부터는 그런 진실이 훨씬 더 자세하게 알려지기 시작했을 뿐 아니라 스탈린 시대를 회고하는 전기들과 자서전들이 출간되어왔으며 스탈린 시대를 다룬 소설들, 영화들, 다큐멘터리들도 속속 발표되어왔는데도—여전한 스탈린 예찬현상은 과연 어떻게 설명될 수 있을까? 스탈린을 둘러싼 진실이 발설되기는 왜 아직도 그토록 어려울 뿐더러 때로는 불가능하기마저 할까?

"스탈린 치하 희생자 추모회"라는 역사교육협회가 1989년 1월에 창립되었다. 협회는 스탈린주의의 희생자들에 관한 자료들을 수집했다. 협회가 발의한 '희생자 복권에 관한 법률'이 1991년 러시아 국회에서 통과되었다. 그러나 협회가 받은 후원금의 대부분은 러시아의 바깥으로부터 유입되었다.

이 문제에 대한 만장일치의견은 과거에는 결코 없었으며 현재에도 전혀 없다. 스탈린주의를 정당화해준 이념의 옹호자들도 있었고 스탈린주의적 정책들의 혜택을 누린 자들도 많았다. 처음에는 소련공산당의 강경파가 스탈린을 옹호했지만 몇 년 후에는 스탈린을 옹호하지 않던 집단들과 개인들도 스탈린을 옹호하기 시작했다. 그런 후발 옹호자들은 주로 러시아 국가주의자들이었다. 마르크스주의-레닌주의를 비판한 그들은 원래 스탈린의 적敵들에 포함되어있었다. 그러나 시간에 흐르면서 그들의 관점은 급변했다. 스탈린 집권기간의 소련은 서서히 초강대국으로 변해가면서 러시아 애국자들에게 대단한 자부심을 심어주었다. 소련이 해체되면서 러시아의 세계적 위상은 급락했다. 러시아의 관점에서 이런 위상급락은 지극히 엄중한 문제였다. 마르크스주의-레닌주의노선은 일시적 현상에 불과했으며, "프롤레타리아 국제주의"는 신속하게 폐기되고 망각되었다. 그러나 초강대국의 위상은 엄청난 자부심의 원천이었고, 그런 위상의 상실은—러시아 국가주의자들의 눈에는 확실히—비극이었다. 그들의 관점에서 도전하고 달성해야 할 위대한 사명은 초강대국의 위상을 탈환하는 일이었을 것이다. 실제로 스탈린은 민족적 러시아인이 아니었고 민족적 러시아인들과 동일시된 명예名譽러시아인이었으며 민족적 러시아인들의 의욕을 고취시킬 수 있는 일이라면 무엇이든 마다하지 않았다.

스탈린의 모든 행위에 동조한 러시아 국가주의자들은 극소수에 불과했겠지만 (그들이 믿기로는) 스탈린의 실책들과 과오들보다 긍정적인 성과들이 훨씬 더 많았다. 그런 정황들이 감안되면, 스탈린의 실책들을 강조하는 견해는 역사적으로 부당하게 보인다. 스탈린은 러시아 역사의 불가결한 부분이다.

스탈린의 위대한 업적들은 무엇들이었을까? 무엇보다도, 그리고 당연하게도, 그의 집권기간에 소련의 영토는 대폭 확장되었고 소련은 초강대국이 되었다. 그는 강력하고 현대적인 산업체계를 확립시켰고 농업의 능률성을 향상시켰다. 그의 현명하고 효율적인 지도력은 소련을 침공한 나치를 물리쳤다. 그의 철권통치는 많은 소련전복 음모를 분쇄했다.

스탈린의 업적들 중 몇몇은 이제 회자되지 않는다. 예컨대, '1917년 러시아의 위대한 10월 혁명을 승리로 이끄는 데 지대하게 이바지한 레닌의 업적에 맞먹는 스탈린의 업적'이나 '러시아 내전에서 트로츠키를 도와서 붉은군대를 우세하게 만든 스탈린의 업적'도 이제 회자되지 않는다. 러시아인들의 대다수는 이제 혁명을 감행하지 않아도 내전을 치르지 않아도 더 잘 살아갈 수 있다고 믿는다.

스탈린의 다른 업적들은 어떨까? 러시아의 팽창은 차르 시대의 러시아에서 더 성공적으로 추진되었다. 차르 제국은 핀란드 전체와 폴란드의 대부분을 포함했다. 소련은 그리하지 못했다. 산업계와 농업계에서 진행된 대대적인 발전들은? 스탈린 집권기간에도 이후 다년 간에도 소련은 선진국들을 따라잡지 못했다. 그런 과정에서 소련이 어떻게든 발전할 수 있었더라도 엄청난 고통을 감수해야만 했다. 스탈린은 제2차 세계대전 초기에는 재앙을 초래한 전략가였다. 그는 나치의 소련공격을 우려하는 수많은 경고를 무시했다. 그 결과 소련의 수많은 병사가 전사하거나 포로들로 전락했다. 소련이 전쟁의 후반기에 전세를 역전시킬 수 있었던 중대한 원인은 소련군대의 사령관들과 장군들에 대한 스탈린의 간섭이 줄었다는 데 있다. 러시아(의 혹한장군酷寒將軍[General Frost][2])가 나폴레옹을 패퇴시켰듯이 소련(의 혹한 장군)도 나치 독일을 패퇴시켰다. 그래도 차르는 모든 시대를 통틀어 가장 위대한 군대통수권자가 되지 못했다. 스탈린의 모든 업적에 치러져야 했던 대가代價는 실로 엄청났다. 수많은 사람이 살해되었고 굴락에 수감되었다. 스탈린 시대에 형성된 정치체제는 잔인한 독재체제였다. 원시적이고 기만적인 선전선동과 억압도 그런 체제를 떠받쳤지만 때로는 우스꽝스럽게도 보이는—스탈린을 역사상 가장 위대한 천재로, 가장 위대한 성인이자 가장 위대한 영웅으로 떠받들며 예찬하는—초유의 지도자숭배심리도 그런 체제를 떠받쳤다.

이런 심리를 보여주는 증례 수백만 건 중 하나는 1948년에 이른 바 국정國定 '스탈린 상賞'을 받은 소련의 화가 표도르 슈르핀Fyodor Shurpin(1904~1972)이 1949년에 그린 스탈린의 초상화(「우리 모국의 여명The Dawn of our Motherland」)를 해설한 어느 잡지기사이다. 그 기사를

---

2 한국에서 이 표현의 번역어로 빈번히 사용되어온 '동장군冬將軍'은 원래 일본어식 번역어였다.

요약하면 대략 다음과 같다. 즉, 어느 해맑은 이른 아침에 멀리 뻗어 가는 고압전선들 아래 펼쳐진 광대한 집단농장의 들녘에서 흰색 옷옷을 입고 한 쪽 팔뚝에는 레인코트를 걸친 채로 산책하는 듯이 보이는 스탈린의 의기양양한 얼굴과 몸체는 봄날의 황금빛반사광들을 받아 빛나고 그의 온몸은 봄날의 황금빛 햇살을 받아 빛난다. 그런 스탈린의 모습을 보는 사람은 소련의 국민시인으로 알려진 드잠불 Dzambul(1846~1945)이 지은 스탈린에 관한 시詩를 떠올린다.

> 오, 스탈린, 봄날의 햇살은 당신입니다. 그분은 확신을 품고 새로운 여명을 향해 걸어가시네. 스탈린 동지의 모습은 공산주의의 개선행진, 용기의 상징, 공산주의의 상징, 소련인민의 영광의 상징이라서 우리의 위대한 모국에 이바지한 새로운 영웅적 위업들을 상기시키고, 이런 모습 속에서 현명하고 웅대한 동시에 놀랍도록 겸허하고 겸손하신 분의 특징들은, 우리의 친애하는 지도자의 특징들은 영원불멸하리라……

스탈린이 예전에 잠시 살았던 마을을 방문했다는 기록이 전해지는데, 그 마을은 집단농장으로 바뀌었다.

위에 인용된 시는 그 당시에 유행하던 시대정신과 문체를 정확히 보여준다. 러시아 및 소련의 작가 미하일 프리슈빈Mikhail Prishvin(1873~1954)의 일기에 기록된 "《프라브다》는 여태껏 세상에 알려진 최악의 거짓말쟁이이다"는 문장이 가리키는 것도 바로 이런 문체였다. 프리슈빈은 정치학자도 아니었고 정치에도 특별히 관심을 두지 않았다. 그는 애독되는 아동도서들의 저자였지만 진실과 거짓

260

들의 차이를 알았다. 그래서 그는 《프라브다》가 그의 주인을 대변하는 잡지라는 사실도 알았다.

그러나 스탈린이 지은 집은 영원하지 않았고 그가 사망하자 붕괴해버렸다. 물론 그런 붕괴는 스탈린의 과오가 아니라 그의 무능하고 불충한 후임자들의 책임이었다고 변호되기도 한다. 그렇더라도 그런 후임자들을 발탁하고 훈련시킨 장본인은 스탈린이었다. 그러므로 여느 관점에서든 스탈린은 책임을 모면할 수 없게 보인다.

소련이 해체된 지 몇 년도 지나지 않아 스탈린 숭배가 재개되었다. 그런 숭배는 소련의 유력한 언론인이던 유리 주코프Yuri Zhukov (1908~1991)가 《콤소몰스카야 프라브다Komsomolskaya Pravda》에 기고한 글들 및 그의 저서들에서, 그리고 소련의 역사학자 겸 작가이던 바딤 코지노프Vadim Kozhinov(1930~2001)가 《나슈 소브레메니크Nash Sovremenik》와 《몰로다야 그바르디야Molodaya Gvardiya》에 기고한 글들 및 그의 저서들에서, 본격적으로 시작되었다. 이런 잡지들을 발행한 "러시아당"은 심지어 KGB국장 유리 안드로포프가 그 잡지들에 피력된 견해들을 의심스럽게 보던 1980년대에도 일정량의 자유를 누렸다.

코지노프는 '스탈린은 비록 충직한 마르크주의-레닌주의자로 자처했을지라도 진정한 러시아 국가주의자였다'고 주장했다. 그렇지만 스탈린주의는 러시아 특유의 현상이 아니라 "세계전역의 강국들이 스탈린을 전능한 영도자로 변모시켰다"고 코지노프는 썼다. 이것은, 요컨대, '외국인들이 스탈린 숭배를 조장한 책임자들이다'는 말이었다. 러시아 우파의 일부는 한 술 더 떠서 '스탈린의 목표는 "국제주의자들"의 정파를 숙청하는 것이었고, 이것은 무조건 환영받을 일이었다'고까지 주장했다. 끝으로, 반유대주의가 스탈린 숭배를 재개시켰다고 주장하는 자들도 있었다. 그들의 관점에서 스탈린은 '트로츠키 일파와 카가노비치Lazar Kaganovich(1893~1991)³ 일파가 조종하는 일개 꼭두각시'에 불과했다.

스탈린을 옹호하는 변명은 1990년대에도 미온적으로나마 지속되었지만 21세기로 접어들면서 오히려 가속되기 시작했다. 크렘린의 새로운 주인은 '"스탈린을 악마로 만들기demonization"는 너무 심하게 잘못된 처사이다'고 생각했다. 스탈린 동상들이 러시아의 여러 도시에 다시 세워졌다. 스탈린 집권기간의 억압시절을 다룬 서적들의 몇 종을 제외한 나머지는 출판되지 않았을 것이다. 그렇게 예외적으로 출판된 서적들의 대표적인 저자는 러시아 국가주의자로서 지닌 진정성을 거의 의심받을 수 없던 알렉산드르 솔제니친Aleksandr Solzhenitsyn(1918~2008)이었다. 어느 기자회견에서 푸틴은 다음과 같이 반문했다. "크롬웰Oliver Cromwell(1599~1658)⁴과 스탈린의 근본차이는 무엇입니까? 여러분은 나에게 알려줄 수 있나요? 아무런 차이도 없지요……." 그러나 푸틴은 일정한 차이들이 있다는 사실을 알았어야 했다. 실제로 몇몇 역사학자는 '크롬웰이 아일랜드에서 저지른 만행은 계획적 대량학살이었다'고 정의했다. 그렇지만 크롬웰의 만행은 20세기에 존재한 인도주의적 기준 같은 것들이 없던 17세기에 자행되었다. 그래서 비록 인간생명들과 인권들이 무시된 곳에서도 '푸틴이 언제나 주도적으로 옹호한 덕목'으로 알려진 '충심'이 미미하게나마 존재했을 것이다. 그것은, 예컨대, 동료들에게 보여주는 충심이었

---

3 유대인이고 소련의 정치인 겸 관료로서 스탈린의 중요한 조력자였다.
4 스코틀랜드와 아일랜드를 정복하여 다스린 잉글랜드의 군인이자 독재적 정치지도자이다.

다. 모스크바의 쿠르스크Kursk 지하철역에서 계획된 스탈린 기념행사의 개최여부를 논제로 삼은 공개토론회도 열렸다. 그런 동시에 실시된 여론조사의 결과는 '전체응답자의 거의 절반이 스탈린과 그의 정책들을 긍정적으로 본다'는 사실을 증명했다.

실제로 푸틴이 '스탈린은 (또한 그의 집권기간전체도) 논란꺼리이고 그의 모든 업적이 칭찬받을 만한 것들은 아니다'고 한두 번쯤 말하기도 했다. 그리고 하여간 스탈린은 '푸틴도 근무했던 유명한 칼 겸 방패들인 NKVD/KGB'의 요원 2만 명을 죽이라고 명령했다. 이 사실이 아무렇지도 않았을까? 더구나 메드베데프는 (스탈린 집권기간의) 발전을 불가능하게 만든 전체주의체제와 폐쇄사회를 언급하기도 했다. 이것은 '그 시대의 정책들 중에 적어도 몇 건은 더는 바람직할 수 없어졌다'는 사실을 암시했다. 그러나 일반적인 관점에서 반反-반反-스탈린주의의 목소리는 해마다 더 커지고 더 단호해지며 더 심하게 공식화되어가는 듯이 보였다. 2007년 7월 개최된 역사교사협의회에 초청된 푸틴은 "잔존하는 기록들을 참조하여, 스탈린을 잔인했으되 합리적으로 행동한 성공적인 지도자로 묘사할" 역사교과서를 준비하겠다고 선언했다. 그리고 푸틴은 "테러도 발전수단이었으며, 그것의 목표는 조국을 자랑스러워하는 감정을 젊은이들에게 주입하는 것이었다"고 덧붙여 말했다.

그때로부터 2년밖에 흐르지 않은 2009년 7월에 러시아 교육부 장관은 "솔제니친의 『굴락 군도The Gulag Archipelago』[5]가 러시아 고등학

---

5 솔제니친이 1958~1968년에 집필한 이 소설의 제목은 한국에서는 『수용소군도』로 번역되어왔다.

생필독도서로 지정될 것이다"고 공표했다. 그러나 일선 교사들은 그 목록에 포함된 스탈린 시대를 다룬 도서 약 40권 중에 학생들에게 읽힐 도서를 자유롭게 선택할 수 있었다.

다양한 여론조사결과들이 증명하다시피 '스탈린과 그의 역사적 역할을 둘러싼 논쟁들은 주로 지식인들과 역사학자들의 흥미를 끌 따름이고 일반대중의 흥미는 끌지 못한다'고 보는 사람들이 늘어났다. 그러나 스탈린을 다룬 출판물들 중에는 "반反-반反-스탈린 사상학파"의 출판물들이 확실한 다수를 차지했다. 러시아 정부의 주요임무는 러시아를 자랑스러워하는 자부심을 앙양하는 것이었으므로, 러시아 정부가 일방적인 반-스탈린 노선을 채택하지는 않을 것이었다.

푸틴 집권기간에는 "재再-스탈린화化re-Stalinization"가 꾸준히 진행되는 듯이 보였다. 그래서였는지 '스탈린이 자행한 숙청들과 이른바 가혹행위들의 다수는 정당했고, 그 당시에 정치지도자들의 대다수는 스탈린을 배반했으며, 제2차 세계대전직전에도 전쟁기간에도 스탈린이 정력적으로 단호한 조치들을 취하지 않았다면 소련은 결국 패전했을 것이다'고 주장하는 책들이 속속 출판되었다.

그런 책들의 저자들 중 몇몇은 '이른바 대숙청들(대규모 체포들과 처형들)은 실제로 스탈린이 아닌 그의 적들이 선동하고 자행한 짓들이다'고 주장하기도 했다. 그런 저자들 중에 반유대주의자들은 '유대인들이 대숙청들을 주동했다'고 주장했다. 왜냐면 NKVD/KGB에서 근무하던 유대인들이 제거되자마자 숙청작업들이 중단되었기 때문이다.

스탈린은 편집광이었고, 그의 편집증은 전염성을 지녔다. 이런 그를 새롭게 묘사한 문학작품들의 목표는 '그의 공상들은 정당했다'고 증명하는 것이었다. 그는 '정치국과 안보기관에서 그의 눈치만 보는 자들은, 아무리 좋게 봐줘도, 저능하고 의심할 줄 모르는 순진난만한 자들에 불과하므로 온통 적들만 득실거리는 세계에서 그(스탈린) 같은 지도자를 갖지 못한 국가는 멸망할 수도 있다는 사실을 전혀 깨닫지 못한다'고 확신했다. 그는 다른 어떤 인물로도 대체될 수 없었다. 그의 이런 편집증은 그가 사망하기 직전의 한두 해 동안에는 극심해졌다. 급기야는 이른바 "의사들의 음모"를 의심하는 편집광증에 사로잡힌 그는 '유력한 정치인들과 장군들을 치료하는 의사들이 환자들을 체계적으로 죽이려고 획책해왔다'고 주장했다. 왜냐면 그 당시 크렘린에서 재직하다가 사망한 고위관료들 중에 안드레이 즈다노프와 알렉산데르 셰르바코프Aleksandr Shcherbakov(1901~1945)만 자연사自然死했고 나머지는 자연사하지 못했기 때문이다. 공교롭게도 의사들의 대다수가 유대인들이었다. 그래서 스탈린은 분명히 러시아 유대인들의 전부 혹은 대부분을 체포하여 소련내부의 머나먼 오지娛地 몇 곳으로 추방할 계획을 세웠을 것이다.

변론문학계에서 형성된 이 새로운 물결의 일반적 경향은 스탈린의 모든 행적을 정당화하는 것이었다. 이 계통의 몇몇 저자는 과학이나 역사 같은 다른 계통의 저자들이 진술하는 모든 것을 의심하고 반대하는 직업적 반대자들이었다. 또 다른 저자들은, 즉 직업적인 혹은 준準직업적인 역사학자들은, 스탈린의 대량학살들을 정당화하려는 더욱 교묘한 이론들을 고안하느라 애썼다.

이 계통의 저작들은 독자들에게 충격을 주려는 선정적인 저자들의 개인적 공상들에서 비롯했느냐 아니냐? 그들이 위조자들이었느냐 허담증환자들이었느냐 아니면 그들의 공상들을 옳은 것들로 진짜 확신했느냐 아니냐? 아니면 그들은 그들의 공상들을 향후 수년간 공식적인 정당의 노선으로 삼았을 정도로 진정한 스탈린 신봉자들이었느냐 아니냐? 이 의문들은 대단히 중요하다.

이 의문들을 유발하는 모든 다양한 원인은 스탈린 변론인들 사이에서 발견될 수 있었다. 그런 변론인들이 존재하기 마련이라는 사실은 놀랍지 않다. 왜냐면 역사상 지극히 억지스럽고 지극히 수상쩍은 진술들과 이론들마저 믿는 자들은 언제나 존재했기 때문이다. 그리고 그런 믿음을 유발하는 원인들이 더 감정적이거나 더 정치적인 것들일수록 대세를 거스르고픈 충동을 더 강하게 자극하기 때문이다.

결정적인 문제는 '당국자들이 이런 변론들을 새로운 정당의 노선을 떠받칠 근거로 인정할 것이냐 아니냐?'였다. 그러나 어떤 확답도 나오지 않았다. 당국자들은 그런 변론들 중에 공감하는 것들도 있다고 밝혔지만 아직은 스탈린 노선을 공식적으로 인가할 수 없었다.

시간이 흐르면서 스탈린 문제의 중요성은 감소할 수밖에 없었다. 지금에도 그 문제는 청년세대에게는 미미하게만 중요시될 뿐이다. 그래도 그 문제는 여전한 관심사로서 남아있는데, 왜냐면 스탈린은 실제로 러시아 역사의 일부이기 때문이다. 그래서 만약 러시아의 지배자들이 '러시아 역사의 이런 부분과 관련된 진실은 애국심 앙양교육에 해로울 수 있으므로 밝혀질 수 없다'고 믿는다면, 그러니까 자부심이 진실을 압도한다면, 그런 믿음은 러시아 사회의 성격을 의문시하는 난감한 질문들을 유발할 것이다. 모든 국가의 역사들은, 그리고 특히 그런 역사들의 시초들은, 신화에 감싸여있지만, '로물루스Romulus와 레무스Remus[6]의 존재여부를 의문시하는 질문'과 '유별나게

---

6 로물루스와 레무스는 로마 신화에서 로마의 건국자들로 묘사되는 쌍둥이형제이다.

사악한 독재자의 범죄들과 그가 만들어낸 사회를 고의적으로 은폐하려고 제기하는 질문'은 서로 다르다. 사람들은 대관절 어째서 '진실과 거짓의 차이'나 '괴물과 성자의 차이'를 간파할 수 없을까?

1 제국의 쇠망

스탈린주의는 러시아 사회의 새로운 노선을 출현시킨 착잡한 문제들 중 하나이다. 스탈린주의는 '일반적인 역사의 진실성'과 '새로운 러시아가 강조하고프며 기반으로 삼고플 유산의 종류'를 의문시되게 만든다. 광범하게 논의되어온 또 다른 논제는 비잔티움이었고, 더 정확하게는, 비잔티움 제국을 쇠망시킨 원인들이었다.

이 논제가 그토록 중요할 수밖에 없는 까닭은 즉시 해명되지 않는다. 또 다른 유력한 국가주의사상학파가 주장하듯이, 비잔티움의 유산이 러시아에 끼친 영향은 몽골족과 타타르족이 러시아에 끼친 영향보다 훨씬 더 적었다. 그러나 자고로 제국들은 영원히 존속하지 못하는데, 바로 그래서 오히려 '비잔티움(395~1453)이 그토록 장구하게 존속했던 이유'도 '그 제국을 멸망시킨 원인'도 흥미로운 탐구주제들일 수 있다.

2008년 1월에 러시아의 주요 TV채널에서는 〈제국의 쇠망Gibel Imperii〉이라는 제목의 다큐멘터리 한 편이 방영되었다. 그 다큐멘터리의 제작자는 러시아 정교회 수도원장 티혼(셉쿠노프Shevkunov)이었다. 1958년에 모스크바에서 태어난 티혼은 모스크바의 러시아 정교회 부설 종교학교인 스레텐스키 수도원Sretensky Monastery의 원장이다.

그는 푸틴의 영적靈的 조언자 역할도 했다고 알려졌지만 여러 회견에서 제기된 이런 역할과 관련된 질문들에 응답하기를 거부했다.

러시아 정교회의 신부 티혼은 원래 영화제작자로 양성되었고 유력한 영화교육기관을 졸업했다. 그가 러시아 정교를 믿기 시작하여 수도승이 된 사연은 그가 자서전에도 썼다시피 대략 다음과 같다. 그는 '공산주의이념의 지성빈곤과 매력결핍을 불만스럽게 여기며 위저보드Ouija board[7]를 이용하는 심령술실험들에 몰두하던 학생동아리'의 회원이었다. 그 동아리는 학기 중의 일정한 기간에 러시아의 유명한 작가 니콜라이 고골의 심령과 교신하려고 애썼다. 그들은 이전에는 나폴레옹의 심령이나 스탈린의 심령과 교신하려고 애쓰기도 했다. 심령술이 시작되자마자 나타난 고골(혹은 그의 심령)은 몹시 분노하여 학생들을 신랄하게 질타했고 "최대한 빨리 독毒을 삼켜라"고 학생들에게 말했다. 깜짝 놀라 겁을 집어먹은 학생들은 이튿날 어느 성직자를 찾아가서 조언을 구했다. 그 성직자는 학생들에게 "너희는 어떤 협잡꾼들한테 명백히 속았는데, 만약 너희가 종교를 진실로 궁금하게 여긴다면 종교를 진지하게 공부해야 할 것이다"고 조언해주었다. 바로 이 조언을 명심한 티혼은 자연스럽게 성직자의 길로 들어섰다고 술회한다.

티혼이 제작한 다큐멘터리는 비잔티움을 찬양하는 노래로 시작된다. 지브롤터Gibraltar 해협에서 유프라테스Euphrates 강[8]에 이르는 드넓은 영토를 거느린 비잔티움은 다른 여느 제국보다 오래 존속했다. 비잔티움의 법률체계는 기념비적인 것이었다. 비잔티움의 공학기술과

---

7   심령술용心靈術用 점판占板 또는 부적판符籍板.

건축술은 당대 최고수준에 있었다. 비잔티움의 금융체계도 훌륭했다. 비잔티움의 황도皇都 콘스탄티노플에 집적된 재력은 도저히 계산될 수 없을 정도로 막대했다. 비잔티움의 아름다움과 우아함은 그곳을 방문한 유럽 바바리안들의 입을 다물지 못하게 만들었다. 비잔티움이 이 모든 것을 누리던 시절에 조야하고 무식하며 원시적인 스칸디나비아인들, 잉글랜드인들, 프랑스인들, 독일인들은 오직 한두 가지 일—약탈과 도둑질—에만 종사했다. 콘스탄티노플에서 약탈되거나 강탈되어 유럽으로 반입된 금은보화들을 기반으로 유럽의 은행들이 설립되기 시작했고 괴물 같은 근대적 대부업체계도 성립되었는데, 바로 그런 체계가 필연적으로 자극하기 마련인 강력한 이윤추구욕망과 함께 발달한 것이 바로 유명한 자본주의체계였다. 최초의 중요한 유대자본은 비잔티움의 유물遺物들에 투기된 돈들로써 형성되었다. 바바리안들의 서유럽은 비잔티움 제국을 점거하고 약탈하며 파괴하고 집어삼킨 다음에야 비로소 문명화된 서유럽으로서 거듭날 수 있었다.

그러나 이것은 시작에 불과했다. 비잔티움은 자국의 교역과 재원財源들을 통제하는 권한을 포기하고 서유럽 출신 외국인"친구들"에게 위임해버렸다. 그러자 서유럽은 비잔티움을 유혹하여 서유럽의 모든 조직된 상업단체들과 결합시켰다. 비잔티움 자본은 서유럽으로 유입되었고, 비잔티움 상인들은 파산하거나 서유럽 상인들에게 의존하는 처지로 내몰렸다. 비잔티움은 그런 현실을 너무 늦게 깨달아서 이미

---

8 지브롤터 해협은 서유럽의 에스파냐 남단南端과 아프리카 북서단北西端 사이에 있는 좁은 해역이고, 유프라테스 강은 터키의 동부고원지대에서 발원하여 시리아 북동부를 지나 이라크를 거쳐 페르시아Persia 만灣으로 흘러드는 강이다.

어찌해볼 도리가 없었다.

그렇게 60년이 흘렀을 즈음에 비잔티움은 잃었던 영광을 되찾고자 노력했지만, 그것도 아무 소용없었다. 왜냐면 제국의 국력을 복원하느라 진력하던 황제 안드로니코스 1세Andronikos I Komnenos(1118~1185: 1183~1185 재위)가 잔인하게 살해되었고 비잔티움은 "악惡의 제국"으로 변해갔기 때문이다. 세월이 흐르면서 제국의 이런 이미지는 서구의 이념창고理念倉庫들에서 끊임없이 반출되어 이용되었을 것이다. 악惡은 서유럽과 접촉하면서 비잔티움의 올리가르히들[9]과 부정부패를 낳았다. 문화적 접촉들은 서유럽출신 제5열fifth cólumn[10]을 만들어냈다. 젊은이들은 외국으로 유학했고, 그런 풍조의 결과들은 당연히 예견될 수 있었다.

이 모든 일은 역사학자들이 "르네상스Renaissance"로 지칭하는 획기적 시대의 처음부터 전개되었다. 티혼은 르네상스를 '영락없는 악惡'으로 간주했다. 이런 외국의 영향들을 처음으로 받아들인 지식인들은 "국가주의적이고 헬레니즘적이며 그리스적이고 페이거니즘적인 이상理想의 세계적 창조"를 주도했다. 그리하여 다큐멘터리는 쓰라린 결말로 이어진다. "엘리트는 실용적 이익들을 얻으려고 더 고귀한 이상들을 희생시켰다. 영혼은 위대한 국가에서 붕괴했다. 영혼은 정신적 상승들의 숭고한 표본들을 세계에 제공해왔지만 이제 그 국가에는 고삐 풀린 냉소주의와 사소한 언쟁들만 창궐했다."

---

9 이 호칭은 이 문맥에서는 '현대 러시아의 올리가르히들'을 가리키기보다는 그들과 비슷하게 '비잔티움의 재력과 권력을 겸비한 신흥권세가들 또는 신흥과두집정관들'을 가리킨다.
10 외적과 내통하여 국내에서 불안과 분규를 조장하고 파괴활동을 주동하는 개인이나 집단을 가리킨다.

다큐멘터리 속의 해설자는 비잔티움이 겪은 멸망직전의 고통을 묘사하고 나서 다음과 같은 결론을 내린다. "비잔티움과 그 제국의 상속자들을 향한 서유럽의 강력한 보복심과 증오심이 오늘날에도 잔존한다. 이토록 충격적이면서도 명백한 사실을 이해하지 못하는 우리는 먼 과거의 역사를 이해하지 않으려는 위험을 무릅쓸 뿐 아니라 20세기의 역사와 심지어 21세기의 역사마저 이해하지 않으려는 위험도 무릅쓴다."

이 다큐멘터리는 러시아 텔레비전 제1채널에서 거듭 재방송되었고 약 3개월에 걸쳐 널리 토론되었다. 결코 모든 역사학자가 다큐멘터리를 부정적으로 판단하지는 않았지만, 역사학자들의 대다수는 그것을 부정적으로 판단했다. 그러나 긍정하는 측도 부정하는 측도 모두 '그 다큐멘터리는 사실상 현대의 러시아에 관한 것이지 비잔티움에 관한 것은 아니다'는 의견에 동의했다. 정치평론가들과 문학평론가들의 의견들도 갈라졌다. 그들의 과반수는 신부 티혼의 결론들을 반대했다.

러시아의 주요 TV채널에서 이런 부류의 다큐멘터리가 방송되었다는 사실은 러시아 여론의 중요부분이 다음과 같은 판단을 실제로 믿었다는 사실을 증명했다. 그 판단이란 '서구는 러시아와 러시아를 대표하는 모든 것을 심하게 적대시할 뿐 아니라, 그런 적대감의 뿌리는 매우 깊어서, 러시아가 아무리 노력해도 그런 적대감을 누그러뜨리지 못할 것이므로, 서구의 목표는 러시아의 파멸일 수밖에 없을 것이고, 그래서 서구는 영원한 적국을 파멸시킬 기회만 엿보리라'는 것이었다. 만약 이런 판단이 사실이었다면, 러시아 지도자들은 그런 상황을 철저히 예방할 수 있도록 신중하게 처신해야 할 책무를 짊어져야

하지 않았을까?

영화제작자/수도승이 흥미로우면서도 억지로나마 일정하게 맥락을 갖춘 논리를 전개하는 역사 다큐멘터리를 제작했다는 사실만이 러시아의 지배적인 정서를 나타내는 유일한 지표는 아니었다. 왜냐면 그 다큐멘터리의 억지논리와 비슷한 논리를 다양한 수준들에서 전개하려는 노력들도 시도되었기 때문이다. 예컨대, 러시아의 작가 미하일 유리에프Mikhail Yuriev(1956~)의 『제3제국Tretya Imperia』 같은 베스트셀러 소설도 비슷한 억지논리를 전개한다.

무려 620쪽에 달하는 이 두꺼운 공상소설의 작가는 두마 의원을 역임한 유력한 사업가이기도 하다. 이 소설은 별로 멀지 않은 미래에 러시아를 방문한 브라질의 젊은 사회학자가 겪는 체험을 다룬다. 소설 속에서 러시아는 유럽과 중국을 이미 집어삼켰고 세계의 나머지 지역들도 얼마간 집어삼켰다. 미국의 특수부대들이 러시아 내부에서 감행된 모든 테러공격을 주도했다고 밝혀지자 크렘린은 미국 시카고와 오하이오Ohio 주에서 보복테러공격들을 감행한다. 시카고에서 2,500명이 희생되고 오하이오 주에서는 더 많은 사람이 희생된다.

그러나 소설 속에서 러시아의 보복공격은 이대로 끝나지 않는다. 러시아는 몇 번 경고한 다음에 핵미사일 여러 발을 미국 네바다Nevada 주, 유타Utah 주, 뉴멕시코New Mexico 주의 사막지역들로 발사한다. 인도주의적인 이유들이 감안되었기 때문에, 거주인구가 매우 희박한 이 3개주가 목표지역들로 선택되었다. 그리되기 이전에 미국은 알래스카Alaska의 영유권을 보유하는 대신에 보상금 1조 달러를 러시아에 지불해야만 했다. 그리되기 훨씬 더 이전인 2014년에는 러시아가 모든 국제단체를 탈퇴하고 국제조약들에 명시된 모든 의무를 이행하지 않기로 선언했다. 러시아 내부에서 우크라이나는 이미 사라졌는데, 왜냐면 우크라이나인들의 전부가 러시아인들이 되었기 때문이다. 러시아 의회는 존재할 필요가 없어졌기 때문에 철폐되었다. 러시아는 황제의 통치를 받는다.

이런 부류의 공상들은 몇 가지 이유로 진지하게 논의될 가치를 결여했다고 주장될 수 있을 것이다. 예컨대, 신부 티혼의 다큐멘터리는 모스크바 총대주교를 포함한 고위성직자들로부터 승인을 받지 못했는데, 그런 성직자들은 '신부 티혼의 견해들은 사사로운 것들이라서 러시아 정교회의 견해들을 표현하지 못한다'고 발표했다. 근래 수년간 정교회의 고위성직자들 사이에서는 이상한 사건들이 발생했다. 그런 사건들 중에 한 건은 두마의 종교상임위원회위원장이던 정교회 성직자 뱌체플라프 폴로신Vyacheslav Polosin(1956~)이 이슬람교신자로 개종한 사건이었다. 그때부터 폴로신은 '그에게는 매우 부정적인 현상으로 보이던 아랍의 봄을 선동한 자들이 바로 로트실드 가문과 유대인 투자전문가 조지 소로스였다'고 증명하는 데 전력투구했다. 러시아 정교회의 또 다른 고위성직자는 '동성애반대법의 입법을 저지하려는 강력한 로비가 정교회의 지도자급 성직자들을 상대로 감행되었다'고 공개적으로 주장했다. (실제로 그런 로비가 감행되었다면, 그것은 유례없이 무효한 로비였을 것이다.)

소설 『제3제국』에서 제시된 난망한 예상 시나리오들 중 하나가 실현된다면, 저자는 모스크바의 중심부에서 멀리 떨어져있는 그의 집 밑바닥을 깊게 파서 피난용 지하실을 만들거나 남태평양의 어느 섬으로 피신하리라고 예상될 수 있었다. 그러나 유리에프는 미국에서 더 유리한 사업기회들을 찾을 수 있다고 주장하며 미국으로 갔다. 물론 이런 일은 충분히 발생할 수 있지만 다음과 같은 의문들도 유발한다. 즉 러시아의 수도(모스크바)에서 활동하는 작가들과 출판인들의 정신이 과연 온전한가? 더구나 그들의 애국심은 과연 진정하고 독실한가? 그런데도 러시아 정교회의 최고위성직자도 아닌 일개 수도원장이 제작한 텔레비전 다큐멘터리 한 편이 왜 러시아에서 그토록 진지하게 시청되었을까? 어찌되었거나 푸틴 씨Mr. Putin는 실용주의를 표방해서 유명해졌다. 그렇지만 그도 그의 동료들도 정치적 의사결정들을 할 때면 유토피아utopia나 디스토피아dystopia[11]의 공상들에 결코 좌우되지 않았다.

문제의 두 작품(티혼의 다큐멘터리와 유리에프의 소설)이 처음 발표된 2008년과 2009년에는 그런 공상적 주장들도 설득력을 발휘했을지 모른다. 불행히도 시간이 흐르면서 그런 설득력은 조금씩 약해졌다.

11　유토피아는 상상되거나 공상될 수 있는 최선最善의 이상향理想鄕을, 디스토피아는 유토피아와 상반되는 최악最惡의 상상세계나 공상세계를 뜻한다.

제6장

인구통계학

러시아 역시 세계적인 저출산, 인구감소의 추세를 거스르지 못하고 있다. 21세기에 러시아가 세계정치에서 어떤 영향력을 발휘하게 될지는 전적으로 인구에 달려 있다고 해도 과언이 아니다. 현재 러시아의 인구증가율은 1.7퍼센트다. 이는 군인뿐 아니라 고급인력의 부족으로 이어질 것이다. 러시아는 입국이민을 통해 이를 해결하려 하지만 인접한 자치공화국의 이슬람인구는 골칫거리이다. 이들은 과연 러시아의 체제에 순응하는 '올바른 인구'가 될 수 있을까?

러시아의 미래에 관한 어떤 논의나 어떤 전망도 인구통계학의 관점에서 시작되어야 할 것이다. 만약 러시아 영토에서 향후 10년간, 30년간, 50년간 살아갈 인구가 정확하게나 아니면 대략적으로라도 알려지지 않는다면, 그런 논의는 무의미해지거나 몇 가지 예상 시나리오를 제외한 어떤 결론에도 다다르지 못할 것이다.

18세기에 표트르 대제가 사망한 이후 러시아 영토에는 약 500~600만 명이 거주했다고 믿긴다. 최초이자 유일한 ("제국의") 인구조사는 1897년에 실시되었다. 수년간 진행된 준비과정을 거쳐서 더할 나위 없이 면밀하게 실시된 인구조사로써 얻어진 결과는 '1897년 현재 러시아 제국의 인구는 1억 2,500만 명이다(그들 중 1,600만 명은 도시에 거주하고 나머지는 시골에 거주한다)'는 것이었다.

극도로 다양한 러시아 국가주의자들이 주장하다시피, 만약 1897년 이후 러시아가 겪은 일련의 대재난들—제1차 세계대전과 제2차 세계대전, 1818~1920년에 벌어진 러시아 내전, (집단농장정책이 초래한 대기근, 스탈린 체제에서 자행된 대량학살들, 굴락을 포함한) 소련공산당정권—이 러시아 인구를 증가시키기는커녕 오히려 감소시켰다는 사실만 없었더라도 오늘날 러시아의 인구는 6억 명에 달할지도 모른다. 그러나 실제로 오늘날 러시아의 인구는, 그들도 주장하다시피, 1억4,200만 명에 불과하다.

그러나 그런 대재난들만이 러시아 인구감소의 원인들로 간주될 수는 없다. 예컨대, 1990년대에는 전쟁도 내전도 대숙청이나 폭력적 사회격변도 전혀 발생하지 않았지만 러시아의 출산율은 낮아졌고 인구는 감소했다.

이 단원에서 주목되는 것은 러시아의 과거가 아닌 미래이기 때문에 제기되어야 할 질문도 다음과 같다. 즉 러시아의 전반적인 인구감소뿐 아니라 희박한 인구밀도—고작 1제곱킬로미터당 8.6명에 불과한 러시아의 희박한 인구밀도는 112명인 유럽연합의 인구밀도나 246명인 브리튼의 인구밀도와 극명하게 대비된다—역시 소련 해체 이후 상실한 영토들을 탈환할 수 있는 러시아의 능력뿐 아니라 현재 보유한 영토를 유지할 수 있는 러시아의 능력마저 위태롭게 만들지는 않을까? 인구밀도와 마찬가지로 러시아의 북부지역, 시베리아, 극동지역의 기후조건들도 유럽의 기후조건과 다를 뿐더러 결코 비슷해지지도 않으리라고 주장될 수 있다. 그런 한편에서 지구온난화와 과학기술발전도 인구증가에 영향을 끼칠 만한 어떤 변화들을 초래할지 전혀 예측될 수 없다.

외부의 논평자들이 현재 사용하는 인구통계방법들은 매우 다양하다. 그들 모두는 '러시아의 상황은 1990년대부터 호전되어왔다'고 보는 견해에는 동의하지만, 그들 중 누구도 러시아의 미래를 지나치게 낙관하지 않는다. 최근의 추이들을 반영하는 러시아 인구통계들이 보여주듯이, 러시아의 입국이민자들을 제외한 러시아의 한 세대인구 世代人口는 직전세대인구보다 거의 20퍼센트나 감소하기 시작했다. 러시아의 남성평균기대수명은 65세이고 여성평균기대수명은 76세 이다. 이 통계수치들은 독일의 남성평균기대수명은 77세이고 여성평 균기대수명은 82세라는 통계수치들과 비교된다. 알코올중독이 러시 아 남성들의 수명을 대폭적으로 감소시키는 가장 중요한 단일원인이 라는 사실은 일반적으로 인정된다. 고르바초프 집권기간에 알코올중 독을 퇴치하려는 노력이 감행되었지만 지속적 효과를 전혀 발휘하지 못했다. 논평자들은 '스웨덴도 알코올중독 때문에 비슷한 문제를 겪 었지만 시민사회의 적극적 대처행동 덕분에 문제를 끝내 극복할 수 있었다'고 강조해왔다. 왜 그런 차이가 발생했을까? 그 이유는 '스웨 덴은 국민에게 봉사하는 사회국가의 성격, 개인과 개인권리들의 차 원에서 정의되는 국민국가의 성격, 법률들의 도움을 받아 생활을 규 제할 수 있는 법치국가의 성격을 겸비했다'는 데 있다. 그런 반면에 러시아는 이 세 가지 성격을 결여했다.

UN인구분과위원회의 미래인구동향보고서들에 감안된 인구통계 들은 러시아의 인구감소는 지속될 것이라고 암시한다. 1990년대에 러시아의 출산율이 폭락했으므로 향후 10년간 러시아에서 20대 연 령으로 진입할 여성인구도 급감할 것이다. 현재 1.7퍼센트에 불과한 러시아의 출산율은 인구증가에 필요한 수준을 한참이나 밑돈다.

이런 부정적 통계수치들은 정치적 결과들로 직결될 것이다. 예컨 대, 러시아 군대에서 복무할 청년인구—특히 민족적 러시아청년인구—는 급감할 것이다. 또한 러시아의 대학졸업인구도 급감할 것이다. 1990년대에는 세계의 대학졸업인구에서 러시아의 대학졸업인구가 차지한 비율이 약 9퍼센트였지만 2030년에 예상인구통계들이 현실화된다면 이 비율은 3퍼센트로 급감할 것이다. 러시아의 교육예산이 근래 수년간 감소해왔다는 사실도 어쩌면 대학졸업인구를 감소시키는 데 일조할지 모른다.

다소나마 비관적인 또 다른 연구자는 '(러시아의 가임여성들에게 더 많은 출산을 장려하는) 푸틴의 인구증가촉진정책들이 부분적으로는 출산율을 조금씩이나마 상승시켰을 것이고 러시아의 인구도 조금씩이나마 증가시켰을 것이다'고 결론짓는다. 그렇더라도 러시아의 20~29세 연령인구가 2040년에는 현재의 절반으로 감소하리라고 보는 견해는 여전히 옳을 것이다. 그래서 러시아의 쇠락이 장기적인 관점에서는 불가피하게 보이지만, 쇠락기간은 흔히 추정되는 기간보다 더 오래 걸릴 수도 있을 것이다.

한동안 논란된 문제는 '인구증가촉진정책들이, 특히 러시아에서, 인구감소과정을 역전시킬 수 있느냐 없느냐?'는 것이었다. 역사적 성공사례는 분명하지 않다. 왜냐면 인구증가정책들은 (출산율이 느닷없이 급락한) 1930년대의 소련에서도 추진되었고 제2차 세계대전 이후 스탈린 집권기간에도 다시 추진되었으며 나치 독일에서도 추진되었을 뿐 아니라 더 최근에는 유럽의 많은 국가들에서도 추진되어왔고 특히 스칸디나비아에서는 군나르 뮈달Gunnar Myrdal(1898~1987)과 알바 뮈달Alva Myrdal(1902~1986)[1]이 연구하고 제창해서 추진되기도 했기 때문이다.

인구증가정책들은 낙태제한 같은 다양한 방식들로 추진될 수 있다. 1944년 나치 독일에서 낙태는 사형에 처해질 수 있는 범죄로 규정되었다. 그리되기 몇 년 전인 1941년에는 콘돔 생산이 중단되었다. 산모출산휴가연장이나 출산장려금지원 같은 적극적인 시책들은 더욱 빈번히 추진되었다. 그런 나치의 인구증가정책은 가장 급진적인 것이었지만 실천보다는 이론에 더 치우친 것이었다. 히틀러와 나치 지도자들은 여성은 마땅히 집안일을 담당하고 자식을 낳아서 양육해야 한다고 믿었다. 그러나 나치의 경제정책은, 특히 재무장再武裝하던 기간과 전쟁직전에는, 여성 수백만 명을 가정에서 일터—주로 산업현장—로 내몰았다. 여성들에게 (자식을 3명 이상 출산한 여성에게 수여하는 "산모훈장Mother Cross" 같은) 특별한 증표들을 부여하는 정책도 효과를 거의 발휘하지 못했고 출산보상금도 미미했을 따름이다.

러시아의 경험을 2013년 한 해 동안 철저히 조사하고 연구한 러시아의 경제학자 세라피마 치르코바Serafima Chirkova는 '단기간에 진행된 러시아 가족정책의 변화들이 둘째아이출산에 유의미하게 긍정적 효과를 끼쳐서 둘째아이임신율을 평균2.2퍼센트포인트 상승시켰다'는 결론을 도출했다. 2007년에 발표된 러시아의 가족정책개혁안들에는 "모성자본maternity capital"이라는 개념이 도입되었다. 그 결과 첫째아이를 낳은 산모에게는 최소40유로에 해당하는 출산수당이 지급되었고 둘째아이를 낳은 산모에게는 85달러가 지급되었다. 스칸디나비아에서도 비슷한 정책이 시행되었다. 북유럽국가들에서는 임신한 직장여성에게 상당기간의 유급출산휴가를—최장 3년을—보장해주는

---

1 군나르 뮈달은 스웨덴의 경제학자 겸 사회학자 겸 정치인으로서 1974년 노벨경제학상을 받았다. 군나르 뮈달과 1924년에 결혼한 알바 뮈달은 스웨덴의 사회학자 겸 정치인으로서 1982년 노벨평화상을 받았다.

정책도 시행되었다. 러시아에서 직장여성에게 보장되는 유급출산휴가는 통상적으로 임신기간 10주일과 산후조리기간 10주일을 합해서 20주일이다.

그렇더라도 이런 결론들은 당분간에는 단기간에만 적용될 수 있고 둘째아이임신율에도 적용될 수 있다. 그러므로 러시아에서 인구감소가 예방되려면 출산율이 상승해야 한다. 이것은 곧 인구증가정책들이 인구감소과정을 느리게 만들 수는 있어도 확실하게 역전시킬 수는 없다는 말이다.

만약 러시아의 인구감소추세가 더 광범해지지 않았다면 그것은 입국이민의 결과였을 것이다. 그리고 이런 결과는 어쩌면 미래에도 사실로 여겨질 것이다. 러시아의 입국이민역사는 거의 18세까지 거슬러 올라간다. 그 시대에 예카테리나 여제는 (슈체친Szczecin[2]에서 태어난 독일공주여서 그랬는지) 주로 독일 남서부에 거주하던 독일인들을 설득하여 러시아로 불러와서 정착시켰다. 그렇게 러시아로 입국한 독일인들의 대다수는 볼가 강 유역에 정착했기 때문에 볼가 독일인들Volga Germans들로 알려졌다. 중부유럽에서 러시아로 입국한 이민자들을 관리한 최초의 관청은 1763년에 설치되었는데, 그것은 아마도 세계최초의 이민자관리관청이었을 것이다.

근래 수년간 러시아로 입국한 이민자들은 지난날 소련에 속했던 중앙아시아 공화국들의 주민들과 캅카스의 주민들이다. 그들의 인원수는 정확히 알려지지 않았지만, 그들이 러시아GNP의 8퍼센트쯤을

---

2 현재 폴란드 북서부에 위치한 이 항구도시는 1720년 프로이센에 합병된 이후 제2차 세계대전이 종결되고 폴란드로 반환될 때까지 독일에 속했기 때문에 '슈테틴Stettin'으로 지칭된다.

생산한다고 추산된다. 세계은행은 '러시아에서 일하는 외국인노동자는 약 1,200만 명에 달하지만 그들 중 합법노동자는 약100만 명에 불과하다'고 추산한다. 만약 러시아가 미래에 외국인노동자들의 다수를 출국시키고 그들의 입국을 적어도 부분적으로만 허용하는 제한조치를 취한다면, 그 조치는 러시아 경제에 막심한 타격을 가할 것이고 인구구성에도 부정적인 영향을 끼칠 것이다. 그래서 푸틴은 외국인노동자들을 대폭적으로 감소시키려는 정책들을 반대해왔다.

그러나 외국인 수백만 명이 거주하는 국가에서는, 외국인들을 흔쾌히 환대하지 않는다고 알려진 다른 많은 국가에서도 그렇듯이, 내부적 불화가 발생할 수 있다. 모스크바 토박이 수천 명이 제창하는 구호는 "러시아인들을 위한 러시아"인데, 경제적 욕구들마저 잠재우는 이 구호는 러시아 정부의 정책이기도 하다.

푸틴은 "바람직한 특장特長들을 지니고 법률을 준수하는 입국이민자들"이라는 주제를 수많은 글과 연설에서 다뤄왔다. 그런 모든 글과 연설은 입국이민자들을 러시아에 동화同化시키는 정책을 찬성해왔다. 푸틴은 '입국이민자들을 러시아에 동화시켜 통합하는 정책을 부정하는 다문화정책多文化政策이 여태껏 실패했다'고 생각했다. 푸틴은 다문화주의가 오히려 '동화되기도 거부하고 적응하기도 거부하는 폐쇄된 이민자공동체나 종교공동체'를 형성시키는 결과를 초래했다고 보았다. 그는 '러시아에 가까운 서구세계의 이웃지역들에서나 완전한 도시들에서 유입된 이민세대들은 복지혜택을 누리며 살아가는데 토착주민들은 모국어마저 마음대로 사용하지 못한다는 사실'을 알고 매우 놀라는 표정을 지으며 다음과 같이 말했다.

그런 사회적 모델은 단 한 가지 결과밖에 낳을 수 없다. 그것은 자신들의 이익들, 직업들, 사회적 혜택들을 외국인경쟁자들에게 빼앗기지 않도록 보호하려고 당연하게 노력하는 토착주민들의 외국인혐오감이다.

역사상 러시아는 민족국가도 아니고 어찌 보면 입국이민자들만 거주하는 듯이 보이는 아메리카의 도가니(미국)도 아니다. 러시아는 같은 땅에 모여서 살아가는 수백 가지 민족이 서로에게 적응하고 서로를 이해하며 가족들, 우정, 일을 통해 화합해온 다민족국가로서 수세기간 발전해왔다.

그리고 푸틴은 이반 일리인의 견해를 인용하여 계속 말했다.

러시아의 미래를 형성할 핵심적이고 불가결한 뼈대는 '러시아인들'과 그들을 통합하는 '러시아 문화'이다. 러시아 문화의 우월성은 민족적 러시아인들로부터 생겨났을 뿐 아니라 국적國籍과 무관하게 러시아 문화의 정체성을 보유한 모든 사람으로부터도 생겨났다. 이것은 주로 교육을 통해 번영해야 하고 강화되어야 하며 수호되어야 할 문화규범이었다.

푸틴은 미국의 (서구의) 문화교과서들—자존감을 지닌 모든 학생의 필독서 100여 권—을 언급하면서 러시아에도 비슷한 독서정책이 필요하다고 암시했다.

우리는 시민적 애국심에 입각한 국가정책전략을 수립해야 한다. 우리나라에 거주하는 여느 개인도 자신의 신념과 민족성民族性을 망각하지 말아야 한다. 그러나 그는 가장 먼저 러시아 시민이어야 하고 시민으로서 자부심을 느껴야 한다. 민족적 가치들과 종교적 가치들을 국법보다 우선시할 권리는 누구에게도 없다.

가장 적나라한 이 연설문은 '러시아의 미래를 떠받칠 근간은 통합이어야 한다'고 기대하는 푸틴의 희망을 표현한다. 그리고 그는 '강력한 제도들은 통합의 전제조건들이다'고 주장했다. 논평자들도 주목했다시피, 그는 '러시아의 문화도 우월해지고 애국심도 고취되며 국가도 강력해지려면 통합이 긴급하게 요청되는 동시에 쇼비니즘 같은 과격성향들은 경계되어야 한다'고 강조했다.

다문화주의의 결함들과 난관들에 관한 푸틴의 견해들은 거의 부정될 수 없다. 그는 '브리튼과 프랑스를 포함한 유럽의 몇몇 국가에서 근래 수년간 진행된 입국이민반대운동들이 성공했다는 사실이 다문화주의의 결과를 명백히 예증한다'고 본다. 게다가 그는 '러시아 문화의 위대성에 관한 어떤 의혹도 제기될 수 없다'고 본다.

무릇 '현실들에 바람직할 수 있을 것의 영역'에서는 한 가지 난관이 제거되더라도 곧바로 다른 난관들이 생겨나는 법이다. 러시아 문화의 모든 측면을 존중하고 공감하는 민족적이고 종교적인 집단들은 자신들의 고유한 전통들, 관습들, 문화, 생활방식을 더 좋아할 수 있다. 바꿔 말하면, 그들은 동화정책을 일정한도까지만 받아들일 수 있다는 말이다. 그들은 '푸틴이 구상하는 단일한 강대국'보다는 '국가들이 느슨하게 연합하는 연방聯邦'을 더 좋아할 수 있다. 푸틴은 자부심을 호소하지만, 러시아 역사에서 발생한 모든 사건이 민족적 러시아인들에게도 비민족적 러시아인들에게도 자부심을 똑같이 주입할 수는 없다. 소련이 70여 년간 겪은 경험은 긍정적인 것이 아니었다. 강대국이 사라지는 순간에 소련은 해체되었다. 이것이 좋은 일이었는지 나쁜 일이었는지 여부와 새롭게 등장한 모든 독립국가가 생명력을 지녔는지 여부는 끝없이 논쟁될 수 있다. 요컨대, 어떤 이권세력들과 야심들은 다른 이권세력들과 야심들의 압력에 짓눌릴 수밖에 없을 것이다. 그러면 압제정치가 강행될 수밖에 없을 것이다. 그래서 제기되는 질문은 '이런 과정이 민주주의적 규범들과 얼마나 어울리느냐?'는 것이다. 이런 과정은 다음 단원에서 다뤄질 '러시아에 존재하는 무슬림소수파들의 지위와 야심들'이 고찰되면 아마도 거의 확연해질 것이다.

1 러시아의 이슬람교

이슬람교는 "러시아의 숙명"이다. 이것은 러시아에서 이슬람교를 연구하는 유력한 전문가들 중 한 명인 알렉세이 말라쉔코Alexey Malashenko가 한 말인데, 특히 캅카스에서 분쟁이 지속되던 와중에 세간의 관심을 끌었다. 캅카스의 몇몇 지역에서는 아직도 분쟁이 끊이지 않는다. 어쩌면 머잖은 장래에도 분쟁은 완전히 종식되지 않을 것이다. 그러나 러시아의 이슬람교는 여전히 가장 중요한 문제로서 남아있다.

이슬람교는 수세기 전부터 러시아에서 전파되기 시작했다. 러시아의 일부 지역들에서는 이슬람교가 기독교보다도 먼저 전파되기 시작했다. 타타르족은 러시아의 많은 지역을 오랫동안 지배했다. 그러나 무슬림들은 그렇게 오랫동안 러시아에서 공존했으면서도 대개는 이방인들로 간주되었다. 많은 세월이 흐르면서 타타르족은 러시아인들과 친근해졌다. 그리하여 타타르인들은 모스크바의 수많은 주택을 돌보는 관리자들로 채용될 수 있었다. 더구나 (타타르스탄 자치공화국의 카잔에 태어나고 자란) 러시아의 오페라 전문 소프라노 가수 아디아 가리풀리나Aida Garifullina(1987~)의 목소리뿐 아니라 미모에도 매료되지 않을 사람은 없을 것이다. 그녀의 세대보다 더 이른 세대에 속하는 아제르바이잔 출신 작곡가 겸 가수 무슬림 마고마예프Muslim Magomayev(1942~2008)는 소련과 러시아에서 가장 많은 인기를 누린 테너 가수들 중 한 명이었다.

볼가 강의 중류유역에 위치한 카잔과 인근지역의 무슬림들은 평화공존의 빛나는 표본들이었다. 게다가 그 지역들은 빈곤지역들이 확실히 아니었다. 그 지역들에 거주하는 주민들의 평균소득은, 특히 석유천연가스와 관련된 산업부문들에 종사하는 주민들의 평균소득은, '그들의 생활수준이 러시아의 수도(모스크바)를 제외한 다른 많은 지역에서 거주하는 주민들의 생활수준보다 더 높다'는 사실을 증명했다. 그러나 러시아의 다른 지역들에서, 특히 캅카스에서는, 무슬림들을 대하는 러시아인들의 부정적인 태도가 사라지지 않았다.

외교관계들에서 무슬림국가들은 오토만 제국이 해체된 이후부터 외교적 관심을 많이 끌지 못했다. 무슬림국가들(터키, 이란, 아랍국가들)은 대단한 위협국들로 간주되지도 않았고 서구에 대항하는 잠재적 동맹국들로도 간주되지 않았다. 양차 세계대전 이후의 과거경험은 모스크바의 용기를 북돋우지 못했다. 범凡우랄알타이어족주의가 존재했고, 이란인들도 중앙아시아에 교두보를 확보하려고 애썼지만 별다른 성공을 거두지 못했으므로 특별히 위험한 자들로 간주되지 않았다. 이런 정황은 러시아의 안보기관들이 아랍세계에서 행해진 (러시아에서는 보통 와하비Wahhabi[3]로 호칭되던) 이슬람근본주의설교자들의 활동들을 간파하면서부터 다소 변화를 겪었다. 그 설교자들은 중앙아시아에서 가장 활발하게 활동했고 무슬림공동체들에서 극단주의(와 테러리즘) 활동들을 촉발시켰다. 그렇지만 그런 활동들에 관한 정보는 일반대중에게는 거의 알려지지 않았다. 유럽과 러시아에서는 무슬림공동체들의 인구가 증가한 결과 더 중요해진 이슬람교를 집중적으로 조명한 문헌들이 조금 더 큰 영향력을 발휘했다. 러시아의 작가 엘레나 추드니노바Elena Chudinova(1959~)가 2005년에 발표한 베스트셀러 소설 『파리의 모스크 노트르담The Notre Dame de Paris Mosque』은 무슬림들한테 점령당한 이후의 프랑스에서 벌어지는 상황을 묘사한다. 소설은 파리의 개선문에서 공개투석형公開投石刑이 자행되는 장면으로 시작된다. 논픽션 분야에서는 러시아의 지리학자 유리 골룹치코프Yury Golubchikov(1953~)와 R. A. 므나차카냔R. A. Mnatsakanyan이 공동집필하여 2005년에 출간한 『러시아의 이슬람화化Islamisatsiya Rossii』 같은 연구서가 언급되어야 할 것이다. 그 연구서의 결론에서 제시된 네 가지 시나리오 중에 어느 것도 별로 다행스럽지 않다.

러시아에 거주하는 무슬림인구는 2,000만 명쯤으로 추산된다. 아직 정확한 통계수치가 나오지 못한 까닭은 러시아에는 중앙아시아의

---

3 현재의 사우디아라비아Saudi Arabia 중부지역에 해당하는 지역에서 18세기에 창시된 이슬람교 정통수니파Sunni派를 신봉하는 무슬림들.

공화국들로부터 유입된, 불법체류자들이 대부분인, "외래노동자들guest workers"수백만 명이 현존하기 때문이다. 러시아의 무슬림공동체들은 세 지역에 집중적으로 형성되어있는데, 캅카스, 모스크바, 볼가강 중류유역이 그런 곳들이다. 중앙아시아의 공화국들은 무슬림국가들이나 거의 다름없지만, 그 국가들은 소련이 해체되면서 러시아에서 정식으로 분리되어 독립했다.

러시아의 캅카스 정복은 다년간에 걸쳐 추진되었고 푸슈킨과 미하일 레르몬토프Mikhail Lermontov(1814~1841)부터 톨스토이에 이르는 두 세대의 러시아 작가들에게 영감靈感을 주었다. 레르몬토프는 어느 동료군관을 고레츠gorets(고지高地의 무슬림)로 호칭했는데, 그것을 모욕적인 호칭으로 간주한 그 군관의 결투신청을 수락한 레르몬토프는 결투하다가 사망했다. 그 시대의 유력한 러시아 작가들 중 한 명이자 외교관이던 알렉산데르 그리보예도프Alexander Griboedov(1795~1829)는 페르시아로 파견되었다가 테헤란에서 광신적인 폭도에게 살해되었다. 러시아의 신학자 겸 철학자 알렉세이 호먀코프Aleksey Khomyakov(1804~1860) 같은 슬라보필들은 이따금 이슬람문화에 관한 글을 쓰기도 했다. 그러나 그들은 이슬람문화에 관해서는 실제로 잘 몰랐고, 그들이 쓴 글들의 대부분도 억측의 소산들이었다. 카잔을 중심으로 이슬람문명권을 연구하는 학술기관들은 19세기말엽에 생겨났다.

러시아의 통치에 저항하는 움직임이 국지적으로 연발했지만 러시아의 중앙당국들은 그런 저항들을 별로 어렵잖게 진압했다. 1916년에 중앙아시아에서 감행된 반란도 그런 저항들의 일례였다. 그때 키르기스인Kyrgyz人들의 약 3분의 1이 중국으로 피난했다. 볼셰비키

가 집권한 직후부터 거의 7년간 지속된 바스마치 반란Basmachi Revolt[4]
도 그런 저항들의 일례이다. 소련정권이 비록 다른 결점들을 지녔을
지라도 그 당시에 "민족문제"로 알려진 것을 해결하는 데 성공했다
고 보는 견해는 1930년대 서구의 관찰자들 사이에서 널리 인정되었
다. 그러나 이것은 오해였다고 판명되었다. 왜냐면 중앙아시아와 캅
카스의 공화국들은 소련이 해체되자 독립하기로 선택했기 때문이다.
비록 몇몇 공화국은 러시아에 여전히 다방면으로 의존했을지라도 그
모든 공화국은 정식으로 분리되어 독립했다. 러시아에 속한 더 작은
규모의 자치공화국들도 독립을 선호했겠지만 너무 작고 가난해서 자
활국가들로 존속할 수 없었다. 체첸 자치공화국은 장기간 지속된 전
쟁을 두 번이나 겪으면서 피폐해졌고, 다게스탄 공화국에서는 달갑
잖은 잠정협정이 체결되었다.

　체첸 자치공화국에서는 카디로프 씨족이 계속 집권했다. 그러나
그 공화국에서 통용되던 러시아의 법률은 샤리아Shari'a[5]로 대체되었
고, 그 왜소한 공화국은 세계에서 가장 심하게 억압적인 지역들 중
한 곳으로 변했다. 러시아 정부는 이런 변화도 기꺼이 용납했고 '체
첸 자치공화국에 거주하던 러시아인들의 대다수가 시도하던 집단이
주'도 기꺼이 용납했을 뿐더러 '체첸 자치공화국에서 러시아의 최고
지배권이 공인되는 조건으로 이슬람화化가 광범하게 진행될 수 있는
길'도 열어주었다. 다게스탄 공화국의 상황은 전면전에 휘말리지 않

4　바스마치 운동Basmachi movement 또는 바스마체스토보Basmachestvo로도 지칭된다.
1916~1917년에 중앙아시아의 무슬림들이 러시아 제국과 소련에 대항하여 감행한 무력투
쟁. '바스마치basmachi'는 '도적盜賊'이나 '강도强盜'를 뜻하는 러시아낱말이다.
5　'길'을 뜻하는 이슬람법률이다.

았다는 사실을 제외하면 체첸 자치공화국의 상황과 비슷했다. 두 공화국에서는 폭력이 영구적인 특징으로 굳어져갔으되 드물어지고 완화되었다. 또한 두 공화국에서는 이슬람화가 진행되었지만 집권하던 씨족들은 반대파들에게만은 여전히 "매국노들"로 간주되었다. 그러나 군부의 반대파들은 축출되었고 향후 중요한 군사작전들이나 테러 활동들을 주동할 수 있는 지위를 차지하지 못했다. 2009년에 크렘린은 체첸 자치공화국에서 대규모로 진행되던 테러리스트 진압작전들은 종결되었다고 선언했다. 그때로부터 5년 후에는 모스크바가 캅카스를 전담하는 새로운 정부부처를 신설했다.

체첸 자치공화국과 다게스탄 공화국에서 모스크바의 이권세력들을 대변하는 자들이 신뢰될 수 있느냐 여부는 여전히 고찰되어야 할 문제이다. 완전히 독립하지 않으면서도 활동의 자유를 더 많이 바라는 그들의 욕망은 결코 줄어들지 않을 것이 틀림없다. 그러나 러시아 중앙정부가 강력하게 유지될 동안에는 그들이 모스크바로부터 더 많은 특권을 얻어낼 기회는 줄어들 것이다. 만약 러시아 중앙정부의 지배력이 약해지면 그들의 충성은 당연시되지 못할 것이다. 심지어 현재에까지도 다게스탄 공화국에서는 (그리고 체첸 자치공화국의 조금 더 좁은 지역에서는) 친親러시아 당국자들이 더 과격한 반대파와 접촉한다는 소식들이 보도되어왔다. 다게스탄 공화국에서 집권하는 친모스크바 정치인인 라마잔 압둘라티포프Ramazan Abdulatipov(1946~)는 매우 과격한 공격노선을 추구하여 얼마간 성공을 거두었다. 그의 지시로 단 1개월간 자행된 테러공격사건들에 휘말려 살해된 사람만 무려 약 50~60명에 달했다.

라마잔 압둘라티포프가 장기간에 걸쳐 성공할지 여부는 결코 정확하게 예언될 수 없다. 그런 여건들에서는 흔히 그렇듯이 '몇몇 유능하고 충성스러운 지도자의 존재나 부재'와 '다게스탄 공화국에 필요한 자금을 지원하려는 크렘린의 의향'이 성공여부를 크게 좌우할 것이다. 그러나 경제침체기에는 그런 자금지원을 반대하는 상당한 저항이 발생하는데, 왜냐면 그런 지원은 러시아 예산의 다른 부분들을 삭감해야 한다는 사실을 의미할 것이 때문이다.

이슬람주의자들—분립독립뿐 아니라 필요하면 폭력투쟁마저 찬성하는 무슬림근본주의자들—의 영향력은 얼마나 강력한가? 확실한 정보대로라면, 그들의 영향력은 여타 무슬림집단거주지들에서보다 캅카스에서 훨씬 더 강하다. 그러나 캅카스에서도 그런 영향력에 관한 증언들은 실로 천차만별이라서 무의미하게 들린다. '그곳에 근본주의자는 전혀 없다'고도 주장되지만, '그곳의 모두가 근본주의자들이다'고도 주장된다. 다게스탄 공화국에서 몇 차례 치러진 선거들은 공산당을 유력한 정당으로서 등장시켰다. 만약 그런 선거들이 공정하게 치러졌다면, 선거결과들은 아마도 정치적/이념적 현안들과는 무관하고 오히려 (어느 유력한 씨족의 일원이라서 공산당원들에게 활동의 자유를 최대로 보장해줄 발판으로서 공산당에 영입되었을) 선거후보자의 개인적 평판을 반영할 것이다.

캅카스에서 오랫동안 최강의 무슬림세력은 수피교파Sufi敎派[6]였는데, 그들은 현재에도 캅카스의 많은 지역에 존재한다. 이슬람근본주의교리의 포교활동들에 주력해온 단체는 정치적이거나 종교적인 정당도 아니고 (캅카스보다는 중앙아시에서 더 활발한 이슬람근본주의단

---

6 이슬람교의 범신론적 신비주의교리(수피즘Sufism)를 신봉하는 무슬림들의 총칭이다.

체인) 히즈브 우트-타리르Hizb ut-Tahrir도 아닌 살라피 운동단체Salafi movement[7]였다. 1953년 예루살렘의 아랍인 거주구역Arab Jerusalem에서 조직된 살라피 운동단체는 주로 브리튼을 포함한 세계의 일부 지역에서만 활동하고 나머지 지역들에는 거의 존재하지 않는다. 이 단체는 현존하는 무슬림국가들의 국경들을 철폐하고 유일하고 단일한 '전체국가'―이른바 "칼리파트Khalifat[8]"―를 건설하자고 주장한다. 그러나 일반적인 견지에서는 이슬람근본주의활동의 상당부분은 지역 씨족들의 성격과 활동들에 의존하는 듯이 보인다.

이슬람권의 (그리고 이슬람근본주의자들의) 종교-정치적 각성은 러시아인들 사이에서 진행된 근본주의적 국가주의풍조의 성장과 동시에 진행되었다. 그런 과정은, 당연하게도, 긴장들을 조장할 수밖에 없었다. 그것은 중앙아시아와 캅카스의 무슬림노동자들이 러시아의 도시들로 대거 유입된 현상과 맞물린 과정이었다.

그런 노동자들은 주택을 충분히 보유하지 못했고 여타 다양한 기본공공복지혜택들도 누리지 못한다. 그들은 극소수의 모스크(이슬람교회당)들이 제공하는 도움밖에 받지 못한다. 모스크들의 그런 처사를 알고 분노한 모스크바의 현직 시장은 '모스크바에서는 앞으로 모스크가 절대로 증설되지 못할 것이다'고 선언했다. 그는 '그렇다고 만약 길거리들에서 기도하는 무슬림들이 있다면 그들은 공공질서를 교란하고 대중교통을 방해한 죄목으로 체포될 것이다'고 강조했다. 그런 동시에 그는 '이제 길거리들에서는 안전한 분위기가 조성되었으

---

7 오직 자신들만이 코란의 올바른 해석자들이라고 확신하며 온건한 무슬림들을 이단자들로 간주하는 극단적인 이슬람 수니파Sunni派 무장단체이다.

8 이슬람권의 국왕 칼리프Khalif가 통치하는 국가를 지칭한다.

며 폭동들도 다양한 방법으로써 진압되어 더는 발생하지 않는 놀라운 성과를 거두었다'고 덧붙였다. 그 결과 정부의 관점에서는 오히려 지극히 달갑잖게 보이는 역리적逆理的인 상황이 발생했다.

러시아의 안보기관들은 입국이민자들 사이에서 시도될 수 있는 체제전복적인 분리주의활동들을 예방하느라 고심해왔고 지역경찰은 법과 질서를 유지하느라 고심해왔다. 그동안 외무부는 러시아 도시들의 무슬림반대감정(과 무슬림반대활동들)이 무슬림세계에서 유발하는 부정적 인상을 무마하느라 골몰했다. (훈련된 아랍전문가Arabist인) 예프게니 프리마코프가 러시아 외무부 장관으로 재임할 당시에 그의 제안대로 수습책을 강구하려는 고위급회의가 열렸다. 무슬림세계에서 러시아의 평판은 예전에 소련이 벌인 아프가니스탄 전쟁과 근래에 러시아가 두 차례나 벌인 체첸 전쟁 때문에 이미 낮아질 대로 낮아져있었다. 외무부 장관은 '만약 러시아에서 이슬람공포증 Islamophobia이 심해진다면 관용과 통합으로 유명한 러시아의 평판이 치명타를 입을 것이다'고 주장했다. 회의참석자들은 당연하게도 '러시아가 무슬림세계에서 정치적 기회들을 잃을까봐' 크게 우려했다. 그러나 러시아는 아프가니스탄에 개입한 미국 덕분에 부정적 인상을 씻어낼 수 있었다. 게다가 러시아는 아프가니스탄에서 철수하자마자 무슬림세계의 직격표적에서 제외되었다.

크리미아를 점령한 러시아가 직면한 과제는 러시아의 다른 지역들에 거주하는 무슬림들과 관련하여 크리미아의 타타르족을 처우하는 문제였다. 스탈린 집권기간과 제2차 세계대전 이후에 타타르족은 추방되거나 핍박당했다.

러시아 무슬림들의 운명과 활동들은 무슬림세계에서는 관심을 거의 끝지 못했는데, 그랬던 주요한 까닭은 틀림없이 러시아의 바깥에 거주하는 러시아 무슬림은 극소수였기 때문이다. 비록 하지haj(1년1회씩 실시되는 메카Mecca 순례)가 다양한 방식으로 장려되었지만, 상대적으로 소수자들인 러시아 무슬림들은 본질적으로 종교적 계명誠命에 속하는 것만 준수해왔을 따름이었다. 러시아 무슬림들은 자신들 중에 '더 많은 무슬림이 메카를 순례하고파하지만, 사우디아라비아 당국이 순례자들의 정원을 2만 명쯤으로 제한하기 때문에, 메카를 순례할 수 없다'고 주장한다. (또한 메카 순례에 나선 러시아 무슬림들 사이에서도 '메카에는 과격과 이슬람주의자들을 감시하는 안보기관요원들이 너무 많다'는 불평불만이 제기되어왔다.)

(이슬람회의기구Organization of Islamic Conference의 후신後身인) 이슬람협력기구Organization of Islamic Cooperation(OIC)는 다양한 경우들에서 러시아에 대한 비난이나 비판을 자제했을 뿐 아니라 체첸 반군들의 정치단체 이치케리아chkeria에 기구회원자격을 부여하기를 언제나 거부했다. 왜냐면 이슬람협력기구는 '러시아의 종교공존주의자들과 연대하려는 노력'보다 '러시아의 호의好意'를 더 중요시했기 때문이다.

1990년대에는 러시아 무슬림을 상대하는 러시아 정부의 전략 비슷한 것이 개발되었다. 전반적으로 이념보다는 실용주의가 우세했다. 러시아의 우파와 특히 극우파는 '무슬림국가들과 특히 아랍 국가들은 서구에 대항하여 투쟁하는 자신들의 자연스러운 동맹국들이다'고 러시아인들에게 정기적으로 상기시켰을 것이다. 그즈음 볼가 강 하류유역의 무슬림단체는 '러시아에 무슬림부통령이 영구적으로 존재해야 마땅하다'는 견해를 최초로 제시했는데, 심지어 러시아의 극우정당 로디나의 당대표이던 드미트리 로고진Dmitry Rogozin(1963~)

마저 이 견해를 한동안 지지했다. 그러나 (때때로 "반反시온주의" 논리들로써 보강된) 유화전략정책宥和戰略政策은 러시아의 길거리에서 표출되던 '무슬림을 반대하고 증오하는 감정들'과 불가피하게 충돌할 수밖에 없었으므로 폐기되고 말았다. 더구나 러시아의 극우파지도자들은 캅카스를 포기하려고 하지도 않았고 무슬림국가들로부터 받을 수 있는 정치적 후원을 그것과 비슷하게 평가되는 광범한 특권들과 교환하려고 하지도 않았다. 이런 이유들을 포함한 여러 이유 때문에 무슬림세계에는 러시아에 대한 오래된 의심이 존재해왔고, 그랬던 만큼이나 러시아에는 '러시아의 전투부대들을 제외하면 러시아가 믿을 만한 동맹자는 전혀 없다'고 믿는 확신이 언제나 존재해왔다. 하마스Hamas[9]를 위시한 팔레스타인 단체들의 대표들은 다양한 기회들을 만들거나 이용하여 모스크바를 방문했지만 어떤 실질적인 성과도 얻지 못했다. 그들의 이런 방문활동들이 거둔 유일한 성과는 '러시아 내부의 무슬림들에 대한 무슬림국가들의 공개적인 지원을 자제시킴으로써 러시아 내부의 무슬림들에게 커다란 실망감을 안겼다'는 것뿐이었다. 그런 부정적 성과를 반영하는 대표적인 일례는 '2014년에 러시아의 침공을 받고 탄압받기 시작한 크리미아의 타타르족이 받은 정치적 후원이 상대적으로 부족했다'는 사실이었다.

이 대목에서는 '인구 50만 명이 거주하는 잉구셰티아Ingushetia(잉구쉬)[10] 자치공화국과 이미 언급된 자치공화국들을 포함하는 북캅카스에 형성된 무슬림집단거주지들의 몇 가지 특수한 문제들'도 상기되

---

9 이스라엘에 대항하는 무장투쟁에 주력하는 이슬람 정당 겸 운동단체이다.

10 러시아 연방 남서부에 있는 자치공화국으로서 남쪽으로는 조지아와 접경하고 동쪽으로는 체첸 자치공화국과 접경하며 서북쪽으로는 북오세티야와 접경한다.

어야 한다. 중대한 위기는 예방되었고, 테러공격들은 소기의 결과들을 거두지 못했지만, 카스피 해 연안분지에서 유럽으로 연결되는 석유천연가스 수송관들에 피해를 줄 수 있는 위험은 언제나 존재했다.

러시아의 전문가들과 정책결정권자들은 '캅카스의 석유천연가스 수송관들이 직면한 위협들'과 '러시아의 다른 지역들에 설치된 수송관들도 직면할 수 있을 위협들'을 충분히 알아차린 듯했다. 이슬람분리주의가 중대한 위협으로 간주된다는 사실은 러시아 치안경찰대학교의 교재들에서 확인된다. 그런 교재들의 저자들은 '샤리아와 이슬람주의노선'을 채택해온 지역들에 전혀 공감하지 않는다. 그러면서도 그들은 단지 '러시아가 영감靈感과 지도력을 획득하려면 서쪽보다는 동쪽으로 눈을 돌려야 한다'고만 제안했을 뿐 이런 도전에 대처할 방법을 제안하지는 않았다.

해당분야에서 만연한 혼동의 또 다른 일례는 게이다르 제말Geydar Dzhemal(1947~)[11] 현상이다. 모스크바에서 유명인물로 통하는 제말의 나이는 60대 후반이다. 그는 시인이고 심병학에 관한 저서를 출간할 정도로 해박할 뿐더러 러시아 이슬람위원회의 회장이기도 하다. 제말은 러시아계 혈통과 아제르바이잔계 혈통을 동시에 물려받았고 인생의 다른 단계로 접어들 때마다 마르크주의-이슬람주의와 (파먀트의) 반유대주의를 포함한 여러 이념을 차례로 지지했다. 그의 가르침대로라면, 세계정치("세계화mondialization")는 오직 '두 부류의 지도적 슈퍼엘리트들(브리튼의 귀족층이 이끄는 부류와 워싱턴의 미국

---

11 러시아의 이슬람혁명주의자, 철학자, 시인, 정치사회운동가로서 러시아 이슬람위원회 Islamic Committee of Russia의 창립자 겸 회장이며 알렉산데르 두긴의 친구이다.

엘리트가 이끄는 부류)의 갈등배경'에 비춰져야만 이해될 수 있다. 그는 9 · 11테러를 '슈퍼엘리트들의 일부가 미국과 이슬람세계를 상대로 장엄하게 감행한 도발'로 간주했다. 그는 오사마 빈 라덴Osama Bin Laden(1957~2011)과 탈레반Taliban(Taleban)[12]을 'CIA의 피조물들이자 KGB와 결탁한 시온주의의 피조물들'로 간주했고 CIA와 KGB를 '슈퍼엘리트들이 지구를 지배하는 데 사용하는 도구들'로 간주했다. 음모론들을 연구하는 전문가들은 이런 음모론들의 출처를 간파할 것이다. 그것은 바로 초기의 알렉산데르 두긴이 제말에게 끼친 영향이다.

실제로 제말과 두긴은 파먀트에서 활동하던 시절에 긴밀히 협력했다. 이후 두긴은 지정학과 신유라시아주의라는 더욱 존경받을 만한 분야들로 진입한 반면에 제말은 다양한 이슬람위원회들과 관련된 분야에 남아서 활동했다. 이런 어이없는 미신 같은 음모론들의 잡탕이 누군가에게는 진실한 것으로 믿기는지 여부도, 심심풀이용으로나 고의적으로 얼마나 많은 혼동을 유포하는지도, 해당지역에서 소비되는 양보다 수출되는 양이 얼마나 더 많은지도 전혀 알려질 수 없을 것이다. 그래도 하여간에 이런 음모론들은 이런 위원회들을 지배하는 전형적인 정신상태를 예증한다.

러시아는 (내가 몇 년 전에도 썼다시피) 미국과 유럽의 영향력에 충분히 대항할 수 있을 만큼 강하지 않기 때문에, 첩보요원교육용 교재들의 저자들은 '러시아, 중국, 인디아, 이란의 (이른바 "리키RIKI"라는) 동맹'을 제안한다. 유머감각만 빼면 평범할 따름인 그 저자들은 자

---

12 오사마 빈 라덴은 9 · 11테러를 주동한 혐의를 받은 이슬람 무장투쟁단체 알카에다Al-Qaeda의 창설자이고, 탈레반은 아프가니스탄에서 주로 활동하는 전투적인 이슬람근본주의정치단체이다.

신들이 키플링의 소설 『정글북』에 나오는 영웅 몽구스mongoose[13] 릭키-틱키-타위Rikki-Tikki-Tawi를 안다고 언급한다. 그들은 자신들이 언급하는 국가들은 과거에는 매우 영리하게 행동했지만 소련 해체 이후 (1990년대에) 약해진 러시아의 상태를 이용하지 못했다고 평가한다(월터 라쿼, 『10년간 거둔 수확: 디스라엘리아와 에세이들Harvest of a Decade: Disraelia and Other Essays』, 2011).

2 타타르스탄 자치공화국

칵카스에서 긴장이 지속되는 동안 타타르스탄 자치공화국과 바슈키르Bashkir 자치공화국[14]이 잠잠했다는 사실은 러시아를 무척 안심시켰다. 언론은 '(두 자치공화국에서는) 지역주민들이 석유천연가스 가격 폭등의 혜택을 누려왔으며, 전통적인 이슬람사회문화의 영향력이 강하게 유지된다'고 보도했다. 실제로 사우디아라비아를 포함한 쿠웨이트Kuwait와 카타르Qatar를 출발한 이슬람근본주의설교자 몇 명이 두 자치공화국에 도착했지만, 지역주민들의 대다수는 지역여건들을 전혀 모르는 성급한 새로운 외국인성직자 몇 명이 설교하는 "중세의 여건들"에서 생활하기를 결코 바라지 않았다.

그 지역의 최고 뭅티mufti(이슬람율법설교자)이던 일두스 파이조프

---

13 실제로 아프리카, 아시아, 남유럽에 서식하는 족제빗과科 포유동물인 몽구스는 비록 작은 몸집을 가졌어도 맹독을 품은 뱀 코브라를 잡아먹기도 하는 맹수에 속한다.
14 볼가 강 중류지역의 타타르스탄 자치공화국의 동쪽으로 접경하고 우랄 산맥의 서쪽에 위치한 자치공화국. 수도는 우파Ufa이다. 2010년 인구조사결과 러시아 자치공화국들 중 최다 인구보유국이었다.

Ildus Faizov가 탑승한 자동차를 폭파하려는 시도가 감행된 2012년 7월 19일 이전까지 그 지역은 매우 강력한 통제를 받은 듯이 보인다. 파이조프는 가까스로 자동차를 탈출했지만 상당한 부상을 입었고, 그의 보좌진 한 명은 사망했다. 이 사건은 면밀히 조사되고 논의되었다. 그렇게 밝혀진 사건의 정황은 초기에 알려진 것보다 더 불편한 것이었다. 타타르스탄 자치공화국의 내무부 장관이던 아르템 호호린Artem Khokhorin은 몇 주일 후에 자치의회의원들과 회동한 자리에서 "근래 13년간 그 지역에서는 암묵적 전시상황戰時狀況이 지속되었다"고 토로했다. 그 기간에 몇몇 아랍 국가를 출발하여 타타르스탄 자치공화국으로 유입된 이슬람설교자들이 타타르스탄 자치공화국을 체계적으로 잠식해갔다. 그런 설교자들 중에는 외국인들도 있었지만 메카와 메디나Medina[15]에서 이슬람율법을 공부한 타타르스탄 출신자들도 있었다. 즉 그런 설교자들은 살라피 운동단체의 교리들을 타타르스탄 자치공화국에 체계적으로 주입한 자들이었다. 더구나 금요일과 공휴일마다 모스크에서 거행되던 예배에 참석하는 사람들의 출신도 변했다. 새로운 예배참석자들의 절반 남짓은 중앙아시아 출신자들이었는데, 그들은 중앙아시아에 있을 때부터 이미 살라피 단원들한테 세뇌당한 사람들이었다. 러시아의 다른 지역들에서도 똑같은 상황이 전개되었다. 북캅카스의 스타브로폴 지역에 거주하던 인구의 4분의 1 남짓은 이미 무슬림들이었고, 심지어 우랄 산맥의 남부지역과 시

---

15 사우디아라비아의 서부고원지대에 위치한 이 도시에는 이슬람교의 창시자 무함마드 Muhammad(모하메드Mohammed/마호메트Mahomet, 570~632)의 무덤 위에 건립되었다고 알려진 '알-마스지드 알-나바위al-Masjid an-Nabawi(예언자의 모스크)'가 있다. 그래서 메디나는 이슬람세계에서 메카 다음으로 중시되는 성지이다.

베리아의 서부지역마저 살라피 단원들의 주요 포교대상지역들에 포함되었다는 소식도 몇 차례 보도되었다. 문제들로부터 비교적 자유롭던 바슈키르 자치공화국의 대통령도 어느덧 "종교광신주의가 정치적 위협으로 변했다"고 공표하는 상황을 맞이했다. 당면한 문제는 '전통적 지도자들이 이런 추세들을 알아차리지 못했다'는 사실이 아니라 '그들이 이슬람근본주의자들을 키워냈다'는 사실이었다. 만약 일두스 파이조프를 폭살하려는 시도가 성공했다면 타타르스탄 자치공화국의 유력한 살라피 설교자들 중 한 명이 그의 후임자가 되었을 것이다.

파이조프 암살미수사건이 발생하고 얼마 지나지 않았을 무렵에 카잔에서 가장 큰 (그리고 동유럽에서도 가장 큰) 모스크의 최고설교자이던 라밀 유누소프Ramil Yunusov는 자신의 영어실력을 향상시켜야 한다는 명분을 내세우며 런던으로 서둘러 출국했다. 그리고 유누소프는 카잔으로 돌아가지 않았다. 아무도 그를 파이조프 사건의 직접연루자로 간주하여 비난하지는 않았다. 그렇지만 유누소프는 이슬람율법설교자 파이조프의 유력한 종교적/이념적 반대자였다. 메디나에서 몇 년간 공부한 유누소프는 카리스마를 갖춘 설교자로서도 존경받았을 뿐 아니라 종교계의 기득권자들과도 우호적인 관계를 유지했다. 그러므로 더 일반적인 견지에서는 '세속의 당국자들 및 러시아 안보기관들로부터 후원을 받는 종교계의 기득권자들보다도 사우디아라비아에서 교육받은 젊은 이슬람설교자들이 더 많은 인기를 누렸다'고 평가될 수 있다.

카잔의 사건들이 이례적이고 순전히 국지적인 성격을 띠었더라면 정치적으로 더 광범하게 주목받지 못했을 것이다. 그러나 그것들은 이례적인 사건들이 아니었다. 이 대목에서 다음과 같은 알렉세이 말라셴코의 견해도 인용될 수 있다.

> 러시아에서 예전부터 유순하던 몇몇 지역의 무슬림들은 근본주의자들로 변해갈 뿐더러 심지어 극단주의자들로 변하기도 한다. 심지어 이슬람율법설교자 암살미수사건이 발생하기 전에도 암살공격들이 감행되었는데, (이슬람수피교파에 속하는) 타리카파Tariqa派의 정신적 지도자 알 티르카위al Tirqawi를 포함한 이슬람설교자들을 암살하려는 공격들 중에 성공한 몇 건은 적절한 공격들로 생각되기도 했다. 그래서 몇몇 관찰자는 작금의 상황을 '볼가 강 유역의 캅카스화化 Caucasization'가 개시된 상황으로 간주하기도 한다.

실제로 살라피 단원들의 영향을 과대시하는 경향도 가끔 나타난다. 그래서 종교적 기득권을 지닌 설교자들은 살라피 단원들을 포함한 모든 반대자를—반대자들의 견해들과 무관하게 싸잡아—비난하는 경향을 보인다. 그러나 '이슬람근본주의의 문제가 확산되면서 더욱 첨예해진다'는 사실은 의심될 여지없다. 그리고 러시아에서 문제는 이제 소수의 집단거주지들에만 국한되지 않고 무슬림거주지들의 대부분으로 확대되어왔다.

러시아 당국자들이 이슬람극단주의자들의 영향력을 제한하려고 취할 수 있었던 조치는 무엇이었을까? 러시아 당국자들은 전통주의적인 이슬람설교자들을 후원하던 방침을 바꾸어 (특히 청년세대에게 영향을 끼치는 이슬람설교자들 중에도) 더 많은 인기를 누리는 이슬람설교자들을 후원할 수 있었다. 그러나 러시아의 공동체들에서 국가주의적 근본주의화化가 진행되던 얼마 동안에 그렇게 인기를 누리던 이슬람설교자들이 과연 협력했을지는 의심스럽다.

더구나 카자흐스탄 같은 이웃국가들도 이슬람극단주의에 감염될 위험이 증가했다. 카자흐스탄은 이웃한 무슬림공화국들보다 경제적으로 훨씬 더 우월했지만, 그런 경제적 우월성도 이슬람극단주의와 테러리즘을 예방하지 못했다. 2012년 12월에 카자흐스탄 정부는 '이른바 칼리프의 군대Jund al Khilafat가 국가안보를 위협한다'고 처음으로 공식발표했다. 그 후부터 카자흐스탄에서는 (이슬람극단주의자들의) 자살테러공격이 여러 번 감행되었다.

이슬람테러리스트들 중에는 캅카스 출신자들도 있었고 아프가니스탄에서 훈련받은 자들도 있었다. 그러나 카자흐스탄 경찰도 '카자흐스탄 내부에서 감행된 테러공격들을 주동하도록 훈련받은 지역 테러리스가 있었다는 사실'을 확인했다. 상하이협력기구의 회원국인 카자흐스탄은 자국의 내부에서 그런 비상사태들이 발생하면 중국과 러시아에 도움을 요청할 수 있으므로 어쩌면 현존하는 위험의 규모를 과대평가하지 않아도 될 것이다. 그런 한편으로 현재 러시아에는 카자흐스탄 출신 "외래노동자들" 수십만 명과 카자흐스탄의 이웃공화국들로부터 유입된 훨씬 더 많은 외래노동자가 거주한다. 그들 사이에서 이슬람근본주의의 영향들은 직접효과를 발휘할 것이다.

한두 세대가 더 지나기 전에 러시아는 무슬림국가로 변하리라고 경고하는 언론기사들은 아마도 과잉반응의 소산들일 것이다. 그러나 탁월하고 예리한 정치적 통찰력을 완전히 결여한 사람도 '무슬림공동체인구가 러시아인구의 51퍼센트에 달하기 훨씬 전부터 문제들이 연발할 수도 있을 가능성'을 쉽게 이해할 수 있을 것이다. 푸틴의 인구정책과 "러시아인들을 위한 러시아" 정책은 결합될 수 없는 정책들이다. 더구나 '러시아가 새로운 외래인구 수백만 명을 통합시키려는 정책을 성공시킬 수 있을지'도 의심스러운 문제로 남아있다. 근래수년간 제정된 러시아 연방의 법률들은 연방에 소속된 자치공화국들에게 자율성을 많이 부여하지 않는다. 오히려 정반대로 현재 그런 자치공화국들의 자율성은 과거의 것보다 더 심하게 제한된다.

게다가 푸틴을 곤란하게 만드는 것은 다수의 "러시아인들을 위한러시아"를 외치는 군중뿐만이 아니다. 러시아 정교회도 자신들이 공식적인 이슬람 유화정책으로 간주하는 것을 반대한다. 정교회가 바라는 것은 러시아 정교가 국가종교로서 차지했던/차지할 옛/새로운위상을 유지하는 것이다. 무엇보다도 가장 심각한 문제는 여론의 과반수가 정부의 공식정책과 상반된다는 것이다.

이슬람세계 및 이슬람주의를 상대하는 러시아의 외교정책은 모든가능성을 열어두려고 노력하기만 해왔을 뿐 여태껏 결정되지는 않았다. 러시아에서는, 미국이 비록 멀리 있으되 여전히 위협적인 강대국으로 여겨지고, 이슬람주의자들의 반미활동들은 무조건 환영받아왔을 뿐 아니라 매우 빈번하게 환영받아왔다. 그러나 아프가니스탄에서 미군과 나토NATO(북대서양조약기구North Atlantic Treaty Organization)[16]의 연합군이 철수하면, 아프가니스탄이 중앙아시아에서 감행되는 지하드jihad[17] 활동들의 근거지로 변하면서 또다시 러시아를 괴롭히는

---

16 제2차 세계대전 이후 소련을 위시한 공산주의국가들의 위협에 대응하여 미국, 서독, 브리튼, 프랑스, 에스파냐, 이탈리아, 벨기에, 그리스, 네덜란드, 노르웨이, 캐나다 등이 집단방위체제를 확장하려고 1949년에 북대서양조약을 체결하면서 구성된 국제방위기구.

17 때때로 '이슬람성전聖戰'으로 번역되기도 하는 이 아랍낱말은 '이슬람교를 전파하거나수호하려는 무슬림들이 이교도들을 상대로 벌이는 투쟁이나 전투'를 뜻한다.

문제가 될 수밖에 없을 것이다. 왜냐면 러시아는 아프가니스탄에 가깝게 있고 미국은 훨씬 더 멀리 있기 때문이다. 더구나 러시아 정부의 전략은 여전히 '미국의 그림자'를 벗어나지 못했을 뿐더러 '미국을 돕는 것은 러시아에 해로운 것이 틀림없다고 믿는 확신'을 벗어나지도 못했다. 러시아가 서구를 위험하게 여기는 강박관념을 벗어나려면 오랜 시간이 걸릴 수 있다. 위험들과 적들을 엉뚱한 곳들에서만 찾고 진정한 위험들과 적들을 간과해버리는 버릇은 오랫동안 러시아의 운명이었다. 러시아의 그런 운명적인 버릇들은 깊은 뿌리들을 가져서 조속히 사라지지는 않을 듯이 보인다.

3 반체제세력

소련 해체 이후 러시아 정권들은 처음부터 국내에서 저항을 직면해야만 했다. 초기의 저항은 주로 헌법의 변화들과 관련되었고 러시아 국내정치를 주도하는 러시아공산당의 역할과 특히 더 깊게 관련되었다. 나중에 이런 특유의 걸림돌은 깨끗이 치워졌고 러시아는 적어도 법률의 차원에서는 민주화되었다.

푸틴이 집권하자 반정부세력이 목소리를 내기 시작했다. 러시아인들은 자유와 민주주의보다는 안정과 질서를 더 절실하게 바랐다. 획득된 자유들은 실생활에서 다시금 서서히 박탈되거나 무시되어갔다. '서구식 민주주의들은 러시아에는 부적합할 뿐더러 러시아의—구체제가 무너지고 1990년대의 총체적 격변들이 진행된 이후에 형성된—현실조건들에는 확실히 더 부적합하다'고 널리 주장되었다. 이 주장은 부분적으로는 '공산주의시대를 벗어나는 과도기의 난제들'과 '그런 과도기에 저질러진 실책들' 때문에 제기되었다. 다른 어떤 형식의 민주주의가 러시아에 적합할 것이냐 여부는 미결문제로 남았다. "민주주의"와 "민주적인"이라는 용어들은 부정적인 함의를 얻었다.

정치적 자유들이 박탈될 때마다 시위들이 발생했고, 그럴수록 자유들은 더 심하게 제한되었다. 반체제세력은 선거결과들이 조작되었다고 (단언하다시피) 항의하는 성명서들을 발표했다. 평화적인 항의행진들과 유사한 항의활동들도 전개되었다. 이런 사건들의 주동자들은 처음에는 소련시대말기의 반체제인사들이었지만 신세대 항의자들이 서서히 전면에 등장하기 시작했다. 신세대 항의자들은 우파성향을 더 강하게 드러낸 알렉세이 나발니Alexei Navalny(1976~)와 좌파성향을 더 강하게 드러낸 세르게이 우달초프Sergei Udaltsov(1977~) 같은 청년들이었다. 그러나 "좌파"의 의미도 "우파"의 의미도 변했고 양파兩派가 한동안 지녔던 중요성도 사라졌다. 좌파의 요구사항들은 마르크스-레닌주의와 거의 무관했고, 좌파의 애국주의도 최소한 다른 파들의 애국주의만큼이나 요란스러운 목소리를 냈다. 그즈음의 주요 논제들은 '부정부패'와 '정치적 자유의 부재'였다. 한때 러시아 국무총리를 역임한 역사학자 블라디미르 리즈코프Vladimir Ryzhkov(1966~)는 '러시아 정부가 수년간 어떤 새로운 정당도 인정하지 않았다는 사실이야말로 정치적 자유의 부재를 단적으로 예증하는 것이다'고 주장했다. 그런 와중에도 청년단체 나쉬를 거느린 집권여당인 통합러시아당은 모든 특혜를 누렸지만, 나발니의 유명한 표현대로라면, 그들은 사실상 "도둑들과 깡패들"이었다.

카리스마를 갖춘 젊은 변호사 나발니는, 러시아에서 가장 널리 읽히는 공포소설작가 보리스 아쿠닌Boris Akunin(1956~)과 좌담하면서 밝혔다시피, 국가주의적 민주주의자(또는 민주주의적 국가주의자)로 자신을 규정했다. 나발니는 극우단체들의 회합들에 연사演士로서 초빙되기도 했다. 나발니의 충성스러운 추종자는 수천 명에 불과하다고 일반적으로 추산되었다. 그래서 2013년에 실시된 모스크바 시장선거에서 푸틴이 내세운 후보이던 세르게이 소뱌닌의 대항마로서 입후보한 나발니가 유권자 수십만 명의 지지표를 획득했다는 사실은 놀랍게 여겨졌다. 나발니는 재정적 후원자도 강력한 후원단체도 전혀 보유하지 않았지만 인터넷 블로거였기 때문에 그토록 많은 지지표를 획득할 수 있었다. 그랬는데도 나발니와 정치적 항의자들이 선거에서 공식적인 후보자들을 누르고 승리하지 못했다는 사실은 어떻게 설명될 수 있을까?

흔히 그렇듯 이 사실의 이유는 한 가지가 아닌 여러 가지이다. 첫째이유는 다음과 같다. 현재 러시아 정계에서 활동하는 모든 사람은 '선거결과가 변화를 초래하지는 않으리라'고 보는 견해에 사실상 동의한다. 만약 반체제세력의 후보가 승리했다면, 그는 예컨대 공금횡령, 강간, 대량살인, 교통법규위반, 조세포탈 같은 혐의들로 고발될 수도 있으리라고 믿겼을 것이다. 그는 살해될 수도 있었을 것이다.

둘째이유는 다음과 같다. 반체제세력은 사분오열되어있고 군소정당은 무수히 많아서 공동행위에 필요한 역량을 결집할 수 없을 듯이 보인다. 세르게이 우달초프는 이념적으로 러시아공산당원들과 가까웠고 러시아공산당 대표의 수석보좌관으로 활동했다. 그러나 최근에 어느 기자회견에서 우달초프는 "그 대표를 차기 대통령으로 간주하기 싫었다"고 말했다. 그의 염려들이 옳았을 가능성은 농후하다.

더구나 푸틴은 퇴직자들, 공직자들, 성직자들, 노동자들을 포함하는 사회계층들로부터 확고한 지지를 받는다. 반체제세력의 지지자들은 주로 지식인들과 중류계층에 속한다. 나발니와 우달초프의 지지자들은 자신들이 지지하는 두 사람의 정직한 인성을 믿을 수도 있을 것이다. 그렇지만 나발니의 강력한 국가주의와 우달초프의 공산당친화성은 신뢰받지 못한다.

푸틴 정권은 언론매체들을 사실상 독점하는 권한을 행사한다. 검열은 고르바초프가 집권하던 1990년에 공식적으로 폐지되었지만 언론매체들의 자체검열은 여전히 매우 강력하게 실행된다. 모든 주요 텔레비전 채널은 '정권을 부정하거나 비판하는 내용을 방송하지 않을 자들로서 믿길 만한 소유주들'의 수중에 있다. 모스크비Moskvy나 도즈드Dozhd 같은 소수의 텔레비전 방송국들과 라디오 방송국들만 독립성을 유지할 따름이다. 정권을 불편하게 만드는 언론인들은 위협받았고, 물리적 공격을 받기도 했으며, 심지어 몇몇 언론인은 살해되기도 했다.

현재의 러시아 언론이 차르 시대의 러시아 언론보다 다소나마 더 자유로울까? 두 시대는 몇 가지 흥미로운 유사점을 공유한다. 카를 마르크스의 저작은 1917년 이전의 잉글랜드와 독일에서는 주문되고 판매될 수 있었지만 러시아에서는 그리될 수 없었다. 오늘날《모스크바 타임스Moscow Times》에 실릴 수 있는 기사들은 러시아어를 사용하는 언론매체에는 앞으로 결코 실릴 수 없을 것이다. 서구에서도 그렇지만 러시아에서도 책들은 이제 널리 읽히지 않는 반면에 사람들의 대다수는 더욱 새로운 매체들에서 정보를 얻는다.

그래도 당국자들의 관점에서는 커다랗게 보이는 (그리고 바람직하지 않게 보이는) 구멍이 존재해왔다. 그 구멍은 바로 수많은 러시아인이 러시아와 외국들에서 발생하는 사건들에 관한 정보를 얻는 인터넷이다. 이렇기 때문에 러시아 정부는 다른 권위주의체제들에 존재하는 것과 같은 "국영 인터넷"을 설치하여 민영 인터넷을 통한 정보입수를 불가능하게 만드는 법률을 제정하려고 상당한 시간을 들여 노력해왔다. 그래서 '그런 노력은 필연적으로 권위주의체제에서 전체주의체제로 이행하는 행보로 해설될 수밖에 없다'는 주장도 제기될 수 있었다. 이것이 바로 그런 행보를 고려하던 몇몇 비非권위주의국가가 예상결과들을 따져보다가 결국 그런 행보를 중단해버린 이유였다. 그러나 심지어 검열이 법제화되지 않았어도 러시아 당국자들은 여태껏 불온한 인터넷 웹사이트들을 폐쇄할 수 있었고, 러시아 최대의 사회관계망social network 사이트 브콘탁테VKontakte의 대표는 2014년에 러시아에서 강제출국조치를 당했다. 이렇듯 정보유통자유를 억제할 수 있는 상황들에서 러시아의 정부와 집권여당은 사실상 정보독점권력을 행사한다.

만약 푸틴의 여당인 통합러시아당이 집권하지 못했더라도 푸틴은 개인적으로 높은 인기를 시종일관 누렸을 것이다. 2014년에 러시아 소치Sochi에서 동계올림픽이 개최(2월 7일~2월 23일)되고 러시아 군대가 크리미아를 침공(2월 27일)한 이후부터 급등하기 시작한 푸틴의 지지율은 무려 90퍼센트까지 치솟았다. 애국주의/국가주의 정책은 승리했다. 심지어 우크라이나 위기에 대응한 푸틴의 정책을 인정하지 않은 민주적 반체제세력의 일부도 '크리미아는 러시아의 영토였으므로 러시아에 다시 귀속되어야 마땅하다'는 푸틴의 의견에 동의한다. 푸틴이 세계평화를 위태롭게 만들지도 경제를 심하게 악화시키지도 않으면서 애국주의/국가주의라는 패牌를 활용할 수 있는 한에서 반체제세력이 유의미하게 전진할 수 있을 가능성들은 최소화되었다.

러시아가 완전한 파시즘 국가로 변할 수도 있었을까? 몇몇 관측자는 '러시아는 파시즘 단계로 이미 접어들었다'고 주장해왔다. 그러나 감정적-심리적 관점에서는 얼마간 이해될 수 있을 그런 식의 주장들도 엄밀한 분석을 버텨낼 만큼 튼튼한 근거와 논리를 거의 겸비하지도 못했을 뿐 아니라 현대 러시아 정치의 동역학動力學을 이해하려는 사람에게는 유용하지도 않을 것이다. 러시아의 민주적 솔리다르노스트Solidarnost[18] 운동의 지도자들 중 한 명이자 부총리를 역임한 보리스 넴초프Boris Nemtsov(1959~2015)는 2014년 봄에 '러시아는 독재국가로 변했다'고 단호하게 주장했다. 비록 이 주장을 강력하게 예증해줄 만한 일례가 있을지라도, 이렇게 단호한 진술이 여느 누구에게나 달갑게 들릴 수는 없을 것이다. 왜냐면 러시아는 이전에도 자유국가는 아니었지만, 비록 독재국가로 변하려는 러시아의 경향이 명백한 사실일지언정, 이후에도 완전한 독재국가는 아니었기 때문이다.

21세기의 유럽에서 "파시스트" 체제로 간주되어온 정치체제들의 공통분모는 거의 발견되기 어렵다. 나치 독일은 "파시스트" 국가가 아니었고, 파시스트 국가 이탈리아는 나치 국가가 아니었다. 유럽의 더 작은 국가들마저 감안되면, 공통분모들이 발견되기는 훨씬 더 어려워진다. 이런 난관은 시간이라는 요인과 부분적으로 관련된다. 왜냐면 파시스트 시대는 오래 지속되지 않았기 때문이다. 파시스트 시

---

18 '연대連帶'를 의미하는 이 러시아낱말은 2008년 12월에 러시아의 많은 반체제인물들이 창립한 '러시아 자유민주주의정치단체'의 명칭이기도 하다.

대는 정확히 나치스가 집권한 이후부터 제2차 세계대전이 개시된 단 6년간만 지속되었다. 그러므로 여기서 "파시스트"라는 용어는 분석과 이해에 필요한 만큼만 제한적으로 사용된다.

모든 파시스트 또는 유사類似파시스트 또는 준準파시스트 국가들과 단체들이 동일한 과정을 거쳐서 발달했을 가능성은 거의 없다. 대규모 파시스트 국가들과 소규모 파시스트 국가들 사이에는 분명한 차이들이 존재했다. 대규모 파시스트 국가들은 팽창주의와 군사적 공격을 추구하는 성향을 보인 반면에 소규모 파시스트 국가들은 비록 군국주의의 영향을 받았을 수는 있어도 팽창주의와 공격성향을 보이지는 않았다. 그래도 모든 파시스트 체제는 일정한 특징들을 공유했는데, 예를 들면, '지도자의 현존'과 '그런 지도자를 예찬하는 숭배심리나 숭배의례'도 그런 특징들에 속한다. 그래서 단일한 집권여당에만 지배권을 부여하지 않았거나 양당제나 다당제를 수용하고 두 가지 내지 여러 이념들도 인정했던 체제들이 오히려 파시즘의 성격을 띠지 않는 군사독재체제나 우파 대중영합주의 독재체제로 귀결될 가능성이 더 농후했다.

러시아에서는 수년 전부터 (미국 오하이오 주립대학교 교수 헬레나 고스칠로Helena Goscilo의 편저 『유명인 겸 문화적 우상 푸틴Putin as Celebrity and Cultural Icon』에서도 다뤄진) 개인숭배가 확실하게 시작되었지만 스탈린 숭배보다는 훨씬 온건한 편이었다. 왜냐면 아마도 '심지어 공산주의자들한테도 좋은 인상을 남겨주지 못한 스탈린 숭배열과 그것의 때로는 우스꽝스러운 성격' 때문에도 그랬겠지만 푸틴 숭배가 반쪽진심에서 비롯되었을 수밖에 없기 때문에도 그랬을 것이다. 푸틴을 "국민의 아버지"로 추앙받게 만들려는 시도들도 이따금 감행되었다. 그러나 푸틴은 '아버지'를 상징할 만한 인물이 아니었으므로 그런 시도들은 거의 확실히 실패할 수밖에 없었다. 푸틴의 공개된 인격은 애국자의 것이자 실로비크의 것이었지만 위대한 영도자에게 필수적인 것들로 생각되는 다른 속성들을 결여했다. 푸틴은 무솔리니와 마찬가지로 강력한 마초macho[19]의 요소를 지녔다. 무솔리니는―말[馬]을 타고 하는 스포츠를 즐겼으므로―상반신을 노출하는 경우가 드물었지만, 푸틴은 유도를 연습할 때나 다른 스포츠들을 즐길 때면 잘 발달된 근육들을 겸비한 상반신을 아주 빈번하게 노출했다. 독일의 나치 지도자들 사이에서 상반신노출은 예의범절에 어긋나는 처신으로 간주되었다. 그런데다가 히틀러나 괴링이나 괴벨스도 국민의 자부심을 드높이거나 눈을 즐겁게 해줄 만한 외모의 소유자들이 아니었다. 독일사회민주당Sozialdemokratische Partei Deutschlands의 대표 프리드리히 에베르트Friedrich Ebert(1871~1925)는 언젠가 수영복차림으로 사진을 찍었는데, 그 사진이 1920년대의 에베르트에게 중대한 정치적 타격을 입혔다. 동독의 지도자 발터 울브리히트Walter Ulbricht(1893~1973)는 기계체조를 대단히 즐겼지만 공개된 장소에서는 언제나 완전한 복장을 착용했다.

러시아 정당들의 역사는 매우 짧다. 실제로 소련이 해체된 이후에야 비로소 정당들이 두마를 대표하기 시작했다. 그러나 그런 정당들이 과연 진정한 정당들이었느냐 여부도 확실하지 않고, 그 정당들의 막후 실력자들과 지도자들, 필요한 정당운영자금을 후원하거나 조달한 자

---

19 남성적 특성들을 과시하려는 성향을 강하게 드러내는 남자들 또는 남성우월주의자들을 가리키는 통칭이다.

들, 그 정당들이 대변한 이권들을 누린 자들의 정체도 확연하지 않다. 그래도 위기가 발생하면 이런 사이비정당들이 나름의 의지와 정책을 겸비한 독립적인 정치단체들로 돌변했을 가능성은 없었을까? 그리고 향후 언젠가 그렇게 될 만한 상황이 발생할 가능성은 없었을까?

4 집권여당

현재 러시아의 지도자들은 젊었을 때 '강력한 정당은 국가를 가동시키는 구동벨트transmission belt 같이 필수적인 것이다'고 배웠다. 민주주의체제를 구성하는 선거들과 기타 양념들이 존재하는 한에서 강력한 정당은 대중들을 움직이는 데도 필요했고 지배층의 메시지를 국민에게 전달하는 선전기관을 수립하는 데도 필요했다. 대통령임기 말기의 고르바초프와 옐친은 정당 없이 통치했지만, 그런 통치방법은 지도자와 그의 측근들을 괴롭힌 다양한 문제들을 유발했다. 왜냐면 그들이 설정한 모든 종류의 목적들을 달성하려면 후원금을 모으고 활동적인 조력자들을 동원해야 할 필요가 있었기 때문이다. 비록 원래는 선거로 선출되던 지자체장들이 이제는 크렘린에서 임명될지라도, 러시아의 지도자와 측근들은 올리가르히들과 지자체장들에게 너무 많이 의존하지 않으려고 했다.

옐친 체제의 말기에 다양한 친親크렘린 군소집단들이 통합되었고 1999년 두마 의원선거를 준비하는 과정에서 현재의 집권여당이 형성되었다. 그들은 좌파와 극우파를 반대하고 중도적 반파시스트 정당으로 자처했다. 푸틴은 한때 이 정당의 대표였다가 사임했는데, 드미트리 메드베데프도 그랬고, 메드베데프의 전임자이던 세르게이 쇼이구도 그랬다.

지금까지 치러진 두마 의원선거들에서 총득표율 49~72퍼센트를 기록해온 이 정당은 언제나 두마의 최강정당이었다. 2007~2008년에 이 정당의 지지율은 최고치를 기록하면서 최전성기를 누렸다. 물론 이 정당의 당선자들은 투표용지조작을 포함한 각종 부정선거혐의로 빈번하게 고발되었지만, 수사결과들은 언제나 무혐의로 낙착되었다.

어찌되었건, 러시아를 지도하는 세력으로 확립된 단일한 집권여당의 입지는 근래 수년간 위기를 겪으면서도 쉽사리 무너지지 않았다. 집권여당이 하위조직 전국구 청년단체(나쉬)를 조직하기는 훨씬 더 어려웠다. 그 청년단체는 장기간에 걸쳐 조직되었지만 의도했던 만큼 강력한 세력을 규합하지 못했다. 그 단체는 러시아로부터 독립한 몇몇 공화국에서 발생한 "오렌지색 혁명들orange revolutions"[20]과 경쟁하는 대항단체로서 2005년에 창립되었다. 그 단체에 자발적으로 가입한 회원들은 극소수에 불과했다. 그 당시에 떠돌던 소문들대로라면, 그 단체의 신입회원들은 프로축구팬들이었고 일당을 지급받을 수 있는 시위들에만 참가했다고 한다. 그 단체의 공식강령대로라면, 그 단체는 극우파와 극좌파와 파시즘을 반대했지만 반反애국적 올리가르히들의 월권행위들도 반대했다. 그런 강령은 2011년까지 푸틴의 수석보좌관 겸 주요한 이념학자로서 활동한 블라디슬라프 수르코프가 생각해낸 것이 분명했다. 그러나 수르코프는 이런 단체의 조직자

---

20 '부정선거규탄시위들'을 가리키는 이 혁명들을 촉발시킨 최초혁명은 2004년 우크라이나에서 벌어진 오렌지색 깃발들을 앞세운 대규모 부정선거규탄시위였다.

로서 뛰어난 수완을 발휘하지 못했고, 나쉬는 시종일관 두각을 거의 드러내지 못했다. 나쉬는 혈기왕성하고 유력한 청년단체라면 필히 갖춰야 할 모든 핵심요소뿐 아니라 특히 가장 핵심적인 요소인 '열광'마저 결여했다. 아마도 나쉬의 모든 회원이, 알렉세이 나발니가 단정했던, 도둑놈들과 깡패들은 아니었겠지만, 그들은 정치적으로는 오히려 쓸모없게 보였다.

옛 헌법대로라면 국가를 가동시킬 엔진과 구동벨트의 역할들을 수행해야 할 정당도 없고 권위주의체제에 정면으로 대항할 공식이념도 없는 상황에서 러시아는 단순히 푸틴을 예찬하는 자들의 사회로서만 존재할 수는 없을 것이다. 더구나 그런 사회로서 존재하려는 목적만이라도 달성되려면 어떤 유력한 단체가—이익들을 공유하는 동지들의 인맥집단과 나란히— 존재할 필요가 있다. 이 집단들은 (오늘날 FSB로 알려진) KGB요원들로 어느 정도는 조직될 수 있었다. 그들은 정권의 유명한 "수직권한체계"대로 경찰과 사법부에 명령들을 하달할 수 있는 권한을 부여받는다. 그들은 언론사들을 위협하거나 매입할 수 있다. 그들은 정부의 핵심공직자 몇 명과 실무제휴들을 맺거나 심지어 그들의 심복 몇 명을 그런 직책들에 앉힐 수도 있다.

정치운동들과 파시즘을 집중적으로 연구하는 학자들은 그런 집단들의 공통특징들을 발견하려고 노력해왔다. 그들은 이른바 "최소한의 파시즘fascist minimum"을 구성하는 요소 열 개 혹은 열두 개 혹은 열네 개를 추출했다. 집권하는 파시즘은 언제나 지도자 한 명을 보유했고 어떤 위원회의 지배를 결코 받지 않았다. 파시즘이 집권하는 곳에는 언제나 단일한 집권여당이 존재했고, 그런 정당이 사라지는 즉시 그런 체제의 진정한 성격을 의문시하는 질문들이 제기된다. 파시스트 체제는 체제이념들을 선전하고 전파할 수 있는 권한들을 완전히 (또는 거의) 독점했을 뿐 아니라 정치적 폭력도 역시 완전히 (또는 거의) 독점했다. 파시스트 체제에는 독립된 사법기관은 전혀 존재하지 않았다.

그런 동시에 파시스트 체제들 각각은 몇 가지 측면에서 서로 달랐다. 러시아의 체제는 공산주의체제에서 매우 다른—극우체제 아니면 준準파시스트 체제 아니면 다른 여하간의 어떤—체제로 변이한 최초의 체제라서 대단히 독특했다. 이런 체제들 간의 차이들을 하나씩 살펴보는 작업은 흥미롭겠지만, 이런 체제들(이나 단체들)이 과도기 상태에 처한 경우가 많으므로, 이런 차이들을 분류하느라 굳이 고심할 필요는 아마도 별로 없을 것이다.

공식이념이 이른바 '이념의 과포화기過飽和期'를 거쳐서 소멸해버린 상황은 확실히 매혹적인 상황이지만, 그런 상황이 지속될지 여부와 지속될 기간은 전혀 확실하지 않다. 역사에는 노선의 부재不在나 신념체계의 부재가, 적어도 일시적으로나마, 묵인될 수 있을 기간期間들도 있겠지만 그런 부재가 상상조차 될 수 없는 기간들도 있다. 그런 경우들과 비슷하게 심지어 독재정권들의 역사에도 최소한의 억압만으로도 정권이 충분히 유지될 수 있을 기간들이 있는 반면에 대대적인 억압이 필요할 (혹은 필요하다고 생각될) 기간들도 있다. 만약 혼란을 두려워하는 공포심이 만연해진다면, 집권자들은 강력한 통수권자의 필요성을 지속적으로 증명하지 않아도 될 것이다. 만약 독재정권이 비교적 근래에 등장했거나 별로 오래되지 않은 과거부터 효력을 발휘해왔어도 역시 마찬가지로 강력한 통수권자의 필요성을 지속적으로 증명해야 할 필요는 없을 것이다.

이런 상황들에서 파시스트 체제가 유지될 수 있을까?

그리고 반체제세력은 또 어떨까? 러시아에서 현재 집권하는 바와 같은 정치체제에서 반체제세력의 성공을 예상하는 전망들은 어떤 것들인가?

만약 어떤 체제나 통치자가 아주 오랫동안 집권해왔다면 집권관행은 이미 완전히 굳어서 변화요구는 강해지고 빈발해질 것이다. 만약 그렇지 않다면, 당연하게도, 그 체제는 추진해온 모든 정책과 사업을 외견상으로만 겨우 성공시켰을 것이다. 그래서 집권정당의 권력기반이 근저에서부터 균열되면 그것이 유지해온 지배체제마저 위태로워질 수 있다.

현존하는 푸틴 체제의 반대세력은 극우진영에서도 일정하게 배출된다. 극우진영은 '현존하는 지배자들이 충분히 공격적인 자들도 아니고 충분히 반민주적인 자들도 아니다'고 주장한다. 그렇더라도 '푸틴 정권이 점점 더 많이 채택하는 억압수단들, 크리미아를 접수해서 얻은 인기, 우크라이나에서 분리되려는 독립주의자들을 강력하게 밀어주는 지원정책'은 반체제세력의 목소리를 일시적으로나마 잠재웠다. 러시아인들의 과반수가 권위주의적 통치에 완전히 만족하는 듯이 보이는 현재의 분위기에서는 민주적 반체제세력이 대중의 지지를 받을 가능성은 없게 보인다.

푸틴 체제의 중대한 권력기반은 대체로 무시되는 지역이권세력들을 거느린 중앙이권세력이다. 지역이권세력들을 대변하는 반체제세력이 훨씬 더 유리한 기회를 잡았을 가능성이 농후했지만 반체제세력은 그런 기회를 잡으려는 노력조차 하지 않았다.

제7장

새로운 국가노선

서구사회는 전통적으로 러소포비아, 즉 러시아 공포증의 태도를 가지고 있다. 미지의 세계이기도 하고, 난공불락의 요새이기도 한 러시아의 특징 때문이다. 21세기의 러시아는 이러한 러소포비아의 유산을 거부하지 않는다. 푸틴은 보수적인 이념학자 이반 일리인을 거론하며 그의 사상에서 새로운 노선과 이념을 발견했다. 푸틴은 연설과 기고문에서 일리인을 자주 인용하고, 측근에게 그의 책을 권하기도 했다. 군주정치와 전제적 독재정치에 대한 지지를 감추지 않은 일리인을 통해서 푸틴이 강조하고자 하는 것은 무엇일까?

1 복고노선

1990년대에 소련은 해체되었지만, 소련이 근거로 삼던 이념은 이미 오래전부터 확실한 탈진증세를 겪었다. 실제로 마르크스주의-레닌주의의 고전들은 필요하다고 생각될 때면 여전히 의례적으로 인용되었지만, 1920년대에는 그토록 현저하던 역동적이고 혁명적인 정신은 어느덧 사라졌다. 무엇이 그런 정신을 대체할 수 있었을까? 또 다른 혁명충동이 출현할 가능성은 없어진 듯이 보였다. 왜냐면 미국의 대학교들과 유럽의 대학교들에서는 새로운 좌파가 감지될 수 있었지만 소련에서는 그리될 수 없었기 때문이다.

1917년 혁명이 발생하기 전에도 그랬듯이 소련 해체 이후의 러시아에서도 국가주의와 종교가 명백한 해답들로 보였다. 그러나 차르 시대 러시아는, 특히 그 시대말기의 러시아는, 철두철미한 군주주의자들을 제외한 어느 누구에게도 매력적인 국가모델이 아니었다(그리고 군주주의자들조차 니콜라이 2세의 나약함을 불만스럽게 여겼다). 새로운 이념을 찾던 자들은 더 오래된 과거로—아마도 200년 전쯤에 애국심과 국민의 자부심을 다룬 저서를 집필한 니콜라이 카람진으로까지—거슬러 올라가야 했다. 카람진은 『러시아 국가의 역사History of the Russian State』에서 러시아의 업적들을 예찬했다. 실제로 그때까지도 러시아는 오랫동안 쇠사슬에 속박되어있었지만 유럽의 다른 국가들도 그랬기는 마찬가지였다. 그러나 하여간에 쇠사슬은 영예롭게 끊겼다. 표트르 대제는 러시아와 유럽을 통합했다. "우리는 유럽으로 눈을 돌렸다 …… 그리고 우리는 유럽에 맺은 오랜 노고勞苦의 열매들을 보자마자 따먹어 소화해버렸다." 러시아 군대는 유럽의 최강군대를 무찔렀다. 그러므로 요컨대, "유럽의 어느 나라가 더 우등한 운명을 자랑할 수 있었으랴?"

그러나 그때로부터 2세기가 흐른 2000년에 카람진은 인도자의 위상에서 조금 멀어진 듯이 보였다. 그는 '러시아의 최고업적들은—러시아는 대체로 생존하려고 싸워야 했으므로—군사방면에서 이룩된 것들이다'고 인정했다. 러시아의 국가영웅으로 추앙되는 알렉산데르 수보로프Alexander Suvorov(1730~1800) 같은 군대지휘관들은 ("총탄은 어리석으니까 총검을 사용하라" 같은) 심오한 명언을 많이 남겼고, 나폴레옹을 상대하는 결전을 마지막 날까지 거부한 러시아의 야전사령관 미하일 쿠투조프Mikhail Kutuzov(1745~1813)의 방침은 옳았다. 그러나 러시아 귀족들끼리는 여전히 프랑스어로 대화했다. 그리고 러시아 지식인들은 여전히 행복하지 않았다. 표트르 차다예프는 심심찮게 인용되는 자신의 「정치적 편지」(1936)에 다음과 같이 썼다.

우리의 고유한 문명이 겪은 가장 통탄스러운 사실들 중 하나는 '심지어 우리보다 훨씬 더 낙후된 몇몇 타국민마저 포함한 타국민들이 당연시해온 진실들을 우리가 아직도 추구한다는 사실'입니다. 이렇기 때문에 우리는 여태껏 결코 타국민들과 함께 행진하지 않았습니다. 우리는 인류의 어떤 대가족들에도 속하지 않고, 서양에도 동양에도 속하지 않으며, 서양전통도 동양전통도 갖지 않았습니다. 우리는 시대의 바깥에 있으므로 인류의 보편적 교육을 받지도 않았습니다.

그리고 편지는 다음과 같이 이어진다.

우리는 세계에서 외롭게 존재하고 세계에 아무것도 내어주지 않았으며 세계에 아무것도 가르치지 않았습니다. 우리는 인간사상들의 총합에 단 하나의 사상도 보태지 않았습니다. 그래서 우리는 인간정신의 진보에 기여하지 않았고, 우리가 이런 진보에서 차용한 것은 우리가 왜곡한 것입니다. 우리가 하나의 사회로서 존재하기 시작했을 때부터 우리는 인류의 공익을 위해 아무것도 생산하지 않았고, 우리 조국의 황량한 토양에서는 유익한 사상이 하나도 싹트지 않았습니다……

이 「정치적 편지」는, 당연하게도, 프랑스어로 쓰였다.

슬라보필들은 극구 반대했다. 러시아의 문인이자 대표적인 슬라보필이던 이반 악사코프Ivan Aksakov(1823~1886)가 썼다시피, 러시아인들은 정치에 무관심하다. 그래서 러시아 정부는 러시아인들의 본질을 거스를 수 있는 정치적 반란 같은 사건을 두려워하여 혁명을 예방하려는 조치들을 부단히 채택하는 악수惡手를 두었다. 러시아인들은 도덕적 자유와 정신적 자유를 추구했다. 세속왕국을 국가에 내맡긴 러시아인들은 내면적 자유의 길로, 정신적 삶의 길로, 그리스도의 왕국으로 발을 들이밀었다.

표도르 튜체프는 가장 위대하면서도 가장 과소평가된 러시아 작가들 중 한 명이었다. 톨스토이는 튜체프를 푸슈킨보다 더 뛰어난 작가로 평가했다. 톨스토이는 "푸슈킨은 더 광범하지만 튜체프는 더 심오하다"고 썼다. 다년간 외국에서 거주한 튜체프는 유럽의 사건들을 매우 유심히 관찰했고 유럽에는 오직 두 가지 정파—서유럽의 혁명적 정파와 러시아의 보수적 정파—만 존재한다고 결론지었다. 그는 비록 수석검열관으로 임명되었지만 진정한 보수주의자가 아니었다. 그는 당대의 개혁들을 반겼고 특히 농노제도폐지를 가장 반겼다. 그는 「러시아 지리학Russian Geography」이라는 서사시에 다음과 같이 썼다.

> 그러나 그들의 한계들은 어디에 있고 그들의 최전선들은 어디에 있는가?
> 북쪽 끝, 동쪽 끝, 남쪽 끝, 태양이 떠오르는 곳.
> 운명들은 미래의 세대들에게 그곳들을 노출시키리라.
> 나일 강에서 네바 강까지, 엘베 강에서 중국까지
> 볼가 강에서 유프라테스 강까지.
> 이것이 러시아 제국이고 결코 사라지지 않으리라
> 성령이 예언했고 다니엘Daniel[2]이 예언했듯이.

---

1 나일Nile 강은 아프리카의 유명한 강이고, 네바Neva 강은 러시아 북서부 라도가Ladoga 호수에서 발원하여 핀란드Finland 만灣으로 흘러드는 강이며, 엘베Elbe 강은 독일의 동부산악지역에서 발원하여 북해North Sea로 흘러드는 강이다.

튜체프의 러시아 사랑은 박해광증迫害狂症과 나란히 불타올랐다. 그는 자신의 누이에게 보내는 편지에 '유럽의 국가들은 러시아를 해코지할 어떤 기회도 놓치지 않으리라'고 썼다. 그러나 그가 결혼한 여자들의 대다수와 연애한 여자들의 대다수는 독일아가씨들이었고, 그의 친구들은 그의 프랑스어실력이 러시아어실력보다 더 나았다고 평가했다.

2000년 즈음에 옛 슬라보필들은 애국자들에게 무엇을 제공할 수 있었을까? 심지어 슬라브족 동료들도 슬라보필들로부터 신뢰를 받지 못했다. 그리고 폴란드인들은 역적들로 간주되었다. 그즈음의 유력한 슬라보필들 중 한 명은 유럽의 소비자심리를 경멸했고 비잔티움의 가치들을 찬양했다. 이런 견해들은 알바니아Albania 주재 러시아 영사領事 콘스탄틴 레온티에프의 것들이었다. 레온티에프와 함께 자주 인용되는 니콜라이 다닐렙스키는 자연학자였고 (그렇지만 그는 찰스 다윈을 부정했다) 서구를 맹렬히 공격한 저서 『러시아와 유럽』덕분에 유명해졌다. 유럽은 러시아인들에게 딱히 낯선 (이질적인) 곳은 아니었지만 적대적인 곳이었고 유럽의 이익들은 러시아의 이익들과 상충했다.

'레온티에프와 다닐렙스키는 슬라보필들로 간주되어야 한다'고 보는 견해는 의심스럽다. 그들은 슬라보필 운동의 시대는 이미 지나갔다고 생각했다. 그들은 반자유주의자들이자 반서구주의자들이었고, 이런 성향들 덕분에 그들은 그들을 스승들로 삼은 알렉산데르 두긴과 여타 추종자들의 사랑을 받았다. 적어도 이런 그들의 이념을 구성한 역사적 기반은 허약했다. 왜냐면 러시아가 19세기의 유럽을 상대

---

2 유대교-기독교의 『구약전서』에 포함된 「다니엘」의 주인공으로 알려진 유대인 예언자.

했을 때 중요시한 국가는 대체로 독일이었지만 그 당시의 독일이 "자유주의국가"로 생각되기는 어려웠기 때문이다.

다닐렙스키와 레온티에프도 역시 러소포비아(러시아공포증)의 발견자들(혹은 발명자들)에 속했다. 레온티에프는 러시아의 농민들이나 여타 슬라브인들을 이상화理想化할 만한 시간을 전혀 갖지 못했다. 레온티에프는 반계몽주의자여서 '근대적이고 예언적인 현실주의자'라고 평가되어도 거의 무방했다. 인생말년에 접어든 그는 '서구의 자본주의와 자유주의가 러시아에서 보장받을 미래는 전혀 없다'고 결론지었다. 왜냐면 그의 관점에서는 동방정교(비잔티움)의 전통은 부활할 수 없으므로 러시아의 유일한 미래는 '완성된 사회조직을 허물어뜨리지 않으면서도 필수적인 규율수단(과 억압수단)을 공급할 수 있을 국가사회주의'와 비슷한 형태를 띨 수밖에 없을 듯이 보였기 때문이다. 이것은 그 시대의 러시아 상황을 묘사하는 지나치게 근대적인 방식이다.

레온티에프는 심하게 비관적인 사상가였으면서도 매우 정직했다. 그의 생각대로라면, 러시아의 과거에 대한 체계적 찬미는 미망의 소산에 불과했고 러시아의 미래에 관한 꿈들은 단순한 망상의 소산들에 불과했다. 희망될 수 있는 최선의 결과는 현존하는 모든 불완전한 것의 변함없는 유지보존이었다. 바꿔 말하면, 그는 현대의 극우 사상가들보다 앞선 사상가였다. 보수주의자로서 그는 슬라보필리즘을 저속하고 민주주의적이며 잠재적으로 위험한 것으로 간주하여 경멸했다. 그는 '발칸 반도 국가들의 슬라보필들이 채택한 공격적 외교정책'과 '발트 해 연안국들과 여타 국가들의 민주적 러시아화化 Russification'를 반대했다. 그의 문학적 견해들은 그와 같은 시대를 살던 보수주의자들의 견해들과 매우 달랐다. 그는 작가들이자 애국자들인 톨스토이와 도스토옙스키 중에 톨스토이를 더 좋아했다.

광범하게 독서한 다닐렙스키와 매우 대조적으로 레온티에프는 일생동안 독서의 영향을 거의 받지 않았다. 다닐렙스키의 대표저서는 유럽의 주요언어들로 번역되었다. 그의 정치적 견해는 처음에는 자유주의였고, 어떤 방면들에서 그는 언제나 극우적 태도를 고수했으며, 러시아 제국주의적 사명의 가장 웅변적인 대변자였다. 그는 오스발트 슈펭글러나 요제프 스탈린과도 이따금 비교되었지만, 그런 비교연상比較聯想들이 침소봉대될 필요는 없을 것이다. 슈펭글러처럼 다닐렙스키도 문명들의 흥망성쇠를 믿었다. 스탈린처럼 다닐렙스키도 변변찮은 전체주의체제를 구상했다. 그러나 이런 관점들은, 당연하게도, 20세기의 야만주의를 외면한 것들이었다. 다닐렙스키는 서구의 몰락을 믿었고 유럽을 상대한 기나긴 유혈투쟁과 러시아의 승리를 예상했다. 과학자로서 다닐렙스키는 첨단기술들과 과학을 러시아에 서슴없이 소개했다. 그는 오직 의회민주주의, 계급투쟁, 서구의 재벌중심財閥中心 제국주의 같은 이질적인 문화적 · 정치적 모델들을 똑같이 모방하는 행위만 반대했을 따름이다. 다닐렙스키의 신념들 중에는 그의 제정신을 의심스럽게 만들 정도로 우스꽝스러운 것들도 있었다. 예컨대, 그는 '서구의 국가지위는 폭압, 농노제도, 증오심을 기반으로 삼는 반면에 러시아의 통치방식은 선의善意, 자유, 평화를 토대로 삼는다'고도 썼다. 다른 경우들에는 그의 견해들은 다소 과언될망정 완벽한 제정신을 나타낸다.

다닐렙스키로 하여금 러시아의 팽창을 옹호하게 만드는 것은 신新지정학이나 여타 최신식 이론들이 아니었다. 왜냐면 그는 그것들을 명백한 난센스들로 생각했을 것이기 때문이다. 그는 정신적 가치들과 세계역사적인 사명을 믿는 신념의 영향을 받았다. 도스토옙스키처럼 다닐렙스키도 '러시아인들이야말로 신의 몸체이므로 유일하게 신을 경외하고 세계를 구원할 국민이다'고 믿었다. 두 작가가 믿기로는 오직 러시아 정교만이 그리스도의 신성한 이미지를 완전히 순수하게 보존해왔기 때문에 러시아인들이야말로 길 잃은 타국민들의 인도자로서 행동할 수 있었다. 레온티에프와 도스토옙스키도 이런 믿음을 아주 많이 공유했다.

현재 레온티에프와 다닐렙스키를 인용하는 자들이 두 사람의 저작들을 실제로 읽었다고 믿기기는 어렵다. 만약 그들이 두 사람의 저작들을 읽었다면 심각한 고민에 빠졌을 것이다.

이런 반서구주의사상가들의 견해대로라면, 러시아를 상대하는 유럽인들의 태도는 러소포비아의 태도였다. 이런 태도는 불명확했을망정 완전히 부자연스러운 것은 아니었다. 왜냐면 단지 유럽의 좌파만이 러시아에서 자유와 진보의 주적主敵을, 국내외에서 발호하는 반동의 온상을, 발견하지는 않았기 때문이다.

러시아에서 표트르 대제가 찾으려했으나 실패한 야만적인 (혹은 적어도 반半야만적인) 국가를 찾으려는 전통은 19세기초엽에 이른바 『표트르 대제의 새로운 약속Testament of Peter the Great』이라는 책—어느 폴란드인 저자가 프랑스에서 집필한 위서—의 출판시점까지 거슬러 올라간다. 이 분야의 고전은 퀴스틴 후작Marquis de Custine(1790~1857)[3]

---

3 아돌프-루이-레오노르 드 퀴스틴Astolphe-Louis-Léonor de Custine으로도 호칭된다. 프랑스의 귀족 겸 작가이다.

의 『1839년 러시아La Russie en 1839』였다. 퀴스틴은 프랑스의 완고한 군주주의자 겸 보수주의자였다. 그의 성적性的 취향은 당시의 러시아에서 그를 곤경에 빠뜨렸을 것이다. (그러나 이런 곤경은 "정교, 절대통치, 나로드노스트narodnost"⁴라는 유명한 문구를 만들어낸 차르 시대 러시아의 국민교육부 장관 세르게이 우바로프Sergey Uvarov[1786~1855]도 겪은 것이다.) 그래도 퀴스틴이 러시아를 여행하면서 목격한 것은 도저히 감당할 수 없이 끔찍한 공포감에 그를 빠뜨렸다. 그는 러시아에 존재한 절대군주체제를 일갈해주는 유명한 문구—오직 암살로써만 완화되는 체제—의 저자가 되었다. 그가 들른 모든 곳에서 끊이지 않은 러시아 정부의 감시활동은 그를 특히 괴롭혔다. 러시아인들은 (그가 기록했다시피) 아무 말도 못하는 자동인형(현대어로는 로봇)들 같은 국민으로 변해갔다. 그들의 심리상태는 노예들의 것이었다. 프랑스에서 이런 종류의 독재정치는 일시적인 악惡이었지만 러시아에서는 깊게 뿌리내린 것이었다. 퀴스틴은 차르와 여러 번 대화했다. 러시아 황제(차르)는 정부체계를 변화시키려는 의지와 권력을 가졌을까? 퀴스틴은 의심했다. 그의 (약 1,800쪽에 달하는 두 권짜리) 저서는 러시아에서 판매금지조치를 당했지만 몇 부는 러시아로 암암리에 유입되었다. 그 저서는 러시아에서 1996년에야 처음으로 완간되어 판매되기 시작했다.

그것은 프랑스의 심술궂은 멋쟁이가 불공정하고 부정확하게 집필한 피상적인 저서였을까? 그것은 단지 퀴스틴이 러시아의 최대도시 두 곳에서 대부분의 시간을 보냈다는 사실에만 주목하는 독자에게는 중대한 약점을 지닌 것으로 보이는 저서였다. 그러나 퀴스틴은 그

---

4 이 낱말은 '국민성國民性,' '국적國籍,' '국민의식' 등으로 번역될 수 있다.

런 대도시들에서 결코 편견을 품지 않았다. 그는 예리한 관찰자였을
뿐더러 보고 들은 것들을 날조하지도 않았다. 많은 세월이 흐른 후에
조지 케넌George Kennan(1845~1924)[5]은 '만약 퀴스틴의 여행기가 1839
년의 러시아를 완벽하게 묘사한 것이 아니었다면 스탈린 치하의 러
시아를 탁월하게 묘사한 것이었으리라'고 썼다.

1839년 즈음의 러시아에 관해서 카를 마르크스가 기록한 것은 러
소포비아의 탁월한 예증으로 간주될 수 있었을 것이다. 그러나 마르
크스는 러시아 전문가도 아니었고 러시아 거주자도 아니었다. 그래
서 주목되어야 할 저서는 교육받은 발트 독일인으로서 도서관의 하
급직원으로 일했던 빅토르 헨Victor Hehn(1813~1890)의 일기이다. 그
의 일기 『루테니안의 행동』(1892)[6]은 러시아에서 심지어 교육받은 러
시아인들마저 드러내는 천박성, 비능률성, 거짓말들, 허례허식들, 부
정부패를 포함한 삶의 모든 폐단을 통렬하게 묘사한 기록이었다. 그
는 러시아에서 칭찬할 만한 것은커녕 좋아할 만한 것도 전혀 발견하
지 못했다. 물론 그의 일기는 공정하지도 않았다(이런 불공정의 예를 하
나만 들자면, 그의 일기에는 푸슈킨과 레온티에프는 전혀 언급되지 않고 고골은
다대한 허물들을 가진 미미한 작가로 묘사된다).

빅토르 헨은 1860년대(도스토옙스키가 집필한 작품들의 과반수가 출판되
었고 톨스토이의 『전쟁과 평화』가 연재되기 시작했으며 튜체프와 투르게네프 같
은 작가들은 세간에 아직 알려지지 않던 시절)에 일기를 집필했고, 고골의

---

5 러시아의 캄차카 반도와 캅카스를 주로 탐험한 미국의 탐험가.

6 1857~1873년에 독일어로 집필된 이 일기의 원제는 『루테니안의 행동: 러시아인들의 영
혼이 지닌 특성들De Moribus Ruthenorum: zur Charakteristik der Russischen Volksseele』이다. 루테
니안Ruthenian(루테네Ruthene)은 동東슬라브어족의 역사적 통칭이다.

『망령들』과『검열관Revizor』(1836)은 어떤 기준을 적용받아도 대작들이었으며, 19세기중엽은 독일문학의 역사에서도 빈곤한 시절이었다. 이런 사실들은 헨의 불공정한 일기를 심각한 무지의 결과 아니면 굉장한 무례의 결과로 보이게 만든다. 하여간에 러소포비아는 "러시아 공포증"을 의미하므로, 퀴스틴도 앞서 언급된 다른 외국인들도 러시아를 두려워하지 않았다. 그들은 러시아를 괄시했는데, 이런 괄시는 오히려 러시아인들의 분노를 키웠을 수 있다.

프로이센의 정치지도자 오토 폰 비스마르크Otto von Bismarck(1815~1898)는 러소포브였을까? 1860년대에 그는 러시아 주재 프로이센 외교관이었다. 그는 다른 모임들에서 활동했고, 그의 주요 관심사는 러시아 문화가 아니었다. 그는 러시아를 딱히 두려워하지 않았지만 독일의 외교정책결정자들에게 "러시아를 상대로 전쟁하지 마라"는 경고를 남겼다. 그러므로 그때부터 비스마르크가 러시아 국가주의자들의 총아가 되었고 지금에도 그렇다는 사실은 놀랍지 않다. 프로이센과 러시아는 그런 감정들을 주고받았다. 러시아의 차르 알렉산데르 2세Alexander II(1818~1881: 1855~1881 재위)가 상트페테르부르크에서 (1881년 3월 13일에) 암살당했을 때 베를린의 보수적인 신문《크로이츠 자이퉁Kreuz-Zeitung》에 실린 머리기사의 제목은 "우리의 황제께서 서거하셨다"였다.

그 당시의 러시아에는 정당이 아예 없었다. 그때로부터 50년이 흘러서 첫째 러시아 혁명(1905)이 시작되기 직전에, 혁명기간에, 혁명 이후에 비로소 정당들이 출현했다. 바로 그 기간에 극우국가주의단체들이 생겨났고, 또 바로 그 기간에 오늘날의 몇몇 극우애국주의자에게 영향을 주는 사상들이 생겨났다.

이런 경향—투쟁심이 증가하고 '조직화될 필요성을 느끼는 감정'이 증가하는 경향—은 러시아만의 독특한 현상이 결코 아니었다. 이것은 유럽의 모든 주요국가에서도 관찰될 수 있던 경향이었다. 이것은 좌파가 부단히 진보할까봐, 그리고 유럽의 국가들이 어쩌면 심지어 혁명의 위험마저 직면했을까봐, 두려워하는 자들의 공포심에서 생겨난 경향이었다. 프랑스에서는, 예컨대, 이런 공포분위기가 극우 정치단체 "악숑 프랑세즈Action française(프랑스인들의 행동)"와 기타 유사한 단체들을 출현시켰다. 드레퓌스Dreyfus 사건[7]은 프랑스를 분열시켰을 뿐 아니라 극우파를 좋게 보고 응원하는 확실한 지지층도 창출했다. 독일에서는 극우국가주의적인 경향이 다수파 정당을 창출하지 못했다. 그것은 오히려 문화적 반작용을 유발했다. 독일의 유력한 우익정당이던 보수당은 이런 분위기를 흡수하고 통합하여 십분 이용해 먹으려고 애썼다. 보수당은 반유대주의적인 성향, 반자유주의적인 성향, 전투적인 성향을 더욱 강하게 띠는 정당으로 변해갔다.

러시아에서 점점 더 심해지던 테러 활동과 혁명적 소요騷擾가 '갖가지 명칭을 내세운 단체들'의 토대를 형성시켰는데, 그런 단체들 중에는 다양한 사회계층을 매료시킨 러시아국민연합Union of the Russian People(SRN) 같은 단체도 있었다. 성직자들과 경찰들, 상류계층들도 러시아국민연합을 지지했지만 중하류계층들과 오호트니랴드Okhotny

---

7 1894년에 프랑스의 포병장교이던 유대인 알프레 드레퓌스Alfred Dreyfus(1859~1935)가 '프랑스 군대기밀을 독일군대로 유출시켰다'는 누명을 쓰고 투옥되어 복역하던 중에 진범이 밝혀졌다. 그러나 드레퓌스는 1906년에야 비로소 무죄확정선고를 받고 복권되었다. 그동안 프랑스인들은 드레퓌스의 유죄를 주장한 반유대주의자들과 그의 무죄를 주장한 반유대주의 반대자들로 양분되어 대대적인 논전을 펼쳤다.

Ryad[8]는 훨씬 더 열렬하게 지지했다. 오호트니랴드는 모스크바에서도 축산물시장이 위치하던 구시가지의 중심부에 있는 도로와 좁다란 광장을 총칭하는 옛 지명이다. 오호트니랴드의 거주민들 중에는 교육을 많이 받지 못하고 거칠게 살아가던 시골을 떠나온 지 얼마 되지 않아서 도시생활과 급격한 사회변화에 적응하지 못한 사람도 드물지 않았다. 이런 시골출신이웃들의 상당히 강력한 범죄적 요소는 1905~1906년 러시아에서 자행된 소수민족학살들을 주동한 (혹은 주도적으로 선동한) 체르나야 스토냐(검은 100인단) 운동을 유발했다.

검은 100인단이 스스로 발표한 다양한 공식선언문들을 준수했다면 누군가를 살해하는 데 동참할 필요는커녕 살해할 필요도 결코 없었을 것이다. 그들은 다만 대중들을 동원하고팠을 따름인데, 그것은 전통적 보수주의자들이 할 수 없던 일이었다. 검은 100인단의 지도자들은 '자신들이 활동하지 않았다면 차르 체제는 러일전쟁(1904~1905)에서 패배한 결과 무너져버렸을 것이다'고 믿었다.

검은 100인단은 '러시아의 각급 의회의원들로 구성된 전통적인 보수/반동세력들'과 '대중을 동원할 수 있는 현대적 파시즘 세력들'의 중간쯤에 해당하는 단체였다. 그것은 불완전한 단체였다. 그것의 성격과 활동들은 장소마다 달라졌다. 그 단체회원들의 대다수는 폭력을 믿었고, 그들이 주도한 많은 학살은 유대인들의 다수가 거주하는 러시아의 남부지역에서 주로 자행되었다. 그 당시에 실시되던 "거주지제한" 정책은 소수의 유대인들에게만 모스크바와 러시아 내부의 도시들에 거주할 자격을 부여했다.

---

8   모스크바의 상업구역. 여기서는 "중소상인들"의 통칭으로 사용된 듯하다.

검은 100인단은 카리스마를 갖춘 지도자도 보유하지 못했으며 강하고 효율적인 조직력도 보유하지 못했다. 그 단체가 공언한 목표는 러시아의 파멸을 바라는 혁명가들을 타도하는 것이었다. 그러나 그 단체가 희생시킨 사람들 중 가장 저명한 인물들은 혁명가들이 아니라 중앙집권주의적인 입헌민주주의당(카데트Kadet)의 유대계 의회의원들인 미하일 헤르젠스테인Mikhail Herzenstein(1859~1906)과 그리고리 욜레스Grigori Iolles(?~?)였다. 검은 100인단의 비공식적 구호는 "유대인들을 때려잡아 러시아를 구하자Bei Zhidov, spasai Rossiu"였다. 아마도 러시아는 구원받아야 했겠지만, 그들이 유대인들을 때려잡는다고 소기의 목적을 달성할 수 있었을지 여부는 결코 확실하지 않았다. 왜냐면 유대인들은 주요위험인물들이 아니었기 때문이다.

정부의 몇몇 각료는 검은 100인단을 후원했지만 각료들의 다수는 검은 100인단을 경멸했고 '이롭기보다는 오히려 더 해로운 인간쓰레기들'로 생각했다. 성직자들도 그 단체를 결코 전폭적으로 후원하지 않았다. 두마 의원으로 선출된 성직자 약 70명의 4분의 1 혹은 어쩌면 3분의 1은 이런저런 자유주의자들이었을 것이다. 심지어 검은 100단을 창시한 크론슈타트Kronshtadt(Kronštadt)[9]의 주교 요안Ioann(John of Kronshtadt, 1829~1908)마저도 유대인 49명이 살해된 키쉬네프Kishinev[10] 학살(1903)을 비난했다. 물론 요안은 얼마 후에 이 비난을 철회하고 유대인들을 비난했다. 그는 나중에 성자로 시복諡福되었다.

---

9 러시아 북서부의 상트페테르부르크 주州에 속한 해군기지 겸 항구도시이다.

10 루마니아어로는 '키쉬나우Chişinău'로 발음되고 표기되는 이 도시는 1991년 해체된 소련에서 독립한 동유럽국가 몰도바Moldova의 수도이다. 몰도바는 루마니아와 우크라이나에 둘러싸인 내륙국가이다.

러시아 차르는 검은 100인단을 "만인의 정의와 질서를 대표하는 빛나는 모범"이라고 칭하면서 신뢰했다. 그러나 차르는 이미 정치적 중요성을 잃었다. 검은 100인단도 어느덧 활력을 완전히 상실했다. 그런 반면에 러시아국민연합은 여전히 총유권자의 약 10퍼센트로부터 지지를 받았고 두마 의원 몇 명을 배출했으며 적으나마 몇몇 언론 매체의 후원도 받았다. 또한 러시아 정부는 러시아국민연합에 간행물출판비용의 일부를 지원함으로써 그 단체를 통제할 수 있었다.

요컨대, 러시아국민연합과 검은 100인단은 주류主流 우익단체들보다 더 대중영합적인 단체들이 될 수 있었지만 일정한도까지만 그리 될 수 있었다. 예컨대, 이 두 단체는 차르에게 국민과 더 가까워질 수 있도록 간격을 좁혀달라고 요구했는데, 이것은 예전에 슬라보필들이 이미 했던 요구였다. 두 단체는 이따금 지역관료들을 비판하기도 했다. 그러나 두 단체는 자신들의 과격한 구호들을 널리 선전할 수 있는 허가도 받지 못했다. 그런 선전활동은 다국적 제국에서는 어리석은 짓일 수 있었기 때문이다.

혁명열기가 사그라진 후부터 러시아국민연합의 중요성은 소멸했고, 검은 100인단은 역사학자들과 정치학자들의 흥미를 사로잡은 주제가 되었다. 검은 100인단의 지도자 몇 명은 두마에서 사소한 추문들을 유발했지만, 그런 사실은 농담꺼리로 간주되었을 뿐 정치적 영향을 전혀 발휘하지 못했다. 그 단체의 생존자 몇 명은 늙어가면서 스탈린 시대 이후의 소련에 귀의했다. 망명자 몇 명은 소련내부에서 국제주의가 쇠락하고 새로운 국가주의가 발흥하리라고 예견했다. 망명러시아인들의 정치단체 스메노베홉치Smenovekhovtsy[11]의 주요인물은 입헌민주주의당의 옛 당원이자 슬라보필이던 니콜라이 우스트랼

로프였다. 그는 러시아로 귀국했으며 그의 정치적 친구들에게도 귀
국해달라고 부탁했다. 그러나 그는 귀국시점을 잘못 택했다. 그가 귀
국해서 안전해지려면 15~20년을 더 기다려야만 했다. 그는 체포되
었고 1937년에 총살당했다. 그의 운명은 제1차 세계대전에서 (유명한
브루실로프 대공세Brusilov Offensive[12]를 지휘하여) 영웅이 된 장군 브루실로
프의 운명과 대비되었다. 브루실로프도 망명했다가 귀국했지만 1926
년에 사망한 그의 장례식은 국장國葬으로 치러졌다.

　그즈음에, 그러니까 첫째 러시아 혁명(1905)을 전후한 시기에, 『시
온 장로들의 의정서』와 반反프리메이슨anti-Mason 문학이 등장했다.
'프리메이슨들이 세계를 지배하려는 음모를 획책한다'는 음모론은
프랑스의 예수회Jesuit 성직자 오귀스탱 바뤼엘Augustin Barruel(1741~1820)
같은 프랑스 혁명(1789~1799)의 반대자들로부터 유래했다. 처음에 그
음모론은 유대인들을 전혀 언급하지 않았다. 왜냐면 유대인들은 프
랑스의 정치생활에 참여하지 않았기 때문이다. 그 음모론은 유대인-
프리메이슨Judeo-Masonic 음모론이 정착된 19세기후반에야 비로소 문
학의 단골소재가 되었다. 그러나 대중은 그 음모론에 아무 반응도 보
이지 않았다. 러시아에서 프리메이슨들에 관해서 알려진 것은 아주
미미했다. 왜냐면 프리메이슨 지회支會들은 1822년에 불법단체들로
규정되어 활동금지조치를 당했기 때문이다. 그런 막후세력들은 도처

11　'이정표들의 변경變更을 추구하는 자들' 정도로 번역될 수 있는 이 명칭은 1921년 체코
프라하의 망명러시아인공동체에서 《스메나베흐Smena Vekh(이정표들의 변경)》라는 잡지를 발
행한 직후부터 사용되었고, 이 잡지의 명칭은 1909년 러시아에서 출판된 『베히Vekhi(이정표
들)』라는 철학에세이집의 영향을 받았다고 전해진다.

12　제1차 세계대전이 한창이던 1916년 6~9월에 러시아의 장군 알렉세이 브루실로프
Aleksei Brusilov(1853~1926)가 러시아 군대를 지휘하여 서남부전선에서 오스트리아-헝가리
군대를 격퇴한 대규모 군사작전. '6월 대진격June Advance'으로도 별칭된다.

에서 암약하면서 사악한 짓들을 일삼는다고 매우 쉽사리 믿기기 마련이었지만, 그런 세력들은 존재하지 않았고, 그런 종류의 음모론들은 거의 한 세기나 더 지나서야 비로소 널리 유행하기 시작했다.

러시아에서 사악한 막후세력들에 대한 오늘날의 히스테리 반응이 가시화可視化된 세월은 훨씬 더 길었다. 그런 막후세력들에 속하는 선전기관은 나치 독일에서 부흥했지만 중요한 차이점을 지녔다. 나치스는 실제로 신비세력들을 두려워하지 않았고 그 세력들을 선전선동책략의 일환으로 이용했다. 나치스는 자신들이 적들보다 헤아릴 수 없이 더 강하다고 느낀 반면에 러시아에서는 "지도마손츠보 Zhidomasonstvo(유대인-프리메이슨 음모론)"를 진심으로 두려워하는 공포심이 존재한 듯이 보인다.

새로운 러시아의 반서구노선의 출현을 주제로 삼는 논의들의 대다수에서 흔히 과소평가되거나 아예 무시되는 하나의 중요한 주역主役은 바로 러시아 정교회이다. 이 사실은 앞에서 상트페테르부르크 및 라도가의 대주교로서 소련 해체 이후에 『시온 장로들의 의정서』를 선전한 요안과 함께 언급되었다. 그러나 요안은 처음에는 중심인물이 아니었지만 이 특별한 정교신학파의 활동이 끝나갈 무렵에는 중심인물이 되어있었다. 이 정교신학파의 기원은 러시아 정교회의 역사에서도 성자들로 추앙되는 사로프[13]의 세라핌Seraphim of Sarov(1754/1759~1833)과 크론슈타트의 요안을 위시한 여러 인물에까지 거슬러 올라간다. 그들은 막강한 영향력을 발휘한 정교회사상가

---

13 모스크바와 카잔의 중간쯤에 있는 대도시 니즈니노브고로드Nizhny Novgorod의 남쪽에 있던 옛 소도시. 세라핌이 사망한 곳으로 알려졌다.

들이었을 뿐 아니라 진정한 숭배대상들이었다. 그들은 '적그리스도
의 등장,' '가짜메시아의 출현,' '종말일終末日,' '신의 선택을 받은 거
룩한 러시아가 핵심적이고 결정적인 역할을 수행할 그리스도와 사탄
의 최후투쟁' 등으로 구성되는 종말론을 설교했다. 이런 요소들을 포
함한 편집광적 요소들은 러시아 정교회의 중심부에서도 주변부에서
도 오랫동안 두드러진 기능을 수행해왔다.

　더욱 오래된 종말론들대로라면, (러시아에서 태어난) 적그리스도는
'악마'와 '단Dan[14]의 이스라엘 부족에 속한 창녀' 사이에서 태어난 자
식이었지만 끝내 세속화되고 정치화되어버린 결과 거룩한 러시아의
모든 적—프리메이슨들, 계몽정신, 이단적 가톨릭교회, 종교근대주의
의 러시아인 대행자들, 기타 갖가지 적—을 대표하는 상징이 되었다.
그리하여 적그리스도를 상징하는 메타자연학적 "짐승"은 모든 악의
세력을 집결한 비非메타자연학적 미국이 되었다. 거룩한 러시아가 승
리하여 사명을 달성하려면 강력한 제국을 건립해야만 했고, 바로 그
런 제국이 러시아 정교회세력과 러시아 국가주의세력의 합류점이다.

　'카텍스콘katechon과 파루시아parousia(그리스도의 재림),[15] 최후투쟁,
종말일'로 구성되는 종말론적 관념은 러시아에서 무수히 다양하게
모든 수준의 교설巧說들로 변용되어왔고 여전히 변용된다. 그것은 적
그리스도가 등장하면 이루어질 그리스도의 재림과 관련된 관념이다.
기독교신약전서신학의 일정한 관념들과 그것들 중에도 아주 모호한

14　현재의 이스라엘 최북단에 있었다고 전해지는 고대도시이다.

15　카텍스콘은 '방해물, 방해자'를 뜻하는 그리스낱말로서 기독교의 『신약전서』 중 「테살
로니카인ㅅ들에게 보낸 둘째편지」 2장6절에 나온다. 파루시아는 「마태오 복음서」 24장3절,
27절, 37절, 39절, 「코린트인ㅅ들에게 보낸 첫째편지」 15장23절, 「히브리서」 10장25절, 「테살
로니카인들에게 보낸 첫째편지」 2장19절, 3장13절, 4장15절, 5장23절 등에 나온다.

것들이 이런 부류의 현대정치신화에 삼투한 과정은 흥미로운 연구주제이다.

아이러니하게도 그런 관념은 공산주의체제의 "인터내셔널"에서도 등장했는데, 이른바 "최후결정투쟁la lutte finale"도 그런 관념이다. 오늘날 러시아의 바깥에서는 거의 알려지지 않았어도 안에서는 널리 읽히는 아르카디 말레르Arkadi Maler와 미하일 나자로프Mikhail Nazarov 같은 작가들도 그런 관념을 내세운다. 그런 관념을 내세우는 사상학파는 여태껏 받아왔던 것보다 훨씬 더 광범한 주목을 받을 만하다. 왜냐면 현대 러시아 정치를 이해하려는 사람은 이 학파를 반드시 이해해야 하기 때문이다. 이 학파는 근래 수년간 현저해진 편집광적 공포심들과 희망들—앞으로 발생할 재앙들을 무서워하는 공포심들, 그리스도의 재림과 최종승리를 기대하는 희망들—을 이해하려는 사람에게 대단히 유용하다.

2 소련의 러시아당

고르바초프가 집권하면서 글라스노스트가 공식정책으로 채택되었다. 그리하여 이전보다 훨씬 더 많아진 언론자유의 혜택을 누린 자들 중에는 구체제에서 박해받던 자유주의자들도 있었다. 그러나 얼마 지나지 않아 국가주의자들과 특히 "극우주의자들"도 그렇게 확대된 정치운동 및 표현의 자유를 누린다는 사실이 분명해졌다. 이런 사실을 최초로 예증한 것은 파먀트의 활동이었다. 모스크바와 상트페테르부르크에서 주로 활동하는 단체인 파먀트는 국가기념물보존운동에서 유래했다. 블라디미르 키빌리친Vladimir Civilichin의 소설에서 명칭을 차용한 파먀트는 1982년에 집회하고 시위할 권리들을 허가해달라고 당국에 요구했고, 그들의 요구는 즉시 수락되었다. 사진사 드미트리 바실리에프Dmitri Vasiliev가 주최한 파먀트 집회는 아주 떠들썩했고 세간에 대단한 반향을 불러일으켰다. 그러나 파먀트가 반유대주의를 제외한 무엇을 대표하는지 여부는 확실하지 않았다. 그 단체는 문제들의 대부분을 미결문제들로 남겨두었다. 예컨대, '스탈린주의와 구체제 일반에 관해서 파먀트는 어떤 확신들을 품었는가?'도 그런 문제였다. 곧바로 불거진 이런 확신결핍은 우연한 것이 아니었다. 왜냐면 바로 그런 결핍이 매우 다양한 정치적 확신들을 품은 사람들을 오히려 결집시켰기 때문이다. 바실리에프는 무소속 볼셰비키로 자처했지만, 그런 처신이 진실한 것이었는지 여부도 불확실했고, 설령 진실했을지언정 실제로 무엇을 의미했는지도 모호했다. 그때 어느 작가가 강조했다시피, 파먀트 집회의 분위기는 일찍이 독일 뮌헨에서 행해진 초기 나치 집회의 분위기와 흡사했다.

반유대주의를 과시하는 단체는 몇 가지 이점利點을 확보할 수 있었다. 무엇보다도 반대유대주의는 거의 합법적인 것이었다. 왜냐면 소련 및 러시아의 공산당 공식기관들도 반유대주의를 반反시온주의anti-Zionism로 지칭하는 한에서 오랫동안 전도해왔기 때문이다. 반시온주의문학이 한때 유행했지만, 반시온주의의 전도자들이 테오도르 헤르츨Theodor Herzl(1860~1904)[16]이나 이스라엘보다는 오히려 유대인들을

---

16 근대 정치적 시온주의의 창시자들 중 한 명으로 알려진 오스트리아-헝가리의 언론인, 극작가, 정치운동자.

염두에 두었다는 사실은 심지어 정치적 무식자들에게도 분명히 인지되었다.

결성되면서부터 다양한 분파들로 분열되기 시작한 파먀트는 그것의 지도자가 사망한 2004년보다 훨씬 더 일찍 사멸했는데, 그런 사실은 러시아 극우국가주의의 문제점을 보여준 가장 완벽한 증례였다. 그러나 여기서 기억되어야 할 사실은 '외국인도 유대인도 프리메이슨도 아닌 러시아인들이 파먀트를 가장 날카롭게 비판했다'는 것이다. 왜냐면 아마도 러시아인들이 외국인들보다는 파먀트를 더 잘 알았기 때문일 것이다. 파먀트를 가장 관대하게 묘사한 니콜라이 베르댜예프조차 러시아 극우파의 국가주의적인 노선과 실천을 "야만적이고 어리석으며, 이교異敎와 부도덕에 현혹되고, 동양의 난폭성과 무지몽매함에 잔뜩 물든, 옛 러시아의 방탕한 통음난무"로 묘사했다.

"러시아당"은 과거에, 특히 공산당기관들의 중간층에, 훨씬 더 깊게 박힌 뿌리들을 지녔다는 사실은 글라스노트 이전에는 (아마도 모스크바의 선택된 소수를 제외하면) 아무에게도 알려지지 않았다. 1930년대에 프롤레타리아 국제주의를 소비에트 애국주의로 변환하는 작업을 스탈린이 주도했다는 사실은 일반적으로 알려졌다. 1936년에는 포크롭스키 사태[17]가 발생했다. 노련한 볼셰비키주의자이자 직업적 역사학자이며 소련 교육부 차관을 한동안 역임한 미하일 포크롭스키는 모든 낡은 국가주의적 고정관념을 타파하는 구식 레닌주의정신에 입

---

17 이 사태는 소련에서 1936년 1월에 신설된 역사교과서검정위원회의 위원장이자 정치인이던 안드레이 자다노프Andrei Zhdanov(1896~1948)와 같은 위원회의 위원 겸 정치인 겸 혁명이론가이던 니콜라이 부하린Nikolai Bukharin(1888~1938)이 스탈린과 의논하여, 마르크스주의 역사학자로서 러시아 혁명에 동참했던 미하일 포크롭스키Mikhail Pokrovsky(1868~1932)와 그의 역사관을 공식적으로 비난하면서 발생한 일들을 가리킨다.

각한 러시아 역사서 여러 권을 집필했다. 포크롭스키의 극심한 반애국주의는 아마도 그에 대한 소련역사학계의 태도를 급변시킨 결정적 요인이었을 것이다. 그가 비난받고 조롱꺼리로 전락하면서 알렉산데르 넵스키Alexander Nevsky(1221~1263)와 드미트리 돈스코이뿐 아니라 이반 뇌제 같은 여타 전통적인 영웅들도 모두 러시아 역사에서 나름의 위상을 회복했다.

그러나 국제주의를 애국주의로 변환하는 작업은 한계들에 봉착했고, 스탈린의 후임자들이 집권한 시대에 접어들어서야 마침내 러시아당은 심지어 러시아의 최상위계층마저 포함된 지지자들을 확보할 수 있었다. 대표적인 지지자들 중 한 명은 알렉산데르 셸레핀Alexander Shelepin(1918~1994)이었다. 그는 소련공산당청년단체 콤소몰Komsomol의 지도부에서 경력을 쌓았고 1958~1961년에는 KGB국장을 역임했다. 그는 흐루쇼프의 부하였지만 훗날 흐루쇼프를 축출하는 데 성공한 쿠데타에 가담했다. 그때 셸레핀은 (혹자들의 증언들대로라면) 흐루쇼프의 후임자가 되기를 기대했다고 한다. 그러나 셸레핀의 기대는 오산이었다. 그는 정치국에서 차지한 직위를 한동안 유지했지만 결국 서서히 직위에서 밀려났다. 그가 이끌던 계파의 러시아 국가주의적 요소는 점점 더 강해졌고, 그 계파가 활동의 자유도 더 많이 부여받았지만, 그 모든 것은 한계를 넘지 못했다.

정당이념을 적어도 입에 발린 말로나마 긍정하지 않거나 대놓고 부정하는 규칙위반은 위험을 초래할 수 있었다. 규칙들을 무시하는 몇몇 국가주의자는 굴락에 수감되었다. 그러나 규칙무시자들의 인원수는 민주주의권리들을 더 많이 요구하는 자들의 인원수보다도 훨씬 더 적었다. 국가주의자들의 또 다른 유력한 보호자들은 콤소몰의 지

도자이기도 하던 유리 멜렌티에프Yuri Melentiev와 특히 러시아연방공
산당Kommunisticheskaya Partiya Rossiyskoy Federatsii(KPRF)[18]의 최고위급에
속하는 여러 고위공직자였다.

브레즈네프 집권기간의 러시아당은 당의 제1서기가 이념에 전혀
관심을 두지 않아서 (거의) 자유롭게 운영되지만, 이런 극우국가주의
적 일탈자들을 혐오하던 유리 안드로포프의 집권기간에는 러시아당
의 활동이 더욱 제한되었다. 그러나 안드로포프의 집권기간은 단기
간에 막을 내렸으므로 러시아당의 좌절도 일시적인 것에 불과했다.
소련시대말기에는, 1960년대부터나 어쩌면 훨씬 더 일찍부터 활동
하기 시작했을 "시골마을" 작가집단 포츄벤니키의 등장과 함께, 국
가주의의 부흥을 암시하는 다양한 징후들이 나타났다. 이런 맥락에
서 러시아의 소설가이자 노벨 문학상 수상자 미하일 숄로호프Mikhail
Sholokhov(1905~1984)가 언급될 수 있겠지만, 그는 모스크바 작가집단
의 활동들을 아주 멀리했고 노년에는 까다로운 변덕쟁이로 변했다.
그의 장편소설『그리고 돈 강은 고요히 흘러간다Tikhiy Don』(1940)는
걸출한 작품이었고 러시아당의 사회주의적 현실주의라는 공식노선
을 거의 공유하지 않았다. 그 소설은 실제로 그가 말년에 집필한 다
른 여느 작품보다 훨씬 뛰어나서 진짜로 그가 집필했느냐 아니면 적
어도 다른 저자들과 함께 집필했느냐 여부에 관한 (어쩌면 부당했을)
의혹들을 유발했다. 그는 도시작가들을 혐오하고 도시생활과 도시를
대표하는 어떤 것도 노골적으로 멀리한 진정한 보수주의자였다.

---

18   이것은 보리스 옐친이 1991년에 활동을 금지시킨 소련공산당을 계승한 러시아공산당
의 정식명칭이다.

러시아의 소설가 겸 극작가 레오니드 레오노프Leonid Leonov(1899~
1994)도 몇 가지 면에서 숄로호프와 비슷하다. 1920년대와 1930년대
의 유명작가이던 레오노프가 (40여 년간 집필한 『피라미다Piramida』를 포함
한) 인생후반기에 집필한 소설들에는 그것들의 문학적 가치들을 손
상시키는 신비주의적 국가주의와 다소 광신적인 종교심宗敎心이 스
며들었다. 그 소설들은 거의 읽히지 않았다. 글라스노스트 시대에 그
는 극우작가들의 진영에 가담했다. 그들은 '레오노프의 신념들과 상
반되는 국가민주화와 그것을 위한 쇄신들 및 개혁들'에 항의했다. 그
것은 유명작가의 몰락을 보여준 애석한 일례였지만 '러시아당이 고
립된 파벌이 아니라 한때 공산주의체제에 완전히 동화된 자들로 여
겨지던 몇몇 작가의 지지를 확보한 정당이었다는 사실'을 증명하는
흥미로운 일례이기도 하다.

진정한 포슈벤니키는 1960년대에 창작활동을 시작했고 바실리 슈
크쉰Vasily Shukshin(1929~1974), 바실리 벨로프Vasily Belov(1932~2012),
발렌틴 라스푸틴Valentin Rasputin(1937~2015) 같이 진정한 재능을 타
고난 여러 작가를 포함했다. 어쩌면 그들 중에도 가장 우수한 재능을
타고났을 슈크쉰은 젊어서 요절했다. 그는 저서집필에 몰두한 만큼
영화제작에도 몰두했다. 벨로프는 정치적 반체제작가는 결코 아니었
지만 그의 창작주제는 시골생활이었으므로 '집단농장정책은 중대한
실책이었고 사실상 비극이었다'고 믿은 그의 확신을 비밀로 유지할
수 없었다. 그의 창작주제는 도시화都市化로 이행했다. 그는 도시생활
을 '무無도덕적 생활'로 생각했다(그래서 부분적으로는 도시생활을 빌미로
서구를 비난했다). 그의 관점에서 러시아의 진정한 가치들은 시골들에
있었지만, 시골생활은 소련시대에 퇴락했다. 그는 혁명 이전의 시골

을 이상화理想化하는 경향을 보였다. 왜냐면 그는 시골을 결코 몰랐기 때문이다. 그런 무지는 아마도 도시생활에 대한 그의 부정否定이 빚어낸 불가피한 결과였을 것이다. 아이러니하게도 그는 모스크바에서 인생후반기의 대부분을 보내며 작가협회와 기타 단체들에 소속된 정치적 거물로 변해갔다.

벨로프는 알타이Altai 산맥의 북서부에서 태어났고 2012년에 사망했다. 슈크쉰은 러시아 북서부의 도시 볼로그다Vologda 인근에서 태어났다. 시베리아서 태어난 발렌틴 라스푸틴은 현재에도 시베리아 남부 바이칼 호숫가의 이르쿠츠크Irkutsk에 있는 그의 고향집에서 살아간다. 다른 시골작가들과 마찬가지로 라스푸틴도 다양한 생태주의 운동들을 주도한 투사였다. 그는, 예컨대, 시베리아 하천들의 흐르는 방향들을 변경하는 계획을 반대하는 운동이나 바이칼 호수 보호운동을 주도했다. 페레스트로이카가 시작된 후부터 모든 잔존하는 시골작가 중에도 가장 정치적인 인물로 변한 그는 러시아 국민과 지도자들에게 보내는 공개서신을 통해 당면사건들을 논평했다. 자유주의적이고 민주주의적인 쇄신들을 가장 철저하게 반대하는 투사들 중 한 명으로 변한 그는 차르들과 러시아 내전에 참전한 "백군"의 반공산 군지휘관들이 채택한 정책을 그의 것으로 자처했다. 비판자들은 '라스푸틴이 극심한 반反현대주의를 표방하고 혁명친화형 시골생활을 이상화하는 바람에 구제불능의 비현실주의자로 전락했다'며 라스푸틴을 비난했다. 라스푸틴의 정치가 많은 모순들을 내포했다는 것은 사실이다. 그래서 그는 결국, 어찌되었건 집단농장정책의 최고책임자이기도 했던 스탈린마저 찬양하고 말았다. 그러나 라스푸틴이 시골생활을 윤색했다는 식의 비난들은 적어도 과도하게 보인다. 그의 유력한 소설 『불Pozhar』은 낭만주의전통에는 결코 속하지 않지만 화재가 발생한 어느 자그마한 마을에서 벌어지는 사건들—특히 화재진압을 위해 열심히 불을 꺼도 모자랄 판에 술판을 벌이고 약탈을 일삼는 마을주민들의 행동들—을 묘사한다. 소설 속 화자話者는 자신의 고향마을에서 살아갈 모든 희망을 잃고 마을을 떠나기로 결심한다.

러시아당과 국가기념물보존운동단체도 국가주의의 부흥을 암시한다. 모스크바에서 처음 창설되면서 다른 곳들에서도 창설된 국가주의적인 단체들 중 몇몇은 종래에는 많은 회원을 모집했다. '국가주의가 부활하는 상황에서 그 단체들이 수행한 역할의 중요성'에 관한 역사학자들의 견해들은 엇갈렸다. 그 단체들은 정치적 선언들의 표명을 삼갔다. 그러나 그 단체들의 대부분이 처음부터 러시아 국가주의자들의 통제를 받았다는 것은 의심될 여지없는 사실이다. 1965년 창설된 대표적 단체는 (1980년에) 쿨리코보 전투 600주년기념식을 거행했다. 그러나 그 단체는 레닌의 트로츠키 반대투쟁에 헌정하는 기념회의도 개최했는데, 물론 그 회의는 기념물보존과 무관했고 오히려 시온주의운동과 날조된 트로츠키 관련설을 논증하는 기회로 이용되었다. 그러나 그 단체는 실제로 시온주의에도 관심을 두지 않았으므로, 그 단체의 진짜속셈은 반유대주의가 틀림없었다. 또 다른 기회들에는 그 단체가 모스크바 서쪽지역을 답사했는데, 그곳은 1941년에 전투가 벌어졌던 지역이었다.

지난날을 돌이켜보는 사람에게는 러시아당이 유의미한 진보를 하지 못한 듯이 보일 수 있다. 당의 회합들에 참석하는 사람들은 언제나 동일했고 당의 메시지도 널리 전파되지 못했다. 그래도 러시아당은《몰로다야 그바르디야》와《나슈 소브레메니크》같은 월간지들로 대표되는 간행물들을 확실히 장악했다.《몰로다야 그바르디야》는 스탈린과 스탈린주의에 더 강하게 이끌렸다.《나슈 소브레메니크》는 러시아 국가주의의 견해들을 요약하여 단적으로 표현했다. 두 월간지는 이런 식으로 구독자 수십만 명을 확보할 수 있었다. 현저한 이념적 차이들은 사라지지 않았고, 심각한 견해차들도 존재했지만, 합의점을 찾기가 불가능하게 보이지는 않았다.《몰로다야 그바르디야》의 편집주간 아나톨리 이바노프가 반反종교적 선전선동에 열중했다면 시골작가들의 기관지《나슈 소브레메니크》는 러시아 정교회와 맺은 친선관계를 지지하면서 반공주의를 기조로 삼았다. 그래서 심지어 드미트리 돈스코이가 타타르 군대를 격퇴한 쿨리코보 전투같이 겉보기로는 무해한 사건들조차 갈등을 유발할 수 있었다. 왜냐면 유라시아주의자들은 러시아에 이웃한 아시아 국가들을 매우 호의적으로 평가해서 그 국가들과 다투기보다는 오히려 협력하기를 바랐기 때문이다. 그런데도 그들이 러시아의 가장 친밀한 협력국가들과 평화공존하기보다는 전쟁을 찬양한 까닭은 무엇일까? 그래야만 차이들이 얼마간 감춰질 수 있었기 때문이다. 그런 차이들은, 예컨대, (사실상 절반은 마르크주의자이던) 스탈린을 진짜 마르크스주의자가 아닌 러시아 국가주의자로 변색시키는 방식으로 감춰졌다.

러시아 국가주의계열에서 진행된 이런 단색화 경향은 지속되었고 글라스노스트 기간에는 오히려 더 강해졌다. (옛) 공산당원들과 극우파의 차이들은 사라지는 경향을 보였고 어느 작가가 어느 진영에 속하는지 여부조차 모호한 경우도 드물지 않아졌다.

글라스노스트가 시작될 무렵에 러시아당의 존재가 세간에 알려질 수 있었다. 실제로 정세는 언제나 유리하게만 돌아가지는 않았다. 러시아 제국 같던 소련은 해체되어갔다. "러시아 영토들의 집결체"가 수세기간 이룩해놓은 것이 단 몇 개월 만에 사라져버렸다. 각종 쿠데 타들도 신생 정권을 전복하려는 시도들도 비참하게 실패했다. 그러 나 바로 이런 참사들 덕분에 러시아당은 새로운 추진력을 확보할 수 있었고 러시아를 완전히 파멸하지 않도록 구원해야 한다고 믿는 확 신을 더 강하게 품을 수 있었다. 그리고 제국을 구원하고 재건하여 최대한 회복시키는 길은 오직 하나뿐이었다. 러시아는 왜소하고 하 찮은 약소국으로서 잔존할 수 없었다. 러시아의 유일한 희망은 위대 한 사명을 띤 강대국으로서 등장하는 것이었다.

3 재발견된 이반 일리인

러시아의 정치인 겸 역사학자 알렉세이 포드베레즈킨Alexey Podberezkin(1953~)은 "이념 없는 엘리트는 위험인물이다"고 진술한 글을 러시아 극우파의 기관지《잡트라》2014년 신년호에 발표했다. 이 진술의 정확성은 의심스럽다. 러시아는 역사적으로 수많은 위험 에 시달렸고 재난들에도 시달렸지만 그것들의 대부분은 이념이 모자 라서라기보다는 오히려 범람해서 빚어진 결과들이었다. 포드베레즈 킨이 대통령선거에 출마해서 당선은커녕 고작 0.1퍼센트밖에 득표하 지 못한 까닭은 아마도 그가 너무 많은 이념—극우국가주의, 정통기 독교, 후기-스탈린주의노선의 잡탕—을 한꺼번에 제시했기 때문이 었을 것이다. 다른 정당들의 후보자들도 혼합비율만 약간 다를 뿐인 똑같은 이념잡탕을 제시하여 유권자들의 표심을 어지럽혔다. 포드베레즈킨은 러시아공산당 대표의 조언자였지만 당원은 아니었다. 그래서 어쩌면 포드베레즈킨에게 투표한 유권자들도 그가 보수적 혁명주의자인지 혁명적 보수주의자인지 여부를 분간할 수 없었을 것이다.

그러나 최근까지 러시아의 정당들이 모든 선택을 유예하려고 애써왔다는 것은 분명한 사실이다. 그리고 선택 가능한 이념도 너무나 많아서 어떤 이념이든 나름의 호소력을 발휘할 수 있었다. 그러나 최근에는 더 명확하고 더 현실적인 이념을 모색하려는 노력이 과다하게 감행되어왔다. 대통령 푸틴은 2013년 크리스마스에 읽어야 할 필독서 3종을 선정해서 모든 지자체장과 국정을 책임진 고위정치인들에게 우송했다. 그 필독서들은 블라디미르 솔로비요프의 『선善의 정당성The Justification of the Good』, 니콜라이 베르댜예프의 『불평등 철학The Philosophy of Inequality』, 이반 일리인의 『우리의 과업들Nashi Zadachi』이었다.

푸틴의 이런 요구는 과중한데, 여태껏 다른 여느 나라의 정치인이 이런 식의 요구들을 받아봤을지 의심스럽다. 푸틴이 지정한 필독서들의 저자 3명은 모두 신학자이지만 그 필독서 3종은 신神도 사탄도 다루지 않는다.

19세기말엽에 다양한 분야의 주제들을 다룬 저서들을 집필한 블라디미르 솔로비요프는 (도스토옙스키를 포함한) 동시대인들과 후속세대들에게 강력한 영향을 끼쳤다. 솔로비요프는 「범凡몽골주의」라는 시詩를 지은 덕분에 유라시아주의의 선조로서 추앙될 수 있었다. 그러나 그는 자신이 크세르크세스의 동방제국the East of Xerxes[19]으로 간주한 것에 매혹되었을 따름이었다. 솔로비요프는 종교사상가였지만 그의 태도는 보편주의적인 것이라서 동방정교회와 가톨릭교의 화해

를 찬성했다. 다른 종파의 기독교교회들을 적대시하던 공식적 정교
회단체들 사이에서 그가 인기를 얻지 못한 원인도 바로 이런 그의 보
편주의적인 태도였다. 더구나 러시아 정교회의 반유대주의를 불명예
스럽게 간주한 그의 태도도 그를 칭찬받지 못하게 만들었다.

니콜라이 베르댜예프는 많은 군인을 배출한 귀족가문에서 태어났
다. 그는 솔로비요프의 후속세대에 속했고 프랑스의 파리에서 망명
생활을 하다가 제2차 세계대전종결 이후 얼마 지나지 않아 사망했다.
대단히 박식했던 베르댜예프는 서구에서 가장 유명하던 러시아인 종
교사상가가 틀림없었다. 그는 어떤 학위도 보유하지 않았지만 혁명
이전의 러시아에서 교수가 되었고 유례없는 업적을 남겼으며 러시아
지식역사에서 독보적인 종교사상가로 공인되었다. 1922년에 레닌으
로부터 추방명령을 받은 베르댜예프는 독일로 가는 악명 높은 망명
선에 러시아 지식인 160명과 함께 승선해야만 했다.

그러나 필독서로 지정되어 정치인들에게 우송된 베르댜예프의 저
서는 기독교에 관한 것도 진리와 계시에 관한 것도 아니었다. 그것
은, 아인 랜드Ayn Rand(알리사 로젠바움Alisa Rosenbaum, 1905~1982)[20]보다
먼저 활동한 어느 러시아 작가의 저서와 비슷하게, 경제적 불평등을
변호했다. 이것은 많은 이유 때문에 놀랍다. 베르댜예프는 젊었을 때
좌파였고(추방되어 다년간 망명생활을 하기도 했다), 신학자로서 그는 "돈
을 탐하는 욕심은 모든 악惡의 근원이다"고 강조하는 기독교 『신약
전서』의 「디모테오에게 보낸 첫째편지」 6장10절과 "부유한 자가 하

---

19 이 문구는 '페르시아 제국'을 가리키는 것으로 보인다.

20 러시아에서 태어나 미국으로 이주한 소설가, 철학자, 극작가, 영화대본작가이다.

나님나라에 들어가기보다는 낙타가 바늘귀를 통과하기가 더 쉽다"고 강조하는 「마르코 복음서」 10장25절을 틀림없이 알았을 것이다. 베르댜예프의 시대에는 미국의 윤리학자 겸 정치철학자 존 롤스John Rawls(1921~2002)가 집필한 『정의론A Theory of Justice』(1971)도 아직 출간되지 않았다. 그래도 베르댜예프는 '너무 심한 평등도 문제를 유발하지만 너무 심한 불평등도 문제를 끊임없이 유발한다는 사실'을 분명히 알았을 것이다. 그런 한편에서 푸틴은 '세계의 대세가 부분적으로는 세계화의 결과로서 너무 심하게 불평등해지는 경향을 보인다는 사실'을 틀림없이 알았을 것이다.

푸틴은 러시아의 경제적 불평등이 다른 모든 선진경제나 준準선진경제에서보다 더 심해진다는 사실도 알아야만 했다. 러시아인 약 110명의 소득이 최근 25~30년간 천연자원수출액의 대부분과 러시아 전체가족소득의 35퍼센트를 차지해왔다고 보고된다. 이런 불평등은 러시아의 중대한 정치적 문제가 되어왔고 매우 심각한 경제현안이 되어왔을 뿐 아니라 미래의 경제성장을 가로막은 실질적 걸림돌이 되어왔다. 왜냐면 경제력이 극소수에게 집중되면 소비수요는 제한될 것이기 때문이다. 이런 상황들에서 기본적인 정치경제적 상식은 경제력을 더 광범하게 분배하는 전략을 요구하는 듯이 보였다. 베르댜예프의 저서에서는 미국의 막대한 경제력이 재산 및 소득의 불평등과 관련지어져 설명된다.

푸틴이 지정한 세 번째 필독서의 저자이자 가장 난망한 이념의 권위자는 이반 일리인이다. 푸틴과 그의 동료들은 '새로운 노선을 모색해온 장구한 여정은 끝났고 그들에게 절실히 필요한 새로운 이념을 제시해준 예언자를 일리인 속에서 발견했다'고 믿는다.

일리인은 1920년대와 1930년대의 망명러시아인들 사이에서 유명했지만 이후에는 망각되었다가 최근에야 비로소 재발견되었다. 근래 수년간 널리 재출간된 그의 저서들은 푸틴의 연설들과 기고문들에서 자주 인용되었을 뿐더러 푸틴 측근의 유력한 러시아인들도 일리인의 저서들을 자주 인용했다. 러시아의 지역개발부장관은 "오늘날 러시아에서 이반 일리인의 이념들을 바라는 요구는 너무 강력해서 때로는 그가 우리의 동시대인으로 느껴지기도 한다"고 말했다.

1883년에 모스크바 크렘린 근처에서 태어난 이반 일리인의 가문은 많은 군인을 배출한 상류층이었다. 그는 러시아와 (그의 모친이 태어나서 자란) 독일에서 법학을 공부했고 헤겔Hegel(1770~1831)과 피히테Fichte(1762~1814)의 철학 및 법철학을 다룬 저서들을 집필했다. 일리인은 인생후반기에는 종교문제들에 열중했는데, 그래서였는지 그도 1922년 독일로 추방된 러시아 지식인 160명과 함께 철학자들의 망명선에 승선해야만 했다. 그는 베를린에 정착했고 그곳의 러시아 과학연구소에 재직하면서 주로 정치학강사와 작가로서 활동했다. 그는 볼셰비즘을 인류의 최대위험요소로 간주하여 반대하는 투쟁에 전력투구했다. 그는 볼셰비키들의 악행들을 고발하는 에세이집 『지옥입구에 내몰린 인류Mankind on the Brink of the Abyss』를 편찬했다. 그 책은 다양한 언어들로 번역되어 널리 보급되었다. 그래도 일리인은 게슈타포의 위협에 시달렸고 1934년 7월에는 해직되어 작가로서든 강사로서든 어디에도 채용될 수 없는 처지로 내몰렸다. 나치스가 그를 해직했다는 것은 사실이다. 그런데 그가 요제프 괴벨스의 선전기관에 재직했다는 사실은 별로 언급되지 않는다. 일리인은 미국과 유럽에서 활동하던 러시아 출신 작곡가 세르게이 라흐마니노프

Sergei Rachmaninov(1873~1943)의 도움을 받아 스위스로 이주해서 살다가 1954년에 사망했다. 푸틴은 2005년에 일리인의 유물들을 모스크바로 운반하는 작업을 개인적으로 주도했고, 일리인의 유골은 모스크바의 어느 수도원에 안장되었다. 근래 20년간 거의 30종에 달하는 일리인의 저서들이 러시아에서 재출간되었다.

일리인의 저서들에 담긴 것들 중에도 과연 무엇이 푸틴과 여타 유력한 러시아인들을 매료했을까? 공산주의 이후 러시아를 재건하는 데 필요했던 일리인의 사상들은 무엇들이었을까? 일리인은 그와 같은 세대의 망명러시아인들 사이에서 러시아의 미래에 관한 상투적 견해보다 더 많은 것을 제시한 신학자 겸 철학자 두 명 중 한 명이었다. 주요한 신학자 겸 철학자 게오르기 페도토프는 인본주의자 겸 민주주의자였다. 그러나 일리인은 자신이 군주정치와 (전체주의는 아닌) 전제적專制的 독재정치를 지지한다는 사실을 결코 감추지 않았다. 제2차 세계대전 이후 페도토프는 '차르 시대 러시아가 공산주의 이후 러시아의 정치모델이 결코 될 수 없다'고 주장하는 논문을 발표했다. 그는 논문에서 '볼셰비즘이 사멸했을 때, 혁명과 반동혁명이 종결되었을 때, 러시아는 무엇을 믿었을까?'라고 질문했다. '그것은 러시아 국가주의였을 것이다'고 자답한 그는 '그런데 그것의 출처는 무엇이었을까?'라고 질문했다. 오늘날의 시점에서 이 질문의 답변은 '이반 일리인이었다'가 될 듯하다. 그래도 반동혁명은 여전히 종결되지 않았을 것이다. 일리인은 푸틴이 대통령으로서 행한 연설들—2005년과 2006년의 대통령연설들과 2007년의 국정연설—에 인용한 유일한 사상가였다. 2009년에 푸틴은 모스크바의 스레텐스키Sretensky 수도원을 방문해서 일리인의 무덤에 조화弔花를 헌정했다.

일리인은 '우크라이나나 캅카스 같은 비非러시아 지역들에는 거의 행사되지 않으면서도 공산주의 이후 러시아에 요구되는 강력한 중앙권력'을 옹호했는데, 이런 사실은 현재 러시아의 지도층에서 그가 인기를 얻는 이유를 설명하려는 사람에게 유용할 것이다.

일리인이 주창한 연대주의連帶主義(Solidarism)[21]의 특수한 형식은 그보다 더 젊은 망명러시아인들의 단체 연대주의국민동맹Natsionalny Trudovoi Soyuz(NTS)에 끼친 영향을 통해 러시아로 유입되었다. 이 단체는 일리인을 제2차 세계대전 이후에 믿고 따를 수 있는 이념학자의 귀감으로 삼았다. 공산주의가 몰락한 이후 러시아로 귀국한 이 단체의 회원들 중 몇몇은 일리인의 사상들을 모스크바로 전파했다. 알렉산드르 솔제니친이나 (『태양에 불타다Burned by the Sun』와 『시베리아의 이발사Barber of Siberia』같은 영화를 만든) 영화제작자 니키타 미할코프도 일리인 사상들의 전파자였을 가능성이 있다. 극우성향의 견해들을 가진 미할코프는 「인터내셔널」을 대체한 소련국가를 작사한 시인의 아들이기도 했다.

어느 러시아 지역개발부 장관은 "하나님께서 일리인에게 예언능력을 하사하셨다"고 말하면서 '소련 해체에 관한 일리인의 예언들이 정확했듯이 소련 해체 이후 러시아의 주권을 침식하려는 적대세력의 시도들에 관한 그의 예언들도 정확하다'고 확신하는 목소리로 덧붙여 말했다.

그러나 일리인의 모든 견해가 매혹적인 영향력을 발휘하지는 않았다. 실제로 그의 견해들 중에는 도저히 용납될 수 없을 정도로 틀린

---

21 "개인은 만인을 위해! 만인은 개인을 위해!"라는 구호를 내세우는 주의.

것들도 있었다. 그는 아돌프 히틀러에 관해서 다음과 같이 썼다. "그는 무슨 일을 했던가? 그는 독일의 볼셰비키화化를 중단시킴으로써 유럽에 막대하게 공헌했다."

다시 말하면, 일리인은 '히틀러가 볼셰비즘으로 들어가는 문을 닫기는커녕 제2차 세계대전을 일으킴으로써 그 문을 열어젖혔다'는 사실을 예언하지 못했다는 말이다.

일리인은 다음과 같이 썼다.

유럽은 나치 운동을 이해하지 못한다. 유럽은 나치 운동을 이해하지도 못하고 두려워한다. 더구나 유럽은 더 두려워할수록 더 이해하지 못한다. 유럽은 더 이해하지 못할수록 모든 부정적 소문들을, 모든 '목격자들'의 끔찍한 목격담들을, 모든 소름끼치는 예언들을 더 쉽게 믿는다. 사실상 유럽의 모든 국가에 존재하는 극좌익들은 악의와 증오의 분위기를 조장한다. 불행히도 우리의 [망명]러시아 언론도 차츰 이런 분위기에 휘말려들고, [유대주의-자유주의적인] 감정들도 차츰 선악善惡의 범주들로 변해간다.

일리인은 '자신이 독일유대인들의 감정들을 이해하지만 독일의 국가주의와 최근사건들을 독일유대인들의 관점에서 판단하기를 단호히 거부한다'고도 썼다. 그는 자유민주주의적인 견해들에 홀린 유럽이 볼셰비키의 위험에 관해서는 아무것도 모른다고 보았다.

일리인은 다음과 같이 주장했다.

오늘날까지 유럽의 여론은 '국가사회주의가 법을 존중하지 않는 극

렬인종차별주의는 결코 아니다'는 사실을 이해하지 못했다. 국가사회
주의정신은 인종차별주의로 귀결되지 않는다.

일리인의 관점에서 국가사회주의정신은 부정정신으로 귀결되지
않고 모든 국가의 당면과제들에 달려드는 긍정적이고 창조적인 정신
을 생성시키는 것이었다. 그는 망명러시아인들과 무솔리니가 똑같은
중상비방들에 시달린다고 생각했다.

요컨대, 일리인은 나치가 아니었지만 나치의 본질을 완전히 오판
했던 강력한 동조자였다. 일리인의 정치적 판단은 확실히 멍청했다.
그는 히틀러의 인종차별주의를 전혀 알아차리지 못했든지 아니면
'러시아에 대한 히틀러의 적대감'이나 '히틀러가 러시아인들을 하등
인간들로 간주했다는 사실'을 염두에 두지도 않았다. 일리인은 '나치
즘이 러시아를 상대한 전쟁을 주도한다는 사실'도 '나치즘의 동기動
機들이 주로 이념적인 것들은 결코 아니라는 사실'도 깨닫지 못했다.
그는 모든 반공주의자를 기꺼이 포용하고자 했다. 그러나 히틀러는
공산주의를 대단한 위협요소로 간주하지 않았다. 이런 견지에서 히
틀러의 선전활동은 의도적으로 오해를 유발하는 것이었다. 히틀러는
스탈린을 어느 정도까지만 칭찬했다. 히틀러는 동유럽과 러시아를
점령하여 지배하기를 바랐다.

일리인은 '바이마르 공화국Weimarer Republik 시대(1919~1933)의 독
일'에서 활동한 "유대계 부르주아 언론"을 신랄하게 비난했다. 그가
그랬던 이유는 그런 언론이 소련을 지지하면서도 러시아의 진실을
결코 보도하지 않았다는 것이었다. 그 시대에 독일의 신문들이 이따
금 무비판적인 행태를 보였다는 것은 사실이지만, 그 신문들이 직간

접으로 저지른 죄악들은 일리인의 명백한 오판들—실제로는 광신적 판단들—에 비하면 소소한 것들이었다.

일리인은 무슨 말로 자신을 변호할 수 있었을까? 위에 인용된 그의 글들이 (그리고 비슷한 맥락에 속하는 다른 글들이) 1933년의 초엽에 쓰였다는 사실을 제외하면 아마도 그가 할 말은 별로 없었을 것이다. 그러나 그가 군주주의자였으면서도 '나치즘'을 '어느 정도 수정하고 가다듬으면 미래의 러시아에 적합한 정치모델로 이용할 수 있을 긍정적 현상'으로 간주했다는 것은 여전히 엄연한 사실이다.

제2차 세계대전이 종결된 후에 일리인은 자신의 견해들을 변경했는가? 물론 그랬지만 많이 변경하지는 않았다. 그는 파시즘 일반을 논평했지 나치즘을 꼬집어 논평하지 않았다. 그는 1948년에 발표한 논문에서 '파시즘은 유럽에서 좌파가 유발한 혼돈과 전체주의 때문에 불가피했다'고 주장했다. 그의 논리대로라면, 고대 로마에서 비상시국에 등장했던 독재정권만큼이나 건강한 세력들이 유럽에서 재등장해야만 했다. 그런 세력들은 제1차 세계대전 이후의 유럽에서 재등장했고 미래에도 재등장할 수 있었다. 그의 논리대로라면, 파시즘이 '정당화된 사회정치개혁들'을 추구하기만 했다면, 그리고 모든 국민의 생존에 불가결한 애국적 감정들에서 생겨나기만 했다면, 파시즘은 정당했다. 그러나 '파시즘은 심각하고 중대하며 치명적인 여러 가지 실책을 범해서 타락해버렸다'는 것이 그의 논리였다. 그는 파시즘의 실책 6가지를 거론했지만 첫째실책을 결정적인 것으로 보았다.

파시즘은 종교적인 것이 아니었다. 실제로 파시즘은 기독교를 적대시했다. 파시즘은 우익전체주의를 탄생시켰지만, 일당독점체제는 풍기문란과 부정부패를 조장했다. 파시즘은 쇼비니즘화化되고 우상화된 카이사르주의Caesarism[22]로 변하기도 했다.

일리인은 독실하게 종교적인 인물이라서 파시즘의 종교결핍을 결정적 결함으로 간주했다. 그러나 모든 파시즘이 반反종교적인 것들은 아니었다. 오직 나치 독일에서만 교회들이 간섭받았고 이따금 박해 받기도 했을 따름이다. 그런 간섭이나 박해는 이탈리아에서도 여타 파시스트 국가들과 단체들에서도 전혀 발생하지 않았다. 어떤 경우들에는 (파시스트) 국가와 교회가 아주 긴밀히 협조하기도 했다.

일당독점체제가 풍기문란을 유발했을까? 이것과 비슷한 질문들이 일리인이 거론한 실책들과 관련해서도 제기되었다. 그는 '모든 일탈, 과언, 실책은 불필요했다'고 믿었다. 무솔리니는 자신에게 교회가 필요하다는 사실을 이해했지만, 통속적 무신론자이던 히틀러는 자신이 적그리스도의 전철을 밟는다는 사실을 이해하지 못했다. 더구나 일당독점체제를 수립할 필요도 없었다.

(아마도 일리인은 '총통찬양Führerprinzip' 또는 '두체Duce[23] 예찬'을 가리키는 표현으로 사용했을) '카이사르주의의 우상화'는 파시즘의 최대실책이었다. 우상화된 카이사르주의는 군주주의의 정반대라서 필연적으로 독재정치, 자유부정, 테러리즘으로 귀결되기 마련이었다. 카이사르주의는 부도덕하고 잔혹하며 선동적인 것이라서 국민을 경시하고 법과 개인권리들을 노골적으로 무시한다. 일리인이 암시했다시피, 에스파냐의 프랑코와 포르투갈의 안토니우 데 올리베이라 살라자르Antonio de Oliveira Salazar(1889~1970)[24]는 이런 카이사르주의를 이해했고 파시

---

22 황제주의, 또는 전제주의, 또는 제국주의를 지칭한다.
23 이탈리아의 독재자를 가리키는 호칭이다.
24 포르투갈의 총리(1932~1968)를 역임한 정치인이자 가톨릭교 파시스트 독재자이다.

스트로 자칭하지 않았다. 왜냐면 파시즘은 스스로를 고립시켜서 끝내 몰락시킬 수 있는 과대망상, 과대자긍심, 과대우월감으로 치닫지는 말아야 했기 때문이다.

일리인은 '러시아 파시스트들이 그들의 선배들이 범한 실책들—즉, 애국심을 치명적으로 손상시킬 수도 있었을 실책들—로부터 교훈을 배워서 그런 실책들을 반복하지 않으리라'고 기대하는 희망을 표현했다. 그런데 심지어 제2차 세계대전이 끝난 후에도 일리인은 실책과 범죄의 차이—그가 반드시 알아야 했던 차이—를 알기가 어려웠던 듯이 보인다.

몇 가지 사안에 관한 일리인의 견해들은 1948년 즈음에 변경되었다. 그가 제2차 세계대전 이전에 주창하던 군주주의는, 이를테면, 브리튼이나 스웨덴이나 네덜란드의 입헌군주주의가 아니라 권위주의적 독재정치와 동등한 것이었다. 일리인은 파시스트가 결코 아니었지만 러시아 내전기간에는 파시스트처럼 행동했다. 군주주의에 관한 그의 견해들은 1945년부터 차츰 희미해졌다. "권위주의적"이라는 형용사는 여전히 사용되었지만 "독재정치"라는 명사는 악명을 얻으면서 폐기되었다. 그러나 일리인은 민주주의질서를 여전히 반대했는데, 그렇다면 무엇이 미래 러시아의 정치체제가 될 수 있었을까?

사회경제정책에 관한 일리인의 견해들은 결코 명확해지지 않았다. 왜냐면 그런 정책은 실제로 그의 관심분야가 아니었기 때문이다. 그는 일종의 연대주의자였는데, 그렇다면 연대주의란 무엇이었을까? 그것은 다양한 시대들의 다양한 국가들에 내재된 다양한 것들을 의미했다. 연대주의는 프랑스에서 처음 등장했고, 그것의 가장 저명한 대변인은 오스트리아의 보수적인 철학자 겸 사회학자 겸 경제학자

오트마르 슈판Othmar Spann(1878~1950)이었으며, 다른 많은 국가에서
도 그것의 지지자들이 배출되었고, 어쩌면 좌익가톨릭계에서 그것의
가장 중요한 지지자들이 배출되었을 것이다.

연대주의는 아노미anomie[25]를 반대하고 사회적 응집력 및 결속력의
붕괴를 반대했다. 연대주의는 사회주의와 자유시장경제론자들을 한
꺼번에 반대했다. 연대주의에 필요한 것은 '시장과 시장의 최대수익
자들'을 통제할 수 있는 최고권력 같은 것이었다. 왜냐면 연대주의의
관점에서는 시장이 모든 문제의 해결책으로 신뢰될 수 없었고 가장
결정적인 요인도 분명히 아니었기 때문이다.

파시즘은 연대주의를 이용했지만 결코 확실하게 채택하지 않았다.
오트마르 슈판은 자신의 생각들이 독일의 새로운 지배자들에게 수용
되리라고 기대했지만, 나치스는 그리할 의향을 전혀 품지 않았다. 나
치스는 도리어 슈판을 체포했고 빈Wien 대학교의 교수직에서 해임시
켰다. 연대주의자들은 전통적 사회주의를 반대했지만 자유방임자본
주의도 반대했다. 그들의 견해대로라면, 현존하는 (자본주의)체제는 재
화를 분배하는 체제인 한에서만, 그러나 오직 통제와 감시를 받아야
만, 작동할 수 있도록 허가받아야 하는 것이었다. 그들은 모호한 태도
를 고수하는 편을 선호했다(지금도 계속 선호한다). 왜냐면 그들은 '국가
는 관리되어야 하지 시장판이 되면 안 된다'고 생각하기 때문이다.

그러나 이 중요한 영역에서 고수된 모호한 태도가 러시아에서 일
리인의 평판을 상승하지 못하게 방해하지는 않았다. 그는 논제를 불
문한 어떤 논의에서나 다른 누구보다도 더 빈번하게 인용되는 대단

---

25 사회적 공통가치나 도덕규범이 상실된 혼돈스럽고 불안한 상태.

한 권위자로 변해갔다. 물론 당연하게도 그는 이따금 비판되고 반박되기도 했다. 신학자들은 '일리인이 언제나 신神에 관해서—그러나 교회에 관해서는 극히 드물게—말했고 썼다'는 사실을 싫어했다. 베르댜예프 같은 자들은 1920년대와 1930년대부터 일리인을 비판했다. 그들이 알기로는, 일리인의 세계관은 러시아 정교의 것도 아니었을 뿐더러 진정한 기독교의 것도 아니었다. 일리인은 자신의 정치적 주장들을 뒷받침하느라 기독교를 이용해먹었을 뿐 아니라 '자신의 견해들은 옳지만 다른 모든 견해는 신뢰될 수 없다'고 확신했다.

그러나 일리인에게 가해진 가장 신랄한 비난들은 망명러시아인들의 공동체에서도 가장 과격한 발언자들로부터 표출되었다. 그런 발언자들 중에는 '유대인-프리메이슨 음모론(유대인들과 프리메이슨들을 세계정치와 우주만악宇宙萬惡을 은밀히 조종하는 유력한 막후세력으로 간주하는 음모론)'의 전문가 빅토르 오스트레초프Viktor Ostretsov도 있었다. 오스트레초프의 관점에서 일리인은 진정한 군주주의자도 기독교신자도 아니라 유대인들 및 프리메이슨들의 간첩이었다. 오스트레초프는 이 간첩설의 증거는 쉽게 발견된다고 주장하면서 다음과 같이 설명했다. 즉, 만약 일리인이 볼셰비키들의 진짜 적敵이었다면 국외로 추방되는 철학자들의 망명선에 승선하지 않고 시베리아로 유배되거나 총살당했을 것이다. 그러나 실제로 베를린에 정착한 일리인은 러시아 철학자협회에 가입했는데, 그 협회에는 '러시아 극우파의 추종자들 중에 일리인보다도 훨씬 더 의심스러운 유형의 철학자이던 베르댜예프'와 '기독교신자로 개종한 유대인이던 세묜 프랑크Semyon Frank(1877~1950)'도 소속되어있었다. 무슨 말이 더 필요한가? 더구나 이 협회의 본부는 유대계 브네이 브리트B´nai B´rith(B.B.)[26] 프리메이슨

지회와 함께 같은 건물에 입주해있었고, 그 건물은 망명러시아지식인들이 베를린에서 체류하기 시작하면서부터 매입한 것이었다. 우리는 일리인이 베를린에서 이 건물을 실제로 한 번이라도 방문했는지 여부를 모른다. 그러나 상황들의 그런 연관성이 우발적인 것일 수는 없다고 간주되어야 이치에 맞을 것이다.

오스트레초프의 비난도 그의 견해와 비슷한 견해를 품은 괴짜들의 비난도 동시대의 러시아에서 일리인의 권위를 침범하지 못했다. 그런데 하필이면 일리인의 권위가 왜 가장 먼저 운위되는가? 그것이 바로 '동시대 러시아 작가들 사이에서 더 일찍 운운된 광기와 박해광풍은 청천벽력같이 돌발하지 않았다'고 증명하기 때문이다. 이전에도 그런 권위자들이 있었다. 이런 병폐가 앞으로 얼마나 널리 확산될지 혹은 이미 얼마나 널리 확산되었을지는 도저히 가늠될 수 없다.

---

26 도덕적 · 인도주의적 · 교육적 · 정치적 목적을 지향하는 유대계 남성친목단체이다.

제8장

외교정책과
페트로스테이트

러시아는 유럽이자 아시아이며, 동시에 유럽도 아니고 아시아도 아니다. 러시아 특유의 유라시아주의는 유럽과 아시아 모두에서 경계의 대상이었다. 러시아 역시 방대한 영토에 접해 있는 수많은 나라와의 관계에서 늘 아슬아슬한 줄타기를 하고 있다. 현대 러시아의 외교정책을 이해하는 핵심은 에너지자원이다. 러시아의 수출 총액 50퍼센트를 차지하는 석유천연가스는 러시아 경제의 부흥을 가져왔을 뿐 아니라 외교정책의 우위를 점하는 가장 효과적인 무기이다.

---

* 페트로스테이트Petrostate는 '석유'를 뜻하는 '페트롤룸petroleum(피트로울리엄)'과 '국가 또는 주州'를 뜻하는 '스테이트state'의 합성어로서 이른바 '산유국産油國 또는 석유천연가스 생산수출국'을 가리킨다. 그러나 이 낱말은 '석유천연가스를 생산하고 수출해서 상당한 자본을 축적하지만 그것을 소수의 권력자들 및 재력가들에게 거의 독점적으로 쏠리게 하는 부실한 제도들을 가져서 각종 부정부패들을 유발하는 산유국 내지 석유천연가스 생산수출국'의 특칭特稱으로도 사용된다. 이 책에서 이 낱말은 주로 러시아와 구소련에 속했던 중앙아시아의 공화국들을 통칭하는 데 사용된다.

러시아의 정책결정자들뿐 아니라 나머지 러시아인들도 오랫동안 국내문제들을 우선시해왔다. 국내현실이 최소한으로나마 안정되지 않았다면, 국가지도자의 정체가 석연찮았다면, 경제가 적어도 일정하게나마 기능하지 않았다면, 러시아는 자국의 이익을 추구하는 일반적인 강대국이 아니라 정치의 대상에 불과했을 것이다. 고르바초프도 옐친도 다른 강대국들을 상대로 협상했지만, 그들도 알았다시피, 그들의 주요임무는 그때까지 러시아를 괴롭히던 손해를 막는 일이었다. 왜냐면 러시아의 경제는 붕괴했고 국내현실은 외국의 도움을 절실히 요구했기 때문이다. 변화는 점진적으로만 진행되었고, 변화가 시작된 지 몇 년도 흐르지 않아 러시아는 대통령에 당선한 푸틴의 집권체제로 접어들었다. 푸틴은 최소한의 안정을 조성했지만 불안을 완전히 일소하지는 못했다. 물론 그런 안정은 돌연한 정신적 각성의 결과도 아니었고 러시아가 자신감과 목적의식을 돌연히 되찾아서 가능해진 것도 아니었다. 그것은 더욱 평범한 이유들 덕분에 가능해진 안정이었다. 예컨대, 세계시장에서 진행된 석유천연가스 수요의 증가나 이런 천연자원들의 가격폭등도 그런 이유들이었다. 그 결과 단 몇 년 만에 러시아의 상황은 놀랍도록 좋아졌다. 만약 고르바초프와 옐친이 (혹은 개혁파의 또 다른 일원이) 집권하지 못했다면, 한때 고르바초프의 주요경쟁자이던 예고르 리가초프Yegor Ligachev(1920~)가 집권했거나 구소련체제의 다른 어떤 실력자가 집권했을 것이다. 그런 역전逆轉은 상상조차 되지 못할 시도는 결코 아닐 뿐더러, 만약 그런 역전이 실현되었다면, 집권자는 더 많은 이득을 얻어서 상황을 더 낫게 변화시킬 수도 있었을 것이다. 만약 2005년에 그렇게 역전되어 러시아의 운명이 바뀌었다면, 러시아공산당과 당수뇌진의 지혜는 칭찬받았을 수도 있었을 것이다. 그래도 체계는 본질적으로 부패하기 마련이라서 소련은 붕괴되었을 것이고, 체제붕괴는 훨씬 더 참담한 결과들을 초래할 수도 있었을 것이다. 그렇지만 1991년 이후 불과 20~30년 만에 판이하게 달라진 세계정세에서는 그런 역전이 발생할 가능성도 없지 않았을 것이다.

소련에서 발생한 사건들과 관련하여 서구에서도 동양에서도 심대한 오판들이 만연했다. 그랬던 까닭은, 부분적으로는, '모든 사건이 그토록 예측불허하게 발생했다'는 것이 틀림없다.

미국 워싱턴과 유럽 각국의 수도에서는 냉전이 종식되었다는 소식이 엄청나게 부각되었다. 만약 냉전종식이 이른바 '역사종언歷史終焉'으로 해석되지 않았다면 '새로운 평화시대의 여명'으로 이해되었을 것이 확실했다. 러시아가 민주주의의 길로 접어들면서 전쟁위험은 일소되었고, 군대유지비용들은 획기적으로 감축될 수 있었으며, 서구의 국가들은 성가시고 불필요한 국제적 긴장들 때문에 오랫동안 방치했던 국내현안들을 처리하는 데 노력들과 자원들을 장기적으로 투입할 수 있었다. 구소련에서 발생한 사건들을 추적하던 관찰자들의 대부분은 그 사건들을 점점 더 호의적으로 해석하는 경향을 보였고, 그 사건들에 대한 그들의 관심도 꾸준히 줄어들었다. '러시아가 자유로워지고 민주화되는 길은 멀고 험난하리라'고 생각한 서구의 관찰자들도 있었지만, 그것은 다수의 생각이 결코 아니었다. 심지어 뒤늦게 밝혀진 사실들이 감안되어도 그런 무근거한 낙관주의는 설명되기 어렵다. 러시아의 과거여건에서도 현재여건에서도 그런 낙관주의는 부질없는 희망의 소산이었다. '제국의 상실이 이야기의 결말은 아닐 수도 있다'고 생각한 사람은 거의 없었으며, 역사에서는 매우 빈번하게 발견되는, '상실한 것을 되찾으려는 시도가 감행될 수도 있다'고 생각한 사람도 거의 없었다.

독일이 그런 선례였다는 사실이 기억되어야만 했다. 1918년에 제1차 세계대전에서 완패하고 무기력해진 독일은 그때로부터 불과 15년 만에 강대국의 위상을 회복했다. '새로운 긴장들이 불거졌을 때 그것들을 유발한 자들은 푸틴과 KGB가 아니었다'는 사실도 기억되어야만 했다. 러시아인들의 다수는, 1930년대 초엽의 독일인들처럼, 넉넉한 생활도 바랐을 뿐 아니라 강대국의 국민이 되기도 바랐고, 이왕이면, 초강대국의 국민이 되기도 바랐다. 러시아 지도자들이 품었던 진정한 의도들을 비밀에 붙였다고 비난받았다면, 그것은 부당한 비난이었을 것이다. 심지어 고르바초프와 옐친조차 "서구가 우리에게 너무 많은 것을 기대한다"고 불평했으며 "1990년대에 서구가 소련으로부터 받은 양보들에 상응하는 보답들마저 우리에게 해주지 않는다"고도 불평했다. 서구가 채택한 (나토를 확대하는 식의) 조치들은 크렘린에서는 일종의 도발로 간주되었다.

이런 불평들 중에는 이해되기 어려운 것들도 있었다. 예컨대, 미국의 (이란의 위협에 대비하여 동유럽에 미사일 방어용 레이더를 포함한 장비들을 배치하는 조치도 포함된) 순수한 방어정책들도 불평의 대상들이었다. 그러나 서구는 러시아의 전통적인 공포증들과 의심증들을 도무지 이해할 수 없었다. 그래도 어찌되었건 러시아의 지도자들이 태도를 확실히 표명하지 못했다고 보는 견해는 사실이 아니었다. 그들의 태도는 확실히 표명되었고, 아마도 푸틴의 연설들 중 몇몇 대목에서는 가장 확실히 표명되었을 것이다. 아무리 그랬더라도 2003년 즈음까지 행해진 푸틴의 연설들에서 미국-러시아 관계들을 가리키는 데 사용된 핵심어들은 우호, 협력, 약속, 자유의제freedom agenda, 양자회담兩者會談, 실용주의 같은 것들이었다.

모스크바 사람들은 서구의 도움을 기대했지만, 서구가 도와줄 수 있는 방식은 세계은행의 긴급금융지원을 제외하면 불확실했다. 그러나 '서구가 러시아의 취약한 상태를 이용해먹으려고 하지 않느냐'는 의심도 생겼는데, 처음에는 미미했던 그 의심은 점점 더 심대해져가기만 했다. 그런 의심을 품은 자들 중에는 한 발 더 나아가서 '서구의 제국주의가 소련 해체를 공작했다'고 믿는 확신을 표명하는 자들도 있었다. 러시아에서는 자파도포비아(서구공포증)가 급증했다. '서구에 이로운 어떤 주도권도 러시아에는 반드시 해로울 수밖에 없으므로 무시되어야 마땅하다'고 믿는 뿌리 깊은 확신이 러시아에 존재했다. 모스크바에서 고려될 만한 세력으로서 등장한 극우파는 냉전의 부활을 염원했다. 러시아는 1990년대에 적어도 두 번 넘게 파산직전에 몰렸고, 러시아 경제는 서구로부터 긴급구제금융지원들을 받지 못했다면 붕괴할 수 있었다. 그러나 러시아의 지도자들은 이런 사실을 여태까지 거의 언급하지 않았다.

그동안 미국은 가끔이나마 여전한 "전략적 동반자"로 언급되었다. 러시아의 지도자들은 브릭 국가들BRIC countries[1](브라질, 러시아, 인디아, 중국)을 그들의 새로운 우호적 동반자들로서 더 빈번하게 언급했다. 그러나 서구는 이런 언급을 별로 심각하게 받아들이지 않았다. 왜냐면 브릭은 정치적인 것도 경제적인 것도 거의 공유하지 않았을 뿐더러 러시아와 긴밀히 협력하는 데도 별로 관심을 보이지 않았기 때문이다. 게다가 브릭 국가들 중에는 심각한 민주주의문제와 경제문제 모두 혹은 둘 중 하나를 직면한 국가들도 있었기 때문이다.

이런 러시아의 태도는 2007년 2월에 개최된 뮌헨 안보협력회의에서 푸틴이 행한 논쟁적인 연설로써 간명하게 공식화되었다. 그의 연설은 '미국이 유일하게 존속하는 초강대국으로서 등극했음'을 의미하는 일극체제一極體制(unipolarity)[2]에 대한 강력한 공격이었다. 그는 '미국이 민주주의의 확산을 명분으로 삼아 세계전역에서 군사력을 이용하는 만큼 세계평화를 위협한다'고 단언했다.

연설하던 푸틴의 어조가 격앙될 때면 서구의 몇몇 지도자는 충격을 받았다. 그래서 푸틴의 어조가 누그러지면 그들이 고마워해야 할 지경이었다. 그들이 깨달아야만 했던 사실은, 우크라이나의 위기가

---

1 대규모 영토와 대규모 인구를 보유했으되 서구권에 속하지 않는 브라질, 러시아, 인디아, 중국을 총칭하는 약칭으로서 '브릭스BRICs 또는 브릭 경제권BRIC economies'으로도 지칭된다. 특히 이 4개국에 남아프리카공화국이 포함되면 '브릭스BRICS'로 약칭된다.
2 '단극체제單極體制'로도 번역된다.

발생했을 때 독일 총리 안겔라 메르켈Angela Merkel(1954~)이 미국 대통령 버락 오바마Barack Obama(1961~)와 회담하면서 말했다시피, "푸틴은 다른 세계에서 살아왔다"는 것이었다. 메르켈의 말은 진실이었다. 그러나 푸틴의 연설을 듣다가 충격을 받은 서구의 지도자들은 '자신들의 세계는 정규적인 세계이지만 푸틴의 세계는 시대착오적이고 이례적인 세계이다'고 추정해버리는 실수를 범했다. 더구나 그 지도자들은 '러시아는 인구통계학적 약점과 기타 약점들을 겸비해서 이제 중요한 국가가 아니다'고 믿어버리는 실수도 범했다. 이런 믿음은 어쩌면 장기적 관점에서는 옳을 수도 있었다. 그러나 어느덧 '유럽은 약해졌다'는 사실과 '미국은 아프가니스탄과 이라크에서도 그랬듯이 세계의 곳곳에서도 활동을 줄이려는 욕망을 공공연히 드러낸다'는 사실이 감안되면, 이런 믿음은 향후 10년 혹은 20년이 흐르기 전에 '오신誤信'으로 판명될 수도 있었으리라. 워싱턴의 관점에서 러시아는 여전히 매우 해로운 악영향을 유발할 수 있는 입지를 차지했다.

푸틴의 경고는 마땅했다. 유럽인들은 왜 러시아 경제에 더 많이 투자하지 않았을까? 푸틴은 심지어 '중국인들은 러시아 경제를 면밀히 관찰하면서도 투자하기로 결심하지 않는다'고 중국인들을 더 심하게 비난할 수도 있었지만 실제로 그리하지는 못했다. 푸틴은 서구의 "식민주의적 태도"를 질타했다. 그는 다양한 기회들을 이용하여 분노를 표출했다. 그것은 일개인의 분노에 불과하지 않았다. 그는 여론과 러시아 국민다수로부터 지지받았다. 그런 지지는 〈새로운 러시아 외교정책의 개념New Russian Foreign Policy Concept〉(2013) 같은 웹문서나 (2010년의 새로운 군사노선을 제시한) 〈오보로니 계획서Plan Oborony〉 같은 다양한 정치적 문건들에서 표현되었다. 이 문건들은 서구에서는

'만약 러시아의 사고방식이 중대한 변화들을 겪는다면 이런 부류의 공식문건들에서는 그런 변화들이 자세하게 논의될 가능성의 거의 없으리라'고 추정되는 바람에 거의 주목되지 않았다.

그러나 이런 경우에 크렘린은 매우 솔직했다. 이런 문건들은 '국제 권력이 서양에서 동양으로, 유럽에서 아시아-태평양연안지역으로, 이동하는 현상'을 강조했다. 이전(2005~2006년)의 정치적 문건들에서는 '냉전용冷戰用 태도들의 잔재들'을 청산할 필요성이 논의되었지만 이제는 그럴 필요성이 무시되었다. 이전의 문건들에서는 '나토를 상대로 교섭할 가능성'도 고려되었지만 역시 이제는 그럴 가능성이 무시되었다. 그것 대신에 '중국 및 인디아와 관계들을 돈독하게 맺을 필요성'이 훨씬 더 우선시되었다. 미국과 유럽의 외교정책은 고립주의적 경향들을 드러냈다. 그런 반면에 서구인들의 다수가 이해하지 못한 러시아의 외교정책은 팽창주의적 경향을 더 강하게 드러냈다. 북극지역과 남극지역에 쏠리는 관심을 포함한 새로운 문제들과 새로운 기회들이 출현했다. 그동안 러시아는 더 강대해졌기 때문에 다양한 방면들에서 주도권을 재획득할 수 있었다.

러시아의 외교정책결정자들은, 당연하게도, 그들의 모든 외교정책 문제를 드러내놓고 논의하지 않았을 것이다. 그들 중에 적어도 몇 명은 '유라시아주의의 모든 개념이 (어느 유능한 브리튼 외교관이 표현했다시피) 의심스럽고 공허하다'는 것을 틀림없이 알았을 것이다. 러시아는 아시아의 일부였지만, 아시아 국가들은 그런 러시아를 썩 중요시하지도 반기지도 않았을 뿐더러 아시아 국가의 면모를 갖춘 러시아의 출현을 숨죽이며 기다리지도 않았다. 러시아는 아시아에서 대단히 열광적으로 환영받지는 못했다. 왜냐면 러시아는 아시아에서 본질적으로는 유럽의 국가로 간주되었기 때문이다.

게다가 '세계정치의 중심이 서양에서 동양으로 이동하는 현상'은 러시아의 관점에서는 희비喜悲를 겸비한 축복이었다. 만약 러시아가 매우 신중하게 움직이지 않았다면 종래에는 중국을 보조하는 들러리 국가로 전락해버렸을 것이다. 서구를 향한 분노를 품은 러시아는 서구를 무시하고픈 강력한 유혹을 느꼈고, 서구의 정책들을 전통적으로 의심해온 러시아의 감정들은 냉정하고 비판적인 판단력을 쉽사리 억누를 수 있었다. 아예 존재하지도 않았거나 별로 중요하지도 않던 위협들마저 탐지해냈다고 회자되던 러시아 정책결정자들의 무용담은 이미 흘러간 옛날이야기였다. 어쩌면 그런 변화는 불가피하지 않았을까? 그리고 아마도 러시아가 흘러간 옛 시대의 개념들과 편견들로부터 자유로워지려면 들러리국가로 전락한 체험에서 교훈을 배웠어야 하지 않을까?

만약 유라시아주의의 개념이 지정학의 용어들에서 최소한의 미약한 근거라도 얻었다면, 브릭 국가들로 접근하려는 방침에 관해서 언급될 수 있는 것은 무엇일까? 러시아 연방의 브릭스BRICs 동참선언 준비를 위한 기초계획안으로 알려진 어느 문건의 많은 지면은 '브릭스 같은 동맹체의 전략목표들이 약속하는 중대한 이익,' '보편적으로 인정되는 국제법의 원칙들과 규준들에 대한 강력한 지지,' '브릭스를 세계체계에서 서양과 동양과 남반구와 북반구를 나누던 옛 구분선들을 없애는 국제관계들의 새로운 모범으로 설정하는 데 찬성하는 러시아 연방의 방침' 등에 할애되었다. 이런 종류는 선언들은 러시아의 외교관들이 미국 정치계에서 흔히 통용되는 두루뭉술하게 중언부언하는 화술話術을 완전히 습득했다는 사실을 증명했다. 그렇다면 그런 기초계획안과 세계정치현실들 사이에는 무슨 관계들이 있었을까? 브라질과 남아프리카공화국이 긴밀하게 협력하면 러시아가 자연스럽게 얻을 수 있었을 전략적 이익들은 무엇들이었을까?

세계정치현실들은 대미관계對美關係들을 악화시켰다. '2014년의 크리미아 위기,' '조지아 사태,' '시리아 사태,' '브리튼에서 알렉산데르 리트비넨코가 암살된 사건,' '미국에 입양된 러시아 아동 몇 명을 엄습한 운명,' '이란의 원자폭탄개발,' '(러시아에서는 일찍이 감행되지 않았지만 미국에서는 감행되던 민간인통화감청 같은 비밀행위들을 푸틴에게 개인적으로 알려준) 미국의 컴퓨터기술자로서 CIA에서 일하기도 했던 에드워드 스노든Edward Snowden(1983~)이 모스크바에서 망명자 신분을 획득한 사건' 등이 발생하기 훨씬 이전부터 우크라이나는 변함없는 핵심논제였다.

그때까지도 미온적인 낙관론자이던 미국 대통령 오바마는 '관계들을 재설정할 필요성에 관한 의견'을 러시아 대통령 드리트리 메드베데프에게 피력하면서 '만약 자신(오바마)이 미국 대통령으로 재선된다면, 그리고 재선되었을 때, 관계들을 호전시킬 수 있도록 재설정하는 데 훨씬 더 많은 역량을 투입할 수 있을 것이다'고 장담했다. 그러나 오바마의 장담은 실현되지 않았다. 러시아인들은 "민주주의보다는 주권을 더 강조하는 러시아식 (주권)민주주의의 개념은 서구식 민주주의의 개념과 다르고 미국식 민주주의의 개념과는 특히 더 다르다"고 미국인들에게 설명하느라 애썼다. "주권민주주의"라는 표현은 크렘린의 유력한 정책개발자이자 러시아의 가장 유능한 "퍄르치크 piarchik(홍보전문가)"이던 블라디슬라프 수르코프가 발명한 것이었다. 수르코프는 러시아의 전국단위 광고회사의 회장이었으므로 그런 표현을 충분히 발명할 수 있었다.

러시아인들의 다수에게 민주주의는 혼란을 의미하지는 않아도 무질서를 의미했다. 러시아의 체제는 적어도 어느 정도는 권위주의체제일 수밖에 없었고, 그런 체제의 상황들에서는 민주주의의 가치들과 인권들이 아무리 복창되어도 소용없었을 뿐더러 실제로 역효과마저 유발했다. 그러나 이 사실은 워싱턴과 여타 서구국가들의 수도들에서는 오랫동안 주목받지 않았다. 아마도 이 사실은 '러시아 언론매체들의 영속적인 반미 선전선동에 대항할 선전선동이 필요한 경우'를 제외하면 인정될 수 없었을 것이다.

1 러시아와 유럽극우파

러시아와 서구의 관계들은 왜 그렇게 악화되었을까? 이 의문에 대한 러시아 측의 답변은 러시아의 경제학자 막심 브라테르스키Maxim Bratersky가《글로블 어페어스Global Affairs》(2014)에 기고한 논설로 대표될 수 있을 것이다. 그 논설은 흥미롭고 피상적일지라도 최소한 부분적으로는 납득될 만한 답변이다. 그것은 현재에도 집행되고 앞으로도 수년간 집행될 러시아 외교정책의 저의底意들을 암시하는 것이 확실하다.

그 논설의 간략한 줄거리는 다음과 같다.

2012년에 치러진 러시아 대통령선거는 러시아와 다른 국가들의 관계들을 획기적으로 변화시킨 분수령이었다. '러시아의 구조構造를 하나의 이념처럼 서구의 구조들에 통합시키려던 노력'은 '러시아의 독립성을 보존하고 동양과 남반구에서 협력국가들을 물색하려는 노력'으로 대체되었다. '러시아의 국가경제를 세계시장에 용합鎔合시키려던 목표'는 '러시아의 재再산업화를 보장하고 경제독립용 토대를 다지며 국내경제협력체를 설립하려는 목표'로 바뀌었다.

'서구의 선진국들을 상대로 협상들을 추진하려던 러시아의 전략'은 '러시아가 주도적으로 이끌 수 있는 비非서구국가들과 협력하는 세계체제를 재구성하려는 전략'으로 대체되었다. 러시아의 외교정책 철학 속에서 '1990년대의 소박한 자유주의적인 가치들'은 '현실주의 사상과 국권주의사상'으로 대체되었다. 러시아 외교정책이념의 공백 은 '러시아권圈의 세계를 결집하고 전통적 기독교가치들의 보호를 우선시하는 이념'으로 채워졌다. 이런 전개는 얼마간 불가피했다. 왜냐면 서구는 '러시아가 냉전에서 패배했다'고 믿으며 처음부터 반反러시아 정책을 추구했기 때문이다. 서구는 러시아를 서구에 기술적·경제적으로 의존하는 반半식민지로 변화시키고파했다.

서구는 '러시아에서 정치적으로 우선시되는 영역들에 자원들을 집중적으로 투입할 수 있는 정치체제를 유지하는 정책'을 강력히 반대했다. 2000년대에는 그런 서구식 통합정책은 러시아에 부적합해졌고 (다른 현안들 중에도) 러시아와 유럽연합의 무비자입출국visa-free체제를 포함한 "대규모 흥정big bargain"이라는 현안을 등장시켰다. 2000년대의 중엽에 유럽연합은 유럽에서 '러시아의 자본이 생산용으로 투자될 수 있는 기회들'을 제한하기 시작했다.

'대서양에서 주도권을 확보하려는 경쟁'과 '러시아와 유럽연합의 전략협력협정체결을 위한 협상들이 휘말린 교착상태' 때문에 촉발된 조지아-러시아 분쟁이 시작된 이후인 2008년에는 서구와 러시아의 갈등들이 표면화되었고, 특히 미국과 러시아의 갈등은 더욱 현저해졌다. 런던에서 주요20개국(G20)정상회담이 개최된 이후인 2009년에는 러시아가 '서구의 통제권에 놓인 기존의 금융화폐체계는 러시아의 이익들과 모순된다'고 결론지었다. '서구와 통합하려던 러시아의 의향'은 결국 무산되었다. 왜냐면 서구가 소치 동계올림픽, 시리아내전, 우크라이나에서 돌발한 첨예한 내분에 대응하여 일종의 정보전쟁을 촉발했기 때문이다.

*

이것이 러시아의 관점에서 제시된 답변의 가장 간략한 줄거리이다. 이것은 많은 의문을 유발한다. 공평무사한 독자들은, 예컨대, '지난 10년간 조지아와 우크라이나/크리미아를 상대로 러시아가 휘말린 두 전쟁이, 과연 크렘린이 주장했다시피, 기독교가치들을 보호했는지 여부'를 알고플지도 모른다. 그런 독자들은 소치 동계올림픽과 결부된 "정보전쟁"에 관해서 더 많은 것을 알고프고 '(러시아권 세계의) "결집"이 제국주의의 동의어일 수도 있는지 여부'도 알고플 것이다. 그러나 어쨌든 이런 식의 평계들이 러시아 외교정책의 근본노선을 독자들에게 충분히 이해시키지는 않을 것이다.

실로 흥미로운 측면은 사건들의 연대기이거나, 아니면 오히려, 사건들의 발생순서이다. 브라테르스키의 논설은 '러시아 정책의 근본변화는 2009년에 아니면 최근인 2014년에 발생했다'고 주장한다. 그런 반면에 유리 아파나시에프Yuri Afanasiev가 1994년 《퍼스펙티브Perspective》에 기고한 〈새로운 러시아 제국주의A New Russian Imperialism〉라는 논설은 (1994년 2월의 관점에서) 다른 시간표와 다른 설명을 제시하는데, 이 논설의 근거는 1993년에 작성된 「러시아 군사노선Russian military doctrine」이라는 공식문건이다. 아파나시에프의 논설은 공식문건에 제시된 기본원칙들 중에 '구소련의 모든 영토를 가장 유력하게 보장해주는 강력한 러시아'를 언급하면서 그 원칙대로 '강력한 러시아는 모든 영토에서 평화를 유지하는 중재역할을 맡고, 인접한 외국들에 거주하는 러시아인들을 보호할 의무를 짊어지며, 나토의 팽창을 반대하고, 국내와 외국에 거주하는 러시아인들의 이권들을 수호한다'고 설명한다. 이런 아파나시에프의 논설이 충분한 근거를 지녔을 수도 있다. 그렇지만 그의 논설은 '구소련의 모든 영토에서도 러시아의 이권들이 확대될 뿐 아니라 옛 "사회주의진영"의 국가들에서도, 비록 그런 국가들이 모스크바의 통제권을 벗어나서 자유로워졌다고 믿으며 그 통제권으로 복귀하기를 전혀 바라지 않을지라도, 러시아의 이권들은 확대된다'고 진술하기 때문에 관심을 끌었다.

1990년대의 러시아는 다시금 파산직전에 내몰렸으므로 자국의 목표들을 강력하게 추구할 만한 처지에 있지 않았다. 러시아는 서구가 세계은행을 움직여서 융통해준 지원금에 의존했다. 그러나 석유천연가스 수요가 급증한 이후부터 수년간 상황이 변하면서 크렘린은 더욱 공격적인 정책을 집행할 수 있었다. 아파나시에프는 '이런 행동방침을 적어도 얼마간 결정한 것은 "과거의 강대함을 상실했다"고 느끼면서 괴로운 열등감에 시달리는 러시아 당국자들의 감정이었다'는 가설도 언급한다. 그런 감정은 "이제 옛 시대에 경청되던 만큼 경청되지 않아서 굴욕감과 모욕감을 느끼는" 국가의 목소리이다. 요컨대, 2008년에나 2010년에는 어떤 극적인 변화도 발생하지 않았고 오직 러시아가 외교정치목표들을 추구할 수 있는 상황들만 변했을 따름이었다.

이런 논설들은 부분적으로는 선견지명을 드러낼 뿐 아니라 '서구의 또 다른 정책이 현재와 미래의 러시아를 상대하면서 겪는 긴장들을 예방할 수 있었느냐 없었느냐?'라는 질문과도 적절하게 관련되므로 흥미로운 것들이다. 어쨌건 러시아는 초강대국이라는 옛 위상을 재획득하려고 애썼고, 서구는 그런 러시아를 도울 수 있었다. 그런 도움이 비록 '소련에 복속되기를 바라지 않던 지역들과 공화국들의 소망들'과 상반되는 행동을 의미하더라도, 서구는 러시아를 도울 수 있었을 것이다. 그러나 서구가 러시아를 도와야 할 이유는 명확하지 않다. 더구나 러시아가 서구를 아주 심하게 의심해온 만큼 러시아의 "초강경파들"은 '그런 서구의 도움이 사실은 러시아를 해코지하려는 어떤 은밀하고 불가해한 방식이다'고 믿었을 가능성도 농후했다. 그랬으므로 서구가 제의하는 어떤 호의적인 도움도 러시아에서는 먼저 의심부터 받았다.

*

만약 러시아와 미국의 관계들이 2006년부터 악화되기 시작하여 크리미아/우크라이나 위기와 함께 새로운 최저점을 찍었다면, 러시아와 유럽연합의 관계도 비슷한 과정을 겪었을 것이다. 미국과 다르게 유럽은 러시아산 에너지자원들을 대량으로 수입했고 러시아는 유럽산 제품들을 특히 사치품들 위주로 수입했다. 러시아인들은 모든 종류의 대응책을 동원하여 유럽을 위협할 수 있었지만 과격하게 위협하지는 않았다. 왜냐면 러시아가 석유천연가스 수출량을 축소하는 순간부터 벌어들이는 외화도 감소하기 시작했을 것이고 또 장기적으로는 러시아산 석유천연가스에 대한 서유럽의 의존도도 낮아지기 시작했을 것이기 때문이었다.

러시아에 투자되던 유럽의 자본액수도 러시아의 기대치를 훨씬 밑돌았다. 왜냐면 부분적으로는 러시아 경제의 건전성이 의심되었을 뿐 아니라 러시아 정치도 여러 모로 불확실했기 때문이다. 불만스러운 상황도 빈발했다. 러시아인들은 코소보Kosovo 사태[3]를 불만스러워했고, 브리튼인ㅅ들은 '모스크바가 KGB의 배신자 알렉산데르 리트비넨코 암살에 연루된 혐의를 받은 인물을 브리튼으로 인도하기를 거부한 사실'을 불만스러워했다. 러시아는 역사상 많은 모험을 함께 해온 독일과 긍정적인 관계들을 형성할 수 있으리라고 기대하는 희망을 매우 많이 품었다. 1941~1945년에 양국이 겪었던 사건들은 어느덧 망각되었고, 푸틴은 독일 작센에 파견되어 근무하던 몇 년간 겪은 일들을 좋게 기억했다. 독일의 전직 국무총리 게르하르트 슈뢰더Gerhard Schröder(1944~: 1998~2005 재임)는 러시아의 유력한 석유회사

---

3 발칸 반도의 마케도니아Macedonia와 접경하는 세르비아Serbia 남부지역에 위치한 코소보에서 1999년 3월~1999년 6월에 코소보의 독립을 요구하는 알바니아계 코소보 주민들과 세르비아 정부군이 충돌하면서 빚어진 유혈사태.

가즈프롬Gazprom에 채용되었다. 슈뢰더는 "푸틴은 100퍼센트 민주주의자이다"고 단언했다. 그러나 이런 단언은 아마도 푸틴에게 당혹감을 안겼을 것이다. 왜냐면 푸틴은 자신은 '서구적 의미의 민주주의자'가 아니라 '주권민주주의자'라고 명확히 설명하느라 비록 잠시나마 무척 애쓰기도 했기 때문이다. 물론 슈뢰더는 '자신과 푸틴은 막역한 친구들이다'고 설명했다. 이런 슈뢰더의 설명이 의심될 여지는 전혀 없다. 그러나 슈뢰더가 러시아인들한테 고용되었다는 사실도 푸틴에게 당혹감을 안겨줄 만한 요인이었을 수 있지 않을까?

*

'유럽이 러시아와 맺은 관계들에서 얻는 이익들'과 '유럽이 미국과 맺은 관계들에서 얻는 이익들'은 동일하지 않았다. '유럽이 (필요한 총 에너지자원의 약 3분의 1을) 러시아산 에너지자원들에 의존한다는 사실'과 '전통적으로 유럽의 더욱 긴밀한 교역관계들이 존재했다는 사실'은 서로 거의 무관하다. 그러므로 유럽의 국가들이 '러시아를 상대하는 미국의 지나치게 껄끄럽고 공세적인 어떤 주도권들'과 무관하게 보이도록 처신해도 전혀 이상하지 않았다. 크리미아/우크라이나 위기가 발생하자 일련의 제재조치들이 취해졌다는 사실은 유럽 국가들의 그런 처신을 예증하는 하나의 일례였지만, 다른 예들도 있었다. 그런 한편으로 유럽의 내부에서는 어떤 합의도 이루어지지 않았다. 폴란드와 발트 해 연안의 공화국들처럼 러시아에 더 가까운 국가들은 러시아의 압력에 더 직접적으로 노출되었다고 느꼈으므로 보호받을 필요성을 더 절실하게 느꼈다. 그런 동시에 유럽의 어떤 국가도 미국의 외교정책과 완전히 단절되기를 바라지 않았다. 러시아는 유럽연합과 미국의 사이를 최대한 갈라놓으려고 노력했지만, 그런 노력은 제한적으로만 성공했을 따름이다. 왜냐면 러시아에는 외부세계를 불신하는 고질적인 의심들이 존재했고 유럽에는 러시아의 의도들을 돈독하게 믿는 신뢰감이 전혀 존재하지 않았기 때문이다. 그래서 러시아 당국이 '에스토니아에서 감행된 어느 러시아인의 사이버공격' 같은 비교적 사소한 문제들에까지 도발적인 대응조치를 취할 때마다 러시아의 의심들은 증폭되었다. 러시아는 유럽을 쇠락하는 대륙으로 간주하면서도 경제적 중요성의 관점에서는 완전히 등한시할 수 없는 대륙으로 간주했다. 러시아는 '유럽군대나 유럽외교정책이나 공동에너지정책 같은 것을 수립하는 식으로 더욱 강대한 통합을 이룩하려는 유럽의 계획들'에 관해서 의심하는 뚜렷한 불안감들을 품었다. 통합된 유럽은 더 강대한 유럽을 의미했으므로, 러시아는 통합된 유럽을 결코 바라지 않았다. 분열된 유럽은 더 약한 유럽을 의미했으므로, 그런 유럽은 '러시아가 유럽의 다른 국가들을 신경 쓰지 않고 한 국가만 집중적으로 상대할 수 있는 많은 기회들을 포착할 가능성'을 의미했다.

2014년의 위기가 발생하기 전에 유럽연합은 러시아를 유럽으로 더 가깝게 끌어당기려고 여러 번 시도했다. 이탈리아의 언론재벌이자 정치인인 실비오 베를루스코니Silvio Berlusconi(1936~)가 세운 '러시아를 유럽연합의 정회원국으로 만들려는 계획'은 가장 야심만만한 시도였다. 이탈리아의 국무총리를 세 차례나 역임한 베를루스코니는 푸틴과 긴밀한 인간관계를 맺었다(고 자신했다). 그러나 베를루스코니는 이탈리아의 법률과 맞물려 해결되지 않은 개인적인 문제들 때문에 그 계획을 도저히 추진할 수 없었다. 이른바 "유럽이웃정책 European Neighborhood Policy(ENP)"을 추진하고 '공동경제공간과 필요한 기타 공간들'을 마련하려는 계획들은 다소 온건한 시도들이었다. 그러나 러시아는 이런 계획들에 찬성하지 않았다. 러시아는 오히려 러시아만 애호하는 계획—이른바 "유라시아연합Eurasian Union"—에 유럽을 동참시키는 편을 선호했다. 그러나 유럽은 그런 러시아의 계획에 관심을 거의 보이지 않았다.

게다가 러시아는 유럽연합에 가입시킬 몇몇 잠재적 트로이목마를 양성해왔다. 가장 대표적인 트로이목마는 반反민주주의정책을 새로운 공식적 국가노선으로 채택한 헝가리이다. 그리고 이념적으로는 러시아와 특별히 가깝지 않되 허약한 경제와 중대한 국내난제들을 해결할 요량으로 친구들과 동조자들을 거의 필사적으로 물색하는 그리스도 트로이목마이다. 특히 불가리아 역시 트로이목마일 수 있다. 왜냐면 불가리아의 옛 좌파정당들과 극우정당들이 연립하여 집권한 친親러시아적인 플라멘 오레샤르스키Plamen Oresharski(1960~)[4] 정권은 2013~2014년에 1여 년간 집권체제를 유지하느라, 어떤 기준을 적용받아도, 극심하게 부패했기 때문이다. 동맹국들을 물색해온 러시아의 처지는 이해될 만하다. 그래서 러시아는 마음에 드는 동맹국을 고른다고 까다롭게 굴지 못한다. 그러나 러시아가 유럽에서 비록 가장 달갑잖은 세력들로나마 결국에는 러시아 친화적인 진용을 꾸릴 수 있었다는 사실은 여전히 주목될 만하다.

계급투쟁에서 연대주의로, 역사유물론과 변증법유물론에서 이상

---

4 불가리아의 국무총리(2013년 5월 21일 취임)이다.

주의철학으로, 전투적 무신론에서 러시아 정교회로, 프롤레타리아 국제주의에서 강경한 국가주의와 쇼비니즘으로 변이하는 노정은 장구하게 보인다. 그러나 러시아가 증명하다피시 그런 변이는 심지어 단기간에도 결코 불가능하지 않다.

옛날에는 공산주의 인터내셔널이 존재했고 모스크바는 유럽극좌파의 동조와 지지를 기대할 수 있었다. 그러나 옛날은 흘러갔고, 어쩌면 영원히 흘러가버려서, 만약 러시아가 유럽에서 동맹자들을 얻고팠다면 전혀 다른 방향을 주시해야만 했을 것이다. 러시아의 극우파지도자들 중 한 명이자 러시아 두마(국회) 부의장인 세르게이 바부린Sergey Baburin(1959~)이 《스보보드나야 프레사Svobodnaya Pressa》의 세르게이 랴자노프Sergey Ryazanov와 〈유럽에 있는 우리의 다섯 기둥Our Fifth Column in Europe〉이라는 제목으로 좌담하다가 다소 투박하면서도 간결하게 주장했다시피, 러시아는 유럽에서 강력한 잠재적 동맹자들─요컨대, 극우세력들─을 확보했다. "세계의 노동자들이여, 단결하라!"[5]는 낡은 구호는 "만국의 국가주의자들이여, 단결하라!"는 구호로 대체되어왔다. 그런 동맹자들은 반미주의자들이고 반反유럽연합주의자들이며 반反나토주의자들이라서 다양한 방식으로 러시아를 지지하리라고 기대될 수 있었다.

이런 견해는 러시아의 지도자들이 다년간 품어온 것이다. 그동안 러시아의 국내정책과 외교정책은 이념적으로나 정치관행상으로나 점점 더 우경화되면서 국가주의로 경도되어왔다. 유럽좌파는, 특히

---

5   이것은 독일의 사회주의철학자들인 카를 마르크스와 프리드리히 엥겔스Friedrich Engels(1820~1895)가 1848년에 발표한 『공산당선언The Communist Manifesto』의 마지막 문장이다.

공산주의자들과 구舊공산주의자들은, 이런 경향을 매우 느리게 알아차렸다. 그들의 일부는 여전히 모스크바를 '진보하는 인류의 보루堡壘이자 그런 인류를 지도하는 사회주의자들의 보루'로 생각했다. 그랬던 까닭은 쉽게 설명되지 않는다. 한편으로는 아마도 러시아의 변화들을 모르는 진정한 무지無知 때문에 그랬을 것이고, 다른 한편으로는 이런 발전들을 심리적인 것들이자 부질없는 희망의 소산들에 불과할 수 있는 것들로 여겨서 쉽사리 인정하지 않으려는 심리 때문에 그랬을 것이다.

유럽극우파의 지도자들은 바부린과 랴자노프의 좌담이 성사되기 훨씬 전에 모스크바로 초청되었다. 프랑스의 국민전선Front National(FN)은 심지어 러시아로부터도 활동비를 빌렸다. 그즈음 대체로 브뤼셀Brussels[6]을 혐오하는 감정이 팽배하면서 유럽의 극우정치인들과 극우이념론자들(의 일부는 신新파시즘에 매우 가까웠다)을 지지하는 세력도 덩달아 강해진 덕분에 유럽의 극우국가주의자들이 정치적 중요성을 획득했다. 푸틴에게 열광한 유럽인들은 '푸틴의 종교적 성향'에 매혹되었고 '동성애 같은 퇴폐적인 서구풍조들의 비판자로도 보이고 당연히 주도적인 반미주의자로도 보이는 푸틴의 이미지'에 매혹되었다.

러시아와 유럽극우파는 적들을 확실히 공유한다. 그렇다면 러시아와 유럽극우파는 가치들과 신념들을 어느 정도나 공유할까? 이렇듯 새롭게 발아한 동맹관계는 순전한 정략결혼처럼 너무나 쉽게 파기될

---

6 벨기에의 수도. 유럽연합의 입법기관인 유럽의회European Parliament는 브뤼셀을 포함하여 룩셈부르크Luxembourg의 수도 룩셈부르크와 프랑스의 스트라스부르Strasbourg에 본회의용 의사당을 각각 설치하여 사용하는데, 이 문장에서 "브뤼셀"은 '유럽의회'를 가리킨다.

것이다. 러시아는 우경화되었고 유의미하게는 아주 심하게 우경화되었다. 러시아가 최종적으로 얼마나 심하게 우경화될지 여부는 오직 미래에만 확인될 것이다. 그러나 재래식 보수주의는 현대 세계에서는 이제 그다지 매력을 발휘하지 (혹은 유효하지) 못하기 때문에 대중영합주의라는 유용한 수단을 요구하는데, 이 수단은 재래식 보수주의를 파시즘과 흡사하게 만들 것이 틀림없다. 그런 재래식 보수주의가 단일한 집권여당도 없이, 지도자와 지도자숭배심리도 없이, 엄중한 선전기관과 탄압도 없이 장기간 존속할 수 있었을까? 그런 보수주의는 대대적으로 성공해서 흥행할 수 있다고 판명되어야만 장기간 존속할 수 있다. 물론 그것이 장기간 존속할 가능성은 전혀 확실치 않다.

러시아와 유럽우파의 동맹은 유례없는 것이 결코 아니다. 그런 동맹은 빈Wien 회의(1814~1815년)부터 러시아 혁명(1917년)까지 1세기 동안에 유럽정치의 일부로서 유지되었다. 소비에트와 유럽극좌파의 접속관계는 더 짧은 기간에나마 유지되었다.

러시아는 바라던 만큼 좋게 비치지 않던 자국의 이미지를 유럽에 좋게 비치도록 윤색하는 활동에 주력할 수 있는 유력한 친구들과 간첩들을 언제나 유럽의 곳곳에서 물색했다. 19세기초엽에 모스크바의 앞길은 유망하게 보였다. 왜냐면 러시아는 나폴레옹을 물리쳤고, 반反나폴레옹 세력들, 국가주의자들, 애국자들—특히 슈타인 남작Baron vom Stein(1757~1831), 카를 아우구스트 폰 하르덴베르크Karl August von Hardenberg(1750~1822), 요한 요르크Johann Yorck(1759~1830), 아우구스트 나이다르트 폰 그나이제나우August Neidhardt von Gneisenau(1760~1831), 에른스트 모리츠 아른트Ernst Moritz

Arndt(1769~1860)[7] 같은 독일인들—은 러시아에서 회합했거나 러시아 인들과 협력했다. 그러나 얼마 지나지 않아 반대운동이 전개되었다. 러시아는 탄압정책을 찬성했다. (올로모우츠Olomouc, 카를로이바리Karlovy Vary[8] 같은 도시들에서 개최된) 수많은 회의에서 러시아는 표현자유금지 정책을 조율했다. 아우구스트 폰 코체부August von Kotzebue(1761~1819) 와 레오폴트 폰 게를라흐Leopold von Gerlach(1790~1861)[9] 같은 유력한 간첩들이 공작활동을 전개했지만, 코체부는 암살당했다. 그러자 독일 의 여론은, 특히 민주주의자들의 여론은, 러시아를 주적主敵으로 간주 했다. 비스마르크가 친러시아 노선을 추구했듯이 러시아의 외무장관 알렉산데르 고르차코프Alexander Gorchakov(1798~1883)는, 넓은 견지에 서는, 친親독일노선을 추구했다.

그러나 여론은 차르 체제를 거세게 반대했다. 러시아의 친구들은 오직 우익인물들뿐이었다. 독일황제 빌헬름 2세Wilhelm II(1859~1941)[10] 의 막역한 친구이던 힌체Paul von Hintze(1864~1941)[11] 장군은 제1차 세

---

7 슈타인 남작과 카를 아우구스트 폰 하르덴베르크는 프로이센 개혁들을 주도하여 독일통 일의 기반을 마련한 정치인들이고, 요한 요르크와 아우구스트 나이다르트 폰 그나이제나우 는 프로이센의 군대개혁을 주도한 장군들이며, 에른스트 모리츠 아른트는 독일의 애국주의 작가 겸 시인이다.

8 올로모우츠(올뮈츠Olmütz)는 현재 체코 공화국의 모라비아Moravia 지방에 위치한 도시이 고, 카를로이바리(카를슈바드Carlsbad/카를슈바트Karlsbad)는 역시 체코 공화국의 보헤미아 지 방에 위치한 휴양도시이다.

9 아우구스트 폰 코체부는 독일의 극작가 겸 작가로서 러시아와 독일에서 영사領事로도 활 동했고, 레오폴트 폰 게를라흐는 프로이센의 장군으로서 국왕 프리드리히 빌헬름 4세Friedrich Wilhelm IV(1795~1861: 1840~1861재위)의 부관副官을 역임했으며 프로테스탄트 보수파로서 비스마르크를 도왔다.

10 1888년부터 1918년까지 독일과 프로이센의 국왕이었지만 이후에 네덜란드로 망명했다.

11 독일의 해군장성 겸 외교관 겸 정치인으로서 제1차 세계대전의 막바지에 독일 외무장 관을 역임하기도 했다.

계대전이 개시되기 몇 년 전 황제에게 제출한 보고서에 "폴란드인들과 유대인들을 제압하는 일은 (독일과 러시아의) 공동관심사이다"고 썼다. 이런 정세는 특히 19세기말엽에 이루어진 반反독일 삼국협상三國協商(Triple Entente)[12]을 통해 확연해졌다. 러시아의 외교관들과 (국내외에서 활동하는 러시아 비밀경찰기관이던) 오흐라나의 간첩들이 저지른 중대한 실책은 '어떻게든 러시아를 조금이라도 더 동정하는 분위기를 창출하려고 감행한 시도'였다.

러시아는 런던에서 작가 겸 언론인으로서 활동한 올가 노비코프 Olga Novikoff(1842~1925)와 파리에서 활동한 여러 여간첩을 포함하여 유능한 간첩들을 많이 발굴했는데, 그들 중에는 확고한 사명감을 품고 활동한 자들도 있었지만 활동비를 많이 받을 수 있었기 때문에 활동한 자들도 있었다. 프랑스의 유력일간지들부터 《르뷔 디플로마티크Revue diplomatique》와 《르뷔 드 되 몽드Revue des deux mondes》에 이르는 신문들 및 정기간행물들의 발행단체들은 쏠쏠한 보조금을 받아챙겼다. 런던 주재 러시아 외교관 알렉산데르 콘스탄티노비치 벤켄도르프Alexander Konstantinovich Benckendorff(1849~1917)는 자신이 교섭하는 데 성공한 일간지들의 명단을 러시아 외무부로 전달했다. 그것은 매우 인상적인 명단이었고, 런던의 일간지들은 1905년 러시아 혁명과 유대인학살사건들뿐 아니라 기타 불쾌한 사건들의 중요성을 불문곡직하고 축소하여 보도했다. 오늘날의 상황도 비슷하다. 러시아인들은 런던의 《인디펜던트The Independent》와 《이브닝 스탠더드Evening

---

12　러시아-프랑스 동맹(1891년), 브리튼-프랑스 협상(1904년), 브리튼-러시아 협상(1907년)을 주축으로 삼은 브리튼-프랑스-러시아의 협상체제의 통칭. 이 체제는 러시아 혁명(1917년) 때문에 붕괴되었다.

Standard》를 구독할 뿐 아니라 파리의 일간지들도 구독한다. 독일에서는 러시아를 바라보는 보수언론들의 태도들만은 서로 달랐다. 대표적 보수일간지《크로이차이퉁Kreuzzeitung》은 러시아에 우호적인 태도를 보였지만, 비스마르크가 사임한 이후 예방전쟁을 요구하는 목소리들은 커져갔다. 대사관들이나 비밀간첩들이 아닌 기업들과 사업소들이 제공하는 금융지원을 제외하면 현재상황은 예전상황과 다르다고 보도된다.

2 러시아와 중국

러시아-중국의 관계들은 현재 러시아 외교부에서 수행하는 장단기 외교업무들의 가장 중요한 측면들을 반영한다. 양국관계들은 근래 20년간 괄목하게 개선되었다. 국경논쟁 같은 직접갈등요인들의 대부분은 사라졌다. 그래도 '협력관계를 윤색하는 터무니없는 미사여구'와 '협력을 제한하는 현실들' 사이의 간격은 대단히 넓다. 공동이익들이 존재하고, 석유천연가스 공급국가로서 러시아와 함께하는 에너지공급분야에서는 공동이익이 특히 더 많이 존재하지만, 이런 이익들은 거의 조율되지 않는다. 호의보다 의심을 더 많이 받는 외교정책 집행전통을 공유해온 러시아에서도 중국에서도 이런 조율은 완수되지 않을 것이다. 더 넓은 견지에서 가늠되면, 중국이 러시아에 바라는 것은 러시아가 중국에 바라는 것보다 더 적게 보인다. 양국의 세력판도는 심하게 변해왔고 앞으로도 계속 변할 것이다. 50년 전에는 양국 중 더 강한 국가가 확실히 판별될 수 있었다. 오늘날에는 중국의 인구가 러시아의 인구보다 약 10배나 더 많은데, 중국의 1자녀출산정책이 사실상 포기되었으므로 이런 인구격차는 앞으로도 계속 존재할 수밖에 없을 것이다. 양국의 GNP격차는 더욱 심해지고, 변화들은 사람들의 대다수가 알아차리는 속도보다 훨씬 빠르게 진행된다. 1993년에 양국의 경제규모는 거의 동등했다. 오늘날에는 중국경제가 4배나 더 커졌다.

지금으로부터 10년 전에는 러시아가 '발달된 재래식 무기체계들'과 '다소 제한된 미사일방위협력체계'를 중국에 제공하는 중요한 우방국이었다. 오늘날에는 중국이 필요한 모든 것의 대부분을 자체적으로 생산한다. 러시아는 중국이 군사적으로 지나치게 강대해질까봐 우려하는데, 이런 러시아의 우려감이 인디아로 수출되는 러시아 무기들의 총량을 실질적으로 증가시켜온 원인일 수 있지만, 중국-인디아의 긴장요인들과 관련되면 정치적 문제들을 유발할 수도 있다.

러시아는 10년간 중국과 협상한 결과 2014년 5월에 러시아의 석유와 천연가스를 중국으로 수출하기로 합의했다. 이것은 양국관계의 중요한 진일보였다. 왜냐면 러시아는 유럽시장에 대한 경제적 의존도를 낮춰야만 했고 중국은 막대하고 영속적인 에너지원을 확보해야만 했기 때문이다. 그러나 (아마도 세계에서 중국에 가장 많이 매장되어있을) 셰일가스shale gas[13] 생산체계 같이 최근에 뚫리고 머지않은 미래에도 뚫릴 돌파구들이 감안되면, 이런 종류의 합의에 내재된 중요성은 과대평가되지 말아야 할 것이다. 역리적이게도, 협력이 확대되고 (사

---

13 진흙이 수평으로 퇴적하여 굳어진 암석층(혈암頁巖: shale)에 함유된 천연가스.

할린Sakhalin[14] 유전개발에 관한 세 가지 계획 같은) 새로운 공동계획들이 출현하면, 러시아의 극동지역과 시베리아로 유입될 중국인들이 더 위협적인 세력으로 변하면서 그들의 정치적 함의들도 더 중대해질 것이다. 그런 동시에 '러시아가 아시아에 있는 자국영토들을 유지할 수 있을지 여부'와 관련된 문제도 더 중요시될 것이다. 미국이 중앙아시아에서 철수하고 세계에서 유럽이 행사하던 영향력도 약해지면 러시아와 중국의 잠재적 갈등들이 과거보다 훨씬 더 노골적인 성격을 띨 것이다. 과거에 행해진 러시아와 중국의 협력은 서구(미국)를 위험시하는 공동인식을 중대한 기반으로 삼았다. 이런 위험이 감소하기 시작하면서 협력의 기반도 무너지기 시작했다.

러시아가 아시아에서 (그리고 특히 중국과 관련하여) 추진한 정책은 대체로 경제관계들에 역점을 둔다. 중국, 일본, 한국으로 수출되는 러시아산 품목들의 총액은 1,500억 달러인데, 러시아는 수출물량을 향후 더욱 늘리겠다고 예보했다. 그러나 러시아가 그리할 수 있으려면 수출기반시설—특히 수송시설 및 교통시설—을 확충하는 데 막대한 자금을 투입해야만 한다. 중국은 이런 견지에서 러시아에 도움이 될 것이다. 그러나 중국은 2014년에 합의된 러시아산 석유천연가스 가격을 재협상하려는 흥정을 포함한 갖가지 흥정을 집요하게 추진하는데, 이런 중국의 행보는 미래에도 변하지 않을 것이다.

2014년 중국의 논평자들은 '국경지역들의 경제발전을 촉진할 수 있는 중국인투자자들에게 러시아가 관심을 보이지 않는다'고 놀라워

---

14   러시아의 동쪽 타타르Tatar 해협과 오호츠크Okhotsk 해 사이에 있는 사할린 섬과 오호츠크 해의 남쪽에 있는 쿠릴Kuril 열도列島로 구성된 주州.

했다. 중국인투자자들은 러시아의 주요한 대기업들에는 투자하려는 관심을 거의 보이지 않으면서도 아시아의 국경지역들에는 기꺼이 투자할 의욕을 보였다. 그러나 러시아에 중국인투자자들이 필요하다는 사실마저 무시하는 러시아 관료주의의 까다로운 절차들과 저항이 언제나 그들의 투자를 가로막아왔다. 중국인투자자들에게 그런 관료주의는 불가항력적인 중대한 문제가 아니었지만 그들은 러시아의 저항을 불만스럽고 안타깝게 여기는 듯이 보였다.

1990년대를 지나면서 러시아와 중국이 카자흐스탄, 키르기스스탄, 타지키스탄, 우즈베키스탄과 함께 상하이협력기구를 결성하여 다방면으로 협력기틀을 마련했다. 이 기구의 회원국들은 매년 정상회담을 개최하고 다양한 상호신뢰형성조치들을 마련했다. 이 기구는 주로 (반反테러작전들을 포함한) 안보문제들을 다룰 수 있도록 2001년에 더욱 영속적인 기구로서 확립되었다. 이 기구의 회원국들은 우크라이나에서 발생한 오렌지색 혁명 같은 "색깔혁명color revolution[15]들"로부터, 혹은 중국 베이징 텐안먼天安門 광장에서 발생한 시위(1989년) 같은 지역정부반대시위들로부터, 중앙아시아의 공화국들을 보호하는 데 협력했다. 다른 방면들에서 이 기구는 시련을 겪지 않았다. 이 기구에서는 포괄적 전략협력관계에 관한 많은 논의가 진행되었지만 실행된 전략협력은 거의 없었다. 러시아와 중국은 중앙아시아에서, 예컨대, 심각한 테러위협이 발생하면, 공동이익들을 추구하는 행보를 보인다. 그러나 양국은 이 지역에서 신중히 움직이면서도 경제적으

---

15 이것은 2003년 조지아에서 발생한 장미혁명Rose Revolution이나 2004년 우크라이나에서 발생한 '오렌지색 혁명'처럼 색깔로 특징되는 '무혈혁명無血革命' 또는 '비무장비폭력혁명'의 별칭이다.

로든 정치적으로든 여전한 경쟁국들로 남아있다.

중국인들은 현재 아시아에서 러시아의 관할영토들을 관리하는 행정에 직접 관여하기를 전혀 바라지 않는 듯이 보일 수 있다. 그러나 미래의 상황은 조금 더 복잡해질 것이다. 만약 러시아인들이 '러시아와 중국 중 어느 국가의 인구가 다른 국가의 인구보다 대략 10배나 더 많다는 사실도, 양국의 GNP격차와 산업생산량격차가 거의 현저하다는 사실도, 양국관계에 영향을 끼치지 않으리라'고 진짜로 믿는다면, 러시아인들은 경악스러운 처지로 내몰릴 수도 있다. 소련 해체 이후 수년간 러시아가 유럽과 미국을 상대로 내비친 주요한 불만들 중 하나는 '유럽과 미국이 러시아와 중국을 동등하게 대우하지 않는다'는 것이었다. 거의 모든 방면에서 불평등한 대우를 받는 러시아와 중국이 미래에 얼마나 평등해질 수 있을지는 대단히 흥미로운 문제일 것이다.

중국과 러시아의 관계는 형님과 동생의 관계보다 더 심한 불평등 관계로 변해왔다. 근래에 열린 어느 국제회의에서 어느 아시아인학자는 러시아가 아시아 대륙에서 가장 어린 국가일 뿐 아니라 '가장 약한 강국'이라고 말했다. 러시아는, 당연하게도, 형제가 되기보다는, 특히 동생이 되기보다는, 동등한 협력자가 되기를 바랐다. 그래서 제기되는 문제는 '러시아가 이런 종류의 관계를 탈피할 수 있을지 여부'이다. 아마도 크렘린이 미국을 주요한 위협국가로 간주하는 동안에는 그런 관계를 탈피하지 못할 것이다. 그것은 모스크바가 정치적으로도 심리적으로도 근본적인 차원에서 재교육되지 않으면 감내해야만 할 관계이다.

3 러시아의 인접국들

소련 해체 이후 분리하여 독립한 공화국들과 러시아의 관계들은 언론매체들에서 대대적으로 다뤄진 문제들이므로 여기서 자세히 논의될 필요는 없을 것이다. 러시아 국가주의이념론자들은 러시아가 대제국이 아닌 다른 어떤 형태의 국가로도 존재할 수 없다고 믿는다. 이런 믿음의 뿌리는 깊고 오래된 것이다. 많은 러시아인은 (우크라이나 같은) 잃어버린 수많은 영토를 여전히 러시아 본토의 일부들로 생각한다. 더구나 민족적 러시아인 수백만 명도 현재 자신들이 러시아의 바깥에 있다고 생각한다.

실제로 러시아 제국은 1,000년간 존재하지 않았지만 수많은 러시아인은 그것이 존재한다고 믿었다. 러시아의 많은 영토는 비교적 근래에 획득된 것들이다. 크리미아는 1783년 예카테리나 여제의 재위 기간에, 조지아는 1813년에, 아제르바이잔도 1813년에 러시아로 합병되었다. 북캅카스를 정복하는 데 소요된 기간은 더 길었다. 그 지역의 원주민들 사이에서 배출된 이맘 샤밀[16]이라는 걸출한 전사戰士는 러시아를 상대한 게릴라 전투를 25년간 지휘했다.

몰도바의 주권은 타국들에게 빼앗기기 일쑤였고 영토도 너무나 빈번하게 분할되다가 19세기에야 비로소 러시아의 영토로 편입되었다. 발트 해 연안국들에 거주하는 주민들의 다수는 수세기간 독일어를 사용했다. 리투아니아, 라트비아, 에스토니아는 양차세계대전 사이

---

16 Imam Shamil(1797~1871): 북캅카스의 소수민족인 아바르Avar족의 해방운동 지도자. 그는 1834년부터 러시아 군대에 대항한 아바르족의 게릴라 전투를 지휘하다가 1859년에 투항했다고 알려졌다.

의 단기간에만 독립했다가 소련에 편입되었다. 오늘날 그 지역에는 민족적 러시아인 수십만 명이 거주하지만 그들(또는 그들의 부모들 또는 그들의 조부모들)은 제2차 세계대전 이후 소련이 그 지역을 지배하기 시작한 다음에 비로소 그 지역으로 이주했다. 시베리아는 16세기부터 탐험되기 시작했지만, 19세기부터 비로소 이주민들이 시베리아에 드문드문 정착하기 시작했다. 블라디보스토크는 1860년대에 어느 러시아 대위와 그가 인솔하던 병사 28명이 발견한 곳이었다. 그 당시에도 그곳의 거주자들 중 절반은 러시아인들이 아니었다. 우랄 산맥 동쪽의 최대도시 노보시비르스크는 발견된 지 100년 남짓밖에 되지 않았다. 두 번째로 큰 도시 이르쿠츠크는 더 이른 시기인 18세기에 발견되었다.

중앙아시아는 18세기와 19세기에 러시아의 영토가 되었다. 그즈음부터 러시아인들이 중앙아시아로 이주하기 시작했지만 주로 카자흐스탄 북부지역과 대도시들에만 정착했다. 정복을 주도한 러시아인들은 폰 카우프만von Kaufman, 게오르그 스텔레르Georg Steller, 프르제발스키Przewalski, 마르텐스Martens, 만네르하임Mannerheim 등으로 호칭되었는데, 이런 호칭들은 그들이 류리크의 후예들이 아니었다는 사실을 암시한다. 그들은 '투르케스탄Turkestan(이것은 그 당시에 사용되던 지명이었다)의 지역들이 러시아에 복속되기를 바라지만 모든 지역이 그리되기를 바라지는 않는다'고 러시아에 알렸다. 러시아의 시인 알렉산데르 블로크 Alexander Blok(1880~1921)는 스키타이족[17]을 다룬 유명한 시詩에 다음과 같이 썼다.

---

17 Scythia族: 흑해의 북방지역과 카스피 해의 북방지역에 고대국가 스키타이를 세운 종족.

그대들은 수백만 명이고, 우리는 주인들, 주인들, 주인들이다.

그러나 비록 아주 오래된 과거는 아닐지라도 어쨌든 과거에 속하는 19세기에 러시아는 제국이 되었고, 그래서 20세기말에 초래된 제국의 상실은 러시아에게는 괴로운 재난이었다. 기회만 생기면 러시아는 어떻게든 과거의 영광을 되찾으려는 시도들을 감행했을 것이 분명하다. 그러나 많은 사람은 의구심을 품었다. 브리튼과 프랑스는 제국의 상실을 받아들였지만 러시아는 왜 받아들일 수 없었을까? 아마도 러시아는 강대국이 되지 못하면 생존할 수 없으리라고 확신해서 그랬으리라.

이후 폭등한 석유천연가스 가격 덕분에 회복한 경제력을 발판으로 삼은 러시아는 (2008년에) 조지아를 침공했고 크리미아와 동우크라이나를 재획득했으며 여타 방면들에서도 주도권을 되찾으려는 시도들을 감행했다.

중앙아시아의 공화국들은—그들이 요청하지 않으면 그들의 내정을 간섭하지 않겠다고 모스크바가 그들에게 약속해주기만 한다면—러시아를 상대로 정상적인 관계들뿐 아니라 심지어 친선관계들이라도 기꺼이 맺겠다는 의향을 표시했다. 그리고 그런 식으로 설정된 관계들이 모스크바에도 편했을 것이다. 왜냐면 그 공화국들은 가난했을 뿐더러 카자흐스탄을 제외한 나머지 공화국들은 머잖은 미래에 실질적으로 발전하리라고는 거의 기대될 수 없었기 때문이다. 모스크바가 그 공화국들을 직접 통치하면 중국과 갈등을 빚을 수 있었고 공화국들의 내부저항을 자극할 수 있었을 뿐 아니라 무엇보다도 러시아가 조속한 투자이익환수를 전혀 기대할 수 없는 공화국들에 막대한 투자를 할 수밖에 없는 처지로 내몰릴 수 있었기 때문이다.

브리튼과 프랑스는 제국을 소유하면 경제적 관점에서 얻을 수 있는 이익은 미미하고 막대한 유지비용만 감당해야 한다는 사실을 20세기에 이미 깨달았다. 소련도 1970년대와 1980년대에 비슷한 경험을 통해 그 사실을 깨달을 수 있었다. 브레즈네프 집권기간에도 '중앙아시아의 공화국들은 마땅히 수행해야 할 역할을 완수하지 못하면서도 재정지원을 끊임없이 요구한다'는 불만들이 줄기차게 표출되었다. 새로운 러시아가 체첸 자치공화국과 다게스탄 자치공화국을 통치하려면 막대한 비용을 지출해야 하는데, 그래서였는지 러시아는 크리미아를 되찾은 순간부터 곧바로 자금을 지원해야 하는 긴급한 요구들을 직면할 수밖에 없었다. 요컨대, 제국들은 이익을 계속 챙기지 못했던 셈이다.

그렇다면 크렘린은 심각한 국내문제들에 직면했을 때에도 왜 팽창정책에 열중해야만 했을까? 외국의 관측자들에게는 '러시아의 지도층이 시베리아와 러시아 극동지역에서 중국과 러시아 사이의 인구학적 문제들과 경제력불균형 때문에 두 지역을 잃어버릴 위험을 깨닫지 (혹은 적어도 완전히 깨닫지) 못한 듯이' 보였다. 그러나 그런 관측자들의 견해는 틀렸다. 러시아인들은 그런 위험을 확연히 깨달았다.

2001년에 러시아의 솔직한 재정부 장관 알렉세이 쿠드린은 시베리아와 러시아 극동지역의 상황을 개선하려면 러시아의 긴급하고 막대한 노력들이 필요하다고 강조했다. 그는 "그런 노력들이 실행되지 않으면, 중국과 여타 아시아 국가들이 시베리아와 러시아 극동지역으로 난입할 것이다"고 주장했다. 드미트리 메드베데프는 대통령 재임기간에 캄차카 반도를 방문하여 연설하면서 "만약 러시아가 극동지역의 경제를 발달시킬 만큼 실질적으로 발전하지 못하면 아시아의 더욱 발전된 국가들에 필요한 천연자원들의 생산기지로 전락할 것이므로, 그런 노력들의 실행속도가 빨라지지 않으면 러시아는 모든 것을 잃어버릴 수 있다"고 단언했다. 러시아의 다른 지도자들도 비슷하게 단언했고 푸틴도 몹시 필요한 협조를 약속했다. 그러나 단언들과 약속은 거의 실행되지 않았다. 왜냐면 중국인들이, 합법적으로나 불법적으로, 끊임없이 유입되었기 때문이다. 정치적 이유들 때문에 러시아 당국자들은 중국인들의 유입을 강경하게 막는 조치를 도저히 취할 수 없다고 생각했을 수도 있다. 시베리아와 러시아 극동지역은 중국인이주민들의 서비스업들, 수입품들, 상품들, 노동력에 점점 더 많이 의존하는 지역들로 변해갔다.

시베리아 분리주의운동 비슷한 운동이 전개되었고 두 가지 특권을 크렘린으로부터 인정받았다. 첫째특권은 '시베리아 거주민들이 그들의 국내용 여권에 국적을 "러시아인Russian"으로 기재하기보다는 오히려 "시베리아인Siberian"으로 기재할 수 있는 권리'였다. 둘째특권은 2014년 5월 푸틴으로 하여금 장군 니콜라이 로고즈킨Nikolai Rogozhkin을 시베리아 주재 대통령전권특사로 임명하게 만들었다. 그러나 충성스럽고 유능한 로고즈킨은 아쉽게도 국내안보전문가였지 경제개발전문가는 아니라서 경제개발업무를 전혀 경험하지도 못했을 뿐더러 필요한 재정자원들을 확보하지도 못했다. 그리고 푸틴은 우크라이나/크리미아 위기의 부수적 결과에 열중했기 때문에 이런 새로운 특사를 임명한 조치는 아시아에서 러시아의 문제들을 해결할 성싶지 않았다. 3개월 후에는 시베리아 분리주의자들로 간주된 시민들의 회합들이 금지되었는데, 비록 그들의 요구사항들이 아주 온건해졌어도 그런 회합들이 금지되기는 마찬가지였다.

국립 모스크바 대학교의 국가주의적인 인구학자 아나톨리 안토노프Anatoly Antonov는 푸틴이 새로운 시베리아 주재 대통령전권특사를 임명한 달[月]에 많은 계획서를 출간했다. 안토노프는 러시아 인구가 향후 50년 내에 현재의 절반으로 감소할 것이라고 예측했다. 이 예측이 시베리아와 러시아 극동지역에 적용되면 약 4,000만 명인 인구가 2,000만 명으로 급감할 수 있다는 것을 의미했다. 만약 이 예측이 실현된다면, 러시아가 우랄 산맥과 사할린 섬 사이의 광대한 영토를 유지할 수 있을까? 1990년 이후 중앙아시아의 대단히 많은 인구가 러시아로 이주했다. 그러나 그런 이주민들은 원주민들의 따뜻한 환영을 받지 못했고 2010년 이후에는 이주민들의 다수가 중앙아시아로 귀향했다.

그래서 역리적이면서도 러시아의 관점에서는 예기치 못한 상황이 전개될 수 있다. 아프가니스탄을 떠난, 그리고 더 넓게는, 중동국가들을 떠난 대규모 인구가 미국으로 유입되듯이, 중국을 떠난 대규모 인구도 러시아로 유입될 것이다. 크렘린은 이런 상황을 회피하고 싶겠지만 회피할 방법을 찾기는 힘들 것이다. 미국을 의심하고 서구를 적대시하는 감정은 여태껏 러시아의 치안부대뿐 아니라 러시아인들의 대다수에게도 불가결한 것이었다. 1990년대에 소강상태로 접어들었던 반서구주의선전선동은 이후 10년간 다시 재개되어 상당히 강해졌다. 미국과 기타 서구국가들에서 중앙아시아나 극동지역으로 귀향하려는 사람이 있을 확률은 가장 낮을 것이다. 이것은 곧 러시아가 자국의 입지를 강화하려고 애쓸 아시아의 어디에서든 서구가 아닌 중국을 상대할 수밖에 없다는 사실을 의미한다. 이런 정황에서는 강력한 반서구노선을 추구하려는 어떤 시도도 일종의 자포자기행위로 인식될 것이다. 러시아가 유라시아주의의 환상들을 포기하지 않으려면 베이징의 들러리역할을 맡는 "동생"같이 낮아진 자국의 위상을 마지못해 자인할 수밖에 없을 것이다.

만약 러시아가 베이징의 기대대로 석유와 천연가스와 기타 천연 자원들을 합당한 가격에 공급하는 믿음직한 역할을 기꺼이 수행한다면, 중국이 현재 아시아의 러시아 영토에서 더 직접적인 간섭을 중단할 가능성은 매우 높을 것이다. 인구학적 형세는 중국에 대단히 유리하지만, 시베리아에 정착하기를 바라는 중국인은 실제로 전혀 없다.

러시아 정부가 어떻게 했다면 이런 형세를 역전시킬 수 있었을까?

만약 현재 러시아의 바깥에 거주하는 민족적 러시아인들의 다수가 고향으로 생각하는 곳으로 귀향했다면, 이것은 확실하면서도 느린 진전이었겠지만, 아시아 쪽의 상황에 영향을 주지는 못했을 것이다. 주로 중앙아시아의 공화국들로부터 유입된 비러시아인들을 흡수하여 통합하려는 푸틴의 정책은 이런 형세를 역전시키려는 또 다른 행보였을 수 있다. 그러나 이 정책은 비러시아인들의 자발적 통합의지가 존재하리라는 가설을 근거로 삼는다. 안토노프는 '향후 50년간의 또 다른 10년간 집권할 정부는 인구에 국가의 운명이 걸려있다는 사실을 깨달아서 대가족들의 이미지를 홍보하고 장려할 것이다'고 믿는다. 이런 믿음은 러시아인들의 소득수준을 그런 대가족들의 안락한 가정생활을 가능하게 만들 정도로 상승시킬 필요성을 수반할 것이다. 이런 믿음은 보건복지비용을 약 10배나 더 확충해야 할 필요성뿐 아니라 유럽의 타국들에서 지급되는 수준의 가족수당을 지급해야 할 필요성도 수반할 것이다. 이런 종류의 정책집행비용이 확보될 가능성은 결코 확실하지 않다. 요컨대, 역사의 경험은 생활수준향상이 출산율상승으로 귀결된다는 논리를 증명하지 못했다.

인구문제들에 관한 논의들은 외교정책분석에 속하지 않는 듯이 보일 수 있다. 그러나 이런 논의들이 러시아의 인접국들과 관련된 정책에 직접적이고 결정적인 영향을 끼칠 가능성은 있을 법하게 보인다.

4 러시아 석유

에너지자원은 러시아의 국내정책과 외교정책을 이해하는 데 필요한 핵심열쇠이다. 그것은 러시아 국책의 측면들 중에도 가장 철저히 분석되고 기록되어서 가장 잘 알려진 측면이기도 하므로 여기서 아주 자세히 논의될 필요는 없다. 러시아의 수출총액에서 석유천연가스 수출총액이 차지하는 비율은 지난 100년간 약 7퍼센트에서 약 50퍼센트로 급증했다. "페트로스테이트"라는 용어는, 타당하게도, 같은 기간의 러시아에 적용되었다. 왜냐면 러시아 경제를 변화시키려는 시도들은 여태껏 성공하지 못했고 머잖은 미래에도 성공할 가능성이 없게 보이기 때문이다. 러시아의 유일하게 주요한 외교정책용 무기는 에너지자원이다. 국민의 정부지지율, 국가안정, 국민복지, 국방예산배정을 포함하는 다양한 현안들은 석유천연가스의 수출(과 가격)에 좌우된다.

그렇다면 석유천연가스 수출이 소련 해체를 예방하지 못한 이유는 어떻게 설명될 수 있을까? 그 이유는 '대체로 소련시대에 석유천연가스의 세계수요가 낮았고 가격은 훨씬 더 낮았다는 사실'에서 발견될 수 있다. 러시아의 경제규모가 2000~2008년에 두 배로 커졌다면, 그것은 석유수출과 석유천연가스 가격 덕택이었을 것이다. 2008년에 러시아의 경제가 침체되었다면, 그것은 석유천연가스 수요가 급감한 결과였을 것이다. 그런 동시에 수출 가능한 석유천연가스는 러시아의 중요한 정치적 무기였다. 벨라루스가 감수해야 했던 희생이 우크라이나가 감수해야 했던 희생보다 훨씬 더 미미했다면, 그 이유는 경제적인 것이 아니었다. 1970년대의 동유럽에서 러시아의 위성국가들이 감수해야 했던 희생은 상호경제원조위원회Council for Mutual Economic Assistance에 속하지 않은 국가들이 감수해야 했던 희생보다 훨씬 더 적었다. 소련은 상대적으로 저렴하게 석유를 생산할 수 있는 다행스러운 처지에 있었지만, 세월이 흐르면서 소련의 석유생산량은 점점 증가했는데, 그럴수록 해외의 석유소비국들로 수출되는 소련석유의 가격뿐 아니라 심지어 정치적 동맹국들로 수출되는 소련석유의 가격마저 상승해서 소련석유 수입국들의 원성을 유발했다. 핵심적이고 정치적인 문제는 러시아산 석유천연가스에 대한 유럽의 의존이었다. 왜냐면 러시아는 유럽에 필요한 물량의 약 3분의 1만 수출했기 때문이다.

이런 맥락에서 우리의 관심사는 가장 유력한 국제적 석유회사들 중 한 곳인 가즈프롬의 역사도 아니고 다양한 수송관輸送管들을 독차지하려는 패권다툼도 아니며 근래 수십 년간 이 분야에서 진행된 여타 다양하고 매력적인 발전들도 아니다. 우리의 관심사는 오직 '러시아의 석유천연가스 수출이 유발할 수 있는 정치적 영향들'에만 국한된다. 불행히도 앞으로 에너지부문에서 진행될 발전들은 대체로 예측될 수는 없을지언정 생산자들에게도 소비자들에게도 장기간에 걸처 대단히 중요시될 것이다.

유럽연합은 여태껏 공동에너지정책 같은 것에 합의하지 못했다. 역량을 집중하려고 애써온 유럽연합의 내부에 지역분권세력들이 존재하므로 이런 합의가 불가능한 상황이 조속히 변할 성싶지는 않다. 물론 러시아가 행사하거나 이용할 수 있는 압력도 한정된 것이다. 그래서 만약 러시아산 석유천연가스의 수출가격이 일정한 한도를 초과하여 상승하면 수입국들은 다방면에서 대안들을 모색할 것이다. 더구나 유럽이 번영해야만 러시아도 기득권을 누릴 수 있을 것인데, 왜냐면 유럽경제의 쇠락은 유럽의 석유천연가스 수요를 감소시킬 것이기 때문이다.

러시아는 자국의 미래전망들을 어떻게 이해할까? 러시아의 당국자들은 '모든 국가를 상대로 기꺼이 거래하겠고, 자신들의 주요관심사는 안정을 유지하는 것이며, 정치적 사안들이 이런 근본적인 경제이익들을 해치면 안 된다'고 언제나 강조해왔다. 이것은 전적으로 현명한 태도이지만, 실제로는 정치적 사안들이 경제적 현안들보다 더 우선시되어왔다. 이런 상황이 미래에는 변할까?

2014년 국제에너지포럼International Energy Forum(IEF)에서 발표된 보고서대로라면, 러시아의 전문가들은 아시아태평양지역의 에너지수요가 증가하리라고 예상한다. 또한 그들은 석유천연가스 공급과정들에 정치가 개입하면 몹시 변덕스러운 상황을 초래하리라고 예상한다. 미국은 셰일가스와 셰일석유를 채굴하기 시작하면서 에너지자원의 수입국에서 수출국으로 변했다. 러시아의 전문가들이 전망하듯이, 신종新種 연료들도 앞으로 10년 내에 미국의 바깥에서 의미심장한 영향력을 발휘하겠지만, 그런 영향력이 얼마나 강대할지, 연료가격들을 얼마나 변동시킬지, 러시아산 연료들에 대한 유럽의 의존도를 얼마나 변화시킬지, 아니면 재생에너지자원들이나 기타 대체에너지자원들의 사용을 확대시킬지 여부는 아무도 예측할 수 없다.

러시아의 고질적 문제들에는 러시아의 석유산업에 절실히 필요한 대량자본투자를—정치적 이유로도 경제적 이유로도—내켜하지 않는 국제적 회사들의 거부감도 포함된다. 더구나 러시아의 천연가스 수출전망들은 석유수출전망들보다 더 유망하다고 널리 믿긴다.

2014년에 극적劇的으로 진행된 석유가격급락은 (그런 동시에 진행된 루블화의 가치폭락은) 일시적 현상일 가능성이 농후하지만 러시아 경제구조의 심각한 취약성과 그것의 정치적 결과들을 지시하는 현상일 수도 있다. 국제유가는 한때(2008년) 배럴당150달러에 육박하기도 했다. 내가 이 책을 집필하는 현재 국제유가는 배럴당52달러이다.

푸틴은 특히 2004년 이후 석유천연가스의 수요도 가격도 상승하던 시기에 집권하는 행운을 누렸다. 그는 석유천연가스 수출이야말로 체제존속의 가장 중요한 관건이라는 사실을 간파했기 때문에 산업을 재국영화再國營化하는 정책을 추진했다. 이 정책이 변할 가능성마저 극히 낮게 보인다. 아무리 대담한 전문가들도 이렇듯 명백히 실현될 듯이 보이는 예언들에 감히 이의를 제기하지는 못할 것이다.

제9장
미래의 갈등요인들

러시아의 미래는 과연 어떻게 흘러갈 것인가? 지금과 같은 권위주의 통치체제는 언제까지 유지될 수 있을까? 인구전망을 살피면 러시아의 앞날은 어둡다. 소위 '민족적 러시아인'은 줄어들고 외부에서 유입된 '비민족적 러시아인'의 증가로 정체성의 혼란을 겪을 우려도 있다. 석유천연가스의 가격이 하락할 경우 빈약한 산업기반은 경제를 효과적으로 견인하지 못할 수도 있다. 청년세대의 정치적 미성숙과 우경화도 커다란 위협이 되고 있다.

러시아여, 어디로 가는가?[1]

이 질문은 여태껏 빈번하게 제기되어왔다. 예전에도 그랬듯이 오늘날에도 이 질문을 둘러싼 논의에는 니콜라이 고골의 위대한 소설 『망령들』에 묘사된 유명한 장면이 예시적으로 거론될 수밖에 없다. 그 장면에서 삼두마차는 처음부터 전속력으로 질주한다.

그러므로 그대여, 나의 러시아여—여느 마차도 추월하지 못하는 삼두마차처럼 그대도 빠르게 질주하지 않는가? 그대의 바퀴들이 질주하는 길바닥에는 흙먼지가 부옇게 일어나고 그대가 건너는 교량들은 굉음을 내지르는데도 그대는 앞만 보며 질주하지 않는가? 길가에 멈

---

1   쿼바디스, 러시아?Quo Vadis, Russia?

취 서서 홀린 듯이 그대의 질주를 구경하는 행인들은 그대를 청천벽력 같은 존재로 생각하지 않는가? 그대의 장엄한 질주는 무엇을 예고하는가? 그대의 신비로운 말[馬]들의 내면에 도사린 미지의 힘은 무엇인가?

이것은 위대한 소설의 멋들어진 도입부이다. 삼두마차는 새처럼 날렵하게 내달리고 장엄하게 질주한다. 그러나 이런 묘사는 현대의 러시아에 적용되면 다소 과장되게 보일 수 있다. 올리가르히들과 실로비키가 정녕 세계전체를 접수했는가? 우리의 삼두마차가 모든 국가와 모든 제국을 길가로 몰아붙여서 놀란 구경꾼들로 만들어버리는가? 무엇보다도, 나의 러시아여, 그대는 어디로 질주하는가? 그러나 이 질문들은 아직 어떤 대답도 받지 못했다.

더구나 우리의 삼두마차가 달리는 속도가 과언過言되어도 안 된다. 러시아에서 미래의 유행들을 예측하려던 과거의 노력들은 바로 그런 노력들의 난관들과 한계들을 반증한다. 소련시대의 고르바초프 집권기간에 수행된 연구의 결과로서 1990년에 출판된 『소련 2000: 개혁이냐 혁명이냐?Soviet Union 2000: Reform or Revolution?』(월터 라쿼 편찬, 1990)라는 연구서는 정치변동에 관한 전망들을 다음과 같이 평가했다.

러시아의 정치는 수세기간 권위주의적인 양상을 띠어왔기 때문에 통치자들의 사고방식과 통치행태도 대단히 권위주의적인 양상을 띠어왔다. 이런 양상은 변할 수 있지만, 그런 변화는 오직 광범한 인구계층에 영향을 끼치는 문화혁명이 실현되어야만 가능할 것이다. 그런 식의 혁명들은 여태껏 발생하기는 했어도 언제나 장기간에 걸쳐 전개되었다. 통치자들의 한 계파를 다른 계파로 교체하기는 쉽다. 부자유한 심리상태를 근절하고 시민의 책임의식, 솔선수범정신, 관용정신, 자발적 양보정신을 고취하기는 한량없이 더 어렵다. 이런 특징들은 차르 체제나 볼셰비키 체제의 정치적 안건들로서는 결코 우선시되지 않았다. 전체주의체제가 민주주의체제로 변이하는 기간은, 심지어 관영민주주의체제로 변이하는 기간은, 엄청난 긴장들과 **난관들**을 감내해야 하는 기간이다.

게다가 위 연구서는 러시아에서 '권위주의적인 통치가 이루어질 수 있을 가능성'과 '민주주의체제가 도입될 수도 유지될 수도 없을 불가능성'마저 정확히 평가했다.

[러시아에서] 서구식 자유주의의 사상들 및 가치들이 채택되더라도 변화를 바라는 욕망은 사라지지 않을 것이다. 러시아 역사에서 서구식 자유주의는 뿌리를 결코 깊게 내리지 못했고, 그것은 대체로 지식인들에게만 영향을 끼쳤을 뿐이며, 그런 지식인들의 소수만 그것을 받아들였을 뿐이다. 오늘날의 서구식 자유주의사회에는, 그리고 특히 사회적 갈등과 국민적 갈등을 심하게 겪지 않는 소국들에는, 서구식 자유주의가 상당히 적합할 수 있다고 일반적으로 믿는다. 그러나 이런 특징을 결여한 소련 같은 사회에서 그런 서구식 자유주의사회를 지향한 모든 체제변화는 재앙들이었을 것이다. 소련은 아직 그런 자유주의사회로 변하는 데 필요한 만큼 성숙하지 못했을 뿐더러 머잖은 미래에도 그만큼 성숙하지 못할 것이다.
[중략]

몇몇 유력한 지식인은 교조적이고 광신적인 정치행태보다는 더 많은 관용과 더 많은 언론자유와 상식을 중시하는 덕목들을 설교하면서 몇몇 유럽국가의 더 고차원적인 정치문화를 부러운 눈길로 바라본다. 그런 지식인들 중에 가장 낙관적인 자들마저 앞으로 장기간에 진행될 개혁을 주관할 강력한 통솔자가 필요하다고 생각한다. 그런 낙관주의자들은 '러시아 역사에서 감자potato가 수입되면서부터 속행된 모든 개혁이 대개는 심한 저항을 묵살하는 상명하복형식으로 강행되었다는 사실'을 지적한다.

25년이 흐른 지금에도 이 발췌문은 "수직적" 상명하복정치양상을 띠는 푸티니즘을 아주 정확하게 묘사하는 듯이 보인다. 물론 25년 전에는 소련이 해체되리라고도, 소련을 복원하려는 시도들이 연달아 감행되리라고도, 옐친 집권기간에 혼란한 상황들이 연발하리라고도, 옐친 정권을 반대하는 움직임이 얼마나 오래 지속될지도—올리가르히들과 실로비키가 득세하리라고도—예견될 수 없었다. 더구나 그 당시에는 러시아 정교회의 증대하는 영향력도 완전히 인식되지 않았다. 『러시아 2000』이라는 연구서에 수록된 연구경험은 단기간에 벌어질 사건들보다 장기간에 진행될 추세들을 예견하기가 훨씬 더 쉽다는 사실을 증명한다.

전략국제문제연구소에서 출판된 두 번째 연구서를 낳은 연구는 푸틴이 집권하면서부터 7년이 흐른 매우 유리한 시점에서 진행되었다. 그 7년간에 러시아는 잠잠해졌고 국내권력관계도 안정되어갔다. 1990년대에 진행된 연구의 참여자들은 개인의견들을 일치시키려고 시도하기보다는 애오라지 관철하려고만 애썼을 따름인데, 전략국제

문제연구소는 개인의견들을 일치시키려는 시도를 훨씬 더 야심차게 감행했지만 '개인의견들이 너무 심하게 달라서 도저히 일치될 수 없다'는 사실밖에 확인하지 못했다.

두 번째 연구서는 향후 10년간(2007~2017년)에 실행되리라고 예상되는 다양한 시나리오들을 제시했고, 그것들의 다수는 타당했다고 판명되었다. 그러나 연구서는 '국내외정책의 강경해지는 범위'와 '체제의 정책에 끼쳐지는 다양한 극우이념론자들의 영향'을 과소평가한 반면에 '인구의 높은 교육수준을 포함한 몇 가지 동향의 위력'을 과대평가했다. 이런 평가는 과거에는 정확했다. 그러나 정부가 교육예산을 축소하면서 이런 평가는 부정확해졌다. 경제다변화정책도 과대평가되었다. 모든 유력한 대변자가 '경제다변화의 실현을 목표로 삼아서 행해야 할 활동의 필수성'에 동의했지만, 이 목표는 거의 달성되지 않았다.

혁신의 중심역할을 맡았을 스콜코보Skolkovo[2]는 일찍부터 주로 각급관료들 사이에서 벌어진 언쟁들의 결과 때문에 심각한 난항을 겪었다. 그것은 푸틴의 참모장 역할을 장기간 수행하던 블라디슬라프 수르코프를 실추시킨 원인들 중 하나였다.

전략국제문제연구소의 두 번째 연구서는 "2017년 러시아의 경제규모가 유럽에서 가장 거대해질 것이라고 확실히 장담될 수는 없어도 그리될 수는 있다"고 예상했다. 2014년의 관점에서 판단되는 이 예상은 실현될 수 없게 보인다. 왜냐면 현재 러시아의 GDP(국내총생산)는 독일의 GDP보다 적을 뿐더러 프랑스와 브리튼의 GDP보다도

---

2 러시아 모스크바 근방에 있는 첨단산업도시로서 '러시아의 실리콘밸리'로도 통한다.

적고 심지어 이탈리아의 GDP보다도 적다. 이런 상황이 변할 수 있겠지만 조만간에는 변하지 않을 것이다.

1 러시아의 정체성

러시아의 미래에 관한 어떤 논의도 러시아의 인구전망들과 함께 시작되어야 한다. 그런 미래예측들의 역사에는 틀린 예측들이 가득하다. 독일이 프랑스를 패퇴시킨 1870~1871년의 프랑스-프로이센 전쟁이 끝난 이후 30년간 프랑스는 멸망하리라고 보던 예측이 널리 유행했다. 1920년대에도 비슷한 예측들이 유행했다. 왜냐면 비록 프랑스가 제1차 세계대전의 승전국들에 포함되었어도 프랑스에서 발생한 유혈사태가 너무나 끔찍해서 프랑스가 멸망하리라고 보던 예측이 확실해보였기 때문이다. 1974년에는 대단한 관심을 모으던 반관변적半官邊的 두뇌집단인 로마 클럽Club of Rome이 '세계인구가 과잉되면 "우리가 먹여 살려야 할 인구도 너무 많아질 뿐더러 인구도 너무 빨리 증가할 것"이므로 세계는 순식간에 멸망할 것이다'고 예측했다.

그때부터 예측은 더욱 신중해졌다. 왜냐면 예측자들이 제시한 예상 시나리오들 중에는 비관적인 것들뿐 아니라 낙관적인 것도 드물지 않았고 때로는 3분의 1가량이 중립적인 것들이었기 때문이다. 러시아에 관해서는 "곰(러시아)은 죽어간다"부터 "러시아의 상황은 다른 나라들의 상황보다 나쁘지 않다"까지 다양한 예측들이 제시되었다.

그럴지라도 의문시되지 않는 일정한 통계수치들이 있다. 왜냐면 러시아의 동향들과 다른 선진국들의 동향들이 비슷하기 때문이다.

러시아의 출산율은 100년 전에는 6~7퍼센트였다. 그것이 1960년대에는 1.9퍼센트로 급락했고 현재에는 1.6퍼센트이다. 현재 러시아의 이런 출산율은 다른 동유럽국들의 출산율에 비하면 약간 높지만 2.1 퍼센트보다는 낮은 것이다. 이것은 러시아의 인구가 향후 20~30년간 급속하게는 아니라도 대폭적으로 감소하리라는 것을 의미한다. 러시아의 인구는 현재 1억4,300만 명이다. 미국의 통계학자들은 러시아 인구가 2050년에 1억900만 명으로 감소하리라고 예측한다. 러시아의 통계학자들은 러시아 인구는 2050년에 1억3,000만 명쯤으로 조금밖에 감소하지 않으리라고 예측한다. 이 두 예상수치 사이에 다양한 예상수치들이 존재한다. 러시아의 인구감소율을 낮게 보는 더 낙관적인 예측들은 다채로운 가설들을 근거로 삼는데, 그런 가설들에는 '러시아로 매년 적어도 40만 명을 넘는 많은 이주민이 유입될 것이다'거나 '러시아의 보건복지수준도 (인구의 기대수명연장을 보장해줄 만큼) 향상될 것이다'는 가설이나 '2자녀가정들 또는 다자녀가정들에는 세금면제tax relief혜택이 제공되고 자녀양육직접보조금이 지급될 수 있을 것이다'는 가설도 포함된다. 이 가설들과 기타 예측될 수 없는 요인들에는 '러시아가 더 많은 영토를 점령하여 동우크라이나와 트란스니스트리아Transnistria[3]처럼 러시아의 확성기 같은 역할을 수행하는 지역들에 통합시킬 가능성'도 포함될 수 있었다. 왜냐면 러시아의 관점에서 그 지역들의 처지는—확실히 단기간에—개선될 듯이 보였기 때문이다.

---

3 몰도바 동북부 드네스트르Dnestr 강의 동안東岸과 우크라이나 국경 사이에 위치한 이 작은 국가는 1991년에 몰도바로부터 분리되어 독립을 선언했지만, 몰도바는 이 국가의 독립을 인정하지 않았다.

그런 한편에서 출산율을 상승시키거나 인구를 증가시키는 데 동원될 수 있을 (혹은 없을) 수단들의 대부분이 실용되려면 그만한 희생이 감수되어야 할 것이다. 러시아에 대규모로 유입된 비민족적 러시아인들은 외국인혐오감을 유발할 것이다. 소련 해체 이후 첫 10년간 입국이주민들의 다수는 카자흐스탄 같은 국가들을 떠난 민족적 러시아인들이었다. 그러나 러시아로 이주하기를 바라던 외국인들의 대부분은 여태껏 러시아로 이주할 수 있었다.

현재 러시아로 이주하리라고 예상될 만한 외국인들은 주로 비러시아인들이다. 러시아로 입국한 불법이주민의 인원수는 미지수이지만 무려 1,000~2,000만 명에 달하리라고 추산된다. 현재 러시아에 거주하는 불법이주민들의 대다수뿐 아니라 향후 생겨날 수 있을 불법이주민들의 대다수도 사회문제와 정치문제를 유발할 수 있는 무슬림들이다. 모스크바 국가전략연구소는 '현재의 인구동향들이 변함없이 지속된다면 러시아의 (입국이주민들과 소수민족들을 포함한) 인구에서 비민족적 러시아인들이 차지하는 비율은 21세기중엽에는 매우 높아질 것이다'는 연구결과를 내놓았다.

입국이주민에 관한 러시아의 공식정책은 '비러시아인들이 비교적 단기간에 통합될 것이다'는 가설을 근거로 삼는다. 그러나 그들의 자발적 통합의지는 기정사실로 간주될 수 없다. 세계전체의 역사경험은 '자발적 통합이 그토록 빠르게 이루어진 경우는 매우 드물고 오히려 심각한 저항에 직면한 경우가 아주 많았다'는 사실을 증명한다. 더구나 자발적 통합이 이루어지더라도 단지—통합주체국의 언어를 습득하는 경우처럼—피상적으로만 이루어진 경우가 아주 많았다. 오스트레일리아, 캐나다, 미국과 다르게 러시아는 여태껏 입국이주민들을 수용하여 통합하는 전통을 가진 국가가 아니었다. 왜냐면 러시아의 외국인혐오감은 오래전부터 유명했기 때문이다. 그런 관점은 사실이거나 사실과 흡사할 따름일지라도 '민족적 러시아인들이 거주하는 구소련지역들을 통합하는 데 필요한 추가적인 빌미'를 러시아의 지도자들에게 제공할 것이다.

이 문제가 왜 그토록 중대하게 여겨질까? 왜냐면 사실상 모든 선진국이 인구감소문제를 직면하기 때문이고, 인구감소를 반드시 재난으로 간주되지 않아도 되게 만드는 다양한 이유들이 존재하기 때문이다. 그러나 러시아는 벨기에도 아니고 불가리아도 아니다. 왜냐면 러시아는 강대국의 위상을 되찾으려는 강력한 열망들을 가진 대국이기 때문이고 완수해야 할 사명을 부여받았다고 생각하는 국가이기 때문이다. 러시아의 '명백한 운명'은 무엇인가? 그리고 러시아가 인구 1억5,000만 명을 보유해야 만족할 수 있고 그 인구의 절반만 보유하면, 혹은 더 적게 보유하면, 만족할 수 없는 까닭은 무엇인가?

이 문제들은 오래전부터 논의되어왔고 앞으로도 계속 토론될 것이다. 그러나 이 문제들이 심층적으로 다뤄지기 전에 먼저, 간략하게나마, 다뤄져야 할 또 다른 중요한 문제가 있다. 그것은 이른바 '무인지역無人地域(Raum ohne Volk)'이나 '사람이 드문 지역' 같은 러시아의 중대한 약점이다. 독일의 작가 한스 그림이 집필하여 1926년에 출간한 소설 『공간 없는 국민Volk ohne Raum』은 출간된 직후부터 19년간이나 베스트셀러였다. 그 소설의 효과는 저자가 오랫동안 거주했던 아프리카에서 발휘되었다. 그는 나치당원이 아니었다. 그러나 그는 자신의 조국이 생활공간을 결여해서 멸망하리라고 깊게 확신했다. 그래서 독일이 제1차 세계대전에서 잃은 식민지들이 독일에는 그토록 절실하게 필요했던 것이다. 다른 극우인물들의 대부분이 그랬듯이 히틀러도 한스 그림의 확신을 공유했지만 아프리카를 주목하지는 않았다. 히틀러는 '아프리카의 식민지들이 독일의 문제들을 해결해줄 것이다'고 생각하지 않았다. 그래서 독일은 동쪽으로 팽창했고 소련을 침공했던 것이다.

2 새로운 제국의 이상

러시아의 미래에 관한 어떤 토론에서도 심리적 메아리를 유발하는 개념 하나가 반드시 검토되어야 한다. 그것은 '완수해야 할 위대한 메시아적인 사명을 부여받은 영원한 러시아'라는 개념이다. 이 개념에 사로잡힌 심리상태는 '현재와 미래의 러시아 정책'을 저변에서 형성하기 때문에 이 단원에서 주목되어도 타당하다. 다양한 형태들로 나타났고 다양한 이름들로 지칭되어온 이 개념은 오래전에 생겨났다. 이것은 러시아의 제국주의정책과 국권주의에 정당성을 부여했지만 순전히 신학적인 개념으로도 사용되었다. 한동안 심지어 몇몇 非非공산주의자도 '볼셰비즘은 러시아의 이상이고 인류에게 이바지한 러시아의 대표적인 업적이다'고 생각했다. 소련이 해체되면서 새로운 이념이 필요해졌다. 옐친 집권기간에 새로운 국가이상國家理想을 정립하려는 노력이 경쟁적으로 이루어졌다. 그러나 이런 노력은 새로운 국가國歌에 관한 의견일치를 도출하려는 노력보다 더 복잡하고 까다로운 과정을 요구했으므로 단념되었다가 푸틴 집권기간에 비로소 재개될 수 있었다. 옐친 집권기간에는 심지어 일간신문들도 국가國家의 정체성을 모색하는 데 동참했다.

그때부터 이런 방향에서 대단히 많은 제안이 나왔지만 주로 정치적 우파에 속하는 이념론자들의 것들이었다. 예컨대, 아나톨리 추바이스의 친형이자 철학자인 이고르 추바이스Igor Chubais(1947~)는 기독교, 영토확장, 공산사회주의communitarianism을 제안했다. 더 정교한 종교철학적 모색은 진정한 기독교를 유일하게 합법적으로 대표하는 제국으로 자처한 비잔티움에까지 거슬러 올라가서 진행되었다. (비잔티움이 쇠망한 후부터는 러시아가 이 전통을 유일하게 합법적으로 상속한 국가로 자처했다.)

새로운 이상을 모색하려는 노력을 촉진한 두 번째 요인은 19세기에 생겨났다. 교육부 장관 세르게이 우바로프는 이른바 삼위요소三位要素("정교, 절대통치, 나로드노스트")로 구성되는 국가이상의 개념을 정의하는 유명한 정칙定則을 주창했는데, 이 삼위요소는 1833년에 수많은 교사에게 발송된 공문에 처음으로 언급되었다. 차르는 그 정칙을 좋아했고 몇몇 유력한 지식인도 그것을 지지했다. 그것은 1917년의 혁명들이 발생하기 전까지 공식정칙이 되었지만, "나로드노스트"는 "국민성nationality"이라는 영어낱말로써도 완벽하게 표현될 수 없는 의미를 내포한 개념이다.

1888년에는 블라디미르 솔로비요프가 "러시아 이상"이라는 표현을 만들었다. 그러나 러시아 이상이라는 솔로비요프의 개념은 제국건설보다는 오히려 정신적 문제들과 관련되었다. 20세기로 접어들면서 가장 유명한 러시아 철학자-신학자로 알려지는 니콜라이 베르댜예프도 러시아 이상을 정신적 문제들에 연관시켰다. 베르댜예프는 유명한 저서『러시아 이상』에서 러시아 사상의 종말론적이고 예언적인 성격을 고찰하며 러시아인들은 "최후에 살아남을 국민"이고 "러시아 철학은 종교적 성격을 띤다"고 주장했다.

솔로비요프와 베르댜예프는 애국자들이었지만, 러시아 극우파의 편집광증을 솔로비요프보다 더 혹독하게 논평한 사람은 없었다. 이 것은 1908년 베르댜예프가 발표한 논평에 포함된 다음과 같은 문장으로써 충분히 예증된다. "그것은 야만적이고 어리석으며, 이교와 부도덕에 현혹되고, 동양의 난폭성과 무지몽매함에 잔뜩 물든, 옛 러시아의 방탕한 통음난무였다"(⟨러시아 국가주의O russkom natsionalism⟩, ⟪슬로보Slovo⟫, 1908년 12월 7일). 이것보다 더 혹독한 판결문을 쓸 수 있는 사람은 거의 없었을 것이다. 솔로비요프와 베르댜예프는 푸틴이 2103년 크리스마스에 고위공직자들에게 읽어보라고 권장한 필독서들의 저자 세 명 중 두 명이었다. 그러나 푸틴이 필독서들로 선정한 우익저자들의 저서들은 푸틴의 의도를 빗나간 것들이었다. 푸틴은 '그 저자들이 갓 출현한 국가이념state ideology을 편들어왔기 때문에 러시아 국가주의의 결함들에 관해서도 말해야 했던 것들'을 감안하지 않았다. 이런 사실은 2014년 5월에 출간된 어느 책자에서 명확히 드러났다. (푸틴 시대의 정신노선에 속하는) 러시아 문화를 공식적으로 후원하는 데 필요한 지침들을 제시한 그 책자의 상당부분은 푸틴이 다양한 기회들에 행한 연설들의 발췌문들이었다. 그 책자에는 "러시아는 유럽이 아니다"는 선언도 포함되었다.

비록 근래에 아무도 '러시아는 제국이었다'고 주장하지 않았지만, "러시아는 유럽이 아니다"는 선언은 흥미로운 것이다. 그 책자에는 다음과 같은 주장도 포함되어있다.

관용은 언제나 러시아의 역사와 문화를 대표해왔지만, 관용의 한계들도 존재해야 마땅하다. 왜냐면 무제한적인 관용은 '외국의 (적대적인) 영향들을 수용하는 불리하고 위험한 양보'로 해석될 수도 있고 '러시아 정신과 어울리지 않는 이질적인 전통들과 가치들을 받아들이는 승인'으로 해석될 수도 있기 때문이다.

그러니까 그 책자는 러시아 문화와 세계문화의 현대주의적인 풍조들에 대한 전면적인 공격인 셈이다. 그 책자에서는, 예컨대, 폴란드계 러시아의 화가 겸 예술이론가인 카지미르 말레비치Kazimir Malevich(1878~1935)가 무가치한 예술가들의 표본으로서 지목된다. 그런 공격들은 역사에서 새로운 것들이 아니다(1937년 7월 독일 뮌헨에서 열린 "퇴폐미술Decadent Art"전람회도 그런 공격을 받았다). 모든 현대예술품이 최고가로 평가되지는 않고, 영원히 그렇게 평가되지도 않거나, 경매장에서 현재 호가되는 만큼 평가되지도 않을 것이다. 말레비치의 「쉬프레마티즘Suprematism⁴의 구성Suprematic Composition」(1916)이라는 그림은 2008년 소더비경매장에서 러시아 회화미술작품들 중 역대최고가인 6,000만 달러에 낙찰되었다. 이 경매가격이 이런 "구성"작품의 진정한 가치인지 여부 혹은 너무 심하게 고평가된 가치인지 여부는 아직 확답될 수 없는 문제이다. 오늘날 고평가되는 몇몇 그림은 미래의 세대들에게는 터무니없이 저평가될지도 모른다. 말레비치가 반反현대주의적 동업자들로부터 받는 칭찬이나 비난은, 당분간에는,

---

4 '대상들을 눈에 보이는 대로 묘사하기보다는 순수예술감각의 극치를 표현하는 데 역점을 두는 추상미술 또는 추상예술운동'을 가리키는 이 예술용어는 말레비치가 1913년에 처음 사용한 것으로 알려졌다.

경매가격들에 큰 영향을 끼치지 않을 것이다.

위에 언급된 책자의 공저자들 중 한 명은 역사학자이자 러시아 문화(관광)부 장관인 블라디미르 메딘스키Vladimir Medinsky(1970~)이다. 그의 동료들 중 다수는 그를 논쟁적인 인물로 평가한다. 그러나 보수적이고 문화적인 비평은 정당할 뿐 아니라 필요한 것이다. 책자의 공저자들은 각자의 논증을 더 강력하게 뒷받침해줄 서구와 러시아의 문화인들을 많이 인용한다. 그런 문화인들에는 브리튼의 역사학자 아널드 토인비Arnold J. Toynbee(1889~1975), 미국의 정치학자 새뮤얼 헌팅턴Samuel P. Huntington(1927~2008), 초기 시온주의의 지도자 막스 노르다우Max Nordau(1849~1923)도 포함된다. 노르다우는 1890년대에 재기발랄하면서도 부당하게 망각된 '현대미술을 비난하는 글'을 썼다. 그의 이름과 저작은 지금 소수의 전문가들에게게만 알려졌다. 위 책자의 공저자들은 현대주의를 공격한 반현대주의의 전문가들로 I. 로솔리모I. Rossolomo와 I. A. 군다로프I. A. Gundarov를 포함한 여러 권위자도 예시하지만, 그런 권위자들이 진짜 존재하더라도 전문가들조차 그들을 모른다. 책자에서 주장된 내용은 러시아 문화를 옹호하는 변론인 한에서만 정당하고, 또 그런 변론이 하여간에 필요한 것인 한에서만 정당하다.

만약 러시아의 문화관광부 장관이, 그의 비판자들이 주장하다시피, 대량으로 표절하는 죄를 범했다면, 그의 옹호자들은 '같은 시대에 독일의 여러 장관도 똑같은 죄를 범한 혐의로 비난받았다(독일에서는 그런 비난들이 옳다고 판명되면 응분의 조치들이 취해졌지만 러시아에서는 그렇지 않았다는 차이만 있을 뿐이다)'고 주장했을지 모른다.

블라디미르 메딘스키의 학위논문이 통과되었다는 사실은 러시아의 학계에서 격심한 논란을 유발했다. 그는 논문에서 러시아를 일찍이 방문했던 서유럽인들 중에도 다소 신중히 다뤘어야 할 서유럽인들을 싸잡아 거짓말쟁이들로 분류하는 동시에 러소포브들로 분류해버렸다. 예컨대, 러시아어를 어느 정도 알아서 다른 외국인들보다 러시아를 더 쉽게 방문할 수 있었던 오스트리아의 외교관 지기스문트 폰 헤르베르슈타인Sigismund von Herberstein(1486~1566)도 그렇게 분류되었다. 그의 저서는 러시아에 관한 최초의 자세한 기록물들 중 하나이다. 영어로도 번역된 그의 저서는 일반적으로 신뢰될 수 있는 자세한 자료로 간주된다. 물론 러시아를 바라보는 그의 태도는 원시적인 러시아인을 괄시하는 유럽 교양인의 속물근성을 이따금 우연히 드러내기도 했다. 그러나 그 당시에는 유럽의 문화수준이 더 높았다는 사실은 거의 확실하므로 그런 태도는 놀랍지도 않고 극심하게 보이지도 않는다. 그러나 메딘스키는 헤르베르슈타인의 그런 태도를 러소포비아로 일축해버리는데, 일찍이 러시아를 방문한 몇몇 잉글랜드인을 포함한 다른 방문자들의 태도들도 메딘스키에게는 똑같은 러소포비아로 보인다. 예컨대, 『러시아 연방Of The Russe Commonwealth』을 집필한 잉글랜드 의회의원이자 시인이며 외교관이자 여행가이던 자일스 플레처Giles Fletcher the Elder(1548~1611)의 러시아 방문기도 메딘스키에게는 러소포비아의 산물로 보였다. 메딘스키는 자일스 플레처에 관해서 다음과 같이 말한다. "그의 저작들은 러시아의 국가國家, 통치자들, 국민을 악랄하게 비방한다." 그러나 메딘스키는 자신의 비판을 뒷받침해줄 근거자료들을 자신이 충분히 숙지했다는 사실을 증명하지 못했다. 그래서 그의 반대자들 중 다수는 그의 논문을 대학신입생도 쓸 수 있는 초보적인 것으로 간주했다. 그런 반면에 그의 옹호자들은 "그의 논문이 어쩌면 약간 비非정통적인 것일 수는 있어도 러시아를 사랑하는 애국심을 가득 머금었는데, 바로 이런 애국심이야말로 결국 가장 중요한 것이다"고 말했다.

문화논쟁들에 간섭하는 처사는 정부의 임무일까? 만약 푸틴과 메딘스키가 '러시아와 러시아 문화는 외국인들의 기대에 부응할 만한 어떤 것도 보유하지 않고, 러시아 문화는 유럽 문화보다 우월하며, 러시아는 아량과 친절을 찬미하는 만큼 도덕적으로도 우월하다'고 주장해도 당연하다면, 그런 오만한 주장은 유익한 것이고 좋은 취향에 속하는 것일까? 이 질문은 '현대 러시아는 민주주의국가가 아니고 (적어도 서구에서는 민주주의국가로 인식되지 않고), 인도네시아Indonesia의 제1대 대통령 수카르노Sukarno(1901~1970: 1945~1967 재임)가 발명한 표현대로라면, "관영민주주의"국가이며, 그래서 서구의 척도들을 적용받을 수 없는 국가이다'는 답변을 도출할 수 있을 것이다.

여기서 메딘스키와 그의 교육관광부 장관임기에 마련된 문화지침들이 고찰될 필요가 있을 것이다. 왜냐면 그 지침들은 향후 수년간 러시아의 지배자들이 채택할 일정하고 기본적인 접근법을 표현하기 때문이다. 약점들과 실패들보다는 업적들을 강조하면서 전통적 가치들을 주입하는 식으로 애국심을 함양하는 교육은 자연스러울 뿐더러 모든 곳에서 실행되어왔다. 그러나 부정적 사건들을 완전히 묵살하고 다른 문화들을 체계적으로 모독하는 교육이나 언행들은 평화기간뿐 아니라 전쟁기간에도 위험할 수 있다. 그런 언행들은 갈등들을 유발하고 영속시키며 악화시키고 정상적인 관계형성을 곤란하게 만든다. 상당한 기간에 걸쳐 러시아에서 통용되어온 기준들의 하락을 저지할 수 있도록 교육과 문화적 취지들에 대한 지원을 확충하는 조치가 러시아 정부에는 더 적합하지 않았을까? 외국인들을 의심하는 풍조는 러시아에서 전통적으로 강하게 유지되어왔다. 그래서 러시아의 모든 것—러시아인들의 깊은 정신성, 러시아 영혼, 러시아 이상, '다른 언어로 번역될 수 없는 쉬로카야 나투라shirokaya natura[5]'—을 빠짐없이 무조건 찬양하지 않는 외국인들은 러시아를 해코지하려는 외적들로 간주되고 취급될 수밖에 없었다.

모든 접근은 불안감을 조장한다. 러시아 체제의 공식대변인들은 서구를 적대시하는 어떤 감정도 부인할 것이다. (그들이 말하기를) 그런 적대감은 서구인들에 대한 러시아인들의 전통적 호감과 신뢰감에 비하면 극히 미미할 것이다. 그러나 불행히도 사실정황은 다른 방향을, 앞으로 수년간 러시아와 외부세계의 관계들을 악화시킬 불길한 징조를, 가리킨다.

3 러소포비아(러시아공포증)와 자파도포비아(서구공포증)

러시아의 정체성을 모색하려는 노력은 러시아에서 200년 전에 그랬던 만큼 고도로 추상적인 차원에서 진행되지는 않아도 여전히 매우 열정적으로 줄기차게 진행된다. 그런 노력의 저변에는 '러시아는 유럽이 아니다'고 믿으며 '러시아를 파멸시키려는 거대한 음모가 획책된다'고 믿는 확신이 깔려있다. 그런 확신은 '러시아에서 저질러진

---

5 이 러시아어 표현은 대략적으로는 '후덕厚德한 본성'이나 '관대한 성정性情' 등으로 번역될 수 있다.

모든 잘못은 외국인들의 소행들이다'고 믿는 또 다른 일련의 신념들을 수반한다. 그래서 '러시아인들도 잘못을 저지를 수 있다'고 보는 견해는 이질적이고 부당한 것으로 간주된다. 이런 사고방식 덕택에 러시아는 일말의 자아비판마저 고려할 필요성조차 느끼지 않는다.

이런 사고방식은 유럽에서 나폴레옹에 대항한 전쟁이 개시되고 국가주의가 발흥할 즈음에 시작된 독일낭만주의로부터 지식적知識的 영향을 받으면서 형성되었다. 독일낭만파는 러시아에 엄청난 영향을 끼쳤고, 그즈음 러시아에서는 어떤 철학자도 독일의 철학자 프리드리히 셸링Friedrich Schelling(1775~1854)보다 더 많은 인기를 누리지 못했다. 그리하여 러시아에서 셸링은 러시아 시인으로 믿긴 만큼이나 거의 영락없는 러시아 철학자로 생각되었다. 셸링이 편지를 주고받은 러시아인들 중에는 표도르 튜체프와 세르게이 우바로프도 있었다. 우바로프는 러시아의 교육부 장관이 되어 유명한 "삼위요소(정교, 절대통치, 나로드노스트)"를 창안했다. 셸링은 다방면에 관심을 보인 철학자로서 "국가영혼"과 세계영혼(아니마문디anima mundi) 같은 개념들의 형성과정에 크게 기여했다. 훨씬 더 오래전부터 형성되기 시작한 그 개념들은 셸링이 "자연정신自然精神"으로 지칭한 것과도 유관했다. 그러나 그 개념들은 정치에도 적용될 수 있었다. 러시아에서 그 개념들은 '메시아주의'와 '명백한 운명을 믿는 신념'을 형성시켰다. 그 과정은 슬라보필들의 새로운 감정을 부추겼다. 콘스탄틴 악사코프는 "서구(서구영혼)는 탈진해서 쇠망했다"고 썼다. 그의 관점에서는 양심은 법률로 대체되고 내면동기內面動機들은 규칙들로 대체된 듯이 보였다. 그는 '러시아의 역사적 과업은 서구가 잘못을 범하는 곳에서 국가이상을 모색하는 노력을 지속하는 것이다'고 보았다.

그런 환멸감은 우익인물들과 슬라보필들만 느낀 것은 아니었다. 러시아의 작가 겸 사상가이던 알렉산데르 헤르젠Alexander Herzen (1812~1870)은 서유럽에 처음 발을 들였을 때는 서구를 전폭적으로 찬양하고 서구의 전례를 기꺼이 따랐지만 몇 년 후부터는 실망하기 시작했다. 러시아의 혁명적 아나키스트anarchist[6] 사상가이던 미하일 바쿠닌Mikhail Bakunin(1814~1876)도 베를린에 도착했을 때는 확고한 서구주의자였다. 그러나 베를린에서 그가 처음 본 것은 어느 건물의 벽에 부조浮彫된 거대한 프로이센 독수리였는데, 그 독수리 밑에는 그 건물이 재단사의 일터라는 사실을 알리는 문구가 새겨져있었다. 그 문구는 다음과 같았다.

당신의 날개들 밑에서 나는 안전하게 다림질할 수 있네.

그러나 바쿠닌과 그의 친구들은 안전하게 다림질이나 하려고 서유럽에 발을 들이지는 않았다. 그들은 실용주의를 증오했다.

이런 환멸감을 느낀 자들은 뒤로 한두 걸음 물러나서 간격을 두고 서구를 바라보며 국가이상 같은 것을 모색할 수밖에 없었다. 러시아의 지식인들은 조국의 미래가 찬란해질지 아니면 참담해질지 오랫동안 예측할 수 없었다.

물론 그들은 희망을 완전히 포기하지 않으려고 했다. 그래서 러시아의 문학평론가 겸 철학자이던 이반 키레옙스키Ivan Kireyevsky

---

6 흔히 '무정부주의'로 번역되는 '아나키즘anarchism'을 추구하는 사람과 그런 성향을 가리키는 이 호칭도 흔히 '무정부주의자'와 '무정부주의적인'으로 번역된다.

(1806~1856) 같은 슬라보필들은 유럽을 여전히 사랑한다고 선언했다. 그러나 그들의 다수는 '오직 러시아만이 아직 성년기에 있으므로 보유한 모든 능력을 한껏 발휘한다'고 믿었지만, 심지어 더 오래된 미하일 레르몬토프의 시대에도 무서운 예언들이 발설되었다.

러시아로 다가올 그날에는, 실로 암담할 그날에는, 차르의 황관皇冠
이 추락하리라.

비슷한 예언들이 유럽의 국가들에서도 발설되었지만, 그것들이 과연 진지하게 경청되어야 했을까? 그 시대에는 러시아인들뿐 아니라 러시아를 멀리서 이해하려고 애쓰던 사람들도 엄청난 혼란에 휩싸여 있었다. 러시아의 지식인들은 '우리는 유럽에 계속 들러붙어야 하는가 아니면 유럽을 아예 떠나야 하는가?'라는 문제를 놓고 갈등했다.

그렇듯 유럽을 부정하는 감정의 원인은 환멸감보다는 오히려 열등감이었다. 그리고 러시아는 중용中庸의 덕목들을 결코 믿지 않았으므로 그런 열등감은 극도로 위험한 적개심과 불신감으로 변해갔다. 만약 그런 적개심을, 여느 나라에서나 그럴 수 있듯이, 소수만 품었더라면, 별로 문제가 되지는 않았을 것이다. 그러나 '슬라보필들의 시대부터 다수가 그런 적개심을 품었다'고 믿길 만한 이유가 있다.

러시아 국가주의자들이 러시아 이상을 추구했듯이 독일낭만주의자들도 유명한 파랑꽃Blaue Blume[7]을 끊임없이 추구했다. 물론 그런 추구는 성공하지 못했다. 왜냐면 파랑꽃도 러시아 이상도 오직 신화 속에서만 존재할 뿐이었기 때문이다. 그러나 신화들이 필요했으므로, 그것들을 종합하여 생산하려는 노력들이 시도되었다. 인공으로 만들어진 꽃(조화造花)도 잘 만들어지면 진짜 꽃처럼 보일 수는 있어도 진짜 꽃은 아니듯이, 러시아 이상도 진짜 이상은 아니었다. 베르댜예프가 추구한 러시아 이상은 '신神의 눈에 비친 러시아'를 의미했다. 금세기에 시도된 추구들의 목표는 '종교적이고 메타자연학적인 추구'를 '국가이념을 모색하는 실용주의적 탐구'로 가다듬는 (혹은 아마도 변형시키는) 것이었다. 당국자들은, 세계주의와는 무관하게, 통합과 공통목적의식을 달성하는 데 그런 국가이념이 필요하다고 생각했다. 그래서 새로운 여론을 받아들이지 못하는 자들은 반역자들로 간주되어 배격당할 수밖에 없었다.

'서구와 민주주의를 상대하는 러시아의 태도들은 근래 10~20년간 악화되어왔다'고 일반적으로 인정된다. 2008년에 실시된 여론조사에서 '서구사회는 러시아가 좋은 본보기로 삼을 만한 사회인가?'라는 질문에 전체응답자의 약 80퍼센트가 "그렇지 않다"고 답했다. 이런 부정적 응답률은 유럽의 다른 어느 나라에서보다도, 그리고 세계의 다른 어느 나라에서보다도, 러시아에서 가장 높게 나타났다. 모스크바에서 독립적으로 운영되는 사회학연구단체 러시아레바다센터Russia's Levada Center는 더 긍정적인 여론조사결과를 내놓았다. 전체응답자의 약 60퍼센트가 강권주의強權主義보다 민주주의를 더 선호했다. 그러나 이 60퍼센트의 절반가량은 러시아의 필요들에 부응하는 민주주의를 바랐는데, 이런 바람은 그들이 민주주의를 바라기보다는

---

7 독일의 작가 겸 철학자 노발리스Novalis(1772~1801)가 집필한 『옵터딩겐의 하인리히 Heinrich von Ofterdingen』라는 성장소설에서 주인공 청년 하인리히가 꿈꾸는 이상理想을 상징하는 소재로 처음 사용된 이 표현은 이후 독일낭만주의 문학작품들에서 희망과 영원한 아름다움을 추구하는 영감靈感을 상징하는 데 자주 사용된다. 옵터딩겐은 독일 남서부 바덴뷔르템베르크Baden-Württemberg 주 튀빙겐Tübingen 구역에 속한 도시이다.

오히려 푸티니즘을 바란다는 사실로 해석될 수 있었다.

이런 부정적 태도들은 1990년대의 러시아에서 진행된 개혁들의 부수적인 결과들—예컨대, 올리가르히 계급의 출현—과 밀접하게 맞물린 것들이 틀림없다. 그런 태도들은 공식매체들을 통해 주입식으로 행해진 선전선동들의 영향도 받았다. 러시아가 번영해질수록 민주주의를 바라보는 태도들도 더 긍정적으로 변하리라고 예상한 사람들도 있었지만, 그런 예상은 아직 실현되지 않았다. 생활수준은 향상되었어도 더 발달한 민주주의를 태동시키지는 못했다.

러시아에서는, 심지어 모든 것이 점점 더 관대하게 용납되는 와중에도, 강권주의는 여전히 강력하게 지지되지만, 민주주의를 믿는 신념은 오히려 점점 더 약해지는 것이 틀림없다. 이런 견지에서 상황은 도리어 악화되어온 듯이 보인다. 그래서 제기되는 의문은 다음과 같다. 서구를 향한 적개심이 줄어들고 자유와 민주주의가 지지를 받는 분위기가 과연 조성될 수 있을까? 만약 그리될 수 있다면 어떤 조건들에서 그리될 수 있을까?

그렇지만, 그런 동시에, 지역자율성을 규제하는 압력은 광대한 러시아의 전역에서 증가해왔는데, 그런 과정은 바로 러시아의 광대한 면적 때문에 아마도 불가피했을 것이다. 그것은 분리주의와 동시에 시작된 과정이 결코 아니지만 여전히 '크렘린'을 증오하고 '국가권력의 최우위성과 양보불허방침을 고수하는 크렘린의 완강한 고집'을 증오하는 극심한 적개심과 마주친다. 이런 갈등들의 맥락에서 발생할 긴장들은 쉽게 예상될 수 있다. 반체제세력은 정부에 대항한 싸움에서 패배했다. 왜냐면 크리미아가 재차 정복되던 시기에 반체제세력은 애국심을 충분히 내보이지 못했기 때문이다. 그러나 지역자율성을 더 많이 바라는 요구를 포함한 이 새로운 긴장요소들이 중앙정권과 신흥 반체제세력—다시 말하면, 강력한 지역이권세력—의 새롭고 중요한 전선戰線들이 될 가능성은 농후했다.

러시아의 지식엘리트와 국제적 지식엘리트의 대화를 촉진할 목적으로 2004년에 설립된 러시아의 반半관변연구기관인 발다이토론클럽Valdai Discussion Club은 지금으로부터 몇 년 전에 러시아의 국가정체성에 관한 보고서 한 건을 작성했다. 클럽은 좌우를 불문한 모든 정치진영의 남녀들에게 의견을 구했고, '러시아의 정체성은 존재한다'는 것이 일반적인 의견이라는 결론에 도달했다. 그렇다면 러시아의 정체성이란 무엇이었을까? 클럽의 보고서대로라면, 러시아의 성격은 역사적으로 자유를 사랑하고 강한 인내력을 지녔다는 것이다. 보고서에는 다음과 같이 기록되었다.

> 우리는 다른 문화들과 다른 종교들에 관대하다. 우리는 용감하고 친절하다. 우리는 멋지고 유능하다. 우리는 강한 의지력을 지녔고 승리하는 방법을 안다. 그러나 우리는 지난 20년간 이런 자질들의 대부분을 망각해왔다. 그러면서도 우리는 우리의 국민성에 포함된 게으름, 비관주의, 탐욕적 개인주의, 무책임성, 타인들을 싸잡아 불신하는 버릇 같은 최악의 기질들을 육성해왔다.

보고서에는 "서구세계의 정의正義보다 더 폭넓은 개념으로서, 훌륭하게 조율된 공평성의 의미"도 언급되었다. 지난 20년간 러시아 시민들의 가치관들이 변해왔지만 더 나아지지는 않았다는 사실도 보고서에서 강조된다. 오늘날 러시아인들이 최우선시하는 가치들은 물질적

행복과 소비인데, 그것들을 최우선시한 러시아인들의 비율이 1986년
에는 31퍼센트였지만 2006년에는 55퍼센트였다고 보고서에 기록되
었다. 그래서인지 러시아의 소득격차는 더 커져가고, 그럴수록 사회
는 더 심하게 분열되고 더 심하게 긴장된다.

　'러시아 국민성의 개념을 정의하고 내일의 러시아 이상을 모색하
려는 탐구'의 실체는 모호하게 남을 수밖에 없을 것이다. '중용이 지
켜질 것이고, 반서구주의와 불신감이 줄어들 것이며, 자유와 인본주
의의 가치들이 조금이나마 복원될 것이고, 독재를 벗어나 훨씬 더 자
유로워질 것'이라는 전망들은 어떤가? 보수반동세력이 러시아에서
여태껏 강했지만 자유옹호세력도 비록 현재에는 아주 약할지라도 러
시아 역사에서 깊은 전통을 지녔다. 가까운 미래에 자유옹호세력의
전망들은 어떤가? 그런 두드러진 분위기변화들은 역사상 많은 국가
들에서 발생해왔으므로 러시아에서도 비록 중요한 순간에 발생할 가
능성은 희박하게 보일지언정 발생 불가능한 변화들은 결코 아니다.
러시아에서는 그런 변화들이 어떤 상황들에서 발생할 수 있을까?

　역사는 '그런 변화들이, 예컨대, 패전했을 때에나 중대한 경제위기
에 발생했다는 사실'을 알려준다. 그러나 그런 변화들은 여당이 너무
오래 집권해서 미움을 샀을 때에나 애초의 공약을 지키지 못했을 때
에도 발생했다. 싫증이 만연하거나 신세대가 등장해도—세대갈등이
발생한 결과—그런 변화들이 발생했다. 또한 아무런 이유 없이 뜬금
없게도, 혹은 집권여당과 그것의 이념이 처음에 지녔던 여하간의 역
동성이나 매력을 상실해도, 그런 변화들이 발생했다. 역사상 '어떤 국
가들은 흥하는데 다른 국가들은 망하는 이유'도 완벽하게 설명될 수
없듯이, 그리고 '어떤 국가들은 비참하고 돌이킬 수 없으며 최종적인

것들로 보이는 좌절들을 겪어도 회복하는 반면에 다른 국가들은 결코 회복하지 못하는 이유'도 완벽하게 설명될 수 없듯이, 그런 변화들을 발생시키는 조건들도 완벽하게 설명될 수 없다.

그러나 결정적인 몰락이나 돌연한 회복의 이유를 설명해주는 요인 몇 가지는 선별될 수 있다.

4 경제의 미래

러시아 경제의 앞날을 점치는 다양하고 많은 예상이 모든 방면에서 제시된다. 토론 클럽은 4가지 예상 시나리오를 제시한다. 가장 낙관적인 시나리오대로라면, 러시아가 석유천연가스 수출로 벌어들일 수익금이 증가하여 배럴당 146달러에 육박하리라고 예상된다. 그리되기만 한다면 러시아 정부는 오랫동안 유보해온 경제개혁들을 실행할 수 있을 것이고 또 기꺼이 실행할 것이다. 그러면 러시아의 경제성장률은 다른 국가들 대부분의 경제성장률보다 더 높아질 것이고 2030년에는 러시아의 1인당소득이 현재 스위스의 1인당소득과 같아질 것이다.

더욱 비관적인 시나리오대로라면, 석유가격은 하락할 것이고, 경제개혁들은 하나도 실행되지 않을 것이며, 러시아 경제는 침체될 것이다. 그러면 러시아의 경제성장률은 다른 여느 국가들의 것보다 낮은 2퍼센트선까지 추락할 것이고, 러시아의 1인당소득은 현재 체코 공화국의 것과 비슷해질 것이다.

러시아의 경제학자들은 두 가지 "중도파中道派" 예상 시나리오들의 실현 가능성을 더 높게 점친다. 이 두 가지 시나리오 중 하나의 근거는 '석유가격은 배럴당 94달러에 형성되겠지만 전면적 개혁들이 실행될 것이다'는 가설이다. 다른 시나리오의 근거는 '석유가격은 더 높게 (배럴당 140달러까지) 상승하겠지만 개혁은 거의 실행되지 않을 것이고, 실행되더라도 지엽적으로만 실행될 것이다'는 가설이다. 이 시나리오가 실현되면 러시아의 1인당소득은 현재 프랑스의 것과 비슷해질 것이라고 예상된다. 내가 이 책을 쓰는 지금(2015년 1월) 나오는 예상들은 '러시아의 경제는 앞으로 침체일로를 걷다가 2017년에야 비로소 변하기 시작할 것이다'고 본다.

2012년에 개최된 토론회에서 몇 가지 흥미로운 사실이 알려졌다. 사회자들은 '고소득층이 개혁들을 절실하게 바란다'고 보고했다. 그러나 고소득층의 약 68퍼센트는 그들의 자녀들이 적어도 러시아의 바깥에서 다년간 공부하고 취업하기를 바라며, 37퍼센트는 그들의 자녀들이 아예 러시아를 영원히 떠나기를 바란다는 것이다. 왜 그럴까? 부분적으로는, 틀림없이, 러시아의 미래와 관련된 전반적인 불확실성 때문에 그렇겠지만, 아마도 대개는 유능한 청년들이 적합한 일자리를 찾을 가망성이 매우 낮기 때문에 그럴 것이다.

발다이토론클럽의 회원들은 '카자흐스탄을 포함하는 유라시아 경제권의 존재가 러시아의 경제성장률에 긍정적인 영향을 끼칠 것이다'고 믿는다.

프라이스워터스하우스쿠퍼스PricewaterhouseCoopers(PwC)[8]에서 2013년에 발간된 또 다른 낙관적인 보고서는 '러시아가 붙잡을 수 있는

---

8 세계최대매출액을 기록하는 다국적 회계법인들 중 하나이다.

정당한 기회들을 잘 이용하면 2030년에는 유럽의 경제선진국 대열에 진입할 수 있을 것이고, 그런 상태를 유지한다면, 독일마저 앞지를 수 있을 것이다'고 전망한다. 그러나 이 전망은 '정치가 아닌 엄밀한 경제정책들이 러시아 경제를 추진시키는 결정적 요인들이 될 것이다'는 유토피아적 가설을 근거로 삼는다.

러시아의 유명한 경제학자 엡세이 구르비치Evsey Gurvich는 '덜' 낙관적인 시나리오를 제시한다. 그는 '러시아인들의 대다수는 행복한 생활도 바라지만 러시아가 강대국이 되기도 바란다'고 믿는다. 그는 두 가지 목표가 현재 결합될 수 있을지 의심한다. 현재 러시아의 국가예산 대비 국방예산의 비율(4.5퍼센트)은 나토 국가들의 평균비율보다 2배나 더 높게 책정된 것인데, 러시아가 그런 국방예산을 충당하려면 보건교육예산을 삭감하는 수밖에 없을 것이다. 만약 (현재 최대 13퍼센트에 불과한) 세금징수율이 대폭적으로 상승하지 않는다면, 국방예산의 증액은 평균기대수명의 감소와 교육수준의 하락을 초래할 것이다. UN에서 작성된 207개국의 평균기대수명순위표대로라면, 심지어 현재에도 러시아의 순위는 방글라데시, 과테말라, 온두라스 같은 국가들보다도 더 낮은 134위에 불과하다. 엡세이 구르비치는 '2014년 크리미아에 가해진 제재조치들은 즉시효과를 거의 발휘하지 못할 것이다'고 믿는다. 그러나 그 조치들은 외국인투자액을 유의미하게 감소시킬 수 있을 것이다. 이런 견지에서 러시아의 경제성장률은 앞으로 수년간 2퍼센트선에 머물 것이고 심지어 1퍼센트대까지 하락할 수도 있을 것이다.

무기와 식량을 한꺼번에 확보하려는 욕망은 심리학적으로는 이해될 수 있을지라도 매우 위험한 것일 수 있다. 제2차 세계대전 이후시기에 이런 욕망을 충족하려는 시도는 (푸틴의 말마따나) "금세기 최대의 지정학적 재난"인 소련 해체로 귀결되었다. 러시아가 대폭적인 경제성장을 달성하려면 외국인투자자들의 신뢰를 재획득해야만 한다. 그리하지 못하면 러시아는 무기도 식량도 확보하지 못할 뿐더러 터키나 인도네시아의 수준에 머물 것이다. 심지어 현재에도 러시아의 투자율은 상대적으로 낮은 GNP의 약 20퍼센트에 불과한데, 이것은 신흥 시장들emerging markets⁹의 투자율보다도 낮은 것이다. 더구나 현재 투자액의 대부분도 에너지부문에 집중되는데, 이렇듯 천연자원수출에 의존하는 투자형식은, 누구나 인정하듯이, 러시아가 벗어나려고 노력해야 마땅한 것이다.

소련 해체와 동시에 상실된 영토들의 일부나 전부를 되찾으려는 러시아의 정책은 의욕촉진제 같이 작용하면서 러시아 정부의 인기를 높여왔다. 그러나 그 정책은 손해를 자초할 수 있다.

심지어 (2014년에 70억 달러를 들여서) 크리미아를 합병하기 전에도 러시아는 남오세티아와 압하지아에 예산을 많이 배정해야 했고 벨라루스와 트란스니스트리아의 체제들을 지탱시켜줘야 했다. '동우크라니아 공화국'으로 자칭自稱하는 지역은 현재 모스크바에 지불하지 못한 천연가스 대금 40억 달러를 빚졌다. 러시아는 아르메니아, 키르기스스탄, 타지키스탄에 행사해온 영향력과 설치해둔 군사기지들을 유지하고 기타 목적들을 달성하느라 많은 자금을 지원해왔다.

이런 비용들의 정확한 액수들이 기록된 자료는 없다. 크리미아가

---

9 중국, 동남아시아, 멕시코 같이 경제적으로 급속하게 성장하리라고 전망되어 주목받는 유망한 무역상대국이나 투자대상지역의 총칭이다.

우크라이나의 일부였을 때 키예프(우크라이나의 수도)는 크리미아 예산의 약 3분의 2를 부담해야만 했다. 그래서 러시아도 타지키스탄 예산의 3분의 2를 부담한다. 이 모든 비용을 합하면 현재 '제국'의 유지비용은 250~350억 달러에 달할 것인데, 이 액수는 러시아의 국방예산과 치안예산을 제외한 예산의 약 6퍼센트에 해당한다. 이런 유지비용들은 엄청나게 많지는 않아도 증가할 가능성이 있다. 그래서 만약 모스크바가 부담해야 할 비용을 조달하지 못하거나 줄인다면 비용의 수혜자들은 실망하고 분노할 것이다. 왜냐면 그런 수혜자들이 자신들과 러시아의 관계들에서 기대하는 것들은 크고 또 점점 더 커지기 때문이다. 그런 동시에 만약 본디 러시아 경제를 현대화시키는 데 사용되도록 계획된 예산이 러시아의 보건교육예산을 갉아먹는다면 러시아 내부에서 불평하는 목소리가 나올 수밖에 없을 것이다.

만약 러시아의 경제가 번영한다면, 러시아는 제국유지비용을 부담할 수 있을 것이다. 모든 것은 석유천연가스 가격에 달려있다. 그리고 석유가격은, 예컨대, 세계의 경제상황이나 석유천연가스 수요처럼, 예측을 불허하는 수많은 상황을 따라 변동할 것이다. 석유천연가스 수출량을 유지하거나 증가시킬 수도 있을 중동지역의 정치상황도 석유천연가스 가격을 변동시킬 것이다. 유럽연합의 정치적 의지도 석유천연가스 가격을 변동시킬 것인데, 왜냐면 유럽연합은 러시아와 중동지역으로부터 수입하는 에너지자원에 대한 의존도를 낮추려는 공동에너지정책을 채택할 수 있을 것이기 때문이다. 상당히 저렴한 대체에너지자원들의 이용을 가능하게 해줄 수 있을 과학기술의 발전도 석유천연가스 가격을 변동시킬 것이다. 러시아 석유천연가스 산업용 기간시설들의 상태는 특히 중요한 가격변동요인인데, 왜냐면 러시아는 생산비를 과다하게 소모하지 않고도 석유·천연가스를 필요량만큼 생산하고 운송할 수 있을 것이기 때문이다.

제국유지비용과 경제요인들 사이에는 밀접한 관계가 존재한다.

푸틴 집권기간에 러시아 경제는 인상적인 기록을 달성했다. 경제 방면에서 푸틴의 주요목표는 '안정'이었다. 이런 경제안정정책은 현명한 것이었지만, 훨씬 더 나은 미래를 기대하는 감정들을 유발하던 풍요로운 해[年]들은 이미 지나가버렸을지도 모른다. 러시아 경제의 현대화가 앞으로 수년간 유의미하게 발전할 가능성은 없을 듯이 보인다. 현대화는 막대한 비용을 요구하고 거센 저항을 초래한다. 이런 사실은 석유·천연가스 가격을 재검토되게 만든다. 만약 유럽의 정치력이 앞으로 수년간 약하게 유지되거나 더욱 약해진다면 (그럴 가능성은 아주 높게 보이는데), 러시아 경제는 붕괴할까봐 걱정하지 않아도 될 것이다. 러시아가 최근에 재정복한 몇몇 영토도 고질적인 경제문제들을 상쇄시킬 수 있을 것이다. 그러나 허약한 유럽은 허약한 경제와 낮은 수요를 의미하기도 한다. 이런 변덕스러운 요인들이 감안되면, 유용한 시나리오들을 제시하려는 모든 시도에는 일련의 커다란 물음표들이 붙을 수밖에 없을 것이다.

5 청년세대의 표정

근본적인 정치변동은 때로는 경제위기의 결과로서 발생하기도 했고 때로는 승리하거나 패배한 전쟁의 결과로서 발생하기도 했다. 그러나 새로운 세대가 전면에 등장한 결과로서 그런 변동이 발생하기도 했다. 그런 변동은 때로는 파시즘 운동이나 공산주의운동 같은 청년세대의 과격한 운동들 때문에 폭력적 변동으로 귀결되기도 했다. 때로는 그런 변동이 중대한 격변을 겪지 않고 점진적으로 진행되기도 했다.

그런 점진적 정치변동의 일례는 1900년 즈음에 프랑스에서 발생한 청년세대의 운동이다. 그즈음까지 프랑스는 프로이센을 상대한 전쟁에서 패배한 이후라서 대단히 비관적인 (실제로는, 패배주의적인) 분위기에 휩싸여있었다. '프랑스는 이미 끝장났다'고 널리 믿겼다. 그러나 바로 그즈음 신세대가 등장했다. 만연하는 비관주의에 싫증을 느낀 그 세대는 각종 스포츠에 열중했고 미래를 전반적으로 낙관했다. 평화로운 성격이나 패배주의적 성격보다는 오히려 애국주의적 성격과 심지어 군국주의적 성격마저 드러낸 그 세대는 파리의 에펠 Eiffel 탑을 건립했고 최초로 비행기를 몰아 잉글랜드 해협을 건넜으며 프랑스의 미래를 믿었다.

러시아에서 등장한 청년세대의 성격은, 당연하게도, 러시아의 미래와 관련된 가장 중요한 요인으로 생각된다. 그러나 전통적으로 청년세대는 거의 주목받지 못해왔다. 1920년대의 말엽에 독일의 대학생이던 클라우스 메네르트Klaus Mehnert(1906~1984)[10]가 소련을 여행하고 독일로 귀국해서 집필한 저서는 훗날 고전에 버금가는 책이 되었다. 그는 모스크바에서 태어났기 때문에 훗날 독일의 유력한 소련학자가 될 수 있었을 것이다. 그는 '러시아 혁명 이후 수년간 청년들이

---

10 독일의 정치학자 겸 언론인이다. 이 문장에서 언급된 "고전에 버금가는 책"은『소비에트-러시아의 청년들Die Jugend in Sowjet-Russland』(1932)로 짐작된다.

소련의 소설들에 중요인물들로서 등장하여 국가미래의 상징들로서 떠받들어지던 현상'을 관찰했다. 그러나 먼 훗날에는, 혹은 글라스노트 시대에는, 그런 상징들이 여론조사결과들과 사회학조사결과들로 대체되었다.

1930년대의 청년세대는 완전히 낙관적인 세대였고 1950년대와 1960년대의 청년세대들도 어느 정도는 낙관적인 세대들이었다. 그 시대에 유행하던 노래가사의 한 소절은 "우리나라의 청년들에게는 모든 길이 열려있네"였다.

그 시절에 청년들은 여름학교들에 입교하여 인생의 냉엄한 현실들과 정치의 잔인성들을 함께 체험하고 교육받으면서도 서로를 거의 알지 못했지만 쉽사리 낙관주의자들로 변해갔다. 20세기초엽에 그들의 선배세대는 독재를 반대하는 투쟁전선에 (그리고 테러리스트들의 선구자들 사이에) 있었다. 그런 세대의 청년들은, 적어도 1910년대에는, 공산주의체제의 가장 열렬한 옹호자들 사이에 있었다.

오늘날 조사결과들은 청년세대와 관련된 핵심용어가 "아노미"라고 보고한다. 아노미는 프랑스의 사회학자 에밀 뒤르켐Émile Durkheim(1858~1917)이 1893년에 만든 용어이다. 아노미는 사회의 무질서, 소외현상, 무의미를 의미할 뿐 아니라 희망결핍마저 의미한다. 그래서 아노미는 개인과 사회를 결합시키는 사회계약들의 결렬을 의미한다. '외국생활을 바라는 러시아 청년들이 늘어난다'고 지탄받던 시절도 일찍이 있었다. 그런 시절에는 그들이 실제로 '(서구로 이민하기를 거부하고) 러시아에서 계속 생활한다면 그들의 부모세대보다는 더 행복하게 생활할 수 있으리라'고 믿었는데도 그렇게 지탄받았다.

소련공산주의가 몰락한 이후 며칠간 러시아에는 대단히 낙관적인 분위가 감돌았다. 불행하게도 그런 낙관주의는 오래가지 못했다. 그런 결과는 어떻게 설명될 수 있을까? 최근의 연구결과들이 알려주다시피, 러시아 청년들은 부모세대로부터 소외당하며 오해당한다고 느낄 뿐더러 차별대우를 특히 더 심하게 받는다고 느낀다. 러시아 청년들의 일부는 부모세대의 높은 이혼율과 가정폭력을 비난한다. 그러나 러시아 청년들은 최근에까지 러시아 경제의 미래를 낙관했으면서도 이제는 오히려 자신들의 미래를, 인생을 즐길 기회들을, 남부럽잖게 생활할 가능성을 비관한다는 것도 사실이다. 그들은 박탈감을 느낀다. 그들은 모스크바의 바깥에서는 만족스러운 직업을 얻기 어렵다고 믿는다. 그래서 모스크바에는 더 좋은 기회들이 있지만 그 기회들을 잡으려는 경쟁은 더 치열하다.

러시아 청년들이 정치를 바라보는 태도들은 지극히 모순된 것들이다. 푸틴과 그의 통치방식은 구세대보다 청년세대로부터 더 많은 지지를 받는다. 그러나 청년세대의 약 24퍼센트만이 정치에 관심을 보인다. 그들의 약 80퍼센트는 정부, 정당들, 의회, 정치일반을 불신한다. 문제는 '정치에 대한 그들의 불신감과 싫증이 병존並存한다는 사실'로 보인다. 청년들의 정치지식은 매우 부족하다. 그들은 러시아가 타국들로부터 존경받는 동시에 타국들에게 두려움을 주는 강대국이 되어야 한다고 믿는다. 그들의 믿음대로라면, 러시아는 강력한 지도자의 통치를 받아야 하고, 러시아 대통령의 주요임무는 국가질서를 유지하는 것이다. 푸틴 이후 가장 높은 인기를 누리는 정치인은 블라디미르 지리놉스키이다. 이것은 러시아 청년들의 정치적 미성숙함과 저열한 도덕적 가치관들을 반영할 뿐 아니라 자국의 미래전망과 서커스 공연의 차이를 분간하지 못하는 그들의 무분별을 반영하는 통탄스러운 현상이다. 이런 청년세대의 정치적 견해를 규정하는 것은 대체로 국영 텔레비전 방송이다. 이런 주입식 방송은 "민주주의를 결핍한 서구식 오락물"로 정의되어왔고 대단한 효과를 발휘해왔다.

레바다센터가 2008년과 2014년에 실시한 여론조사들은 이런 경향들을 벗어나는 어떤 주목될 만한 변화도 나타내지 않았다(내가 이 단락에서 제시할 결과수치들의 출처는 현재 가용될 수 있는 이 주제에 관한 가장 자세한 연구결과로 보이는 데니스 다플론Denis Daflon의 『러시아 청년들: 과도기를 겪는 세대의 초상Youth in Russia: Portrait of a Generation in Transition』인데, 이것은 레바다센터와 협력하는 스위스발달아카데미Swiss Academy for Development에서 2009년 출간되었다). 그런 반면에 크리미아 사건과 동우크라니아 사건이 발생한 이후에는 여론조사응답자들 중 12~24세 연령대에 속하는 청년응답자들의 92퍼센트가 푸틴을 지지했는데, 이 비율은 더 높은 연령대의 응답자들 중에 푸틴을 지지한 응답자들의 비율보다 더 높았다. 이 결과는 곧 청년응답자들이 국력과시國力誇示를 압도적으로 지지하고 정부권력을 거의 전폭적으로 지지하며 적들—서구와 우크라이나의 국가주의자들—을 증오한다는 사실을 의미했다. 청년응답자들의 70퍼센트 남짓은 러시아가 강대국의 위상을 되찾았다는 사실에 만족한다는 의견을 표시했다. '타국들로부터 존경받는 동시에 타국들에게 두려움을 주는 강대국 러시아'와 '세계최강국들 중 하나는 못될지라도 높은 생활수준을 누리는 러시아' 중에 어떤 러시아를 더 선호하느냐는 질문에 청년응답자들의 56퍼센트는 강대국 러시아를 더 선호한다고 응답했다. 그런데 그들의 이런 강대국 선호율은 더 높은 연령대에 속하는 응답자집단의 것보다는 다소 낮았다.

그런 한편에서 2014년에 실시된 여론조사결과들은 '청년세대가 러시아 사회의 성격과 제도들에 관해서 거의 완전히 무지하다는 사실'을 증명했다. 왜냐면 청년세대는 '자신들의 주위환경을 벗어난 것'에 관해서는 전혀 몰랐기 때문이다. 그들의 대다수는 '국가지도자가 러시아의 현재와 미래에 관련된 모든 중요한 정치현안을 결정한다'고 생각했다. 그들은 '국가지도자를 제외한 나머지 국민들은 국가지도자의 결정에 아무 영향도 끼치지 않고 그런 국정을 변화시킬 이유도 전혀 없다'고 생각했다. 또한 그들은 '능동적 정치참여도 어떤 체제개혁도 필요하지 않다'고 생각했다.

이 여론조사결과들은 청년세대의 이런 생각들이 '정상적인 것으로 간주되는 영속적인 심리상태'를 얼마나 많이 반영하는지를 정확하게 알려주지 않는다. 또한 이 결과들은 이런 애국주의와 심각한 반민주주의의 약진이 '국외전선에서나 국내전선에서 패퇴한 정부의 좌절들로부터 영향을 받았을 수도 있는 일시적 현상'인지 아닌지 여부도 알려주지 않는다. 이 결과들은 '푸틴과 체제대변인들이 서구의 대변인들과 토론하면서 서구식 민주주의와 러시아 특유의 "주권민주주의" 사이에는 근본적 차이들이 존재한다고 지적한 처사는 옳았다'는 사실을 증명하는 듯이 보였다.

그동안 수집된 증거자료가 알려주다시피, '돈'과 '권력에 대한 과찬過讚'이 청년세대의 이념을 규정한다. 이 세대는 이제 호모 소비에티쿠스Homo sovieticus(소비에트 인간)가 아니다. 어쩌면 "우리는 지금 호모 푸티누스Homo Putinus(푸틴 인간)를 경험한다"는 말도 과언은 아닐 것이다.

19세기의 러시아 청년들을 희생시킨 거창한 이상주의와 혁명정신은 어떻게 변했던가? 그 옛날에는 '돈은 아무것도 아니며, 가장 중요한 것은 자유롭게 살아가면서 새로운 사회를 건설하느라 노력하고 인류전체에게 귀감이 되는 이타적인 새로운 인간을 창조하려고 노력하는 무한한 열정이다'고 확신되었다. 그런 미래상은 순진하고 유토피아 같았지만 그런 미래상과 동떨어진 정치적 견해들을 품은 자들마저 감동시킬 수 있었다. 현재에는 그런 미래상이 확연히 결핍된 듯이 보인다.

1990년대의 러시아에서는 한동안 서구의 유행들이 추종되는 듯이 보였다. 그런 유행들은 펑크족, 래퍼들, 폭주족과 동성애자들, 산악자전거동호회원들, 해시시hashish(마약류) 흡연자들, 헤비메탈 열광자들, 도시벽면들에 스프레이페인트로 각종 구호들을 낙서하는 청년들을 배출했다. 그러나 이런 현상은 몇몇 대도시에서만 발생했고 오래 지속되지도 않았다. 러시아의 다른 지역들에는 전통적인 권태와 우익 애국주의밖에 없었다. 그래도 외국인들이 (그리고 올리가르히들이) 혐오되었다는 사실을 제외하면 이런 현상이 실제로 얼마나 깊게 진행되었는지 아무도 몰랐다. 그러나 러시아의 모든 곳에서 '돈벌이는 대단히 중요한 일일 수 있다'고 생각되었다.

청년세대에 속하는 반체제세력은 오보로나Oborona(방어), 포라Pora(기회는 무르익었다), 다Da(그렇다)를 포함한 갖가지 단체들을 규합하여 반란을 주동했다. 그러나 그 모든 단체는 지도자들의 부족한 감화력 때문에 목표의식을 잃고 좌충우돌하다가 단명해버렸다.

그즈음 유력하던 통합러시아당의 수뇌 몇 명은 '러시아에 (주로 조지아와 우크라이나에서 발생한 혁명들과 같은 "색깔혁명"의 가능성을 저지하는 대항세력이 될 만한) 청년단체가 필요하다'고 믿기 시작했다. 그래서

2005년에 푸틴의 참모이던 블라디슬라프 수르코프가 나쉬를 창단했던 것이다.

수르코프와 나쉬의 지도자 바실리 야케멘코는 일종의 전위적avant-garde 기교들을 부려서 체제순응적인 청년들을 나쉬로 포섭하려는 정책을 주동했다. 여전히 꿈이나 미래상을 요구하던 비非정치적 청년들을 감화시키는 것이 나쉬의 근본적인 창단목적이었다. 불행히도, 더욱 구체적인 활동들을 수행할 수 있을 정치화政治化가 덜된 "능률적 공무원들"이 러시아에 필요했을 때 지식인인 체하던 수르코프는 과도하게 창의적인 이념학자로 판명되었다.

대통령 푸틴과 정부대변인들은 (트베르Tver[11] 인근의) 셀리게르Seliger 호숫가에 설치된 나쉬의 주요한 1년제 연수원들 중 한 곳을 방문했을 때에 이 새로운 정책을 초안했다. 이 정책이 성공했느냐 여부는 아직 미지수로 남아있다.

정치지도자들은 '이런 청년단체가 구세대 지배엘리트가 아닌 청년세대에서 등장해야 했다는 사실'을 깨닫지 못한 듯이 보였다. 나쉬는 결코 자발적으로 창단되지도 않았고 진정한 필요성이나 소망 때문에 창단되지도 않았다. 나쉬는 인위적으로 창단되었고, 그것의 책임자들도 그런 모험들이 거의 성공하지 못한다는 사실을 깨닫지 못한 듯이 보였다. 나쉬의 소속단원은 한때 10만 명을 초과했지만, 체제를 위협하던 "색깔혁명"이 끝나면서부터 나쉬는 중요한 정치적 요인要因이 되지 못했고, 나쉬에 대한 정부의 지원도 중단되었다. 2010년에는 야

---

11 러시아 서부 트베르 주州(트베르 오블라스트Tver Oblast/트베르스카야 오블라스트)의 중심 도시이다.

케멘코가 "나쉬는 이제 존재하지 않을 것이다"고 발표했다.

러시아에서는 몇몇 생태운동단체를 포함하여 다양한 청년단체들이 연이어 등장했지만, 정치적으로 활동한 단체들은 주로 공산주의자들과 신파시스트들이 이끄는 극우단체들이었다. 내가 거듭 말하건대, 그런 공산주의자들과 신파시스트들의 이념적 차이들은 크지 않았다. 공산주의자들은 전통적 좌익이념을 거의 공유하지 않았고 마르크스주의와 국제주의를 전혀 공유하지 않았다. 공산주의자들은 애국주의뿐 아니라 강대한 쇼비니즘도 포용했고 교회의 승인까지 받으려고 애썼다. 극우단체들은 공산당의 강령들을 많이 공유했다. 이 두 가지 극우단체들(공산주의계열의 극우단체들과 신파시스트계열의 극우단체들)은 모두 자유주의자들과 민주주의자들을 "리베라스트들liberasts"로 총칭하며 적들로 규정했다. 이런 극우단체들은 '모든 동성애자는 자유주의자들이자 민주주의자들이고, 모든 자유주의자와 민주주의자는 동성애자들이다'고 믿기를 자처할 뿐만 아니라 빈번하게 연합하여 각종 시위들을 주동하기도 했다.

극우단체들의 영향력은 심심찮게 과대평가되어왔다. 왜냐면 오직 그들만이 각종 시위들에 군중 수천 명을 동원할 수 있기 때문이다. 그들이 동원한 시위군중의 인원수가 모스크바처럼 1,200만~1,400만 명에 달하는 거주인구를 보유한 대도시에서는 별로 중요하지 않다는 사실은 쉽게 망각된다. 푸틴이 강력한 국가주의노선을 채택하고 몇몇 올리가르히들과 대기업들을 견제하면서부터 극우단체들은 활동능력의 대부분을 잃어버렸다. 그러나 만약 경제상황이 악화되었다면, 그리고 광범한 인구계층들의 기대들이 충족되지 않았다면 어찌되었을까? 만약 현행체제에 대한 정치적 지지율이 전반적으로 하락했다면 어찌되었을까?

2014년 즈음에 푸틴과 정부는 '나쉬가 실패했다'고 결론지었다. 수르코프도 야케멘코도 푸틴의 눈밖에 나버렸다. 나쉬는 (외교사절들과 반체제인물들을 괴롭히면서) 과격하게 활동하면서도 상대를 충분히 압도하지는 못했다. 그들은 전투적으로 활동했지만 괄목할 성과를 거두지 못했다. 더구나 2011년 말엽에 정부가 온갖 반체제집단의 시위들을 직면했을 때도 나쉬는 청년들을 동원하지 못했고 어떤 대책도 내놓지 못했다. 그때부터 나쉬는 시위현장에서도 언론매체들의 머리기사에서도 거의 사라져버렸다.

레바다센터의 여론조사결과가 알려주듯이, 러시아인들의 약 50퍼센트가 러시아에는 반체제세력이 필요하다고 믿는다. 그런 반면에 러시아인들의 23퍼센트만이 러시아는 반체제세력 없이도 존속할 수 있다고 믿는다. 현재 러시아의 두마에는 반체제세력이 전혀 없다. 2015년의 청년세대는 내일의 체제친화세력이 될 것이다. 이런 청년세대에서 미래의 반체제세력이 생겨나기는 어렵겠지만, 예기치 못한 상황들이 그들을 반체제세력으로 변모시킬지도 모른다.

이런 견지에서 2014~2015년에 두각을 드러낸 '몰로다야 그바르댜molodaya gvardia(청년근위대)'는 낯선 세대이다. 그들은 대체로 모순된 견해들과 태도들을 드러낸다. 그들은 푸틴을 찬양하지만 정치인들에게는 전혀 동감하지 않는다. 정치에 대한 무관심은 위험하다. 왜냐면 그런 무관심은 '위기가 발생하면 과격소수파들이 자신들의 견해들을 다수파에게 강요할 수 있다'는 것을 의미할 수 있기 때문이다. 몰로다야 그바르댜는 국가주의자들이지만 그들의 다수는 러시아를 떠나고플 것이다. 그들은 슬픈 세대이기도 하다. 왜냐면 러시아 청년들의 자살률은 다른 여느 유럽국가의 청년자살률보다 3배나 더 높기 때문이다. 많은 언론보도가 알려주다시피, 러시아의 실질적인 청년자살률은 공식적으로 발표된 청년자살률보다 훨씬 더 높을 수 있다. 왜냐면 대도시들의 바깥에서 돌발하는 "인명사고"는 자살원인으로 간주되기보다는 사망원인으로 간주되는 경우가 더 많기 때문이다.

몰로다야 그바르댜는 체제순응적인 세대이지만 혁명적인 세대는 결코 아니다. 그래도 그들은 긴장감을 증폭시킨다. 다른 선진국들과 선진사회들에서는 과거에 암묵적인 사회계약이 존재했다. 그곳들의 부모들은 자녀들을 부양했고, 부모세대가 늙으면 자녀세대가 부모세대를 부양했다. 그러나 현재에는 청년인구가 감소하고 노년인구의 수명은 늘어난다. 오늘날의 청년인구가 미래에 짊어져야 할 부담은 점점 더 무거워질 것이다. 몰로다야 그바르댜는 푸틴이 구상한 제국을 건설할 수 있는 이상적理想的인 세대가 아니다. 또한 그들은 실제로 대단한 노력과 희생을 치르지도 않고 신속하게 달성할 수 있는 목적이 아닌 어떤 중대한 목적을 달성할 수 있을 이상적理想的인 세대도 아니다. 이 세대의 주요관심사는 체제의 정치적 성격도 아니고 러시아에서 자유가 확대되느냐 축소되느냐 여부도 아닌 돈벌이와 경제안정이다. 그러므로 반체제세력은 이런 청년세대의 든든한 응원을 기대할 수 없다.

정치사회적 태도들은 변할 수 있지만 그것들이 변해갈 방향은 아직 오리무중이다.

6 중앙아시아의 갈등들

푸틴의 첫 번째 집권기간은 경제와 정치를 안정시키고 강화하려는 목표에 바쳐졌다. 이 목표가 달성되면서부터 푸틴의 주요과제는 러시아의 외교정치적인 위상강화로 변해갔다. 러시아는 초강대국이 더는 아니었고 많은 영토를 잃었다. 그러나 국제정세가 유리하게 돌아가고 미국이 약해지며 유럽이 내부불화를 겪으면서 러시아가 적어도 소련 해체 이후 잃었던 것 몇 가지를 되찾을 가능성은 높아졌다. 푸틴의 전략은 주로 '유라시아주의 프로젝트'의 개념을 기반으로 삼았지만 유럽에서 상실한 위상들을 탈환하려는 노력도 배제하지 않았다. 그 전략은 '러시아는 유럽의 강대국일 뿐 아니라 아시아에서도 중대한 위상을 차지하고, 아시아가 세계정세에서 맡는 역할은 점점 더 중대해질 것이다'는 가설을 근거로 삼았다.

그것은 위험한 전략이었다. 러시아가 아시아에서 차지하는 위상은 러시아의 인구가 감안되면 취약하다. 왜냐면 러시아 극동지역에 거주하는 러시아인의 인구는 다년간 20퍼센트나 감소했기 때문이다. 특히나 중앙아시아에서 증가해온 러시아의 활동은 이 지역에 대한 관심을 러시아만큼이나 점점 더 강하게 표출해온 중국과 갈등을 빚을 수 있었다.

러시아와 중국은 예전부터 팽팽한 신경전을 벌여왔고, 그런 신경전은 1969년 소련과 중국이 우수리Ussuri 강을 놓고 무력국경분쟁을 벌이면서 절정에 달했다. 그러나 국경논란들은 고르바초프 집권기간에 진정되었고, 1998년에는 그런 논란이 불거지면 유발하기 마련일 지역위기들에 신속히 대처할 수 있는 직통전화hot line가 베이징과 크렘린 사이에 개설되었다. 최근 20년간 러시아와 중국의 국경지역들은 비무장지대들로 변해왔고, 양국은 대체로 경제적 성격을 띠는—에너지자원무역이나 석유천연가스 수출용 수송관 건설에 필요한—일련의 협정들을 체결해왔다. 그러나 이런 방면에서 중국과 러시아의 관심사들은 일치하지 않는다. 양국 모두 석유천연가스의 증산을 바라지만, 러시아는 석유천연가스의 생산량을 조절하고 높은 수출가격을 바라는 반면에 중국은 소비국가로서 낮은 수입가격을 바란다. 중국은 만약의 사태를 대비한 안전조치로써 최근에 카자흐스탄의 석유회사 여러 곳을 매입했다. 중앙아시아의 공화국들은, 특히 카자흐스탄과 투르크메니스탄은, 중국보다 러시아를 더 두려워한다. 왜냐면 러시아는 그 공화국들에 물리적으로 인접해서 군사기지들을 설치해둔 반면에 중국은 그리하지 못하기 때문이고, 그래서 러시아는 그 공화국들끼리 반목시킬 수도 있기 때문이다. 카자흐스탄에 거주하는 소수의 러시아인들은 좋은 대우를 받아왔으므로 카자흐스탄 대통령 누르술탄 나자르바예프Nursultan Nazarbayev(1940~: 1989부터 재임)를 2013년 노벨평화상 후보자로 추천하기도 했다. 카자흐스탄의 지도자가 바뀌면 상황은 나빠질 수 있겠지만, 미묘한 국내정세에서는 미래의 지도자도 어쩌면 신중하게 행동할지 모른다.

러시아 정부와 중국 정부는 양국관계를 "전략적 동반자관계"라고 말해왔다. 국제회의에서 티베트와 타이완이 거론될 때마다 러시아는 중국을 지지했고 중국은 캅카스에서 실행되는 러시아의 활동들을 언제나 옹호했다. 테러리즘과 분리주의의 위협들을 직면한 지역들의 안보를 크게 중시하는 상하이협력기구의 회원국 6개국이 찬조하는 군사작전훈련들도 실시되어왔다. 그러나 회원국들의 협력은 최첨단

군사기술교환으로는 확대되지 않았다. 러시아는 최신원자력기술을 중국으로 유출하지 않았다.

2014년에 러시아는 4,000억 달러어치의 에너지자원을 30년간 중국으로 수출할 권리를 확보하는 협상을 타결했다. 모스크바는 이 협상을 대단히 중요한 정치적 성과로 간주하여 기꺼이 환영했다. 왜냐면 이 협상은 유럽의 에너지자원수입국들에 대한 러시아의 에너지자원수출의존도를 낮춰줄 수 있었기 때문이다. 2014년에 러시아는 카자흐스탄과 벨라루스를 동참시킨 유라시아 경제연맹Eurasian Economic Union도 창설했다. 정치경제적 경쟁지역들에서 형성될 이런 공동시장의 의미에 관해서는 상이한 의견들이 제시된다. 푸틴의 장기적 의도는 소련 해체 이후 독립한 (발트 해 연안국들을 제외한) 모든 국가에까지 관세동맹을 확대하는 것이었다. 아르메니아와 키르기스스탄은 유라시아 경제연맹에 가입하려는 의향을 내비쳤지만, 일부 아르메니아인들은 그런 경제연맹이 자국의 주권을 제한할 수 있다고 주장하면서 경제연맹가입을 반대했다. 중국과 아시아의 다른 국가들은 그때까지도 그런 경제연맹에 아무 관심도 보이지 않았지만 그것의 존재를 반대하지도 않았다.

폭넓은 관점에서는 '러시아도 중국도 중앙아시아에서 서로의 이익을 침해하지 않도록 신중하게 움직였다'고 평가될 수 있다. 현재 중국의 관심사는 에너지자원수급과 몇 가지 광물자원에만 국한된다. 러시아도 중국도 여태껏 중앙아시아를 물리적으로 점령하려는 의향을 전혀 드러내지 않았다. 러시아는 자국이 중앙아시아에서 차지해온 전통적이고 지배적인 정치적 위상을 유지하려고 노력해왔지만, 그 지역에서 중국의 경제적 이익들이 지속적으로 보장되는 한에서,

그런 러시아의 노력은 중국의 반발을 전혀 유발하지 않았다.

그러나 장기적 관점에서는 러시아가 중앙아시아에서 현재의 위상을 유지할 가능성은 의심스럽게 보인다. 왜냐면 아마도 그 지역에 거주하는 양국출신자들의 인구불균형이 극심해질 것이기 때문이다. 아시아의 러시아 영토에 거주하는 민족적 러시아인의 인구는 3,000만 명보다 적어질 수 있지만, 중앙아시아의 무슬림공화국 5개국의 인구는 8,000만 명까지 증가할 수 있을 것이고, 국경지역들에 거주하는 중국인의 1억 명을 넘는 인구도 계속 유지될 것이다. 그런 인구불균형은 정치적 반발들을 유발할 수밖에 없을 것이다. 러시아는 중앙아시아에서 차지해온 위상을 계속 유지할 수 있겠지만, 그것은 '러시아가 과거에는 익숙하지 않았고 미래에는 적응하기 힘들 취약한 위상'에 불과하다.

다른 지역들 중에 앞으로 수년간 분쟁원인이 될 만한 지역들은 어디일까? 북극지역은 러시아와 서구가 경쟁적으로 영유권을 주장해온 지역이다. 캐나다, 덴마크, 노르웨이, 미국, 러시아는 무려 다섯 세기 전부터 북극영유권을 주장하면서 갈등해왔다. 그런 주장들은 북극항로의 개통開通과 유관하기도 하다. 왜냐면 북극항로의 개통은 지구온난화 때문에 가능해졌을 뿐 아니라 바야흐로 러시아와 서구의 관계가 악화되면서 더욱 절실해졌기 때문이다.

UN의 규약에 의거하는 다양한 국제협약들이 체결되어왔지만, 국제해양법은 정밀하지 않아서 북극해역의 관할권과 유관한 많은 문제의 소지들을 남겨둔다. 국제해양법대로라면, 해안선海岸線을 가진 국가는 자국의 해안선으로부터 12해리海里 이내해역에 국내법을 적용할 수 있고 그 해역의 사용권을 전유專有할 수 있으며 자원들을 채굴

할 수 있다. 또한 해안선을 가진 국가는 자국의 해안선으로부터 24해리 이내해역에서 자국의 해양오염, 세금, 관세에 관한 법률들을 적용할 수 있다. 그리고 해안선을 가진 국가는 자국의 해안선으로부터 200해리 이내의 배타적 "경제수역economic zone"에 존재하는 모든 생물자원 및 무생물자원을 관할할 수 있다.

배타적 200해리경제수역은 바로 이런 북극영유권논쟁들을 유발해왔다. 러시아, 캐나다, 덴마크(그린란드)는 모두 유럽면적의 절반에 해당할 정도로 거대한 로모노소프 해령Lomonosov Ridge[12]의 영유권을 주장한다. 북극해의 북서항로도 여전히 또 다른 논쟁원인이다. 북극영유권을 둘러싼 이런 논쟁들과 여타 다양한 논쟁들은 평화적으로 해결될 수 있을 것이다. 그러나 불행히도 그런 논쟁들이 실제로 해결될 가능성은 전혀 확실하지 않다.

게다가 '북극해저에는 막대한 석유천연가스 매장지역들이 존재한다'고 믿기며, '북극해저의 석유천연가스 매장지역을—그 지역들에서 석유천연가스를 시추하려면 기술적 난관들을 극복하고 막대한 시추비용을 부담해야 할지라도—최대한 많이 확보하려는 러시아의 열망도, 러시아의 육지에 존재하는 몇몇 시추지역의 매장량이 고갈되었다는 사실이 감안되면, 이해될 만하다'고 믿긴다. 그래서 '북극해역에 강력한 러시아 군대를 파견하여 세력을 과시하자'고 주장하는 목소리도 나온다. 예컨대, 러시아의 유력한 국가주의적인 대변인이자 부총리인 드미트리 로고진은 다음과 같이 주장한다.

---

[12] 북극해의 해저에 뻗어있는 길이가 약1,800킬로미터에 달하는 해저산맥海底山脈이다.

그것[세력과시]은 이 지역에서 우리의 국익들을 위해 결정적으로 중요하다. 만약 우리가 그리하지 않아서 자원쟁탈전에서 패배하고 만다면, 그것은 우리가 주권과 독립성을 보유할 권리를 지키려는 중대한 싸움에서 패배한다는 것을 의미할 것이다.

러시아는 북극지역에 군사기지들을 한동안 운영했지만 북극지역을 비무장지역으로 유지해야 할 필요성을 이해하면서 군사기지들을 증설하지 않았다. 그러나 2014년 5월 푸틴은 북극지역에서 러시아의 전략적 이권들을 보호하는 차원에서 군사기지들을 재운영하겠다고 발표했다. 그러자 나토의 사무총장이 '나토 회원국들은 러시아의 행동들이 초래할 결과를 우려할 수밖에 없다'고 발표했다. 미국은 북극 논쟁들에 개입하기를 주저했지만, 북극에 인접한 나토의 다른 (노르웨이와 캐나다 같은) 회원국들은 러시아의 북극주둔군 증강을 우려하는 의견을 표명했다. 러시아의 몇몇 논평자는 심지어 '앞으로 10년 이내에 북극해의 석유천연가스를 독차지하려는 전쟁이 발생하리라'고 예언하기도 했다.

한때 소련에 속했던 문제의 몇몇 영토와 그곳들이 미래에 차지할 지위에 관해서는 러시아의 외부에 (그리고 러시아의 내부에도 역시) 거의 알려지지 않았다. 트란스니스트리아도 한때 그런 영토였고 코카사스에 위치한 압하지아와 남오세티아도 마찬가지였다. 이 세 지역이 여기서 언급되어야 하는 까닭은, 역사의 경험이 알려주듯이, 아무리 좁은 영토들도 중대한 정치적 갈등들을 촉발할 수 있기 때문이다. 트란스니스트리아의 소수민족 가가우즈Gagauz족은 거의 알려지지 않았다. 심지어 가가우즈족의 기원들도 전문가들 사이에서마저 (불가리아에 살던 부족이 아니면 스텝 지대에 살던 부족이라는 식으로) 아직 논란되기만 할 따름이다. 그런데도 가가우즈족은 크렘린과 몰도바 사이의 갈등과 논쟁들에서 현저하게 부각된다.

몰도바는 수도 키쉬네프(키쉬나우)와 함께 소련 해체 이후부터 존재하기 시작했다. 몰도바의 공식언어는 루마니아어이다. 그러나 상당히 많은 러시아인들, 우크라이나인들, 가가우즈족의 고향도 몰도바이다. 몰도바에 거주해온 러시아인들의 대다수와 우크라이나인들의 대다수는 소련시대에 드네스트르 강의 동안東岸으로 이주했고, 현재에는 그들이 몰도바 전체인구의 절반 남짓을 차지하며, 공산당은 몰도바에서 가장 강력한 정치집단의 위상을 유지해왔다. 러시아인-우크라이나인-가가우즈족이 거주해온 지역(트란스니스트리아)은 차별대우를 받는다고 느꼈고 결국 분리되어나갔다. 그 지역에 거의 완전한 자율성을 부여하는 법률이 입안되었지만 몰도바 의회의 인준을 받지는 못했다. 무력충돌들이 발생했고, (1991년과 2006년) 두 번 치러진 지역 주민투표에서 과반수는 '몰도바에서 분리되어 러시아에 통합되자'는 의사를 표명했지만, 몰도바는 유럽연합에 가입하려는 움직임을 보였다. 트란스니스트리아에서 러시아는 경제적·군사적 영향력을 강하게 행사했다. 러시아의 군부대들은 유사시에 즉각 투입될 수 있는 인접지역들에 주둔했다. 트란스니스트리아는 나름의 국가國歌를 가졌고, 그 지역의 학교들에서는 러시아의 교과서들이 사용된다. 트란스니스트리아의 공용화폐는 루블화이다. 그러나 모스크바는 조속한 통합을 강요하지 않았다. 이 문제는 2014년 크리미아 위기가 발생하자 비로소 부각되기 시작했다. 몰도바의 경제상황은 극도로 열악하다. 트란스니스트리아의 경제상황은 더 열악해서 1인당소득도 지극히 적다.

압하지아 공화국은 독립국가로 자처하고 계속 독립해있기를 바란다. UN회원국들 중 4개국(러시아, 베네수엘라, 니카라과, 남태평양의 섬나라 나우루Nauru)은 압하지아 공화국을 독립국가로 인정한다. 소련이 해체된 이후 압하지아 공화국은 예전에 자국을 지배했던 조지아를 상대로 여러 차례 교전을 치러왔다. 남오세티아도 조지아의 일부였지만 1990년에 독립을 선언했다. 거의 영구적으로 지속되는 불안한 정세를 견디지 못한 남오세티아의 많은 사람은 러시아의 북오세티아로 피신한 반면에 많은 조지아인은 조지아로 이주했다. 남오세티아 문제는 2008년 조지아와 러시아의 전쟁으로 귀결되었다. 남오세티아는 전략적 중요성을 전혀 갖지 못할 뿐더러 너무나 가난해서 경제적으로 러시아에 완전히 의존한다.

러시아 제국의 복원과 관련하여 당면한 현실적 문제들은 분리되어 나간 지역들이 아니라 한편으로는 우크라이나와 캅카스이고 다른 한편으로는 동유럽국가들에 러시아가 영향력을 행사할 수 있는 범위와 한도이다. 러시아는 동유럽국가들에 대한 서구의 어떤 긴밀한 군사적 개입도 반대할 것이다. 러시아가 동유럽국가들과 서유럽의 더욱 밀접한 정치경제적 관계들을 예방할 수 있을지 여부를 좌우할 요인들은 '국력들의 판도版圖'와 '러시아산 석유천연가스에 대한 유럽의 의존도'일 것이다.

러시아의 정치경제적 취약점은 앞에서 어느 정도 자세히 논의되었다. 그래서 러시아가 가까운 미래에 괄목될 만큼 건전하게 변할 가능성은 없게 보인다. 그러나 유럽이 공동정치경제에너지정책에 합의하는 통합으로 나아가는 움직임도 똑같은 취약점의 징후들을 드러내왔다. 러시아의 외교정책은 비록 그것을 지탱하는 권력기반이 쉽사리 무너질지라도 러시아의 영향력을 확대하는 데 주안점을 두었는데, 유럽의 취약점은 그런 러시아의 외교정책을 위축시킬 수 있었다. 러시아 제국을 복원하려는 야심들은 한계를 직면할 수 있었지만, 서구의 취약점은 그런 야심들을 유혹에 빠뜨릴 수 있었다.

유라시아주의적인 정치경제적 기획들은 많이 제시된다. 그러나 그런 기획들이 러시아에 인접한 아시아 지역들에 안정과 번영을 가져다줄까? 중앙아시아의 공화국 5개국 중에 2개국의 상황은 비교적 좋은 편이지만, 다른 3개국의 현재여건과 미래계획들은 여전히 암울하기만 하다. 투르크메니스탄은 주로 아랄 해Aral Sea 동쪽연안에 분포하는 풍부한 석유천연가스 매장지역들을 보유했다. 카자흐스탄도 석유, 천연가스, 몇몇 희귀광물자원의 주요한 수출국이 되었다. 카자흐스탄은 서양과 동양으로부터 상당히 많은 외국인투자자를 유치했다. 중국으로 연결된 중요한 송유관도 카자흐스탄에 건설되었다. 상하이협력기구는 카자흐스탄을 안전하게 보호해줄 수 있는 듯이 보인다. 그러나 유사시에 이런 기구의 협약들이 국내안전을 보장해줄지 여부는 여전히 미지수로 남아있다. 왜냐면 국내긴장요소들도 무시될 수 없기 때문이다.

다양한 씨족들과 소수민족들 사이에서 (1992~1998년에) 연발한 타지키스탄 내전은 외부세계에는 거의 알려지지 않았지만 10만 명을 넘는 사망자들과 100만 명을 넘는 피난민들을 배출했다. 타지키스탄 정부는 내전유발요소들을 아직까지 완벽하게 통제하지 못했다. 중앙아시아의 공화국들 사이에서는 정규전이 거의 발생하지 않을 듯이 보이지만 정부들의 일반적 실책들이나 중앙아시아의 특수한 문제들이 다른 형태의 갈등들을 유발할 수 있다. 예컨대, 중앙아시아 회색경제灰色經濟(gray economy)[13]의 중요한 비공식적 부분을 차지하는 마약밀거래를 통제하는 문제도 그런 문제들에 포함된다. 지역정부들은 빈번하게 국경을 폐쇄하고, 마약밀거래가 끊이지 않는데도 지역주민들을 심하게 핍박하기도 한다. 소수민족들이나 종교집단들 사이의 긴장요소들은 오래전부터 존재해왔다. 카자흐스탄과 우즈베키스탄 같은 공화국들의 정부들은 국가주의적이고 세속적인 정책을 추구하는 경향을 보이지만, 많은 지역에는 보수적인 이슬람주의의 경향이 우세한데, 이런 배경에서 유발되는 불안은 중앙아시아의 분위기를 끊임없이 더 불안하게 만들 것이다.

전투적인 이슬람단체에 관한 전망들은 아직 정확히 평가되기 어렵다. 왜냐면 그들이 행하는 활동들의 대부분은 지하활동들이기 때문이다. 아프가니스탄 전쟁에 참전한 이슬람군인들의 적어도 일부는 중앙아시아의 공화국들을 침공할지도 모른다.

중앙아시아에서 가장 활발하게 활동해온 전투단체는 히즈브 우트-타리르였다. 1950년대에 요르단Jordan 관할지역의 예루살렘에서 창설된 범凡이슬람주의정치단체인 히즈브 우트-타리르의 목적은 모든 이슬람국가를 통합한 포괄적 무슬림국가(칼리파트)를 건국하는 것이었다. 현재 이 단체의 활동은 아랍세계의 국가들을 포함한 거의 모든 국가에서 금지된다. 중앙아시아의 키르기스스탄을 포함한 몇몇 국가에서 이 단체의 전망들은 과소평가되지 말아야 할 것이다.

---

13 '그레이 이코노미'로도 통하는 이 용어는 '공식통계에 포함되지 않은 경제활동'을 가리키는 '비공식경제informal economy'와 같은 의미로 사용되는데, 이른바 '지하경제underground economy'나 '암흑경제black economy'와 다르다.

중앙아시아의 공화국들은 대체로 테러집단들을 성공적으로 진압해왔다. 중앙아시아에서 활동하던 중국계 무슬림 위구르Uighur족 테러리스트들은 체포되어 중국으로 송환되었다. 그러나 중앙아시아의 몇몇 지역에 거주하는 주민들은 상당히 많은 불만을 품었고, 아프가니스탄으로부터 유입되는 무슬림군인들이 그 지역들의 상황을 변화시킬지 모른다. 부정부패가 만연한 몇몇 지역에서는 당국자들을 편드는 "선의善意"가 매수買收될 수도 있을 것이다. 그런 지역들의 정세는 대량살상무기들을 생산하는 데 유리한 조건으로 보일 수도 있을 것이다. 그러나 병참학적 관점에서 더 유리하게 보일 수 있는 소말리아Somalia나 예멘Yemen 같은 세계의 다른 지역들에도 비슷한 조건들이 널리 형성되어있다.

'카자흐스탄에서 테러리즘이 재발할 가능성이 있다'고 앞에서 언급되었지만, 우즈베키스탄의 상황도 다르지 않다. 이슬람근본주의단체 이무IMU(우즈베키스탄 이슬람운동Islamic Movement of Uzbekistan)는 여태까지 우즈베키스탄 정부를 전복하려는 목표를 달성하지 못했지만, 아프가니스탄, 시리아, 이라크를 포함한 여러 국가의 싸움터에서 활동하던 우즈베키스탄계 지하디스트jihadist[14]들에게 귀국할 수 있는 또 다른 기회를 조성해줄 수 있을 것이다. 현재 우즈베키스탄계 지하디즘은 대체로 이웃한 타지키스탄, 몇몇 아랍국가, 터키에 거주하는 우즈베키스탄계 "이주민들"을 기반으로 삼는다. 이런 국가들에서 공부한 우즈베키스탄계 청년들은 이슬람근본주의자들로 변해왔다. 그런

14　지하디즘jihadism(이슬람성전주의聖戰主義)을 신봉하여 지하드jihad(이슬람성전)를 실행하는 이슬람 전사 또는 군인이다.

청년들의 일부는 오로지 우즈베키스탄에서 투쟁을 재개하기만을 너무나 절실히 열망할 따름이고, 우즈베키스탄 정부는 이런 청년들의 도전에 대응할 수 없을 것이다.

상하이협력기구가 이런 위협들에 대응할 수 있을지 여부는 계속 주시되어야 할 문제이다. 러시아는 지금까지 자국의 유라시아주의 기획들에 키르기스스탄과 타지키스탄을 포함시키려는 열의를 거의 내보이지 않았다. 왜냐면 러시아는 이 공화국들이 우군들이 되기보다는 오히려 부담들이 될 수 있다는 사실을 알아차렸기 때문이다. 모스크바의 관점에서는 이 공화국들에 러시아 친화적인 사이비독립정부들을 수립시키는 편이 유리할 수도 있을 것이다. 그러나 모스크바의 그런 기획은 이 공화국들의 내부에서 국가주의자들의 저항을 직면할 수 있을 것이다. 그리고 러시아의 국경지역에서 좌절한 국가들이 모험을 감행할 위험성은 사라지지 않을 것이다. 그러므로 중앙아시아의 지역들이 위험지역들로 남을 가능성도 상존할 것이다.

나는 여태까지 우크라이나와 몰도바, 발트 해 연안국들이나 조지아와 아제르바이잔을 다루지 않았다. 이 국가들은 모두 한때 소련의 지배를 받았거나 소련진영에 속했었다. 모스크바는 이 국가들을 러시아의 영향권에 속하는 국가들로 간주하기 때문에 어떤 변화도 바라지 않는다. 이런 형세는, 러시아가 이 국가들에 직접 행사할 수 있는 물리적 영향력을 유지한다면, 정착될 수 있을 것이다. 그러나 이 국가들(이나 지역들)이 독립성을 최대한 확보하려고 한다는 사실은 확실하다. 물론 이 국가들이 기울이는 노력이 유럽과 미국을 위시한 다른 강국들로부터 지지를 받으리라고 기대될 수 있을지 여부에 관해서는 아무도 확언할 수 없다. 이 문제를 좌우하는 것은 국제권력관계

이고 또 무엇보다도 석유천연가스의 수요공급이다. 불안한 정세가
조성될 수도 있겠지만, 이런 배경에서는 일시적이고 지엽적인 갈등
들이 발생할 가능성이 거의 확실시된다.

에필로그

카모 그랴데쉬, 로시야?—
쿼바디스, 러시아?

불과 15~20년 사이에 러시아가 세계에서 차지하는 위상은 크게 변했다. 소련붕괴의 비관적 분위기에서 초강대국으로의 자부심으로 바뀌었다. 러시아인들은 러시아가 강대국, 그것도 초강대국이 되길 바란다. 동시에 그들은 행복한 생활도 바란다. 하지만 경제위기와 정치인들의 권위주의와 부패, 국민들의 정치적 미성숙은 위기 요소이다. 러시아에도 민주화가 가능할까? 변화는 불가피하다. 다만 그 시기와 방법을 아직 파악하지 못할 뿐이다.

지금의 러시아인들은 '지금으로부터 15~20년 전에 세계에서 러시아가 차지했던 위상'을 어떻게 생각할까? 크렘린과 러시아의 분위기는 한두 해 전에는 대단히 비관적인 성격을 띠었지만 경제위기를 겪는 동안에 대체로, 어느 정도는, 부드러워지면서 유의미한 변화를 겪었다. 대중여론조사결과가 알려주다시피, 러시아인들의 대다수는 러시아를 초강대국으로 생각한다. 전문가들 사이에서는 이렇게 생각되는 경우가 비교적 드물다. 전문가들도 알다시피 현재 서구는 후퇴하면서 고립되어간다. 유럽연합과 미국이 오랫동안 일방적으로 결정해온 게임규칙들은 이제 달라졌다. 러시아의 주변부를 향해 진행되던 나토와 유럽연합의 팽창은 정지되었다. 이렇게 보는 견해들은 세르게이 카라가노프Sergey Karaganov와 알렉산데르 루킨Aleksander Lukin을 위시하여 주류主流에 속하는 온건한 러시아 논평자들도 공유하는 것들이다. 예컨대, 그들은 '러시아의 존엄성과 이권들이 최근에까지도

철저히 유린당했다'고 생각한다. 그들은 '체계적인 꼼수들과 위선과 파기된 약속들이 러시아의 정치계급을 특히 심하게 괴롭혔다'고 생각한다. 규칙을 지킬 수도 없고 지키기도 싫어하는 러시아는 이제 서구에 편입되려는 시도들을 포기해버렸다.

바야흐로 서구는 세계경제를 이끄는 지도력을 잃어가고, 서구의 우세하던 군사력은 약해진다. 이렇게 된 중요한 이유는 서구가 사실상으로도 법률상으로도 냉전종식을 거부했다는 것이다. 서구는 군사적·경제적·정치적으로 영향력을 행사하고 통제할 수 있는 지역을 확대하려는 시도를 체계적으로 강행했다. 러시아는 패전국 취급을 받았고, 러시아의 이권들과 반론들은 무시되었다. 그래도 러시아인들은 자신들을 패배자들로 생각하지 않는다. 체계적이고 위선적으로 파기된 약속들과 선언들이 러시아의 정치인들을 특히 괴롭혔다. 러시아인들은 "'영향권들'을 유지하는 정책은 낡았다"는 충고를 들었다. 그러나 이런 충고가 단순히 옳은 말일 뿐만 아니라 비아냥거림이면서 불신의 결과라는 사실은 러시아의 바깥에서는 공공연히 알려졌다. 유럽연합의 팽창의욕은 러시아로 하여금 '서구의 지정학적이고 사회정치적인 후퇴는 끝났다'고 믿게 만들었을 것이다. 그런 의욕은 유럽통합기획의 돌이킬 수 없는 위기를 가려주고 위장해줄 수 있었을 것이다. 그런 위장은 그런 기획의 도덕적이고 정치적인 정당성을 의문스럽게 만들었기 때문에 서구국가들의 정치인들을 매우 심하게 괴롭혔다. 서구는 아시아유럽경제연맹을 재창설하려는 러시아의 유라시아주의기획을 고의로 방해하려는 의욕을 풍기기도 했다. 언어는 항상 명확하지만은 않았어도 의향은 언제나 명확했다. 러시아는 유럽을 좋아하지 않았다. 러시아는 유럽의 일부가 아니었고, 하여간,

유럽은 이미 쇠락했거나 거의 쇠락했다.

"위선적으로 파기된 약속들"과 관련하여 푸틴과 러시아 대변인들은 근래 수년간 여러 번에 걸쳐 '서구가 나토는 동진東進하지 않겠다고 약속했지만 이 약속은 지켜지지 않았다'고 단언해왔다. (미국 대통령 조지 허버트 워커 부시, 미국 국무장관 제임스 베이커James Baker[1930~], 독일 국무총리 헬무트 콜이 작성한) 문건들은 '고르바초프가 이런 종류의 약속을 실제로 바랐지만 그런 약속은 결코 시도되지도 않았다'는 사실을 증명한다. 서구는 (특히 독일은) 그런 약속보다는 오히려 그 당시에 소련의 위험한 국가파산을 예방하는 데 필요한 경제적 지원을 약속했다. 그때 '서구의 지도자들은 아마도 그런 위험에 강력하게 대처할 수 없는 나토의 취약성, 무능력, 무의욕無意慾을 감안하여 그런 약속을 할 수밖에 없으리라'는 주장도 제기될 수 있었을 것이다. 그러나 그런 주장은 실행되지 않았다. 그래서 근래 수년간 "배신"에 관한 공식적인 러시아의 주장은 오해의 결과이거나 아니면 날조된 것일 가능성이 더 높다. 러시아는 공포심과 자랑꺼리들을 동시에 표현하는 모순적인 성명서들을 아주 빈번하게 발표했다. 한편에서는 러시아의 지도자들이 '약해진 러시아를 서구가 포위한다'고 주장했고, 다른 한편에서는 푸틴과 그의 측근들이 '러시아보다 더 강력한 군사대국은 없으므로 러시아는 미국을 파괴할 수 있다'고 거의 매주 한 번꼴로 주장했다. 만약 나토가 동쪽으로 팽창했다면, 그 이유는 미국이나 다른 나토 회원국들이 러시아의 이웃소국들을 나토에 가입시키려고 심하게 압박했기 때문이 아니라 오히려 그런 소국들이 '자국의 제국주의적 사명을 매우 빈번하게 상기하는 러시아'로부터 위협당한다고 느꼈기 때문일 것이다.

어쩌면 나토는 추가회원국을 결코 더 받아들이지 않았을 것이 틀림없다. 그러나 그런 타협책이 러시아를 안심시켰을지, 아니면 반대로, 나토의 취약성을 암시하는 징후로 해석되어 러시아의 팽창의욕을 자극했을지 여부는 결코 확실하지 않다.

'서구가 시종일관 러시아를 배척하려고 애썼다'는 주장은 틀렸다. 서구는 G7(세계경제대국 7개국수뇌회의), 유럽이사회European Council(유럽연합회원국수뇌회의), 세계무역기구World Trade Organization(WTO) 같은 각종 국제회의기구들에 러시아를 초청했다. 그러나 1998년 7월에 세계은행과 국제통화기금이 긴급구제금융자금을 220억 달러 남짓으로 증액한 결과 러시아가 파산할 수도 있었지만, 이런 사실은 거의 언급되지 않았다. 러시아는 오히려 더 많은 자금지원을 바라는 인상을 자아냈다. 러시아는 미국을 배제하고 유력한 강대국으로 등장할 수 있는 방법의 일환으로 구상한 모험적인 유라시아주의기획들에 유럽의 동참을 바랐다. 물론 그런 야심찬 기획들은 서구의 호응을 별로 얻어내지 못했을 것이다.

이것이 유력한 러시아 전문가들이 여태껏 말로써나 글로써 설명해온 사태의 대략적 윤곽이다. 그러나 그들 중에 더 정교한 전문가들은 '이 윤곽이 사태의 전말은 아니다'고 느끼는 듯이 보인다. 러시아 현실을 주시해온 현대의 유력한 관찰자들 중 한 명인 세르게이 카라가노프는 여전히 불편한 기분을 느끼는데, 그것은 그 혼자만 느끼는 기분이 아니다.

서구의 쇠락은 반가운 소식이지만, 그것이 러시아에 희생을 요구할 수 있다. 카라가노프는 지평선에 드리워진─경제적, 인구학적, 정치적─먹구름들을 목격한다. 러시아의 국력은 지금 최대치에 도달했다. 지금으로부터 15~20년 후에 러시아는 약해질 것이다. 만약 그리 된다면 러시아는 동맹국들을 물색해야 할 것이다. 아마도 중국의 미래국력에 관한 예언들은 과언들이 아닐까? 중국도 어쩌면 앞으로 수년간 중대한 문제들을 직면하지 않을까? 하여간 러시아는 미래에 어떤 초강대국의 위성국가로 전락하지 않으려면 모든 선택을 보류하는 편이 나을지도 모른다. 푸틴은 그렇게 보류해야 할 필요성을 어렴풋하게 깨달은 듯이 보이지만, 아마도 그런 필요성의 공개적 발설은 아직 바람직하지 않을 것이다.

더 신중하되 덜 의기양양한 러시아의 논평자들은 '2000년대의 후반기까지 러시아의 전략목표는 수락할 수 있는 조건들을 전제로 유럽에 통합되는 것이었다'고 지적한다. 모스크바는 러시아 국가와 러시아 문명의 유럽적 성격을 강조했고 '유럽의 자본과 기술들이 러시아의 자연자원들과 인력자원들을 만나면 발생시킬 수 있을 시너지효과'의 개념을 제안했다. 그것은 세계경제에서 유럽의 경쟁력을 증강시킬 수 있을 효과였다. 그것은 세계에서 미국과 중국과 어깨를 나란히 하는 세 번째 초강대국을 형성시킬 수 있을 효과이기도 했다. 러시아는 동등한 통합을 추구했고, 유럽의 몇몇 국가는 그런 식의 통합에 관심을 보였다. 그러나 거의 모든 유럽연합회원국은, 그리고 특히 미국의 후원을 받는 신입(동유럽) 회원국들은, 그런 식의 통합에는 관심을 보이지 않았다. 그리하여 또 다른 역사적 기회는 사라졌다.

이런 논평들의 대부분은 서구인들에게는 새롭고 놀라운 것들이었다. 왜냐면 논평자들은 오랜 세월 동안 강하게 부정되던 '러시아 국가와 러시아 문명'의 유럽적 성격을 운운했고, '강력한 서구의 선전기관들이 오랜 세월 동안 러시아를 반대하는 선전활동에 무자비하게 열중해왔을 뿐 아니라 소치 동계올림픽을 음해하려는 선전활동에는 특히 더 무자비하게 열중했다'고 주장했기 때문이다. 서구인들은 '자신들이 어떤 희생을 치르더라도 냉전을 지속하려고 했다는 사실'을 자각하고 경악할 수밖에 없었다. 그러나 무엇보다도 '러시아가 서구에 통합되려고 모색하던 중대한 기회를 상실했다는 견해'―'존재했으되 기각되었다고 주장되는 견해'―는 서구인들에게 당혹감을 안겨줄 것이다.

이 대목에서 이른바 "평화당平和黨the peace party"으로도 호칭되는 온건파들의 견해도 언급될 필요가 있다. 그들은 러시아의 크리미아 정복을 반가운 기정사실로 간주하고 우크라이나를 계속 압박해야 한다고 믿는다. 카라가노프가 주장하듯이, 그들은 러시아가 철권통치로써 국익들을 수호해야 한다고 생각한다. 그래도 그들은 우크라이나를 정치경제적으로 압박해야지 군사적으로는 압박하지 말아야 한다고 생각한다. 왜냐면 군사적 압박은 지나치게 위험해서 바람직하지 않은 결과들뿐 아니라 위험한 결과들마저 초래할 수 있기 때문이다.

러시아 군대합동참모의장 발레리 게라시모프Valery Gerasimov는 2013년 초에 연설하면서 '자신은 소규모 특수부대들, 정치경제적 수단들, 사이버전쟁을 통해 수행되는 현대전쟁의 변동하는 성격을 숙고했다'고 말했다. 그는 '대규모 부대들은 현대전쟁의 걸림돌들이다'고 주장했다. 서구의 군사전문가들도 최근 수년간 비슷한 결론들을 내놓았다. 러시아에 현존하는 주전파主戰派는 '바로 지금이 러시아가 서구를 역습해서 소련 해체 이후 상실한 위상을 회복해야 하고 과거에 보유했던 세력과 영향력을 되찾아야 할 시점이다'고 주장한다. 주전파는 '위험요소들은 작고, 나토는 지리멸렬하며, 미국의 국내분위기는 고립주의로 경도될 뿐 아니라 심지어 패배주의적인 경향마저 띤다'고 주장한다. 2014년에 미국 대통령 오바마가 말했다시피, 만약 미국이 시리아 사태에 대응할 전략을 전혀 세우지 않았다면, 미국은 동유럽에서 '다소 제한적으로 감행될 수 있을 러시아의 공세'에도 강하게 반응하지 않을 것이 당연하다. 미국에 대한 전면적 핵공격이 감행되면 상호확증파괴mutual assured destruction가 개시될 가능도 여전히 존재한다. 그러나 동유럽의 표적을 노린 제한된 핵무기타격은 아마도 미국의 보복타격을 유발하지 않을 것이다. 그래도 서구의 분위기는 '나르바를 위해 죽으리라mourir pour Narva'고 결심하는 분위기와 상당히 비슷해지지는 않을까? '나르바'는 민족적 러시아인들이 많이 거주하는 에스토니아 동부지역이다. (프랑스의 사회주의지도자였다가 유력한 나치 협력자로 변신한 마르셀 데아Marcel Déat[1894~1955]는 1938년에 '단치히¹'를 위해 죽으리라mourir pour Danzig'는 문구를 처음 사용했다). 서구의 대응이 실패하면 아마도 나토는 소멸될지 모르고 세계에서 미국의 위신은 훨씬 더 위축될지 모른다. 이런 견지에서 러시아가 행동하지 못하면 기회를 놓칠 것이고 또 '선전포고만 실행되지 않았을 뿐 지난 얼마 동안 지속되어온 전쟁'의 주도권마저 잃어버릴 것이다.

일탈과격파逸脫過激派 및 극우국가주의자들의 진영 바깥에도 주전파의 관점을 지지하는 자들이 당연히 존재한다. 그런 지지자들은 자국에서도 세계에서도 자유주의자들과 민주주의자들을 축출하기를

---

1 현재 폴란드 북부해안에 있는 항구도시 그단스크Gdansk(그다인스크)의 독일식 지명. 이 도시는 1793년부터 프로이센의 통치를 받다가 1919년부터 다시 폴란드의 영토가 되었다. 그런데 1938년에 히틀러는 이 도시를 독일로 반환하라고 폴란드에 요구했고 폴란드는 이 요구를 거절했다. 이 거절을 빌미로 히틀러가 9월 1일 폴란드를 침공하면서 제2차 세계대전이 시작되었다.

바란다고 자인한다. 그들은 서구와 대결하기를 열렬히 희망한다. 그들은 브뤼셀을 "세계 파시즘의 중심"으로 믿는다. 이런 바람과 희망과 믿음이 뒤섞인 주장들은 때로는 황당하게 들린다. 왜냐면 서구는 '파시즘은 (어디까지나 적敵일지라도) 진짜 주적主敵이 아니고, 중대한 위험요소들이자 대악大惡들인 "대서양주의"와 자유주의와 서구식 민주주의가 진짜 주적들이다'는 충고를 거듭 들어왔기 때문이다. 심지어 크렘린의 측근인 세르게이 쿠르기냔 같은 이전의 온건파들조차 '히틀러도 최소한 1939년까지는 많은 찬사를 받았다'고 서구에 변명해왔다. 만약 그랬다면, 히틀러는 왜 그토록 갑자기 비난들에 휩싸였을까? 그 이유는 히틀러가 일정한 경계선(오늘날에는 레드라인redline으로도 지칭되는 한계선)을 침범했기 때문이다. 그 경계선은 주요한 도덕적·정치적 선도자로 변했던 이반 일리인이 여러 해 전에 설정한 것이기도 했다.

'러시아가 서구에 가담하기를 바랐지만 퇴짜를 맞은 1990년대에 중대한 기회를 놓쳤다'는 견해는 옳을까? 최근의 역사를 돌아보는 이 견해는 보편적으로 인정되지 않는다. 이 대목에서 러시아의 유력한 역사학자 유리 아파나시에프가 (1994년 2~3월호《퍼스펙티브Perspective》에 기고한 〈새로운 러시아 제국주의?A New Russia Imperialism?〉라는 논설문에서) 피력한 견해도 고찰될 필요가 있다. 그의 분석은 이른바 "옐친 노선"과 1993년에 공식적으로 채택된 러시아의 군사노선을 동시에 근거로 삼아 진행되었다. 그가 분석하기로는, 평화를 중재하고 러시아의 합법적 국익들을 수호하는 강력한 러시아가 필요했다. 이런 역할은 러시아의 의무였다. 그래서 러시아는 확고하고 강경하게 행동할 권리도 겸비했다. 러시아는 인접국들에 거주하는 러시아인들의 권익들이 침해당하면 그들의 권익들을 수호해야 할 의무를 짊어졌다. 실천적이고 정치적인 차원에서 그런 의무는 러시아의 국익들이 구소련의 모든 영토에까지 적용되었고 옛 유럽사회주의진영에 속했던 모든 국가에 특수한 외교정책을 강요하려는 시도를 정당화했다는 것을 의미했다. 그것은 강대국이념(데르잡노스트)의 복원을 의미했다. 심지어 1994년에도 이런 그의 견해는 별로 놀랍지 않았을 것이고, 그의 견해를 뒷받침하는 다양한 이유들이 예시될 수 있었을 것이다. 그러나 이런 견해가 '유럽에 합류하여 유럽에 소속되기를 바라는 열망'과 같다고 주장되기는 어려웠다.

상황이 유리해진 2015년부터 이런 견해는 어느 정도 실현되었다. (한 번도 매우 강력하지 않았던) 자유주의자들은 매우 약해졌고 끝내 모든 영향력을 상실했다. 변한 것은 (유럽에 합류하려는) 러시아의 목표가 아니라 러시아의—강력했던 옛 위상의 탈환을 포함한—현실적 국익들이 추구될 수 있는 환경들이었다. 1994년에 러시아는 약했다. 그때 러시아에는 국가파산을 막아줄 서구의 도움이 필요했다. 20년 후에는 미국도 유럽도 약해졌지만 러시아의 위상은 훨씬 더 강해졌다. 석유천연가스 가격이 폭등한 덕분에 러시아는 강대국으로서 거듭났다.

그것은 서구의 실책이었을까? 만약 서구가 더 뛰어난 선견지명, 승자의 관용, 더 기꺼이 타협하려는 의욕만이라도 보여주었다면, 1989~1991년에 러시아가 서구에 통합될 현실적 기회가 생겼을까? 유럽과 서구에 통합되는 방향으로 움직이려는 러시아의 욕망은 얼마나 강했고 얼마나 진실했을까? 러시아의 정치경제적 위기가 심각하던 그 당시의 상황에서 "수용 가능한 조건들"과 "동등한 동반자관계"는 정확히 무엇을 의미했을까?

몇 년마다 한 번씩 러시아 육해공군 참모부에서 발간되는 「러시아의 군사노선Russia's Military Doctrine」이라는 문건에는 러시아가 직면한 주요위험들의 목록이 수록된다. 몇 년 전까지 그 문건에서 나토와 미국은 "전략적 동반자"로서 언급되었다. 최근에는 달라졌다. 2014년에 발간된 문건이 알려주다시피, 푸틴과 러시아의 대변인들은 미국과 나토를 주적으로 간주하고, '러시아의 핵무기공장을 겨냥한 은밀한 위협들'을 노골적으로 언급하며, '핵무장경쟁을 제한하려는 여러가지 약속들의 한 가지인 1987년에 체결된 러시아미국핵무기협약'을 파기했다. 아마도 「러시아의 군사노선」은 지나치게 중요시될 필요는 없을 것이다. 왜냐면 그 문건의 모든 내용이 빠짐없이 인쇄되어 발간된 경우는 여태껏 한 번도 없었기 때문이다. 어찌되었건 러시아가 1987년의 핵무기협약을 수년간 무시했다고 가정될 만한 이유가 있다. 모름지기 현장에서 확인되는 사실들은 이런 종류의 공식선언들보다 더 중요하다. 그래서 사실들이 알려주는 것은 2007~2014년에 러시아의 군비지출액은 2배로 증가했지만 나토의 군비지출액은 절반으로 감소했다는 것이다.

러시아의 사고방식을 결정하는 요인은 무엇이었고 러시아의 주요 행동원인은 무엇이었을까? 그것은 러시아 공화국의 바깥에 거주하는 대변인들을 보호하려는 소망이었을까, 아니면 소련의 국경들을 회복하여 옛 제국을 재건하려는 소망이었을까?

이 문제들은 앞으로도 장기간에 걸쳐 논의될 것이다. 그래야만 비로소 서구에 통합되려는 러시아의 욕망과 그 욕망을 상대하는 서구의 태도들도 더 잘 알려질 것이다. 내가 현재 입수할 수 있는 증거자료를 근거로 삼아서 말하자면, "놓친 기회"에 관한 러시아의 주장들은 거짓들이다.

강대국의 위상을 되찾는 일이 과연 러시아 애국자들의 관심사인지
는 의심스러웠다. 그러나 서구가 그토록 오랫동안 러시아의 철천지
원수로 간주되었으므로, 러시아의 통합전략은 비록 완전히 진심에서
우러났더라도 필경 의심스러운 계책으로나 아니면 적어도 망설이는
심경의 결과로 간주될 수밖에 없지 않았을까? 그럴 때 러시아에 필요
한 것은 완전붕괴를 예방해줄 도움이었다. 서구가 소련의 옛 국경들
을 되찾는 데 유용한 도움마저 러시아에 제공했어야 할까? 그런 도움
을 러시아가 영원히 고맙게 여겼을까?

러시아의 몇몇 분석가는 심지어 러시아의 승리를 느끼는 순간에도
다소 불편한 기분을 동시에 느낀다. 세르게이 카라가노프는 다음과
같이 주장한다.

오늘날 러시아의 국력은 최대치에 도달했다. 가까운 미래에 러시아
가 더 강해질 기회는 전혀 없을 것이다. 러시아는 서구를 상대한 경
쟁의 초점을 '부드러운 권력과 경제영역'에서 '단단한 권력, 정치적
의지, 지식정보'로 신중하게 이동시켜온 듯이 보인다. 바꿔 말하자면,
러시아가 관심을 두는 곳에 러시아의 국력이 있다는 말이다.

여태껏 감행된 시도는 긍정적 결과들을 낳았다. 그러나 러시아가 적
어도 중위권에라도 확실히 위치하려면 경제정책과 국내정책을 개혁
해야 하고 러시아 엘리트들을 신속히 변화시켜야 하며 '국민들의 대
다수가 공유하는 목표들과 국가이상'을 설정해야 한다. 러시아는 여
태껏 준비해왔다. 냉전시대 이후에는 처음 텔레비전으로 방송된 반
서구주의운동이 여론을 형성시키는 데 일조했다. 군대들은 근본적으

로 개선되었다. 임박한 충돌을 예고하는 다른 징조들도 나타났다. 잠정적 결과들은 유리하게 보인다.

러시아는 주도권을 잡았고 유지해왔다. 러시아는 목표를 달성할 때까지 사용할 수 있는 광범한 정치경제적 도구들을 비축하는데, 이것은 러시아와 서구의 관계들을 장기간에 걸쳐 복잡하게 만들 매우 모험적인 전략이다. 이 전략은 중국을 상대하는 관계들에서 러시아의 위상을 약화시키겠지만(그리고 러시아의 작전행동범위를 좁히겠지만), 비非서구 세계의 시선에는 러시아의 도덕적 권위가 커지는 듯이 보일 것이다. 모스크바가 패배하지 않으면 이런 일은 당연히 실현될 것이다.

이런 흥미로운 회고들은 현재 모스크바에서 가장 빈번하게 발설되는 회고들보다 더 뛰어난 선견지명을 표현한다. 대중선전운동을 개시하기는 비교적 쉽지만, 어떻게 단기간에 새로운 엘리트를 만들 수 있을까? 러시아는 서구를 상대하는 경제적 경쟁을 단념했을까? 그래서 러시아는 "단단한 권력"과 "정치적 의지"를 사용하여 유리한 고지들을 점령하리라고 기대할까? 그것은 전쟁을 의미하지 않을까? 그것이 전쟁을 의미한다면 무슨 종류의 전쟁일까?

비록 모스크바가 공격적 국가주의정책을 지향해왔고 심지어 쇼비니즘 정책마저 지향해왔더라도 일탈과격파를 제외한 어느 누구도 실제로 대규모 핵전쟁을 바라지 않는다는 사실은 당연시될 것이 분명하다. 모스크바에는 '중국은 오로지 타이완을 재획득하기만 바라기 때문에 러시아와 중국은 어떤 경쟁도 하지 않으리라'고 믿는 사람들도 몇 명 있는 듯이 보인다. 무릇 자기기만심리自己欺瞞心理의 위력들은 강대하기 마련이다. 마오쩌둥은 한때 '소련이 미국을 상대로 전쟁을 벌이는 편이 바람직하다'고 생각했는데, 왜냐면 그래야만 두 초강 대국이 서로를 파멸시킬 수 있거나 적어도 무기력하게 만들 수 있었 기 때문이다.

현재 러시아의 국력이 최대치에 도달했더라도, 2014~2015년의 경 제위기 이후에는 최대치에 도달했다고 공인되는 빈도가 낮아졌다면, 러시아는 국력의 대부분을 숨겼어야 하지 않을까? 만약 그랬다면 유 일한 기회가 되살아나지 않았을까? 그러나 그리되면 상황은 위험해 질 것이다. 왜냐면 만약 러시아가 다시금 과대하게 세력을 확장할 경 우에 다음과 같은 두 가지 의문이 제기될 수 있을 것이기 때문이다. 첫째, 그러면 러시아는 과거에 초래한 것과 똑같은 결과를 초래하지 않을까? 둘째, 러시아가 유리한 고지를 점령하면서 획득한 것을 지킬 수 있을까? 러시아가 현재에 또는 가까운 미래에 영토를 조금이라도 더 늘린다면 현존하는 러시아 정부는 내국인들의 지지를 획득할 수 있을 것이다. 그러나 그렇게 획득된 지지가 얼마나 오래 지속될까?

러시아인들은 러시아가 강대국이 되기를 바라고 또 가능하면 초강 대국이 되기를 바란다. 그러나 그들은 행복한 생활도 바란다. 이 두 가지 목표가 이해될 수는 있지만 과연 조화롭게 합치될 수 있을까? 블라디슬라프 이노젬체프Vladislav Inozemtsev 같은 경제전문가들은 '러 시아는 초강대국이 아닐 뿐더러 외부세계에 계속 의존한다면, 그리 고 필요한 많은 것들의 대부분을 수입하면서도 주로 천연자원들만 수출한다면, 초강대국이 될 수도 없다'고 강력하게 주장해왔다. 그들 은 심지어 러시아의 재정이 서구의 자금에 의존한다고 더욱 거세게 비판한다.

러시아는 국내의 중대한 난관들과 문제들을 직면했지만 난관들은 극복될 수 있고 문제들은 해결될 수 있다. 내가 거듭 말하건대, 역사는 이런 가능성들을 예시해왔다. 예컨대, 1870~1871년의 프로이센을 상대한 전쟁에서 패전한 프랑스도 국력을 회복했고 제1차 세계대전에서 패전한 독일도 국력을 회복했다. 중세말엽과 근대초엽의 스웨덴과 스위스는 가장 우수하고 가장 사나운 용병들을 배출한 국가들로 유명했지만 현재에는 전혀 그렇지 않다. 브리튼은 선구적이고 빼어난 산업국가로 유명했지만 중국은 아무런 변화도 겪지 않은 국가로 유명했다. 그러나 시대는 바뀌었다.

미국과 유럽은 심리적으로 매우 나약해진 시기를 통과하고 있다. 통합운동을 겨냥한 유럽의 기획은 추진력을 잃어왔다. 그 기획은 종말을 맞이하기 시작했을 수 있지만 추진력을 회복할 수도 있을 것이다.

러시아의 약점들 중 하나는 모든 종류의 음모론과 낯선 관념들을 믿는 치명적인 버릇이다. '끈질긴 박해광증'과 '역사적 사명에 대한 과신'을 동반하는 신유라시아주의, 신新지정학, 허담증, 자파도포비아는 그런 버릇의 발로들이다. 그런 병증들은 오직 러시아에만 있는 것들은 결코 아니지만, 어떤 서구국가들에도 이런 병증들은 없다. 또한 알렉산데르 두긴과 러시아의 지식인들이 정당성을 부여한 것들과 비슷한 관념들도, '러시아의 지도자들이 결정한 정책'에 그런 지식인들이 영향을 끼치느라 사용해온 것들과 비슷한 관념들도, 서구국가들에는 없다. 국가주의감정들은 다양한 시대의 많은 국가에서 고조되었다. 그러나 근래 수년간 러시아에서 진행된 바와 비슷한 '증오심의 축적'이 다른 국가들에서 진행되었다고 생각되기는 어렵다. 그런 병증들이 영원할 수는 없고 약해지거나 심지어 사멸하리라고 주장될 수도 있을 것이다. 그러나 현재에는, 대량살상무기들의 시대에는, 그런 병증들이 중대한 위험요소들이다.

냉전이 종식된 후부터 최근에까지 서구에는 한 가지 믿음이 유행했다. 그런 믿음을 뒷받침한 가설은 '민주주의는 정상적인 국가의 통치형식이며, 다른 모든 통치형식은 비정상적이고 유감스러운 것들이라서 오래 존속하지 못하리라'는 것이었다. 이 가설은 과도하게 낙관적인 가설로 판명되었다. 러시아의 많은 지배자가 품었을 뿐더러 피지배자들도 품은 권위주의적인 심리상태는 여태껏 한 번도 발생하지 않은 일종의 문화혁명을 겪어야만 비로소 변할 것이다.

이런 심리상태는 러시아의 민주주의자들을 다소 슬프게 만드는 문제이지만 현실은 직시되어야 한다. 지난 20년간 발생한 사건들은 러시아에서는 권위주의적인 통치와 독재정권보다 혼란이 더 두렵게 느껴진다는 사실을 증명해왔다. 러시아 인구의 절반이 스탈린의 위대함과 선량함을 믿는다면, 다른 것은 전혀 기대될 수 없다. 이런 상황이 언젠가는 변할지 모르지만, 그렇게 변할 때까지 러시아인들은 오직 훨씬 더 가혹하게 통치될 정도로 상황이 악화되지 않기만 기대할 수 있을 뿐이다. 러시아의 극우파와 일탈과격파는 수년간 영향력을 증강해왔지만, 완전한 파시즘을 실현할 수는 없을 듯이 보인다. 스탈린시대의 경험은 여전히 그들의 다수를 어느 정도 억제하는 작용을 하고, 심지어 스탈린을 변호하는 사람들도 그런 경험을 반복하기 싫어한다.

그러나 권위주의통치체제가 더욱 민주적인 체제로 후퇴하지도 않을 듯이 보인다. 공산주의의 지배를 받던 소련은 세계전역의 공산주의자들로부터 지지를 받으리라고 기대할 수 있었다. 우익국가주의적인 러시아는 외국에서 동조자 몇 명을 발견할 (혹은 매수할) 수 있었지만 더 많은 활동을 할 수는 없었다. 소련의 노선을 뒷받침한 가설은 '최종적으로는 세계의 모든 곳에서 세계혁명이 위력을 떨치리라'는 것이었다. 러시아의 팽창을 자연스럽게 제한하는 그 가설의 실현 가능성은 오늘날에는 존재할 수 없다. 그러나 다른 한편으로 현직 지도자들이 퇴임한 후에—예컨대, 현직에서 권력을 행사하면서 축적한 재산과 관련하여—기소당하지 않을 (옐친도 받았던) 확실한 보장을 받지 않으면 자청해서 퇴임하리라고 예상되기는 어렵다.

이런 민주화가 어떻게 가능할까? 아무것에도 속박되지 않는 자유로운 선거들이 치러진다면 겨우 가능할지 모른다. 그런데 만약에 가능한 이유가 단지 이것뿐이라면, 현재의 체제가 더 민주적인 체제로 이행하기는 사실상 어려울 것이다. 그러나 문제들은 더 있다. 광범한 인구계층은 자유를 겁내는 전통적인 러시아의 공포심을 공유한다는 사실도 그런 문제들 중 하나이다. 박해광증은 러시아인들의 심리에 이미 깊게 뿌리를 내렸기 때문에 쉽사리 잘못된 방향으로—내부적으로는, 자국민들과 자국정부를 반대하는 방향으로—돌려질 수 있다. 만약 적들이 도처에 잠복해있다면 이웃들 사이에도 있을 수 있다. 그러면 이제 누구도 신뢰될 수 없다. 옛 국제주의노선을 대신하여 등장한 러시아 국가주의의 풍조는 양날을 가진 검劍과 같다. 병 속에 갇혔던 '쇼비니스트 마귀'가 병을 탈출하기만 하면, 그 마귀는 서구에 대항할 수 있을 뿐 아니라 러시아의 내부에서 공격할 표적들을 발견할 수도 있다. 예컨대, 현재 러시아에 거주하는 소수민족들이나 수백만 명에 달하는 외국인노동자가 그런 표적들이 될 수도 있다. 중앙아시아의 공화국들 중 한 곳에 파견된 외교관은 어느 날 모스크바의 러시아인 친구들에게 다음과 같이 질문하고 자답했다. "자네들을 위해 일하는 우리 국민들에게 자네들은 무슨 짓을 하는가? 그들은 귀국하면 전투적인 이슬람주의자들이 된다네."

더 우호적인 관계들을 고무하는 행동을 용납하는 서구의 자유는 러시아에서 제한된다. 비록 러시아를 상대하는 서구의 태도들이 비할 데 없는 호의와 존경심에 이끌리는 것들이라서 러시아의 모든 요구에 긍정적으로 응했더라도 서구가 바라던 결과를 도출했을 가능성은 결코 확실하지 않다. 자아비판은 오랫동안 러시아에서는 유행하지 않았다. 그래서 만약 러시아에서 뭔가 잘못되기만 하면 그 잘못은 사실상 언제나 외국인들의 탓으로 돌려진다. 과거의 경험대로라면, 포위공격당하는 요새에 갇힌 상태와 같은 러시아의 감정은 점점 더 답답해질 뿐만 아니라 그 감정의 기원도 아주 오래된 것이다. 왜냐면 만약 러시아가 그런 요새가 아니었다면 러시아의 권위주의통치체제, 러시아인들에게 강요되어온 수많은 제한, 그들에게 요구되어온 희생들, 체제의 결함들이 어떻게 정당화될 수 있었겠는가? 그래서 '러시아가 서구와 영속적으로 화해하고 더 호의적인 관계들을 맺으리라'고 보는 전망들은 현재에는 그다지 밝게 보이지 않는다.

어차피 변화는 불가피하리라. 그러나 누구도 변화의 시기와 방법과 방향을 확언하지 못하리라. 변화는 더 좋은 방향으로 진행될까, 더 나쁜 방향으로 진행될까? 내가 앞에서 언급한 고골의 경종을 울리며 질주하는 삼두마차는 러시아 문화에 자주 등장한다. 삼두마차는 특히 겨울을 상징하는 핵심적 배경요소로서 익숙하게 사용되어왔다. 삼두마차는 민요들에도 등장하고 지식용 문학에도 등장한다. '얌쉬크yamshik(삼두마차를 모는 마부)가 예쁜 아가씨와 키스하는 데 성공한다'고 노래하는 민요도 있지만, '주정뱅이 얌쉬크가 음주운전을 하다가 유발하는 참사들'을 노래하는 민요들도 있다. 옛 러시아의 삼두마차마부는 런던의 택시운전사가 이수하는 훈련과 거의 맞먹는 특별한 운전훈련을 이수해야만 했다. 그러나 실제로 어떤 삼두마차마부도 그런 훈련을 이수하지 않았다. 그렇다면 고골의 위대한 소설에 나오는 삼두마차의 승객은 누구인가? 그는 러시아 문학의 가장 진취적인 주인공들 중 한 명이 아니라 몰락귀족poshlost을 상징하는 사기꾼 취취코프Chichikov이다. 그리하여 고골의 삼두마차는 이전과 다름없이 전력으로 질주하고, 마부는 채찍을 휘둘러 말들의 엉덩짝을 사정없이 갈겨대는데, 소설의 독자는 마부가 달려가는 '행선지'와 '마차 승객들과 나머지 인류를 무탈하게 행선지로 데려갈 수 있는 길'이라도 대략적으로나마 파악하기를 희망할 뿐이다.

번역자 후기

오늘날 대부분의 국가들에서 채택되는 이른바 "민주정치"는 서기
전5세기말엽에 고대 그리스의 도시국가 아테네에서 처음으로 실시
되었다고 알려졌다. 그러나 여기서 내가 더 정확하게 말하자면, 현대
에 제창齊唱되는 민주정치는 의회제도와 선거제도를 양축으로 삼는
대리代理민주정치(대의代議민주정치[1])이다. 심지어 직접민주정치였다고
알려진 고대 아테네의 민주정치도 여성들, 노예들, 외국인들, 토지를
소유하지 못한 성년남성들을 제외하고, 20세이상 성년남성시민권자
(자유민)들에게만 정치의결참여를 허가했으므로 사실상 대리민주정
치였다고 규정되어도 무방할 것이다.

---

[1] 번역자는, 적어도, 이 "번역자 후기"에서는 '대리민주정치, 대의민주정치, 직접민주정치,
대리정치인들, 대리민주공화정치, 최종대리정치, 최고대리정치인, 최고정치지도자' 같은 표
현들을 '대리 민주정치'나 '대의 민주정치' 같은 식으로 띄어쓰기하는 관성적인 한글표기법
을 따르지 않고 "의도적으로, 고의로, 붙여쓰기했다."

이런 대리민주정치는 명목상 '다수의 참정권자들이 정치의결권을 위임할 소수의 대리정치인들을 투표로 선출하여 각급 의회에 진출시켜 정치의결들을 대행시키는 정치'이다. 그러나 대리민주정치는 실질적으로 '참정권자들의 (이른바 "민의民意"나 "민심民心"이나 "여론輿論" 또는 장-장크 루소가 가정한 "일반의지一般意志" 등으로 지칭되는) 정치의사를 대표한다고 자처하거나 공인되는 소수의 대리정치인들이 보유한 정치권력을 다수의 참정권자들에게 행사하는 정치'인 경우가 대부분이다.

그런데 공화정치共和政治로도 지칭되는 대리민주정치는 여태껏 군주정치(왕정王政)나 황제정치(제정帝政)나 독재정치와 대비되어왔다. 그렇지만 그런 대리민주공화정치도 언제나 '소수의 대리정치인들로 구성되는 의회(입법부)뿐 아니라 또 다른 소수의 대리정치집단들인 행정부와 사법부를 대표하고 통솔하는 대통령이나 총리(수상首相) 같은 최종대리정치인 내지 최고대리정치인이 참정권자들의 직접선거나 대리정치인들의 간접선거로써 선출되거나 선임되어 국정과 최고정치권력을 행사하고 실질적으로나 상징적으로 전담하는 정치'이다.

그러므로 대리민주공화정치도 비록 군주정치나 황제정치나 독재정치와 겉보기로는 상당히 달라보일지언정 정치적 의결과 집행을 최종적으로 책임지는 권력을 행사하는 정치지도자를 중요시해온 인간 정치역사의 맥락을 결코 벗어나지 않는다. 그러니까 아무리 민주주의, 공화주의, 의회제도, 선거제도를 강조하고 표방하는 대리민주공화정치도 결국 '참정권자들이 스스로 보유했다고 믿는 정치적 책임과 권력을 위임할 정치지도자를 선출하거나 선임하여 모든 정치적 기대와 희망을 그에게 걸어두고 그가 그들의 기대와 희망을 충족시켜주면 그를 찬양하거나 숭배하되 그리하지 못하면 그를 비판하거나 비난하는 정치, 즉 '지도자중심정치'의 일종에 불과하게 보인다는 말이다.

이 대목에서 '대리민주공화정치의 정치지도자는 참정권자들의 정치의사를 결코 무시할 수 없다'는 반론이 제기될 수도 있을 것이다. 그러나 역사적으로 군왕도 황제도 독재자도 민심과 여론을 결코 무시할 수 없었다. 그래서 차이는 대리민주공화정치가 왕정이나 제정이나 독재정치보다 민심과 여론을 더 많이 더 자주 고려하고 반영한다는 데 있는 듯이 보일 따름이다. 물론 이렇게 높아진 민의반영비율이나 여론반영빈도는 중요한 정치적 발전의 결과들일 것이다. 그러나 왕정에서나 제정에서나 독재정치에서도 그랬듯이 현대의 대리민주공화정치에서도 최고정치지도자의 정치적 역할과 정치권력뿐 아니라 그에게 걸리는 참정권자들의 기대와 희망도 별로 줄어들지 않는 듯이 보인다. 요컨대, 참정권자들과 정치지도자의 관계가 겉보기로는 많이 변한 듯이 보여도 실질적으로는 거의 변하지 않았다는 말이다. 예컨대, 지금까지 아무리 민주적인 혁명이나 개혁이 이루어졌어도 반드시 지도자가 선출되거나 선임되어 정치를 주도하는 현상은 거의 변하지 않았다. 혁명참여자들이나 개혁참여자들을 포함한 참정권자들은 바로 그런 지도자에게 자신들의 책임과 권력을 선거로써 위임했다고 믿으며 그에게 모든 기대와 희망을 걸고 그를 찬양하거나 숭배하거나 비판하거나 비난해왔다.

더구나 의회제도와 함께 대리민주공화정치를 대변하는 선거제도는 이른바 '민주주의의 꽃'으로도 일컬어져왔다. 그렇지만 선거제도는 여태껏 사실상 다수파의 정치적 승리나 우세를 확인하는 절차에 불과했다. 그래서 민주주의의 꽃은 다수파의 지지를 받는 정당이나 개인에게 바쳐져온 것일 따름이다. 그런 한편에서는 흔히 선거결과보다도 선거과정이 중요하다고 외쳐지곤 한다. 그러나 민주주의의 꽃을 피우는 과정은 결국 다수결이다. 그러니까 민주적 선거는 다수파의 승리나 우세를 확인하는 정치과정에 불과하다. 그래서 대리민주공화정치의 불가결한 민주선거제도 자체가 바로 파시즘의 씨앗일 가능성도 얼마든지 존재한다. 그것이 언제나 다수파의 우세나 승리를 확인하는 정치적 절차라면 비록 아무리 공정하고 깨끗하게 치러지더라도 파시즘을 초래할 가능성을 완벽하게 일축하지는 못한다. 그러므로 더 정확하게는, 다수결을 확인하려는 선거제도 자체가 이미 파시즘의 성향을 내재한다고 평설될 수 있다.

이렇듯 대리민주공화정치는 현대세계에서 최악의 정치는 아니되 가장 나쁘지 않은 정치로 공인되면서도 여전히 참정권자들이 각자의 (실질적으로 보유했는지 의심스러운) 정치적 책임과 권한을 소수의 대리정치인들과 최고정치지도자에게 위임해버리는 (더 정확하게는, 위임했다고 믿어버리는) 대리정치, 지도자에게 모든 기대와 희망을 걸어버리는 지도자중심정치, 잠재적 파시즘의 성향을 내재한 정치일 수밖에 없다. 아마도 인간정치역사의 맥락이 아직은 이런 정치를 그나마 가장 나쁘지 않은 정치로 보이게 하는지도 모른다.

특히 두 가지 불가피한 여건이 이런 맥락을 규정해왔는데, 하나는 인구와 영토와 기후조건과 천연자원 등을 포함하는 물리적 여건이고, 다른 하나는 문화습속, 종교, 고정관념, 집단무의식, 군중심리 등을 포함하는 인간의 심리적 여건이다. 물리적 여건은 대리정치(공화정치)와 지도자중심정치에 정당성을 부여해주고, 심리적 여건은 지도자중심정치를 지속시키고 잠재적 파시즘의 가능성을 잔존시킨다. 이런 여건들은 현대의 국가들에서도 여전한 위력을 발휘한다. 정치가 국가단위로 실행되고 왕정이나 제정이나 독재정치를 거부하는 한에서 정치는 필연적으로 공화정치의 형식을 띨 수밖에 없고, 실제로도 세계국가들의 대다수는 이런 거의 불가피한 물리적 · 심리적 여건들 때문에 공화정치를 채택할 수밖에 없고 또 그렇게 한다.

월터 라쿼가 러시아의 파시즘을 우려하는 까닭도 바로 이런 공화정치의 불가피한 여건들이 러시아에서 특히 강하게 작용하기 때문이다. 러시아에서 20세기초엽에 성공한 혁명들은 황제정치를 전복하고 소비에트 정치 즉 마르크스주의-레닌주의 공화정치를 발족시켰지만, 얼마 지나지 않아 소련공산당과 당서기장이 정치적 전권을 행사하는 철저한 대리정치가 개시되면서 레닌과 스탈린 같은 최고지도자가 군림하기 작했고 노멘클라투라 및 비밀경찰기관 같은 대리정치집단들이 등장하여 득세하기 시작했다. 민주공화정치를 대표한다고 회자되는 의회제도, 정당제도, 선거제도가 소련에서는 곧 유명무실해졌다. 소련의 최고지도자는 황제와 다름없었고 노멘클라투라와 비밀경찰기관은 귀족계급과 다름없었다. 고르바초프가 페레스트로이카와 글라스노스트 같은 개혁을 실시하면서 소련이 해체되고 러시아가 어느 정도 민주화되었어도 러시아 정치사회의 기본구조는 거의 변하지 않아서 소련의 것과 거의 별반 달라지지 않았다. 옐친은 비록 러시아 최초의 민선대통령이었지만 혼란스러운 와중에도 10년간 집권했고, 푸틴은 2000년부터 현재까지 무려 15년 넘게 집권하면서 강권을 휘둘러왔다.[2] 노멘클라투라는 올리가르히들로 대체되었고 비밀경찰기관들은 명칭만 변경되면서 존속했다. 스탈린 집권체제가 스탈린주의(스탈리니즘Stalinism)로 지칭되어왔듯이 월터 라쿼가 푸틴 집권체제를 푸티니즘(Putinism: 푸틴주의)로 지칭할 수 있는 까닭도 바로 이런 러시아의 정치적 맥락에서 발견된다.

어찌 보면 푸티니즘은 이런 공화정치의 어두운 측면을 가장 선명하게 예시하는 만큼이나 이른바 '민심'이나 '여론'으로 약칭되는 참정권자들의 심리적 여건도 가장 선명하게 예시하는 것일 수 있다. 그런 심리적 여건은 바로 최고지도자를 (그러니까 푸틴을) 찬양하고 숭배하는 피치자들의 심리습성psychological habit이다. '러시아인들의 과반수는 민주화와 자유보다는 안전과 행복을 더 바라기 때문에 그런 안전과 행복을 가져다준다고 믿기는 푸틴의 강권통치를 찬양하고 푸틴을 숭배하는 경향을 보인다'고 월터 라쿼는 지적한다. 이런 러시아인들의 심리습성이 러시아의 정치를 파시즘으로 기울게 만들어왔거나, 적어도, 우경화시키는 경향을 띠어왔다. 이것은 20세기의 중대한 격변들로 알려진 러시아 혁명과 소련 해체도 러시아인들의 근본적인 심리습성을 변화시키지 못했다는 사실을 예증할 것이다. 이런 심리습성은 러시아의 대리정치관행을 규정하는 광대한 영토와 냉대기후라는 물리적 여건과 맞물리면서 푸티니즘을 지속시키고 강화하는 결정적인 요인으로 작용할 것이다.

그런데 이런 심리습성은 비단 러시아에서만 위력을 발휘하는 것은 아니다. 비록 영토는 좁아도 인구도 많고 기후도 온난한 몇몇 아시아 국가들의 참정권자들 내지 피치자들도 이런 심리습성의 위력에 사로잡혀 대리민주공화정치의 어두운 측면으로 기울어지는 경향을

---

2 물론 2008년 5월~2012년 5월에는 메드베데프가 제5대 러시아 대통령이었지만 그 기간에 푸틴이 제10대 러시아 국무총리였다. 이것은 곧 메드베데프의 대통령임기에도 푸틴이 러시아의 정치적 실권을 쥐고 있었다는 사실을 방증한다.

보인다. 러시아의 우파와 극우파는 스탈린을 상기하면서 푸틴을 예찬한다. 일부 아시아 국가들에서도 비슷한 현상이 목격된다. 김수영이 "자유에는 피의 냄새가 섞여있"[3]다고 썼듯이, 독재와 압제를 벗어나 자유로워지고 민주주의를 실현하느라 피 흘리며 혁명하고 개혁해온 참정권자들조차 어느 정도 시간이 흐르면 과거를 그리워하며 자신들이 "직접 선출한"(혹은 직접 선출했다고 믿는) 최고지도자를 예찬하든 비난하든, 하여간, 그에게 모든 기대와 희망을 걸어버리는 심리습성을 탈피하지 못한 듯이 보인다. 그것은 왕정에서도 제정에서도 독재정치에서도 대리민주공화정치에서도 변치 않는 심리습성으로 보인다.

물론 "인간이 무엇보다도 과거의 한계들에 단순히 얽매이기를 거부하는 자율적 존재인 것이 사실이라도 그가 역겨워할 만치 싫어하던 과거로 그토록 쉽사리 복고復古하는 모습은 실로 당혹스럽게 보일 수 있다."[4] 그러나 현대세계에는, 특히 러시아와 아시아의 몇몇 나라에는, 이렇듯 복고하려는 인간심리습성이 여전히 강력하게 잔존한다. 월터 라쿼의 유력한 통찰력을 머금은 이 책도 인간의 이런 복고심리습성은 러시아의 과거에도 강력히 작용했고 현재에도 그렇게 작용하며 미래에도 그렇게 작용하리라고 선연하게 예시해준다. 그래서 모든 혁명자와 개혁자는 그들이 주도한 혁명과 개혁의 수명壽命뿐 아니라 그것들의 진정한 수혜자를 정확히 가늠해보려고 애써야 할 것이다. 그리고 참정권자들로 믿기거나 자처하는 피치자들은, 비록 기껏해야 투표에 불과할지라도, 하여간에, 자신들의 정치적 의사결정권을

---

3 김수영, 「푸른 하늘을」, 『김수영 전집1 시』(민음사, 1981), p. 147.

4 조르주 바타유Georges Bataille, 『저주받은 몫The Accursed Share』(Vol. II & III., Robert Herly trd.)(Zone Books, 1993), p. 77.

행사할 기회를 잡으면 자신들이 진실로 바라는 것이 정확하게 무엇인지를 차분하고 냉정하게 고민해봐야 하리라.

2016년 7월 1일

김성균

참고문헌

새로운 러시아 이상을 떠받치는 기둥들(제3장)

니콜라이 베르댜예프의 『러시아 이상』(New York: Macmillan, 1948)은 이 주제를 다
룬 가장 유명한 저서이다. 이 저서에서는 러시아 이상의 국가주의적 측면들보다
는 종교적 측면들이 다뤄진다. 러시아의 정체성 모색, 러시아의 '명백한 운명,' 관
련주제들을 총괄적으로 다룬 저서들에는 웬디 헬러먼Wendy Helleman의 『러시
아 이상: 모색되는 새로운 정체성The Russian Idea: In search of a new identi-
ty』(Bloomington, IN: Slavica, 2003), 제임스 빌링턴James Billington의 『본연
의 러시아를 찾는 러시아Russia in Search of Itself』(Baltimore: Johns Hopkins
University Press, 2004), 마이클 레인 브런너Michael Lane Brunner의 『기억용
전략들: 국가정체성을 구축하는 수사학적 차원들Strategies of Remembrance:
The Rhetorical Dimensions of National Identity Construction』(Columbus:
University of South Carolina Press, 2002), 마를렌 라뤼엘Marlène Laruelle의
『러시아 국가주의와 러시아의 국가선언Russian Nationalism and the National
Reassertion of Russia』(London: Routledge, 2009)이 포함된다. 또 제프리 호
스킹Geoffrey Hosking과 로버트 서비스Robert Service가 편찬한 논문집 『러시
아 국가주의, 과거의 현재Russia Nationalism, Past and Present』(New York: St.
Martin's Press, 1998)도 유익하다.

지난 20년간 진행된 정치이념의 발달과정들을 다룬 저서는 빅토르 트리몬디Victor
Trimondi와 빅토리아 트리몬디Victortia Trimondi의 『종교들의 전쟁: 종말론
의 징후들에 내재된 정치, 신앙, 테러Krieg der Religionen: Politik, Glaube und
Terror im Zeichen der Apokalypse』(Müenchen: W. Fink, 2006)이다. '검은
100인단'을 다룬 저서는 월터 라쿼의 『검은 100인단: 러시아 극우파의 득세Black
Hundred: The Rise of the Extreme Right in Russia』(New York: HarperCol-
lins, 1993)이다. 바딤 코지노프Vadim Kozhinov의 『프라브다 "체르노이 소트니"
Pravda "Chernoi Sotni"』(Moscow: Eksmo/Algoritim, 2006)는 검은 100인단을

변호하는 저서이다. 코치노프는 문학평론가 겸 역사학자이인 동시에 유력한 우익 이념론자이다. 공산주의자가 아니면서도 스탈린 비판자들에 대항하여 스탈린을 옹호하는 코지노프는, 예컨대, '스탈린 숭배심리는 소련에서 생겨난 것이 아니라 외국인들이 꾸며낸 것이다'고 주장한다.

본서의 주제와 관련된 러시아 지식역사를 전체적으로 조망하는 책은 안드르제이 발리키Andrzei Walicki의 『슬라보필 논쟁: 19세기 러시아 사상에 내재된 보수적 유토피아의 역사The Slavophile Controversy: History of a Conservative Utopia in Nineteenth-Century Russian Thought』(Oxford: Clarendon Press, 1975)이다. 마크 라에프Mac Raeff가 편찬한 포괄적 논문집 『러시아 지식역사Russian Intellectual History』(New York: Harcourt, Brace, 1966)도 참조할 만하다.

허담증(제3장 5단원)

허담증을 가장 포괄적으로 다룬 최근의 책은 윌리엄 허스타인이 편찬한 『허담증: 신경과학, 심리병학, 심리학, 철학의 견해들Confabulation: Views from Neuroscience, Psychiatry, Psychology and Philosophy』(Oxford: Oxford University Press, 2009)이다. 블라디미르 솔로비요프의 저작전집은 1911~1914년에 상트페테르부르크에서 출간되었다. 영어로 번역되어 출간된 솔로비요프의 여러 저작선집들 중에 특기될 만한 것은 블라디미르 보즈니우크Vladimir Wozniuk가 영어로 편역한 『정치, 법, 도덕: 에세이들Politics, Law and Morality: Essays』(New Haven: Yale University Press, 2000)이다.

니콜라이 베르댜예프가 집필한 저서들의 대부분은 영어와 프랑스어를 위시한 다른 외국어들로 번역되어 출간되었는데, 그것들 중에 『역사의 의미The Meaning of History』(New York: Scribner, 1936)와 두꺼운 자서전적 에세이 『꿈과 현실: 자서전적 에세이Dream and Reality: An Essay in Autobiography』(New York: Macmillan, 1951)가 주목될 만하다. 푸틴을 매료시킨 주제인 '베르댜예프와 불평등'을 다룬 저서는 마르코 마르코비츠Marko Markoviş의 『니콜라이 베르댜예프의 불평등철학과 정치사상La philosophie de l'inégalité et les idées politiques de Nicolas Berdiaev』(Paris: Nouvelles Éditions Latines, 1978)이다.

게오르기 페도토프의 12권짜리 저작전집은 1996년부터 러시아에서 출간되기 시작했다. 프랑스와 미국에서 러시아어로 출간된 그의 에세이선집들 중에는 『러시아의 얼굴Litso Rossii』(Paris: YMCA Press, 1976)도 포함되었다. 페도토프는 한쪽으로 치우친 정치적 성향을 지녔기 때문에 현재 러시아에서 좋은 평판을 얻지 못한다.

일리인과 파시즘(제7장 3단원)

푸틴과 러시아의 유력한 현직 정치인들은 이반 일리인을 빈번하게 인용한다. 일리인이 집필한 저작들의 대부분은 근래 수년간 러시아에서 출간되었는데『군주국과 공화국On Monarchy and Republic[O Monarkhii i Respublike]』(New York: Sodruzhestvo, 1979)도 그런 저작이다.

현재 러시아에서 가장 주목받는 19세기의 슬라보필들과 국가주의적인 저자들은 니콜라이 다닐렙스키와 콘스탄틴 레온티에프이다. 다닐렙스키의 대표저서『러시아와 유럽』은 1995년에 러시아에서 출간되었다(『러시아와 유럽Rossiya i Evropa』제6판[St. Petersburg: Glagil and St. Petersburg University Press, 1995]). 로버트 매크마스터Robert E. MacMaster는『다닐렙스키: 러시아의 전체주의 철학자 Danilevsky: A Russian Totalitarian Philosopher』(Cambrodge, MA: Harvard University Press, 1967)이라는 전기를 집필했다. 레온티레프에 관해서는 인터넷 사이트⟨knleontiev.narod.ru와 pravoslavie.ru.⟩의 레온티에프 페이지를 참조할 수 있다.

러시아 메시아주의(서문)

러시아 메시아주의는 여태껏 무시되어온 주제였다. 이 주제를 다룬 초기의 중요한 연구서는 에마누엘 자라키쟌츠Emanuel Sarkisyanz의『러시아와 동방 메시아주의Russland und der Messianismus des Orients』(Tuebingen: J. C. B. Mohr, 1955)이다. 레오니드 카치스Leonid Kacis의『러시아 종말론과 러시아 문학Russkaya Eschatologiya i Russkaya Literatura』(Moscow: OGI, 2000)도 참조될 수 있다.

적그리스도에 관한 유력한 전문가는 독일의 역사학자 미하엘 하게마이스터Michael Hagemeister(http://www.phil-fak.de/v-geschichichte-und-kulturen-ostteuropas/ehemalige/drmichael-hagemeister)이다. 독일어로 번역되어 출간된 보도 젤린스키Bodo Zelinsky의『러시아의 문화의 병폐Das Böse in der Russischen Kultur』(Koeln: Böhlau, 2008)에도 적그리스도를 다룬 유용한 논문들이 수록되어 있다.

"제3로마"개념의 역사를 다룬 책은 피터 던컨Peter Duncan의『러시아 메시아주의: 제3로마, 거룩한 혁명, 공산주의, 그 이후Russian Messianism: Third Rome, Holy Revolution, Communism, and After』(London: Routledge, 2000)이다.

유라시아주의(제3장 3단원)

유라시아주의를 다룬 고전은 오토 뵈스Otto Böss의 『유라시아 노선: 20세기 러시아 사상역사에 관한 연구Die Lehre der Eurasier: Ein Beitrag zur russischen Ideengeschichte des 20. Jahrhunderts』(Wiesbaden: O. Harrassowitz, 1961)이다. 유라시아주의운동의 기본선언문을 설명하는 책은 페테르 사비츠키Peter Savitsky가 편찬한 『동쪽을 향한 대이동Exodus to the East[Iskhod k Vostoku]』(Idyllwild, CA: Charles Schlacks Jr., 1996)이다. 알렉산데르 두긴과 그의 동료들이 본래의 유라시아주의를 차용한 과정을 다룬 책들은 마를렌 라뤼엘의 『유라시아주의: 제국의 이념Eurasianism: an Ideology of Empire』(Baltimore: Johns Hopkins University Press, 2008)과 드미트리 슐라펜토크Dmitry Shlapentokh의 『동양과 서양 사이의 러시아: 유라시아주의에 관한 학술논쟁들Russia between East and West: Scholarly Debates on Eurasianism』(Leiden: Brill, 2006)이다. 허먼 퍼키너Herman Pirchner의 『부활하면서 더 강대해지는 러시아?: 벨라루스, 조지아, 카자흐스탄, 몰도바, 우크라이나와 접한 러시아 국경지역들의 미래Reviving Greater Russia: The Future of Russia's Borders with Belarus, Georgia, Kazakhstan, Moldova, and Ukraine』(Washington, D.C.: 미국외교정책위원회 America Foreign Policy Council, 2005)도 유용한 참고자료이다. 웨인 버시니치 Wayne Vucinich의 『러시아와 아시아: 아시아인들에게 끼쳐지는 러시아의 영향에 관한 에세이들Russia and Asia: Essays on the Influence of Russia on the Asian Peoples』(Stanford, CA: Hoover Institution Press, Stantford University, 1972)에서는 유라시아주의를 포함한 더 광범한 주제들이 다뤄진다.

러시아 국가주의(제7장)

소련시대의 국가주의는 니콜라이 미트로킨Nikolai Mitrokhin의 『러시아당Russkaya Partiya』(Moscow: Novoe Literaturnoe Obozernie, 2003)에서 더 구체적으로 논의된다. 존 던럽John B. Dunlop의 『현대 러시아 국가주의의 면면들The Faces of Contemporary Russian Nationalism』(Princeton, NJ: Princeton University Press, 1983)과 『새로운 러시아 국가주의The New Russian Nationalism』(New York: Praeger, 1985), 알렉산데르 야노프Alexander Yanov의 『러시아의 도전과 서기2000년The Russian Challenge and the Year 2000』(New York, Basil Blackwell, 1987), 마를렌 라뤼엘의 『국가의 이름으로: 현대 러시아의 국가주의와

정치In the Name of the Nation: Nationalism and Politics in Contemporary Russia』(New York: Palgrave Macmillan, 2009)도 유용한 참고자료들이다.

반체제세력(제6장 3단원)

마크 베니츠Marc Bennets, 『크렘린 걷어차기: 러시아의 신진 반체제인물들과 '푸틴을 무너뜨리려는 투쟁'Kicking the Kremlin: Russia's New Dissidents and the Battle to Topple Putin』(London: Oneworld, 2014).

올리버 벌러Oliver Bullough, 『러시아의 최후인간: 죽어가는 국가를 살리려는 투쟁 The Last Man in Russia: The Struggle to Save a Dying Nation』(London: Penguin Books, 2013).

마샤 게슨Masha Gessen, 『발언들이 시멘트를 깨부술 것이다: 푸시라여트[1]의 열정 Words Will Break Cement: The Passion of Pussy Riot』(New York: Riverhead Books, 2014).

벤 쥬다Ben Judah, 『허약한 제국: 러시아가 블라디미르 푸틴과 사랑에 빠진 사연과 그 사랑에서 헤어난 사연Fragile Empire: How Russia Fell In and Out of Love with Vladimir Putin』(New Haven: Yale University Press, 2013).

콘스탄틴 보론코프Konstantin Voronkov, 『알렉세이 나발니: 그로자 출리코프와 보로프Aleksei Naval'nyi: Groza Zhulikov i Vorov』(Moscow: Eksmo, 2011).

두긴과 구밀레프(제3장 2~3단원)

러시아어판과 영어판으로 출간된 두긴의 많은 저서 중에 『음모론Konspiratologia』(Moscow: Arktogeya, 1992), 『제4정치이론Fourth Political Theory』(London: Arktos, 2012), 『푸틴과 대결하는 푸틴: 우익의 관점에서 바라본 블라디미르 푸틴Putin vs. Putin: Vladimir Putin Viewed from the Right』(London: Aktos, 2014)이 주목될 만하다. 두긴이 행한 많은 강연은 〈유튜브YouTube〉에도 등재되어있고 그의 웹사이트(dugin.ru)에도 블라디미르 포즈네르Vladimir Pozner를 상대로 진행한 긴 좌담의 내용과 함께 등재되어있다.

레프 구밀레프에 관한 자료들은 인터넷의 여러 사이트에 게시되어있다. 구밀레프가 운

---

1 Pussy Riot: 러시아의 반체제적 펑크록 밴드.

영하는 포털사이트(http://gumilevica.kulichiki.net/English/)에는 『고대 러시아
와 대초원Drevnyaya Rus i Velikaya Step』(Moscow: Mysl, 1989), 『민족발생과
지구생물권Etnogenez i Biosfera Zemli』(Leningrad: Azbooka-Atticus, 2013),
『지리적 민족성Georafia Etnisa』(Leningrad: Nauka, 1993)을 포함한 그의 모든
저작목록이 게시되어있다. 훈Hun족, 카자르Khazar족, 민족발생 같은 주제들을 다
룬 거의 많은 저서는 외국어로 번역되었다.

러시아 정교회(제3장 1단원)

S. L. 프랭크S. L. Frank(편역), 『솔로비요프 저작선집A Solovyov anthology』(New
York: Scribner, 1950).

존 고든 개러드John Gordon Garrard와 캐럴 개러드Carol Garrard, 『러시아 정교의
부활: 새로운 러시아의 신앙과 권력Russian Orthodoxy Resurgent: Faith and
Power in the New Russia』(Princeton, NJ: Princeton University Press, 2008).

콘스탄틴 레온티에프, 『유행을 거슬러: 콘스탄틴 레온티에프의 소설, 에세이, 기록, 편
지 선집Against the Current: Selections from the Novels, Essays, Notes, and
Letters of Konstantin Leontiev』(New York: Weybright and Talley, 1969).

크리스토퍼 마쉬Christoph Marsh, 『부담인가 축복인가?: 러시아 정교회와 시민사회건
설과 민주주의Burden or Blessing?: Russian Orthodoxy and the Construction
of Civil Society and Democracy』(Boston: Boston University, Institute on
Culture, Religion, and World Affairs, 2004).

비르기트 멘첼Birgit Menzel과 마하엘 마게마이스터, 『러시아의 신세대: 신비학과
밀교적 특징들The New Age of Russian: Occult and Esoteric Dimensions』
(München: Otto Sagner, 2012). 마게마이스트는 이 방면에도 전문가이다. 『시온
장로들의 의정서』와 관련주제들에 관해 그가 발표한 글들의 모든 목록은 앞에서
소개된 그의 웹사이트에 게시되어있다.

조너선 서튼Jonathan Sutton(편찬), 『정통기독교와 현대 유럽Orthodox Christianity
and Contemporary Europe』(Dudley, MA: Peeders, 2003).

미하일 보스트리셰프Michail Vostryshev, 『총대주교 티혼Patriarch Tikhon』(Mos-
cow: Molodaya Gvardiya, 1995).

극우파(제8장 1단원)

근래 15년간 극우파를 다룬 문헌들은 엄청나게 많이 생산되었다. 성공한 방송인으로서 상트페테르부르크 TV방송연출자인 니콜라이 스타리코프(http://nstrikov.ru/en/)는 알렉산데르 두긴을 제외하면 음모론에 관한 최고전문가로서 광범한 자료를 축적했다. 러시아 대중의 80퍼센트쯤은 텔레비전에서 국내외정세에 관한 정보를 얻기 때문에 스타리코프와 마하일 레온티에프 같은 방송연출자들과 작가들의 공로는 과소평가되지 말아야 한다. 막심 칼라슈니코프는 『골렘²을 상대한 전쟁Voina s Golemom』(Moscow: AST, 2006)과 『주식회사 푸틴Putin Inkorporeyted』(Moscow: Eksmo/Algoritm, 2013) 같은 베스트셀러들을 집필했다. 주간지《잡트라》(옛 명칭은《덴Den》)는 극우진영을 대변하는 잡지이다.

외교정책과 페트로스테이트(제8장)

앤더슨 에이슬런드Andersen Aslund와 마이클 맥파울Michael McFaul, 『오렌지색 혁명: 우크라이나 민주화를 위한 돌파구의 기원들Revolution in Orange: The Origins of Ukraine's Democratic Breakthrough』(Washington, D.C.: Carnegie Endowment for International Peace, 2006).

마셜 골드만Marshall Goldman, 『페트로스테이트: 푸틴, 권력, 새로운 러시아Petrostate: Putin, Power, and the New Russia』(New York: Oxford University Press, 2008).

세인 거스탭슨Thane Gustafson, 『풍요 속의 위기: 브레즈네프 집권기간과 고르바초프 집권기간의 소련 에너지정치Crisis Amid Plenty: The Politics of Soviet Energy under Brezhnev and Gorbachev』(Princeton, NJ: Princeton University Press, 1991).

———, 『러시아식 자본주의Capitalism Russian-Style』(Cambridge: Cambridge University Press, 1999).

———, 『운명의 수레바퀴: 러시아에서 벌어지는 석유 및 권력 쟁탈전Wheel of Fortune: The Battle for Oil and Power in Russia』(Cambridge, MA: Belknap Press of Harvard University Press, 2012).

2　golem: 유대민족의 전설에 나오는 생명력을 지닌 인조인간을 가리키는 이 낱말은 자동인형, 로봇, 얼간이를 뜻하는 낱말로도 사용된다.

페르 회크젤리우스Per Hoegselius, 『붉은 가스: 러시아와 '유럽 에너지의존성의 기원' Red Gas: Russia and the Origins of European Energy Dependence』(New York: Palgrave Macmillan, 2012).

에드워드 루커스Edward Lucas, 『신냉전新冷戰: '푸틴의 러시아의 미래'와 '서구에 가해지는 위협'The New Cold War: The Future of Putin's Russia and the Threat to the West』(New York: Palgrave Macmillan, 2008).

위르겐 로트Jürgen Roth, 『가즈프롬―흉악한 제국: 국가들이 우리를 기만당하고 협박 당하는 소비자들로 전락시키는 방식Gazprom―Das Unheimliche Imperium: Wie Wir Verbraucher Betrogen und Staaten Erpresst Werden』(Frankfurt: Westend, 2012).

데이빗 새터David Satter, 『새벽의 어둠: 러시아 범죄국의 등장Darkness at Dawn: The Rising the Russian Criminal State』(New Haven: Yale University Press, 2003).

에인절러 스텐트Angela Stent, 『동반자관계의 한계들: 21세기의 미국-러시아 관계들 The Limits of Partnership: U.S.-Russian Relations in the Twenty-first Century』(Princeton, NJ: Princeton University Press, 2014).

조너선 스턴Jonathan P. Stern, 『러시아 천연가스의 미래와 가즈프롬The Future of Russian Gas and Gazprom』(Oxford: Oxford University Press, 2005).

스트로브 탈보트Strobe Talbott, 『러시아의 영향력: 대통령의 외교수완에 관한 회고 The Russia Hand: A Memoir of Presidential Diplomacy』(New York: Random House, 2002).

드미트리 트레닌Dmitri Trenin, 『차기次期 제국: 유라시아 이야기Post-Imperium: A Eurasian Story』(Washington, D.C.: Carnegie Endowment for International Peace, 2011).

―――, 『득세하는 러시아 우익Getting Russia Right』(Washington, D.C.: Carnegie Endowment for International Peace, 2007).

올리가르히들(제2장 1단원)

데이빗 호프만David E. Hoffman, 『올리가르히들: 새로운 러시아의 재력과 권력The Oligarchs: Wealth and Power in the New Russia』(New York, Public Affairs, 2001).

리처드 새크워Richard Sakwa, 『푸틴과 올리가르히들: 호도르콥스키-유코스 사건

Putin and the Oligarch: The Khodorkovsky-Yukos Affair』(New York: I. B. Tauris, 2014).

스탈린주의와 재再-스탈린화化(제5장)

베니아민 콜콥스키Veniamin Kolkovsky, 『1953년: 스탈린 시대의 종결1953: Likvidat-siya Stalina』(Moscow: Eksmo, 2013).

마리아 리프먼Maria Lipman, 레프 구드코프Lev Gudkov, 라샤 바크라체Lasha Bakradze, 『스탈린 퍼즐: 소련 해체 이후 여론 판독하기The Stalin Puzzle: De-ciphering Post-Soviet Public Opinion』(Washington, D.C.; Carnegie Endow-ment for International Peace, 2013).

세르게이 미나코프Sergei Minakov, 『1937년: 음모가 획책되었어!1937: Zagovor Byl!』(Moscow: Eksmo, 2014).

콘스탄틴 로마넨코Konstantin Romanenko, 『왜 스탈린을 증오하는가?: 영도자를 반대하는 러시아의 적들Pochemu nenavidat Stalina?: Vragi Rossii Protiv Vozh-dia』(Moscow: IAuza-press, 2013).

노다리 알렉산드로비치 시모니아Nodari Aleksandrović Simoniâ, 『스탈린 시대의 역사Istoriografiâ Stalinizma』(Moscow: Rosspén, 2007).

푸틴과 푸티니즘(제4장)

최근 10년간 많은 푸틴 전기가 출간되었다. 그것들 중에 영어판들은 전반적으로 러시아판들보다 우수하다. 왜냐면 러시아판들의 대부분은 푸틴을 이상화한 언행록에 속하거나 엄밀한 논쟁서들이기 때문이다. 미국과 브리튼에서 출간된 푸틴 전기들 중에 참조되어야 할 것들은 다음과 같다.

안나 아루투냔Anna Arutunyan, 『푸틴의 신비한 매력: 러시아의 권력숭배의 내막The Putin Mystique: Inside Russia's Power Cult』(New-bold on Stour, UK: Sky-scraper Publications, 2014).

피터 베이커Peter Baker와 수잔 글래서Susan Glasser, 『크렘린의 부흥: '블라디미르 푸틴의 러시아'와 '혁명의 종말'Kremlin Rising: Vladimir Putin's Russia and the End of Revolution』(New York: Scribner, 2005).

캐런 도위셔Karen Dawisha, 『푸틴의 도둑정치Putin's Kleptocracy』(New York: Simon and Schuster, 2014).

마샤 게슨, 『얼굴 없는 인간: 블라디미르 푸틴의 기적 같은 부활The Man without a Face: The Unlikely Rise of Vladimir Putin』(New York: Riverhead Books, 2012).

루크 하딩Luke Harding, 『추방되다: 러시아 마피아 국가에 내던져진 어느 기자Expelled: A Journalist's Descent into the Russian Mafia State』(New York: Palgrave Macmillan, 2012).

피오너 힐Fiona Hill과 클리퍼드 개디Clifford Gaddy, 『푸틴 씨: 크렘린의 공작원Mr. Putin: Operative in the Kremlin』(Washington, D.C.: Brookings Institution Press, 2011).

리처드 새크워, 『푸틴: 러시아의 선택Putin: Russia's choice』(London: Routledge, 2007).

안드레이 솔다토프Andrei Soldatov와 이리나 보로간Irina Borogan, 『신생 귀족: '러시아 안보상태의 회복'과 'KGB의 끈질긴 유산'The New Nobility: The Restoration of Russia's Security State and the Enduring Legacy of the KGB』(New York: Public Affairs, 2010).

드미트리 트레닌, 『통합Integratcia』(Washington, D.C.: Carnegie Foundation, 2006) [카네기재단에서 출간된 트레닌의 다른 저서들과 논문들도 유용한 참고자료들이다].

릴리아 셉초바Lilia Shevtsova, 『푸틴의 러시아Putin's Russia』(Washington, D.C.: Carnegie Endowment for International Peace, 2005). 이것은 푸틴의 집권초반기를 다룬 셉초바의 우수한 저서들 중에도 특히 뛰어나다. 또한 그녀의 저서들은 같은 주제를 다룬 러시아 저자들의 것들 중에도 가장 우수하다.

블라디미르 푸틴의 『일인칭First Person』(『처음부터』)(New York: Public Affairs, 2000)[이것은 푸틴의 인생초반기를 주제로 삼은 일련의 인터뷰들로 구성된 책이다].

스타니슬라프 벨콥스키Stanislav Belkovsky, 『푸틴 체제의 핵심Sushnost Rezhima Putina』(Moscow: Eksmp, 2012).

에드워드 루커스, 『기만작전: 오늘날의 동양-서양 간첩활동에 얽힌 비밀이야기Deception: The Untold Story of East-West Espionage Today』(New York: Walker, 2012).

알렉세이 무힌Aleksei Mukhin, 『2008년Pokolenie 2008』(Moscow: Algoritm, 2006).

안나 폴리트콥스카야Anna Politkovskaya, 『푸틴의 러시아Putin's Russia』(London: Harvill Press, 2004). 유력한 탐문기자이기도 한 폴리트콥스카야는 살해되었다.

그런 상황들에는 흔히 그렇듯이, 그녀가 살해된 이유와 그녀를 살해한 유력한 범인은 결코 완벽하고 확연하게 밝혀지지 않았다.

블라디미르 솔로비요프Vladimir Solovyov(1960~), 『부정부패의 제국Empire of Corruption』(London: Glagoslav Publications, 2014).

러시아와 이슬람교(제6장 1단원)

고든 한Gordon Hahn, 『러시아의 이슬람위협Russia's Islamic Threat』(New Haven: Yale University Press, 2007).

알렉세이 말라셴코Alecksei Malashenko, 『러시아의 이슬람교Islam dlia Rossii』(Moscow: Rosspen, 2007).

옮긴이 **김성균**

김성균은 숭실대학교에서 정치외교학을 공부하고 석사학위를 받았다. 「헤겔의 변증법적 이성과 인정투쟁이론에 대한 비판적 고찰」과 「서구 자본주의 욕망에 대한 제3세계의 강박적 욕망과 그 전망」 같은 논문들과 「누가 무엇으로 세상을 지배하는가, 그래서 누가 더 많이 돌았는가?」, 「신을 죽인 자의 행로는 왜 쓸쓸했는가?」, 「적대적 비판에 대한 고독한 냉소」 같은 메타비평들을 썼고, 『유한계급론』, 『자유주의의 본질』, 『테네시 윌리엄스』, 『바바리안의 유럽침략』, 『군중심리』, 『군중행동』, 『니체 자서전: 나의 여동생과 나』, 『아무것도 공유하지 않은 자들의 공동체』, 『자살클럽』, 『자본주의와 노예제도』, 『니체 귀족적 급진주의』, 『쇼펜하우어 평전』 같은 책들을 번역했다.

푸티니즘
PUTINISM

초판 1쇄 발행 | 2017년 6월 12일

지은이   월터 라쿼
옮긴이   김성균
책임편집   정일웅
디자인   이미지

펴낸곳   바다출판사
발행인   김인호
주소   서울시 마포구 어울마당로5길 17(서교동, 5층)
전화   322-3885(편집), 322-3575(마케팅)
팩스   322-3858
E-mail   badabooks@daum.net
홈페이지   www.badabooks.co.kr
출판등록일   1996년 5월 8일
등록번호   제10-1288호

ISBN 978-89-5561-932-4 93340